山东省精品旅游绿皮书

（2018～2020）

王德刚　孙　平　主编

山东大学出版社
SHANDONG UNIVERSITY PRESS
·济南·

图书在版编目(CIP)数据

山东省精品旅游绿皮(2018～2020)/王德刚,孙平主编.—济南:山东大学出版社,2021.9
ISBN 978-7-5607-7114-4

Ⅰ.①山… Ⅱ.①王…②孙… Ⅲ.①地方旅游业-旅游业发展-研究报告-山东-2018-2020 Ⅳ.①F592.752

中国版本图书馆 CIP 数据核字(2021)第 160607 号

责任编辑 王桂琴
封面设计 杜 婕

出版发行 山东大学出版社
社 址 山东省济南市山大南路 20 号
邮政编码 250100
发行热线 (0531)88363008
经 销 新华书店
印 刷 济南新科印务有限公司
规 格 720 毫米×1000 毫米 1/16
23.75 印张 546 千字
版 次 2021 年 9 月第 1 版
印 次 2021 年 9 月第 1 次印刷
定 价 89.00 元

精品旅游

——旅游业高质量发展的山东实践

（代序）

2018年1月3日，国务院下发《关于山东新旧动能转换综合试验区建设总体方案的批复》（国函〔2018〕1号）（《关于山东新旧动能转换综合试验区建设总体方案》以下简称《方案》），由此山东省成为至今全国唯一一个省级“新旧动能转换综合试验区”。在该文件所批复的《方案》中，“精品旅游”被确定为支撑全省新旧动能转换的十大强省产业之一，标志着山东旅游的发展开始由规模增长阶段进入精品旅游——高质量发展阶段。

从区域经济社会发展战略的角度，新旧动能转换是地方经济社会发展模式的一次革命性转变，它不同于传统意义上的经济结构调整和发展模式转型，而是一次推动经济社会发展的根本要素——“发展动能”的转换。我们如果把整个社会经济体系看作是一列火车，那么新旧动能转换就是将牵引火车动力机车的内燃机升级成电动机，而新旧动能转换实施方案中确定的十大强省产业，就如同牵引火车的十辆机车。因此，从新旧动能转换和精品旅游的内涵本质上讲，需要在思想意识上树立一种全局观——发展精品旅游并不是传统意义上的部门工作或行业工作，而是政府工作或地方经济社会发展的全面性工作、全局性工作，是把精品旅游——旅游业高质量发展作为拉动地方经济社会发展的动力机车或牵引动力。这就要求全省各级党委政府，在工作机制上要站在经济社会发展的全局视角，党政主导，全业统筹，城乡一体，共同推进精品旅游发展。新旧动能转换是现阶段全省统筹经济社会发展的根本性战略，精品旅游作为十大强省产业的重要组成部分，涉及整个社会经济的所有领域和城市、乡村的全域范围，需要站在地方党政重点工作的角度，通过产业资源统筹、行政资源统筹、城乡资源统筹、社会资源统筹等手段，整体推进精品旅游发展。

在十大强省产业中，之所以将旅游业定义为“精品旅游”，是基于山东省旅游业多年来长期持续高位增长的实际。改革开放四十年来，山东省历届党委政府十分重视旅游业发展，使全省旅游业的总体规模、旅游企业和旅游产品的数量等都位居全国前列，年旅游接待规模和旅游总收入长期稳定在全国前三位，到实施新旧动能转换前的2017年，全省旅游消费总额达到9200亿元,接待国内外游客7.8亿人次,实际完成投资2231.8亿元。所有指标均保持两位数增长,旅游产业额总体规模可谓之“大”。但从另一方面看,山东旅游在“大”的背后,隐藏的是“大而不强”“大而不精”等实际问题,旅游产业虽然规模大,但发展质量差。正像省委书记刘家义所指出的那样,山东旅游长期没有从“低端化、封闭化、碎片化”的传统发展惯性中走出来,一直没有解决好“有什么好看的、有什么好听的、有什么好学的、有什么好吃的、有什么好玩的、有什么好买的”等旅游业发展的关键性问题。因此,在未来相当长一段时间内,山东旅游发展的根本问题是解决如何由数量效益型增长向质量效益型增长的转变,即如何实现旅游业的高质量发展问题。在这一认识基础和发展导向下,“精品旅游”便成为新旧动能转换战略体系中旅游业高质量发展的山东实践方案。

《方案》中要求,旅游业要在与上下游产业融合发展的基础上,创新发展机制,扩大高质量、个性化旅游精品供给,完善旅游服务体系,积极发展新业态旅游项目,积极创建全域旅游示范省,加强旅游市场综合整治,严厉打击旅游失信行为,全面提升“好客山东”品牌价值和影响力。从这些要求的内容本质上看,就是要根据全省新旧动能转换的战略部署和旅游业自身的发展规律,调整发展模式,校正发展方向,由追求规模增长的发展阶段向精品旅游——高质量发展阶段转变。

根据《方案》要求,新旧动能转换要贯彻新发展理念,坚持质量第一、效益优先;以供给侧结构性改革为主线,积极探索新旧动能转换模式,推动经济发展质量变革、效率变革、动力变革,提高全要素生产率;促进经济实现更高质量、更有效率、更加公平、更可持续的发展。从旅游业自身的发展规律和新时代中国特色社会主义发展阶段对旅游发展的客观要求来看,旅游业由初期的规模扩张发展模式,向能够满足广大人民群众日益增长的对美好生活需求的精品旅游发展阶段的转变,必须要准确把握好“精品旅游”的本质内涵,选择好科学的发展路径。

一是精品旅游发展阶段,仍然需要规模增长,即未来相当长一段时间内,山东旅游业的发展是一种量的增长与质的提升齐头并进式的发展模式。旅游发展向“精品”转型,并非是要完全放弃产业增量的发展诉求。从当前全省、全国旅游消费市场的发展趋势来看,城乡居民的旅游消费需求正处在一个集中释放期,旅游消费市场多年来一直保持着高位、高速的增长。而相对于巨大的市场需求,旅游供给在很多方面仍显不足,无论是旅游产品的数量规模,还是品种和类型等,仍与人民群众日益增长的美好生活需求存在较大差距。因此,精品旅游发展阶段,仍然需要实现量的增长与质的提升齐头并进。

二是精品旅游发展是一种内涵引领式发展模式。根据《方案》要求,新旧动能转换是要从根本上推动经济发展的质量变革、效率变革、动力变革,实现经济更高质量、更有效率、更加公平、更可持续的发展。而发展精品旅游,就是为了更好、更全面地满足人民群众日益增长的美好生活需要,使旅游成为广大人民群众更加满意的现代服务业和衡量生活质量的重要指标。在这一前提下,内涵式发展的首要任务就是品质提升。这既包括旅游项目建设质量、旅游产品开发品质量、旅游企业管理与服务水平等产业领域的提质增效，也包括旅游公共服务体系、友好型旅游目的地建设、旅游市场的监督与监管、旅游法制环境建设等旅游发展环境领域的提升优化，即从供给到市场、从生产到销售、从管理到服务、从企业到政府、从产品开发到目的地建设等，实现旅游自身的全方位"强身健体"，以旅游供给侧的内生动力，推动旅游产品、旅游服务、旅游管理和旅游环境的全面优质、优化。

三是精品旅游发展是一种转型发展。在产业要素组织和产品体系设计上，要由以景区游览产品为主导的观光型旅游目的地产业体系向以休闲娱乐度假为主导的滞留型旅游目的地产业体系转变。从旅游业发展的整体特征来看，旅游产业发展的初级阶段，旅游目的地的旅游产品主要体现为以景区游览为主导的观光型旅游目的地产品体系，游客在目的地停留的时间短，经济贡献率低；在旅游发展的中高级阶段，则主要体现为以休闲娱乐度假为主导的滞留型旅游目的地产品体系，游客在目的地停留的时间长，经济贡献率高。而滞留型旅游目的地产品体系的打造与组织，则要以质量高、服务好的旅游精品为核心，并以此打造区域旅游形象，提升目的地的吸引力和竞争力。

四是发展精品旅游的根本诉求是全面发展。《方案》中要求，一方面要推动旅游业与农业、工业、教育、文化、体育、城乡建设以及上下游产业融合发展；另一方面要进一步提高个性化供给能力，支持低空飞行、旅游演艺、生态休闲、康体健身等旅游新业态项目建设。这实际上也完全契合现阶段中国特色社会主义建设的目标与任务要求。因此，我们要进一步发挥旅游业关联度强、融合度高的特点，走"高渗透融合发展之路"，并将各项国家和地方的发展战略、发展机会等综合利用，将精品领域、全域旅游、乡村振兴和打造乡村振兴齐鲁样板、经略海洋等各项政策进行整合，形成共同促进经济社会发展的"政策集成"或"政策工具箱"，以集聚的政策合力共同推进精品旅游——旅游业的高质量和全面发展。

总之，精品旅游作为全省新旧动能转换的十大重点产业之一，其发展绩效对全省是否能够成功实现经济社会发展模式转型意义重大。作为新旧动能转换战略体系的重要组成部分，精品旅游已经远远超出了旅游产业自身的边界和意义。我们要从地方经济社会发展和政府工作的全局出发，以党政主导创新机制，全业统筹整合资源，城乡一体融合发展，全力推进精品旅游——旅游业高质量发展，使精品旅游真正成为拉动地方经济社会转型发展和可持续发展的新动能。同时，从旅游业自身的发展机会、发展环境来看，能够列入新旧动能转换十大强省产业，也是一次前所未有的历史性发展机遇，在上百个细分产业中选出十大强省产业，专门推进并有系列的政策体系进行系统性支持，等于有了省委、省政府的"政策背书"，包括后来山东省人大常委会通过的地方法规《山东省新旧动能转换促进条例》，给促进十大强省产业发展以法律保障，这是自有了现代旅游业以来从来没有过的历史性机遇。正因为如此，三年来，全省旅游业的各个领域，在各项政策的推动下，发生了显著变化，得到了全面发展，成效显著。

根据省委、省政府的工作安排，新旧动能转换要三年初见成效。本次专项研究，就是对我省实施新旧动能转换战略以来精品旅游发展"三年初见成效"的一次成果总结。山东大学旅游产业研究院、山东省新旧动能转换重大工程精品旅游产业智库、山东省旅游行业协会共同组织省内智库专家和各领域学者，从2020年11月开始，历时6个月，经过调研、采访、大数据采集和分析等手段，完成了这部研究报告。参与研究的许多专家也是新旧动能转换战略的亲历者、参与者，亲眼见证了三年来精品旅游发展的全过程，因此，许多人是带着深厚的感情参加了这次研究工作。

感谢山东新旧动能转换重大工程协调推进体系“精品旅游产业专班”、山东省文化和旅游厅及各相关处室的大力支持，使我们的专项研究能够得到各个领域精准的数据和资料，大大提高了研究的进度和质量。

山东大学旅游产业研究院院长
山东省新旧动能转换转换重大工程精品旅游产业智库秘书长
山东省旅游行业协会会长
王德刚
2021年8月

目　录

I　主报告

II　精品旅游发展专项研究

Ⅲ 旅游营销与品牌打造专项研究报告

Ⅳ 管理与服务专项研究报告

I 主报告

山东省精品旅游发展主要经济指标与市场分析

王德刚　张记高*

摘　要：从2018年山东省开始实施新旧动能转换战略以来，旅游业的发展从市场统计和经济分析的角度来讲，实际上分为两个阶段：一是2018～2019年，是精品旅游政策实施的起始阶段和旅游市场发展的正常统计年份；二是2020年，由于新冠肺炎疫情的暴发，旅游业遭受重创，市场严重下滑、衰退，当年的统计数据无法进行正常的分析和比较。从前两年的情况看，旅游市场和主要旅游经济指标稳步发展，旅游产业快速、高位发展的势头得以延续并在许多细分领域呈现向好发展的趋势，新旧动能转换的政策优势显现突出。

关键词：旅游统计；市场分析；旅游经济指标；山东省

自2018年山东省实施新旧动能转换战略以来，精品旅游——作为旅游业高质量发展的山东方案，在2018～2019年两年内各项经济指标和旅游市场都发生了很大变化，整体市场发展趋势向好。但由于2020年新冠肺炎疫情的暴发，旅游业一年多时间处于停滞或半停滞状态，因此，对三年精品旅游发展经济指标和市场发展情况的分析，主要以2017年为基数，重点分析2018～2019年各项旅游经济指标和旅游市场发展趋势，同时对2020年疫情防控常态化下旅游业恢复与发展情况进行分析。

一、旅游总收入高位增长

（一）2018～2019年全省旅游业发展总体情况

以2017年为基数，2018～2019年全省旅游业在新旧动能转换、全域旅游等相关政策的综合推动下，整体上呈现繁荣向好态势。旅游接待人次及收入从2017年的7.85亿人次、8705.2亿元，分别增长到2019年的9.38亿人次、1.1万亿元，年均增速分别为9.3%和12.9%，呈现出高于GDP增速的较快增长态势（见图1、图2）。

---

* 作者简介：王德刚（1963～　），山东大学管理学院教授，山东大学旅游产业研究院院长。张记高（1978～　），山东省旅游行业协会副秘书长。

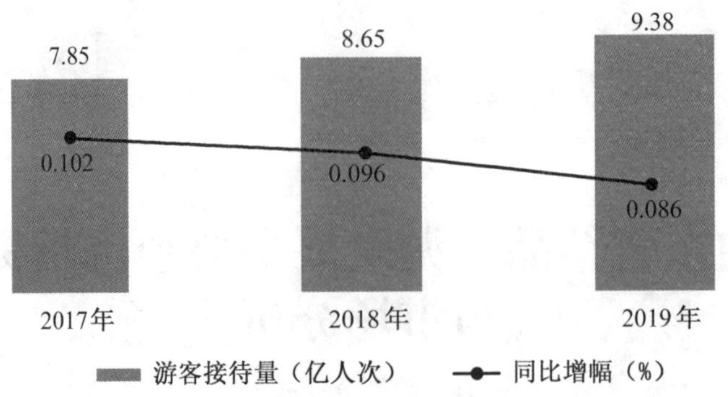

图 1　2017～2019 年山东省游客接待量及同比增幅

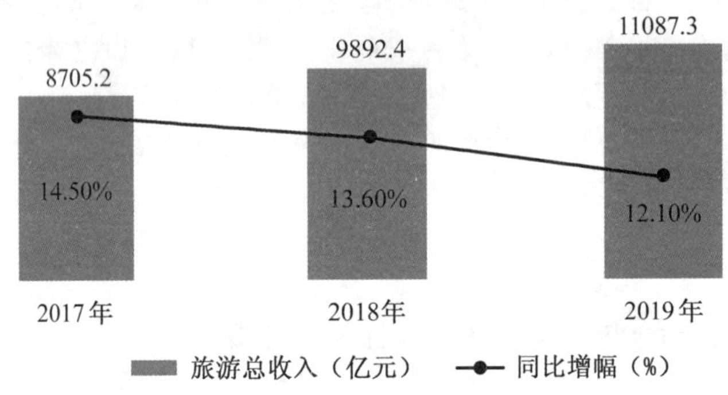

图 2　2017～2019 年山东省旅游总收入及同比增幅

实际上，山东旅游的接待人次和总收入两项指标已经连续十几年保持持续高位增长，这一势头在实施新旧动能转换战略之后，在各项政策的推动下得到了延续，旅游总收入一直保持着两位数的强劲增长势头。

（二）2020 年旅游业恢复情况

2020 年新冠肺炎疫情暴发后，自 2 月开始全国旅游业受到严重影响，5 月份开始缓慢复苏。当年全省共接待游客 5.77 亿人次，旅游总收入 6019.7 亿元，分别恢复到 2019 年的 61.5%和 54.3%，恢复比例好于预期，也高于全国平均水平（见图 3）。

从全年总体走势来看：一季度冰封两个月，元月下旬疫情暴发，旅游出游市场按要求暂时停滞，游客接待量下降近七成，旅游总收入下降七成半；二季度出现好转，清明、“五一”、端午小长假期间，出游需求有序释放，旅游活动逐步恢复；三季度达到高峰，疫情防控常态化，加上暑期旅游旺季到来，旅游接待收入总量达到全年峰值；四季度疫情反复，10 月份，国庆、中秋双节带动力强，旅游接待收入恢复率达到全年峰值；受疫情影响，11～12 月份全省旅游接待收入恢复率略有降低。四季度整体看，旅游接待收入分别恢复到上年同期的 89.5%和 77.1%，比三季度分别提升 15.4 和 26.8 个百分点。

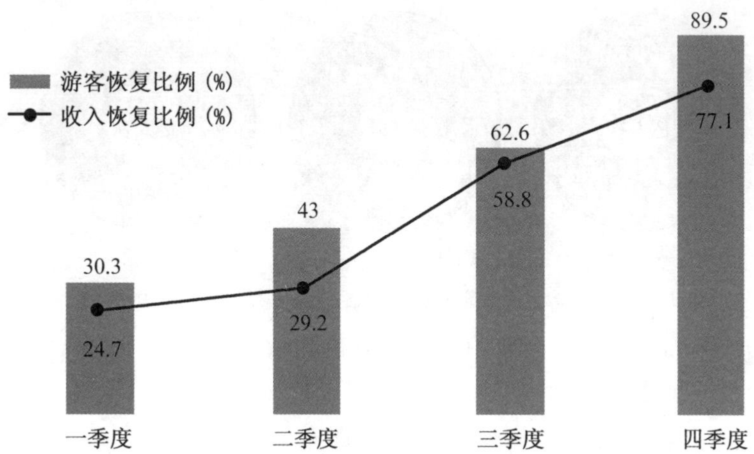

图 3　2020 年全省旅游接待收入同比 2019 年恢复比例

二、国内旅游市场需求旺盛

2017～2019 年，随着居民收入水平不断提升，旅游景区建设质量提高、旅游内涵不断丰富，国内旅游市场需求旺盛，山东省国内旅游规模也呈现稳步增长的良好态势，国内旅游收入持续快速增长。2019 年，山东省国内旅游收入首超万亿元大关，国内旅游接待人次及收入分别由 2017 年的 7.8 亿人次、8491.5 亿元增长到 2019 年的 9.33 亿人次、10851.3 亿元，年均增速分别为 9.2%和 13.0%（见图 4）。

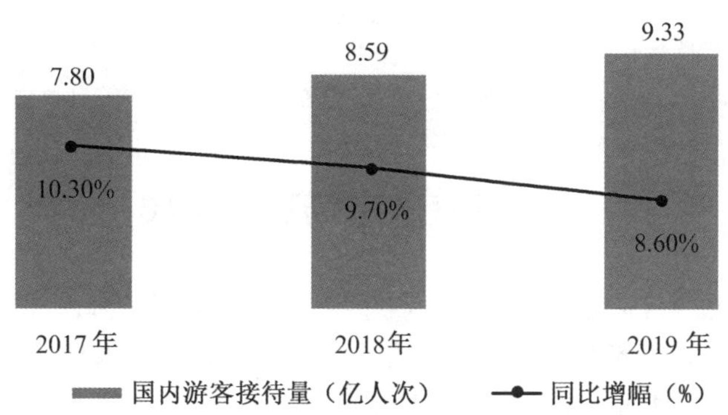

图 4　2017～2019 年山东省国内游客接待量及同比增幅

从游客的停留时间看，国内游客的滞留性特征也非常明显，过夜游客总体上超过了游客总量的 40%，说明我省旅游产品丰富度、密集度以及休闲性、娱乐性也越来越高。

2017～2019 年期间，国内游客中过夜游与一日游比例约为 2∶3，2019 年一日游客占比为 59.5%（见图 5）。

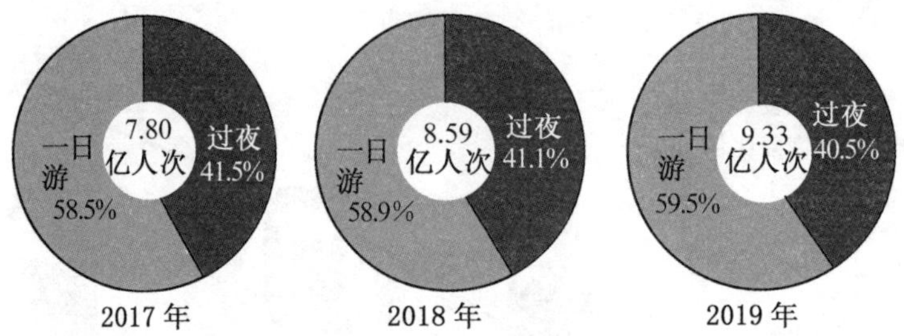

图5　2017～2019年山东省国内游客过夜游与一日游比例结构

2020年新冠肺炎疫情暴发后，国内旅游主体地位更加突出。3月份全省旅游场所和公共文化场馆基本开放，经历清明、"五一"和端午小长假拉动，到开放跨省游，再到暑期游、国庆黄金周，国内旅游市场逐渐恢复八成（见图6）。

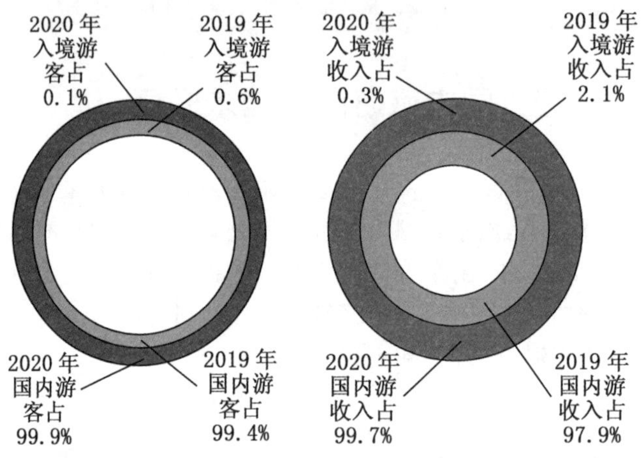

图6　2019～2020年山东省国内游/入境游接待收入对比情况（单位：%）

三、入境旅游市场稳步发展

近年来，随着海外营销力度不断加大，"好客山东"品牌打响海内外，山东省国际影响力大幅提升，入境旅游经济保持平稳。全省入境旅游接待人次及收入分别由2017年的494.4万人次、31.7亿美元增长到2019年的521.3万人次、34.1亿美元，年均增速分别为2.7%和3.7%（见图7、图8）。

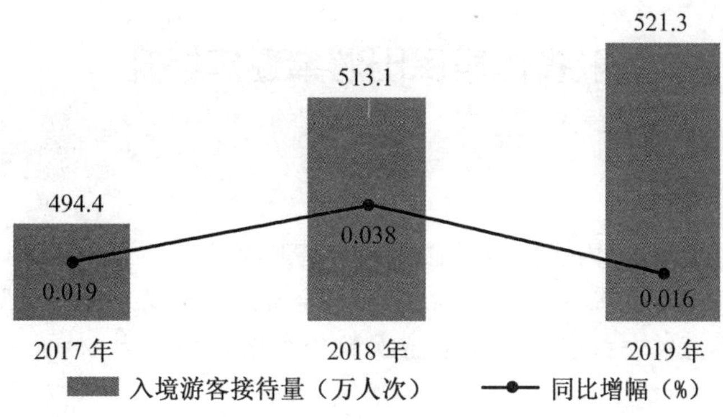

图7 2017～2019年山东省入境游客接待量及同比增幅

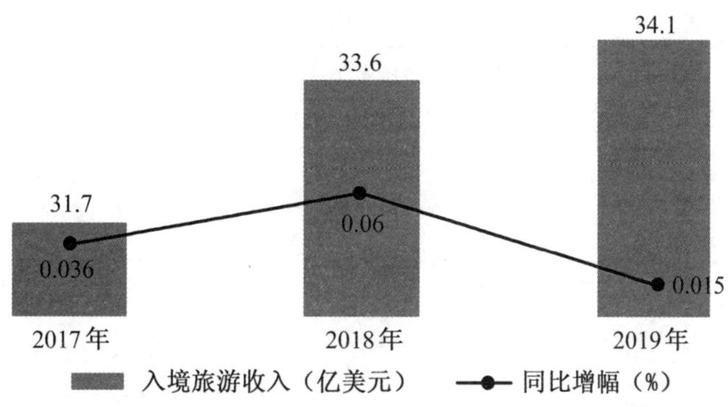

图8 2017～2019年山东省入境旅游收入及同比增幅

总体来看，全省入境旅游规模虽然占比不高，但一直保持平稳增长。

从入境旅游市场的区域布局来看，外国人入境旅游市场主要集中在亚洲，其中韩国、日本一直是我省最重要的客源国（见表1）。

表1 2019年山东省入境外国游客客源地分布情况表（前10位）

客源地	入境人次（万人次）	占外国游客比例（%）
韩国	167.20	45.09
日本	41.96	11.31
俄罗斯	13.44	3.62
新加坡	11.19	3.02
英国	9.32	2.51
德国	9.26	2.50
马来西亚	8.92	2.41
法国	7.35	1.98
澳大利亚	6.89	1.86
菲律宾	4.15	1.12

资料来源：山东省文化和旅游厅《2020山东旅游统计便览》。

四、省内居民出游率逐年提升

（一）省内居民出游率

随着大众旅游推进，省内居民出游意愿不断增强，在扩大全省旅游内需、助力旅游市场稳步发展中发挥了重要作用。2017～2019 年，全省城乡居民年人均出游次数年均增长 8.8%，其中，城镇居民、农村居民人均出游次数年均增长分别为 8.0%和 10.6%。2019 年，全省人均出游次数达 4.5 次，其中，城镇居民人均出游 5.6 次，农村居民人均出游 3.3 次（见表 2、图 9）。

表 2　2017～2019 年山东省居民人均出游次数　单位：次

	2017 年	2018 年	2019 年	三年年均增长（%）
人均出游次数	3.8	4.2	4.5	8.8%
城镇居民	4.8	5.2	5.6	8.0%
农村居民	2.7	3.0	3.3	10.6%

资料来源：根据《2020 山东旅游统计便览》整理。

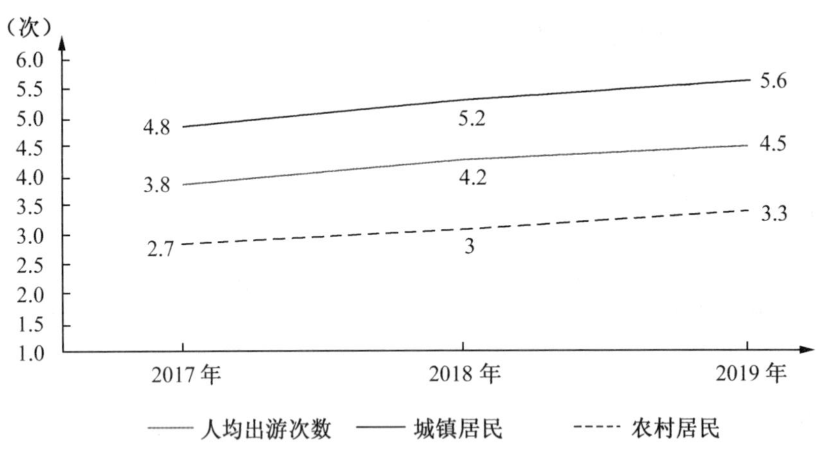

图 9　2017～2019 年山东省居民人均出游次数

从省内各市居民出游率对比分析来看，由于各地经济发达度、旅游产业布局等具体情况的不同，各市居民出游率也存在较大差距（见表 3）。

表 3　2019 年山东省各市居民平均出游率一览表

市	居民年均出游次数（次）
济南	6.51
青岛	7.09

续表

市	居民年均出游次数(次)
淄博	5.03
枣庄	3.63
东营	5.64
烟台	5.92
潍坊	4.62
济宁	4.24
泰安	4.28
威海	6.14
日照	3.17
临沂	3.31
德州	3.20
聊城	3.32
滨州	3.89
菏泽	2.59

资料来源:根据《2020山东旅游统计便览》整理。

从各市情况对比来看,全省各市之间居民出游率极不均衡,最高的超过7次(青岛),最低的不到3次(菏泽),最高的是最低的2倍以上。因此,如何满足当地居民出游需求,进一步提高本省居民的出游率,实际上已经成为影响全省旅游业规模化发展的重要因素。

(二)省内市场占比

从全省国内旅游市场区域分布分析看,省内市场一直占国内市场总量的一半以上,近年来更是超过了60%。2019年,本省市场占到了国内市场总量的63.86%(见表4)。

表4 2019年山东省国内旅游客源地分布情况表

客源地	占比(%)
山东	63.86
江苏	4.27
河北	3.93
河南	3.24
辽宁	1.98
安徽	1.91

续表

客源地	占比（%）
黑龙江	1.86
山西	1.82
吉林	1.51
浙江	1.50
湖北	1.16
北京	1.15
广东	1.11
天津	1.10
湖南	1.08
陕西	1.05
四川	1.03
福建	1.01
上海	0.98
江西	0.97
其他	3.48

资料来源：根据山东省文化和旅游厅《2020 山东旅游统计便览》整理。

五、游客花费结构日趋合理

游客人均花费及其构成比例，是衡量一个旅游目的地产品数量和质量的综合性指标。

从近年来全省每年游客花费统计来看，游客人均花费总体上呈稳定趋势，2017 年游客年旅游花费为 1089.1 元/人次，2018 年为 1124.7 元/人次，2019 年为 1073.3 元/人次。同样，由于各市经济和旅游业发展不平衡，各市之间存在较大差距（见表 5）。

表 5　2019 年山东省各市游客人均花费一览表

市	游客人均花费（元）
济南	1282.60
青岛	1774.42
淄博	1167.39
枣庄	904.83
东营	1019.48

续表

市	游客人均花费(元)
烟台	1321.72
潍坊	1113.59
济宁	1026.39
泰安	1096.61
威海	1344.42
日照	787.54
临沂	1042.25
德州	667.86
聊城	837.57
滨州	905.37
菏泽	881.21

资料来源:根据山东省文化和旅游厅《2020 山东旅游统计便览》整理。

从统计数据中可以看出,人均花费最高的是青岛市 1774.42 元/人次,而最低的是德州市,人均花费只有 667.86 元/人均,两市相差 2.66 倍。

从游客花费结构上来看,国内游客花费结构中购物、餐饮这两项是弹性消费中的最重要领域,花费占比分别排到第一、第二位,二者相加已经超过花费总量的 40%;相反,国内游客的文化、娱乐消费占比较低,二者相加还达不到 3%(见表 6)。

表 6　2018～2019 年山东省国内游客花费构成一览表

项目	2019 年(%)	2018 年(%)	增减百分点
合计	100.00	100.00	—
购物	24.22	24.19	0.03
餐饮	19.53	19.62	−0.09
住宿	18.16	18.12	0.04
长途交通	12.54	12.53	0.01
游览	10.51	10.56	−0.05
自驾车	6.36	6.32	0.04
市内交通	1.79	1.81	−0.02
休闲娱乐	1.77	1.68	0.09
文化艺术	1.21	1.17	0.04
居民服务	1.40	1.15	−0.05
邮电通信	0.43	0.42	0.01
其他	2.39	2.43	−0.04

资料来源:山东省文化和旅游厅《2020 山东旅游统计便览》。

入境游客的花费结构与国内游客呈现出很大的不同。

首先,由于空间距离的原因,交通费用占总花费的比例居高不下,2019 年占比接近 30%。

其次,由于消费理念、习惯的不同,娱乐消费占比明显高于国内游客,2019 年达到 6.48%,是国内游客的两倍。

最后是购物花费占比,入境游客与国内游客基本持平。2019 年入境游客购物花费占比为 24.41%,与国内游客的 24.22%基本持平(见表 7)。

表 7　2018～2019 年山东省入境游客花费构成一览表

项目	2019 年(%)	2018 年(%)	增减百分点
总计	100.00	100.00	—
一、长途交通	29.42	29.19	0.23
1.民航	23.67	23.45	0.22
2.铁路	1.23	1.19	0.04
3.汽车	2.43	2.54	−0.11
4.轮船	2.09	2.01	0.08
二、游览	8.38	8.61	−0.23
三、住宿	12.39	12.27	0.12
四、餐饮	8.83	8.61	−0.23
五、娱乐	6.48	6.65	−0.17
六、购物	24.41	23.59	0.82
七、邮电通信	3.88	3.80	0.08
八、市内交通	3.05	3.03	0.02
九、其他	3.16	4.07	−0.91

资料来源:山东省文化和旅游厅《2020 山东旅游统计便览》。

从对全省主要旅游经济指标和旅游市场的分析来看,自 2018 年山东省开始实施新旧动能转换战略以来,旅游业的整体发展速度、发展规模和发展质量都有了明显的向好趋势。但由于新冠肺炎疫情的暴发,使这三年来旅游经济发展和旅游市场的发展客观上变成了两个阶段:一是 2018～2019 年,是精品旅游政策实施的起始阶段和旅游市场发展的正常统计年份;二是 2020 年,由于新冠肺炎疫情的暴发,旅游业遭受重创,市场严重下滑、衰退,当年的统计数据无法进行正常的分析和比较。从前两年的情况看,旅游市场和主要旅游经济指标稳步发展,旅游产业持续快速、高位发展,并在许多细分领域呈现向好发展的趋势,新旧动能转换的政策优势显现突出。新冠肺炎疫情暴发后,随着疫情防控的节奏性变化,旅游市场也呈现出明显的弹性跳跃特征。未来,在疫情防控常态化下,这种特征可能还会持续相当长一段时间。

新旧动能转换助力旅游产业高质量发展

王娟　于雪*

摘　要：山东是文化大省、旅游大省，著名的"孔孟之乡，礼仪之邦"，是中华文明的重要发祥地、儒家文化的发源地、沂蒙精神的诞生地，素有"一山一水一圣人"的美誉。近年来，山东省委、省政府将精品旅游列入新旧动能转换"十强"优势产业，并作为九大改革攻坚行动的重要内容。

关键词：精品旅游；新旧动能转换；高质量发展

截至2020年底，山东省拥有A级旅游景区1229家，其中5A级景区12家，数量分别居全国第一、第六位；旅游度假区46家（国家级4家、省级42家），总数居全国第六位。2019年，全省旅游总收入超过1.1万亿元，旅游业对GDP综合贡献率达11.8%。2020年，受疫情影响，全省接待游客5.77亿人次，实现旅游收入6019.7亿元，分别恢复到2019年的61.5%和54.3%，恢复幅度居全国前列。旅游产业规模不断壮大，影响力不断提升，竞争力不断增强，呈现出更高质量、更高效能。"孔子故乡·好客山东"名片光彩夺目、声名远播，世界著名文化旅游目的地品牌形象进一步彰显。

一、文旅融合激发产业发展新动能

2020年9月，山东省举办山东省旅游发展大会暨中国国际文化旅游博览会，这是机构改革以来首次由省委、省政府主办的综合性旅游盛会。会议集宣传推介、博览交易、工作会议、文艺演出、考察观摩于一体，对推动文旅行业提振复苏，提升"好客山东"品牌知名度、美誉度具有重要意义。

为强化高点定位，突出顶层设计，推进文旅融合，山东省编制出台《山东省文化旅游融合发展规划》。该《规划》提出以文旅融合为主线，发挥齐鲁文化优势，加快建设红色文化旅游、优秀传统文化旅游两大基地，着力优化完善"济南省会经济圈文化旅游发展极、青岛胶东经济圈文化旅游发展极、山水圣人中华优秀传统文化旅游带、仙境海岸文化旅

* 作者简介：王娟（1987～），女，枣庄职业学院旅游管理系助教；于雪（1995～），女，山东大学管理学院2019级硕士研究生。

游带、大运河(山东段)文化旅游带、黄河文化和绿色生态旅游带、齐长城文化旅游带、红色文化旅游带”,形成“两大基地引领,两极六带支撑”的发展布局,串珠成线、连片成面,打造山东文化旅游新优势。

近些年,山东省全域旅游示范省创建取得一系列新进展,出台了《大力推进全域旅游高质量发展实施方案》。截至目前,全省 28 家单位入选国家和省级全域旅游示范区名单。其中,青州市、青岛市崂山区、曲阜市、荣成市、沂南县、烟台市蓬莱区、齐河县与济南市章丘区 8 家单位入选国家全域旅游示范区,数量并列全国第一,省级全域旅游示范区达到 25 家。

为应对新冠疫情对旅游产业发展带来的不利影响,2020 年,山东省文化和旅游部门率先采取应对措施,出台统筹推进疫情防控和复工复产的政策文件,推出系列促进文旅行业复苏回暖的务实措施,下大力气帮助企业渡过难关。省文旅厅积极引导全省各级文化和旅游部门主动对接金融管理部门和银行机构,鼓励金融机构对因疫情影响导致贷款逾期的企业减免罚息等。山东省五部门联合出台《关于金融促进文化和旅游产业发展的实施意见》,提出赋能文旅消费等 15 条举措,搭建起银企对接桥梁,提升中小微企业金融服务能力,推动全省文旅产业回暖升温。2020 年,全省累计发放文旅产业贷款 1353 亿元,同比增加 566 亿元。出台《关于加快推进夜间旅游发展的实施意见》等系列政策,推动景区夜间开放,优化夜间文化演出市场,培育一批夜间演艺精品,推出一批业态多元、吸引力强的夜间旅游优质项目和产品。依托中心城区设施和重点景区,培育夜间观光游憩、文化体验、特色餐饮、时尚购物等夜间旅游经济产业,打造一批夜间文化和旅游消费集聚区。

二、项目建设带动产品供给上新层次

旅游业是具有“一业兴,百业旺”带动效应的朝阳产业。文旅产品、文旅体验越来越成为满足群众日益增长美好生活需求的必需品。为提升文旅产品供给质量,山东省加大了文化旅游重点项目建设力度。

全省培优培强精品旅游产业“雁阵形”集群和集群领军企业。9 个集群入选省“十强”产业“雁阵形”集群库,7 家企业入选集群领军企业库。国欣文旅集团、济南文旅集团等一大批文旅集团发挥了龙头带动作用。全省设立新旧动能转换精品旅游基金 8 只(其中省级基金 4 只),基金认缴总规模 118.8 亿元,已投资重点项目 8 个,基金实现投资 26.86 亿元,为产业发展提供了强有力的资金支持。山东省文旅厅加快“双招双引”步伐,举办儒商大会精品旅游论坛、青岛跨国公司领导人峰会文旅项目路演、“知名文旅企业家山东行”等活动。尼山圣境、东方影都等 698 个优质项目落地竣工,完成投资 4648.7 亿元,夯实了产业发展基础。

产业融合发展态势不断增强,省文旅厅组织专家编制出台了《康养旅游示范基地建设指南》(DB37/T4210-2020)省级地方标准,编制出台《工业旅游示范基地建设指南》(DB37/T4209-2020)省级地方标准,联合有关部门推动发展工业旅游、体育旅游、康养旅游、研学旅游等新业态发展,开展示范基地评定工作。目前,全省共有 240 家国家级和省级文化旅游新业态示范单位。新业态构成丰富，吸引了越来越多的游客。

三、旅游公共服务水平获得新提升

在线旅游的普及对旅游的服务品质和效率提出了更高的需求。山东的文化旅游信息化建设经过多年积累，处于全国领先水平，更需抓住机遇，率先推动文化旅游产业智慧化发展，提升全省文旅融合数字化水平。

加快“好客山东 云游齐鲁”智慧文旅平台建设，实施“一机游山东”工程。以大众消费需求为导向，建设智慧文旅融合大数据中心，构建国内外游客智慧服务平台、政府综合监管服务平台、文旅企业综合服务平台、全域文化创意产业平台的“一中心四平台”体系，推动政府侧、企业侧、用户侧的监管、运营、服务的全面升级。发挥文化和旅游产业资源优势，推动“文化＋旅游＋科技”融合创新发展，实现游客与居民旅游体验的自由自在、政府旅游管理服务的精准高效、文旅产业生态的开放共赢、“好客山东”品牌的传承与数字化创新。

推进智慧景区建设。建设旅游景区门票预约机制，2020 年底，全省 13 家 5A 级景区和 134 家 4A 级景区实现分时预约并接入省级平台，预约实现率高出国家文旅部相关指标 30％。

旅游餐饮住宿服务质量稳步提升。2018～2020 年三年新增星级饭店 80 家，总数达 561 家，数量居全国第三位。制定《好客山东旅游饭店服务标准》，打造“朴宿”“不负”“沂蒙”等一批知名民宿品牌，形成高中低档配套，布局结构合理的旅游住宿服务体系。

大力实施旅游厕所革命。2020 年，全省新建、改扩建旅游厕所 1126 座；在百度电子地图标注旅游厕所 1.1 万座，数量居全国第 。旅游服务中心、集散中心等公共服务设施不断完善，管理服务效能进一步提升。

大力净化旅游市场消费环境，强化执法监管，实施“双随机，一公开”监管，开展旅游市场专项整治，让游客开心、放心、舒心游山东。

四、文化旅游消费成为新亮点

文化和旅游消费潜力持续释放。近年来，通过深化供给侧结构性改革，山东省从供需两端发力，不断激发文化和旅游消费潜力，促进文化和旅游消费设施更加完善、消费结构更加合理、消费环境更加优化。山东省大力实施文旅消费促进行动，以高质量文化和旅游供给增强人民群众的获得感、幸福感。连续举办山东文化和旅游惠民消费季。2020 年，省、市、县三级发放使用惠民消费券 1.5 亿元，直接带动消费 9.84 亿元，间接带动消费 115.16 亿元。策划开展一系列主题活动，包括乐游齐鲁、乐购齐鲁等六大系列 8793 项，开展“山东人游山东”“好客山东游品荟”“六个一百自驾游行动”等专项活动，全省累计参与人次达到 2.5 亿。创新开展“山东人游山东”“冬游齐鲁 · 好客山东惠民季”“好客山东游品荟”“六个一百自驾游行动”等活动。突出市场化运作助推文旅消费。与银联山东分公司等金融机构合作，打通银联“云闪付”App 结算渠道、获客渠道与消费季平台，实现银联覆盖旅游企业优惠支付。联合银行探索发行“好客山东”文旅消费主题卡，配套专属权益，扩大惠民力度。联合中国银联山东分公司及商业银行，发行“好客山东”文化旅游主题信用卡，推出景区门票减免、消费积分分期等专属权益。济南、青岛成功入选首批15家全国文化旅游消费示范城市，烟台、淄博2市入选第一批试点城市，全省示范和试点城市总数位居全国首位。

2018～2020年三年间，省、市、县三级财政共发放文化和旅游惠民消费券3.54亿元，直接拉动消费超19.32亿元，参与企业14110家，间接带动消费298.36亿元，成为拉动文旅消费的重要力量。山东文化和旅游惠民消费季成为全国开展范围最大、参与企业最多、消费者分布最广、平台模式最新的文旅消费促进行动，受到文化和旅游部肯定。

五、“好客山东”品牌影响力不断增强

山东是文化圣境、红色热土、康养福地、诗酒田园，“好客山东”蕴含着齐鲁文化“崇礼尚宾，重情重义”的品格特色，成为国内民众耳熟能详的品牌。

山东省着力扩大“好客山东”品牌影响力，采取灵活多样的推广形式，持续加强“好客山东”旅游形象海外推广，海外孔子旅游大使达到2900多名。拓宽网络和新媒体宣传渠道，打造文旅融合新媒体矩阵，提升“好客山东”品牌及山东文化旅游社会认知度。中国（曲阜）国际孔子文化节（尼山世界文明论坛）、临沂书圣文化节、淄博齐文化节、菏泽牡丹节等一批重大节会活动轮番上演（向世界讲好中国故事），彰显了齐鲁文化魅力。

山东省文旅厅积极推进在途旅游场景全程式、立体化宣传推广。在高铁列车、机载媒体、高铁站、机场、地铁及公交枢纽等地进行“好客山东”品牌投放，打造风格统一、方式灵活、辨识度高、契合品牌形象的整合营销模式。围绕进一步提升“好客山东”美誉度，制订《“好客山东”品牌提升工作方案》，继续实施“联合推介，捆绑营销”，成为央视“品牌强国工程”中唯一的文旅品牌。

2018年，“好客山东”系列品牌成功打造获选“山东省庆祝改革开放40周年最具影响力的事件”。2019年，荣获新浪旅游第十届金足迹文化旅游峰会颁发的“2019最具影响力国内游省份”殊荣。2020年，宣传营销居全国省级文旅新媒体传播力指数TOP10第一位，“好客山东”文旅在线服务独揽2020中国文旅产业金峰奖“最具影响力文旅云平台”大奖。

三年来，“好客山东”整体品牌价值体系所产生的显著社会与经济效益持续得到社会各界广泛认可，成为推动山东省新旧动能转换的强大产业支撑。

为全力聚焦旅游产业高质量发展，进一步发挥新旧动能转换的促进带动作用，把握新形势、塑造新优势、干出新成效，山东省将以更大决心、更实举措，开创文化旅游新局面，打造“好客山东”升级版。

II　精品旅游发展专项研究

党政统筹聚力推进全域旅游示范区创建

于 潇　王德刚*

摘　要:从工作推进机制上说,以党政统筹来推进全域旅游发展和全域旅游示范区创建,实际上是长期以来我国坚持的政府主导型旅游发展战略的升级版。全国启动全域旅游示范区创建工作以来,山东省在省、市、县三级均有示范区创建单位入列,截至2020年底,共8家国家级、25家省级全域旅游示范区验收成功。山东省在党政科学统筹、科学研判下,全域旅游工作在体制机制创新方面取得了显著成效,示范推广价值突出。本文探究了山东省全域旅游示范区创建的整体情况,以青岛崂山区、德州齐河县、潍坊青州市为案例典型,综合全省实践总结山东省全域旅游示范区创建的经验启示:基于党政统筹引领,秉持平台思维和"主客共享,共建共赢"发展理念,依托法律保障和多规融合等有效抓手,通过出台多元化政策推进多部门有效联动,进一步实现了科学引领、龙头带动、全域联动、景城乡多业态一体化的良性发展局面,对推进全域旅游发展具有示范意义。

关键词:党政统筹;全域旅游示范区;山东省

全域旅游是指将全区域作为完整旅游目的地,统一规划布局,优化公共服务,推进产业融合,加强综合管理,实现集群发展,全民共建共享,以旅游休闲业带动经济社会全面协调可持续发展的一种新模式。① 从旅游业发展的内在机理看,全域旅游是新资源观、新产品观、新产业观视角下,做实做强旅游目的地的一种新路径;从旅游业发展的外部环境看,动员全社会力量和全社会资源参与旅游业发展,需要通过新的体制机制来形成新的推动力、聚合力、执行力。因此,从旅游发展的战略模式上看,全域旅游本质上是一种通过体制机制和行政力量推动的旅游发展模式,是政府主导型旅游发展战略的升级版,即由政府主导到党政统筹。

四十年多来,中国旅游业一直都是政府主导型发展模式。在很多情况下,政府主体走在市场主体的前面,很多旅游项目是依托政府规划、政策引导、资金引流、奖金鼓励等形式,引导社会资本跨界进入旅游产业,参与旅游目的地建设和旅游项目的开发,特别是

---

* 作者简介:于潇(1989～),女,山东财经大学工商管理学院讲师;王德刚(1963～),山东大学管理学院教授,山东大学旅游产业研究院院长。

① 参见中共山东省委、山东省人民政府:《大力推进全域旅游高质量发展实施方案》(鲁发〔2020〕40号)2018年9月7日。

在旅游景区开发和乡村旅游领域尤为突出。但在传统的依靠政策文件定性、优惠政策引导的政府主导型发展战略背景下，政策的创新空间越来越小，再加上国家治理体系和政策环境的变化，传统的政府主导型发展战略对旅游发展的能动作用越来越弱，需要进行战略升级。因此，从内在动力机制上看，全域旅游并不是从市场层面和产业主体层面上自发和主动参与的发展模式转型，而是一场靠行政力量推动的旅游目的地发展模式变革；从工作实践中看，全域旅游必须依靠自上而下的行政力量的有力推动，形成资源聚合力和行动执行力。①

山东省深入落实国家关于全域旅游的决策部署，积极推进实施新旧动能转换重大工程，以世界眼光、国际标准、山东特色为引领，以创建国家全域旅游示范省来进行省级层面的统筹指导，深化旅游供给侧结构性改革。山东省全域旅游示范区创建以体制机制创新为总抓手，省、市、县（区、市）三级政府层层分工，以县域示范区创建为着力点，积极推动县域示范区创建工作“双负责”制这一核心的体制动力，在全域旅游示范区创建的地方实践中涌现出“齐鲁样板”，展示了山东文旅方兴未艾、厚积薄发的发展活力。

一、全域旅游示范区创建总体情况

山东省是在全国开展全域旅游比较早的省份。早在国家启动全域旅游示范区创建工作之前，山东省已有部分区县开始了具有全域旅游理念的创新探索。2014 年时已经有区县开始探索全域化发展的旅游发展路径。其中，2014 年山东省的沂水县提出了“全景沂水　全域旅游”的发展理念，青岛市崂山区提出了“崂山全域皆景区”的发展理念。

2016 年以来，我国将推进全域旅游发展作为国家层面的政策导向，旨在通过发展全域旅游促进旅游业供给侧结构性改革，创新旅游目的地发展模式，带动区域经济社会全面发展，同时将创建全域旅游示范区作为引领和推进全域旅游发展的重要手段。山东省在争取示范县、示范市、示范省创建等方面都非常踊跃，并取得显著成绩。原国家旅游局（现文化和旅游部）先后公布了 2 批国家全域旅游示范区创建名单，2016 年 2 月公布的首批 262 个国家全域旅游示范区创建名单中，山东省共 12 个，其中，全域旅游示范市2 个：烟台市、临沂市；全域旅游示范县 10 个：济南历城区、青岛崂山区、淄博沂源县、枣庄台儿庄区、枣庄滕州市、潍坊青州市、潍坊临朐县、威海荣成市、威海文登区、日照五莲县。2016 年 11 月公布的第二批 238 个国家全域旅游示范区创建名单中，山东省共 9 个，其中，全域旅游示范市 5 个：济南市、泰安市、威海市、日照市、莱芜市；全域旅游示范县 4 个：枣庄山亭区、济宁曲阜市、滨州无棣县、聊城东阿县。2017 年，国家旅游局决定将山东省新增为全域旅游示范省创建单位。至此，山东的省、市、县三级均有列入全域旅游示范区创建单位。

四年来，在文化和旅游主管部门的政策引导、协调推动和组织调度下，全域旅游发展和全域旅游示范区创建工作得到山东省各级党委政府的积极响应，各地在全域旅游示范区创建的体制机制创新、产品和业态创新、管理和服务等方面积极探索，创新了模式，积

① 参见石培华：《如何认识与理解“全域旅游”》，《西部大开发》2016 年第 11 期。

累了经验，示范区创建工作初见成效。2019年9月，文化和旅游部公布了首批71家国家级全域旅游示范区，青岛崂山区、潍坊青州市、济宁曲阜市成功获评首批国家全域旅游示范区，山东省成为全国13个推荐名额全部通过的省份之一。① 2020年11月18日，文化和旅游部公布了第二批97个国家级全域旅游示范区名单，山东省推荐的5个再次全部入选，包括：威海荣成市、临沂沂南县、烟台蓬莱区、德州齐河县、济南章丘区。② 山东省成为全国全域旅游示范区验收成功最多的省份之一。（见表1）

与此同时，省级全域旅游示范区验收工作也在积极推进。2019年，山东省文化和旅游厅组织开展第一批山东省全域旅游示范区验收认定工作，通过专家会议评审、现场暗访等方式，确定了首批共15家"山东省全域旅游示范区"名单，包括济南章丘区、济南长清区、淄博淄川区、枣庄台儿庄区、烟台蓬莱市、潍坊临朐县、济宁邹城市、济宁泗水县、泰安泰山区、威海荣成市、日照五莲县、临沂沂南县、临沂沂水县、德州齐河县、滨州惠民县。③ 2020年，山东省文化和旅游厅组织开展第二批山东省全域旅游示范区验收认定工作，在各市初审验收的基础上，综合专家评审、现场检查结果，并经公示，确定了第二批共10家"山东省全域旅游示范区"名单，包括济南历下区、淄博博山区、枣庄山亭区、东营垦利区、潍坊安丘市、威海环翠区、日照东港区、临沂河东区、滨州博兴县、菏泽单县（见表1）。此外，决定将济南莱芜区、淄博周村区、枣庄滕州市、济宁汶上县、临沂蒙阴县等5家单位列入第三批山东省全域旅游示范区重点培养单位名单，拟下一步组织专家，加大指导力度，促进工作提升。④

表1　山东省国家及省级全域旅游示范区名单

地市	第一批国家级3家（2019年）	第二批国家级5家（2020年）	第一批省级15家（2019年）	第二批省级10家（2020年）
济南	—	章丘区	章丘区、长清区	历下区
青岛	崂山区			
淄博	—		淄川区	博山区
枣庄			台儿庄区	山亭区
东营				垦利区
烟台		蓬莱区	蓬莱区	
潍坊	青州市		临朐县	安丘市

① 参见文化和旅游部：《文化和旅游部关于公布首批国家全域旅游示范区名单的通知》（文旅资源发〔2019〕117号），2019年9月20日。

② 参见文化和旅游部：《文化和旅游部关于公布第二批国家全域旅游示范区名单的通知》（文旅资源发〔2020〕83号），2020年12月2日。

③ 参见山东省文化和旅游厅：《关于公示首批山东省全域旅游示范区名单的公告》（鲁文旅资源〔2019〕13号），2019年12月16日。

④ 参见山东省文化和旅游厅：《山东省文化和旅游厅关于公布第二批山东省全域旅游示范区名单的通知》（鲁文旅资源〔2020〕17号），2020年12月31日。

续表

地市	第一批国家级 3 家（2019 年）	第二批国家级 5 家（2020 年）	第一批省级 15 家（2019 年）	第二批省级 10 家（2020 年）
济宁	曲阜市		邹城市、泗水县	
泰安			泰山区	
威海		荣成市	荣成市	环翠区
日照			五莲县	东港区
临沂		沂南县	沂南县、沂水县	河东区
德州		齐河县	齐河县	
聊城				
滨州			惠民县	博兴县
菏泽				单县

资料来源：文化和旅游部、山东省文化和旅游厅统计资料。

二、全域旅游示范区创建典型案例

（一）崂山区

1. 基本情况

崂山是一个“老牌”的、相对成熟的旅游目的地，是青岛市东部一座宜居宜业的现代化山海品质新城，陆域面积 395.8 平方公里，海域面积 3700 平方公里，海岸线长 103.7 公里，先后荣获国家级生态示范区、中国蓝色旅游示范基地等荣誉称号。

2016 年，崂山区被列入全国第一批国家级全域旅游示范区创建单位。实际上，崂山区在 2014 年已经提出了“崂山全域皆景区”的发展理念。借助全域旅游示范区创建的历史性机遇，崂山区重新树立旅游目的地发展方向和建设目标，确定了建设世界知名、国内一流和国际水准的“全域度假旅游目的地”的总体目标，并围绕这一总体目标对旅游产业发展和旅游管理体制机制、旅游政策保障体系、旅游产品开发和业态组织、旅游公共服务、友好型旅游环境打造等一系列事项，进行了整体规划和设计，形成了独具崂山特色的全域旅游示范区创建的总体政策框架。崂山区全域旅游创建工作党政主要领导高度重视，不断推动旅游业从景点旅游向全域旅游转变、从高速增长向优质发展转变、从观光旅游向休闲度假转变，构建起“景城乡一体，山海空联动”全面立体发展格局，开创了“全域共建，精明增长”的全域旅游崂山模式。

2. 创建经验

（1）党政统筹，创新旅游综合治理体制机制

一是创新全域旅游综合管理体制。对青岛市崂山风景名胜区管理局、石老人国家旅游度假区管理委员会、崂山区旅游局、青岛市啤酒节办公室的景区管理、旅游发展和节庆会展等职能、人员编制及平台全部整合，率先组建区县级旅游发展委员会。随后，把区旅

游发展委员会与区文化和旅游局进一步整合，组建区文化和旅游发展委员会，由区委书记担任党工委书记，区长、区文旅委主任、区委宣传部部长担任党工委副书记，下设11个职能处室，统一负责全域旅游的统筹推进、综合协调和服务监管。在辖区5个街道办事处均成立宣传文体旅游中心，规格高配为副处级，构建区街联动、无缝覆盖、运行有效的旅游综合管理体制。截至目前，崂山区是全国唯一一个保持着“文化和旅游发展委员会”体制的县域行政区。

二是创建“1＋5＋N”旅游市场监管机制。成立全区旅游秩序综合整治领导小组和旅游市场监管所、旅游巡回法庭、景区食药所、景区行政执法大队和景区交通运输管理所5个专业旅游执法机构，及多个联合执法、假日投诉、重点景区整治办公室。构建以公安交警“天网”为依托的270余处旅游秩序视频监控系统。

三是创新旅游投诉处置机制。开通国内首个5位数的全区统一旅游服务热线——96616，统一受理旅游咨询服务、投诉受理，进行旅游产品推介。建立旅游投诉先行赔付制度和旅游纠纷快速处置联动机制，迅速、高效处理各类旅游投诉。

(2)全区统筹，整合各级资源和财政资金

一是加大资金支持和统筹力度。2018年实际投入财政资金3.8亿元，设立直接股权投资资金、产业引导基金等新兴财政金融扶持工具①，集中财力优势支持旅游业发展。

二是出台扶持旅游业发展政策文件，引导特色旅游服务项目建设。包括《崂山区促进旅游产业发展实施细则》《崂山区促进特色酒吧街区发展实施细则》等专项政策，在推动旅游产业高质量发展和完善旅游服务业态等方面发挥了积极作用。

三是促进全域旅游规划与国民经济、城乡建设、土地利用、自然保护区、风景名胜区等相关规划的融合。配套编制了8年行动计划，健全规划领导、评估和实施机制，确保规划落地实施。

(3)全域融合，促进景城乡多业态一体化融合发展

崂山区以“旅游＋”和“＋旅游”为途径，构建全面、立体的全域旅游产品供给体系。

一是推动城乡融合。在全域旅游产业布局、项目引进、环境提升等方面进行全区统筹谋划。2016年以来，累计投入财政资金13.13亿元，推进城乡环卫一体化，全面提升环境质量。

二是推动景城融合。完成10.5公里的前海景观提升工程，打通滨海步行道，建设14处“口袋公园”和44处人文街景小品，打造钓鱼台酒店、美高梅酒店、米其林餐厅、星光里酒吧街等一批时尚消费新地标。

三是推动乡旅融合。三年累计投入20亿元，以3A级景区标准对30个重点社区进行环境品质提升。东麦窑仙居崂山、凉泉理想村、解家河国际艺术村等一批高品质乡村旅游项目快速崛起。

四是推动产业融合。推进旅游与文化、金融、工业、体育、交通、教育等相关产业融合发展，打造了如是书店、崂山书院等一批精品文旅融合业态。崂山湾国际生态健康城、“崂山100”国际山地越野赛分别入选国家级示范基地、示范项目。

① 参见戴学锋、陈瑶：《全域旅游示范区的改革创建与实践探索》，《旅游学刊》2020年第2期。

五是推动景社融合。建立景区社区“双联动”工作机制，每年设立2000万元景区生态资源保护奖补金，对景区内35个社区、34800名居民进行补偿和奖励，实施旅游富民惠民工程。

(4)全域覆盖，全面优化提升旅游公共服务

秉持“以人为本”的服务理念和服务情怀，构建功能齐全、分布合理、特色鲜明的旅游公共服务体系。

一是完善城市慢游设施。将沿海一线建设成为集休闲步道、骑行绿道、口袋公园于一体的滨海慢游步道。

二是完善旅游公共服务体系。建设大河东、汽车东站和北九水三个旅游集散中心，配套八处旅游信息咨询中心，20余处旅游咨询服务点，安装各类旅游标识牌3600余块，建立以旅游数据中心为依托的综合智慧旅游系统。

三是深入推进旅游厕所革命，新改建38处标准化生态厕所、39处新型环保厕所和90余处新型市政公厕，先后获得全国厕所革命“最佳景区”“十大典型景区”“管理模式创新奖”等荣誉称号。

(5)全域营销，提升旅游品牌影响力

一是构建全域营销机制。2018年，设立市场营销专项资金1200万元，建立部门协同、企业联手、媒体跟进、游客参与的“四位一体”全域营销机制。

二是节庆活动全年不断线。始于1991年的青岛国际啤酒节，蜚声中外。北宅樱桃节、沙子口鲅鱼节、崂山茶文化节、枯桃花会等特色旅游节庆活动精彩纷呈。

总之，崂山全域旅游示范区创建经验具有其独到性，充分体现了“党政统筹，部门联动”的体制机制。特别是体制机制创新方面，崂山区目前的“文化和旅游发展委员会”管理体制，是目前全国唯一保持将文化和旅游管理体制定位为综合部门的县域行政区。

(二)青州市

1. 基本情况

青州市是中国古“九州”之一，历史悠久、文化灿烂，享有“面山负海古诸侯，信美东方第一州”的美誉。全市总面积1569平方公里，平原、山地、丘陵各占其一，现有国家5A级旅游景区1处、国家4A级旅游景区2处、国家3A级旅游景区9处，获得国家历史文化名城、中国优秀旅游城市、国家卫生城市、国家园林城市、国家级生态建设示范区、中国人居环境奖等50多项国家级荣誉。

青州市的全域旅游创建工作受到主要领导高度重视，将旅游业作为立市之本。青州市充分贯彻落实全域旅游发展理念，坚持“以古为蕴，以青为色，以水为魂”理念，深挖文化遗产的当代价值，通过打造提升青州古城旅游区国家5A景区实现老城区脱胎换骨，形成“城区即景区，景区即城区”的“景城合一”大格局。同时，青州市将本地居民同样视为全域旅游的服务对象，极大地提升了老百姓的获得感、幸福感，而和谐社区的营造又反过来为青州古城增添了无穷魅力。青州市的全域旅游实践以共享共建为主线，打造了“景城合一，共建共享，文旅融合，城乡一体”的青州模式，走出了全域旅游示范区创建的新路子。

2. 创建经验

(1)旅游立市,打造高效推进体制机制

市委书记亲自抓旅游、全域旅游示范区创建,市委常委会定期、不定期专题研究解决全域旅游发展中的困难;成立副县级"旅游景区管理委员会"和正科级"旅游公共服务中心",高位推进青州市旅游业发展;创新"1+3+N"旅游综合监管和旅游综合执法机制。通过市委常委会决议形式,要求土地、住建以及农业、林业、文化等规划充分对接旅游规划,严格落实涉旅项目旅游主管部门必审机制,解决旅游规划落地问题。

(2)景城合一,推进景城融合发展

青州市充分贯彻落实全域旅游发展理念,坚持"以古为蕴,以青为色,以水为魂"理念,深挖文化遗产的当代价值,将散落的文化旅游资源进行梳理、提升。通过打造提升青州古城旅游区国家5A景区实现老城区脱胎换骨,形成"城区即景区,景区即城区"的"景城合一"大格局。利用街头闲散用地,见缝插针,建设城市公园95处,人城境业和谐统一的大美"公园城市"呼之欲出;建成博物馆和纪念馆等68座,非遗展演走向街头巷尾实现常态化呈现。

(3)主客共享,营造文旅发展生态圈

青州市将本地居民视为全域旅游的服务对象,对本地居民实行零门票政策,大力实施文化惠民工程,广泛开展群众文化活动,繁荣民间文化艺术创作,提高居民的满意度和幸福感。在青州古城保护修复建设项目中,统筹景区功能区规划与古城街巷建设、居民日常生活的协调发展,修旧如旧,用社区把老街坊、老居民的集体记忆激活。保留了2.1万原居民,鼓励居民参与古城旅游经营,500余家本地企业、商户转型发展旅游业,使景区中的生产和生活完美融合,成功营造了青州居民生活的意境。

(4)以城带乡,促进城乡协调发展

发挥青州古城5A级景区的带动作用,在城区建设全域旅游集散中心,配套大型停车场、加油站和电动汽车充电站等服务设施,开通客运班线,辐射全域,带动周边。庙子零碳小镇、花卉小镇、井塘·玲珑山古村小镇等6个特色小镇初具规模,建立乡村旅游合作社30多家,乡村旅游集群片区5个,乡村旅游综合体10个,近60个村庄、项目在不同程度上开发了乡村旅游产品,旅游农家乐达到400余家,直接吸纳农民就业2万多人。

总之,景城合一、共建共享、文旅融合、城乡一体,是青州全域旅游发展的典型写照。旅游立市的经济社会发展战略与市委书记亲自抓旅游、亲自抓全域旅游示范区创建的工作机制相辅相成。青州之所以能够在全域旅游示范区创建中走在全省前列,与其科学的顶层设计、政策支撑和强力的推进机制是分不开的。

(三)齐河县

1. 基本情况

齐河县是全省也是全国旅游业发展的一匹"黑马"。

齐河县位于山东德州最南端,与省会济南隔黄河相望,总面积1411平方公里,常住人口70万,先后荣获首批山东省全域旅游示范区、山东省休闲农业和乡村旅游示范县、山东省文化强省建设先进县等省级以上荣誉称号20余项,是第四批"全国旅游标准化示范县”创建单位。目前，全县拥有国家级水利风景区2处，国家级湿地公园1处，省级旅游度假区1个，国家A级旅游景区7个，其中4A级景区2个。

近年来，齐河在既无自然名胜、又无历史古迹，传统旅游资源稀缺的情况下，依托独特的区位交通优势，以生态为基础，以文化为引领，以大项目集群开发为支撑，从零起步，通过持续性、突破性、颠覆式创新，构建起了全域旅游目的地产业体系，实现了突破性、跨越式、超常规发展，在一片黄河荒滩上创新建立了“产城一体”的文旅新城，用全域旅游发展实践践行了“两山理论”。在全域旅游示范区创建过程中，齐河抓实、抓牢党政主导体制机制创新这一原动力，成立县委、县政府主要领导为“双组长”的全域旅游工作推进领导小组，通过招商、稳商、扶商、富商等系列政策的顶层设计，为大项目策划、规划、审批、建设、运营等提供全过程“保姆式”服务。在短短几年的时间里，齐河聚力打造了山东齐河博物馆群、泉城欧乐堡等多个项目，成为一个联动发展的千亿级文化旅游产业集群，形成了以大项目集群撬动传统旅游资源贫瘠地区旅游产业发展的全域旅游发展模式，对黄河流域和平原地区高质量发展文化旅游产业具有重要示范意义。

2. 创建经验

（1）体制机制创新，强力推进全域旅游发展

齐河县把全域旅游发展作为“一号工程”，全县上下坚持“政策引导，政府服务，企业主体”理念。

一是创新财政金融、土地政策。每年县财政的1/3用于旅游基础设施配套建设，设立30亿元的重大文旅项目专项扶持资金共管账户和20亿元的新旧动能转换坤河文旅基金促进企业发展。同时，创新旅游投融资渠道，成立国有独资文旅开发公司，参股省属文旅公司，引入上市公司，盘活搁置多年的温泉、高尔夫资源，带动全县温泉等旅游资源高起点、高标准建设。

二是对全域国土空间进行旅游发展导向下的统筹谋划。通过修改、优化土地规划，综合采用购买、挖潜、点供等方式，近年来为旅游项目解决建设用地8000余亩。

三是尊重企业主体地位。秉持“项目区内不干预，项目区外全服务”的原则，相关部门全部盯靠一线，为企业提供全方位“保姆式”服务。

（2）大项目建设引领，促进业态融合创新

齐河县仅用了十年的时间，完成了旅游业从无到有、从小到大的跨越式发展。先后引进了欧乐堡梦幻世界、欧乐堡水上世界、欧乐堡泉城海洋极地世界、欧乐堡动物王国、齐河博物馆群、“中国驿”泉城中华饮食文化小镇等大型文旅项目，形成超大型旅游度假综合体项目集群，创造了传统资源非富集区旅游业跨越式发展的奇迹。

在产品开发方面，齐河也始终走在区域旅游前列。大马戏、非遗展演等旅游演艺品牌化发展，中国攀岩联赛、马拉松、太极拳展演等赛事活动常态化开展，齐河博物馆群文化体验向纵深化迈进，海底隧道夜宿、牧羊园研学夏令营、农场国学课等研学游向品质化提升，国家湿地公园等自驾游基地、房车露营基地向多元化发展，特色酒店集群为代表的会议会展产业向集群化拓展，高尔夫、医养健康小镇等康体养生产业向主题化转变，祝阿文化小镇、饮食文化小镇等特色小镇向“以景带城，以城带乡，景城人文”一体化发展，巨威房车等旅游装备向系列化研发，齐河党员教育体验基地等红色旅游项目向智慧化过

渡,“黄河人家”民宿向高端精品聚集,全县文旅产业多业态深度融合发展。

(3) 公共服务创新,完善配套设施

从环境整治和基础设施提升着手,深入推进“厕所革命”,建设“快旅慢游”大交通,打造智慧文旅体系和全域旅游导览体系,构建全域旅游目的地生态圈。

齐河县按照“智慧化、标准化、完善化”的要求,在投资 50 亿元建设智慧城市的基础上高标准建设了齐河旅游大数据中心。投资 12 亿元建设齐河黄河大桥,实行 7 座以下车辆免费通行,仅过桥费每年就为游客节约资金 2000 万元以上;投资 28 亿元新建、改造 14 条骨干公路,形成“三环六纵八横”大旅游交通体系。制定了全域城乡一体的旅游交通规划。完善的商业配套,为投资兴业创造沃土。

(4)扶贫富民创新,统筹城乡协调发展

齐河县坚持“城乡一体,线面齐抓”,按照“点”上精品化、“线”上差异化、“面”上标准化的工作思路,以主城区及周边为环线,以黄河大堤和晏黄—安表路为轴线,以安头致中和、表白寺云南风情园等项目为重点,构建“一环两带多点”乡村旅游全域发展格局。以美丽乡村建设为切入点,县财政累计投资 6.6 亿元,一次性高标准打造村庄 615 个,硬化村内道路 1.2 万条、2100 公里,基本实现街巷硬化“户户通”。按照景区标准打造乡村,高标准培育了齐庄村、姚王宋、大徐村等示范村,获批国家农村综合改革标准化试点。引导山东坤河旅游开发有限公司投资 2 亿元,与祝阿镇古城苑社区共建,形成“村企共建”模式,既腾出了土地发展旅游园区,又为失地农民提供了就业机会。目前,社区居民在海洋馆、欢乐世界打工的有 600 多人。姚王宋乡村旅游项目与乡伴文旅合作,采用“公司+农户+村集体”运营模式,增加了村民收入和村集体收入。

(5)营销方式创新,打响旅游品牌

细分市场,精准营销,叫响“黄河水乡,生态齐河”旅游品牌。通过“政企联手,区域联盟,上下联动”的营销推广机制,将旅游产品营销与全域旅游目的地推广相结合,以媒体营销(连续 9 年央视、卫视形象宣传)、活动营销(高频次举办省级以上大型活动)、联盟营销(京津冀鲁协同发展旅游城市联盟、环山东旅游推介)、全民营销(网红短视频直播)为切入点,构建起政府、企业、居民、游客“四位一体”的全方位立体化的全民营销体系。

总之,齐河在短短十几年的时间里创造了中国旅游发展的奇迹,由一个名不见经传的河边小县,一跃发展成为全国著名的县域旅游目的地,并成功创建国家级全域旅游示范区,创造了“齐河速度”“齐河经验”和“齐河模式”。

三、全域旅游示范区创建经验启示

全域旅游是一种创新发展理念、一种区域经济发展模式,重点在于将资源有机地整合、协调发展,做实做强目的地。全域旅游的发展能够解决旅游发展中部门协调瓶颈、资源管理瓶颈、资金瓶颈、公共服务瓶颈等许多长期未解决的关键性问题。①

---

① 参见石培华:《新时代旅游理论创新的路径模式——兼论全域旅游的科学原理与理论体系》,《南开管理评论》2018 年第 2 期。

山东省作为全国8个全域旅游示范省创建单位之一，全域旅游发展已经融入经济社会发展的方方面面，为山东省新旧动能转换注入了新的活力与动力。山东省高位谋划和高效推动全域旅游示范区创建工作，推进全域旅游、精品旅游、大众旅游协同发展，提高旅游公共服务水平，加强旅游宣传推广，构建现代旅游业体系，具有一定的示范意义。

(一)党政统筹，部门联动

体制机制创新属于全域旅游发展和全域旅游示范区创建机制的顶层设计，是全域旅游动力机制的根本。[①] 山东省委省政府高度重视全域旅游发展和全域旅游示范区创建工作，将发展全域旅游纳入经济社会发展全局，形成党政统筹、部门联动、资源整合、产业融合、社会共建、全民共享的发展机制。

省委省政府层面，将全域旅游纳入经济社会发展大局，强化顶层设计与制度安排，主要领导亲自抓、亲自部署、亲自审查全域旅游发展规划和相关文件。由省发展改革委、省旅发委共同委托联合国世界旅游组织编制了《山东省旅游产业发展总体规划》，省委省政府印发《大力推进全域旅游高质量发展实施方案》，省政府办公厅印发《关于加快推进夜间旅游发展的实施意见》，省发改委和旅发委联合印发实施《山东省全域旅游发展总体规划(2018～2025)》，省政府印发实施《山东省精品旅游产业发展专项规划》等，从政策制定、规划引领、推进体系等多方面为全域旅游高质量发展提供坚实保障。与此同时，升级山东省政府旅游工作联席会议，建立省政府主要领导同志担任总召集人的工作机制，营造各级党委领导、政府主导、全民发动的良好格局，为部分合作、产业联动、业态融合打下了坚实基础。设立由省政府分管领导牵头的精品旅游产业专班，组建新旧动能转换重大工程精品旅游产业智库，设立3支省级精品旅游产业基金，总规模130.3亿元。通过一系列措施积极推动全域旅游示范区创建和精品旅游发展。

主管部门层面，山东省文化和旅游厅建立起常规化全域旅游示范区创建推进机制和工作流程，承担起全域旅游示范区建设的发动、督导、调度、培训、辅导、监管检查等职能，有力推进了全域旅游示范区创建工作的落实。省文旅厅通过组织全省创建全域旅游示范区的单位进行集中会议培训，组织专家到各创建单位对全县党政领导班子和相关单位进行现场培训、对各申报单位资料整理和申报书编写人员进行培训、对各创建单位的创建工作进行一对一辅导、对各创建单位进行迎检前暗访式辅导、对已验收成功的单位进行跟进辅导和监督监管等方式，统筹创建标准、申报资料、经验提炼、迎检前暗访、验收后跟进等各个关键环节，大大提高了山东省全域旅游示范区创建工作的质量，推动了后续发展。

地方层面，各级创建单位积极响应山东省国家级全域旅游示范区创建要求，在体制机制改革、基础设施建设、公共服务建设、全域营销等方面实现突破，营造良好的市场竞争环境和旅游消费环境，为各类市场主体搭建好平台，让民营企业、金融机构等在全域旅游发展中敢投资、有收益。县域是国家级全域旅游示范区的创建主体，山东省充分调动县委书记这一核心动力，多个全域旅游示范区创建单位在党政统筹、创新体制机制创新

---

① 参见程玉、杨勇、刘震、熊丹丹:《中国旅游业发展回顾与展望》,《华东经济管理》2020年第3期。

方面成效显著。例如，崂山区成立由区委书记、区长亲自挂帅的全域旅游工作领导小组，真正形成了“党政一把手”全面统筹的领导机制，将全域旅游工作纳入了政府年度考核体系。青州市始终将旅游业作为立市之本，由市委市政府主导，建立了各部门联动、全社会参与的旅游综合推进机制。曲阜市成立了由市长任组长，市委、市政府、市政协分管领导任副组长，文化旅游局等相关部门为成员的全域旅游推进工作小组。台儿庄区委常委会、区政府常务会议定期听取全域旅游工作情况，成立了指导小组、旅游综治委，解决创建和旅游市场中存在的困难问题。荣成市成立由市长任组长、分管副市长任副组长，各区镇、街道、相关部门主要负责人为成员的全域旅游发展工作领导小组。五莲县委书记担任旅游工作领导小组组长，形成了党政统筹领导、部门协作、各镇争先、职责清晰、分工明确的全域旅游示范区创建格局。沂源县成立了县委、县政府主要领导任组长的县文旅融合发展领导小组和重点旅游项目建设工作组。

(二)政策支持，法律保障

从一定意义上说，政策是撬动发展的杠杆，法律法规是支撑发展的保障。为支持全域旅游示范区建设，山东省相继出台《山东省新旧动能转换综合试验区建设总体方案》《山东省全域旅游发展总体规划(2018～2025 年)》《大力推进全域旅游高质量发展实施方案》《山东省新旧动能转换促进条例》等制度性文件和地方法规，通过政策集成合力，推进全域旅游与地方经济社会一体化发展，助推“好客山东”全域旅游高质量发展。

《山东省新旧动能转换综合试验区建设总体方案》(以下简称《总体方案》)于 2018 年受到国务院批复，其中，“精品旅游”被列入引领全省经济社会发展的“十强产业”。新旧动能转换解决的是发展的动能转换问题，解决供给侧结构性改革的原动力问题。《总体方案》中指出，旅游业要在与上下游产业融合发展的基础上，创新发展机制，扩大高质量、个性化旅游精品供给，完善旅游服务体系，积极发展新业态旅游项目，积极创建全域旅游示范省，加强旅游市场综合整治，严厉打击旅游失信行为，全面提升“好客山东”品牌价值和影响力。这为山东省旅游业的健康发展提供了发展方向和省委省政府的政策背书，为全域旅游发展提供了顶层助力。

《山东省全域旅游发展总体规划(2018～2025 年)》(以下简称《规划》)由联合国世界旅游组织专家编制，2018 年 3 月 18 日由省政府批复实施。《规划》目标到 2022 年，全省年接待国内外游客突破 11 亿人次，旅游休闲产业增加值超过 8000 亿元，对就业和税收的综合贡献率超过 10%，省内居民年人均出游次数达到 6 次，全省旅游实现治理规范化、发展全域化、供给品质化、参与全民化、效应最大化，创建成为国家全域旅游示范区。到 2025 年，“好客山东”品牌知名度显著提升，成为世界著名旅游目的地品牌，旅游消费总额持续强劲增长，旅游业战略性支柱产业地位进一步彰显，在现代化强省建设中发挥更加突出的作用。该规划明确了全域旅游发展的阶段性目标、空间布局和工作重点，为实现区域资源有机整合、产业融合发展、社会共建共享提供保障，以旅游业带动和促进经济社会全面发展的新模式指明了方向。

《大力推进全域旅游高质量发展实施方案》(以下简称《方案》)是山东省大力推进全域旅游高质量发展的一项重要战略举措，是山东省有关全域旅游的最初的权威文件，是省委、省政府实施新旧动能转换重大工程、助力乡村振兴、经略海洋、文旅融合、跨界发展的重要抓手,是细化落实《国务院办公厅关于促进全域旅游发展的指导意见》的行动指南,于2018年由山东省委、省政府印发。《方案》从山东省实际出发,以全域旅游示范省创建为切入点,紧密结合新旧动能转换和山东省委省政府对全省经济社会发展的总体战略,对全域旅游发展的指导思想、基本原则、发展目标、发展内容、发展步骤、政策体系和保障措施等进行了全面系统部署,将全域旅游作为促进经济社会发展的一种新理念、新模式和新机制,在全省全面展开、全面推进。其所确定的发展目标与新旧动能转换重大工程中精品旅游业的发展目标直接对接,对于重构全省旅游休闲产业发展新格局、推动全省旅游休闲产业发展提质增效,使旅游休闲产业的发展更加均衡更加充分,有着非常重要的指导意义。

《山东省新旧动能转换促进条例》(以下简称《条例》)于2019年7月经山东省十三届人民代表大会常务委员会第十三次会议通过,自2019年10月起施行。旅游产业作为《条例》明确的山东“十强”产业之一,能够充分享受《条例》中有关土地供应、资金安排、能耗指标、基础设施、重大项目、要素支撑、简化行政审批流程、人员激励等方面的政策红利。在《条例》精神的指导下,2020年底,山东省已有125项文化旅游项目入选新旧动能转换项目库优选项目。

(三)多规融合,龙头引领

山东省积极推动“多规合一”,各级政府将旅游主管部门纳入规划委员会,将旅游发展规划纳入经济社会发展、城乡建设、土地利用、海洋功能区划、基础设施建设、生态环境保护等相关规划。各级政府编制土地利用总体规划、城乡规划、功能区规划时,充分考虑相关旅游休闲项目、设施的空间布局和建设用地用海需求,旅游部门参与相关规划的旅游影响评价。旅游发展规划由各级政府组织编制,与城乡规划相衔接,跨行政区域的旅游规划由共同的上一级政府组织编制或者由相关地方政府协商统一编制。重大旅游项目建设规划,符合本地城乡规划和旅游发展规划,经同级旅游部门审核后,可按照程序上报审批实施。许多创建单位着力推动多规融合,成果显著。例如,崂山积极促进全域旅游规划与国民经济、城乡建设、土地利用、自然保护区、风景名胜区等相关规划融合,配套编制了8年行动计划,健全规划领导、评估和实施机制,确保规划落地实施。曲阜全域旅游发展规划参考国土规划、城市规划、生态规划布局旅游产业,国土、城市规划按照旅游布局调整,农业、水利等相关规划充分体现旅游产业发展。青州通过市委常委会决议形式,要求土地、住建以及农业、林业、文化等规划充分对接旅游规划,严格落实涉旅项目旅游主管部门必审机制,解决旅游规划落地问题。

此外,一些县市区加快大项目的投入与建设,项目的集聚效应不断凸显。例如,齐河县坚持以旅游大项目为支撑,先后拉动泉城海洋极地世界、欧乐堡梦幻世界、欧乐堡水上世界等精品旅游项目落户齐河。另外,齐河县总投资800多亿元的13个重点项目加快推进,全部建成后,将形成千亿级旅游产业集群。泰山区建成运营泰安方特、泰山花样年华、泰山宝泰隆等4A级景区和泰山天池、泰山啤酒生肖乐园、万达·泰山1545文旅街等一批精品旅游项目,形成了“以泰山景区为龙头,大项目和4A景区交相辉映,精品项目和乡村游繁星闪烁”的全域旅游发展新格局。章丘区财政每年整合各级专项资金3000万元,以多种方式加快旅游大项目建设,改造龙山文化博物馆,新建洛庄汉王陵遗址公园,打造江北最大主题公园济南野生动物世界,除此之外,世界一流国际泉水旅游度假区明水古城、世界级滨水文化旅游度假区和现代服务业隆起带华侨城、灵秀胡山等一批世界级旅游项目正在崛起。

(四)全域联动,景城乡多业态一体

山东省全域旅游发展和全域旅游示范区创建坚持跨界融合,充分挖掘各行各业中经济、社会、文化、自然、历史、现代的优势资源,与旅游广泛融合,打造优质旅游产品,释放“倍增效应”“叠加效应”。同时,树立旅游空间消费观,顺应旅游资源普遍化、城乡面貌园林化、城乡功能休闲化、三次产业旅游化、“三生三美”景区化的发展趋势,大力推进“旅游+”“+旅游”,构建景城乡多业态一体的旅游休闲产业体系。[①]

许多创建单位着力推进产业融合及全域共建。例如,崂山区坚持“全域皆景区”理念,全面整合相关资源,不断推动旅游业从景点旅游向全域旅游转变,同时推进旅游与文化、金融、工业、体育、交通、教育等相关产业融合发展,构建起“景城乡一体,山海空联动”全域立体发展格局。沂南县实施全域资源融合互动、相关产业全域联动,做足“红绿古泉”四大文章。蓬莱市的旅游与葡萄酒两大主导产业完美嫁接,突破业态范畴,不断促进产业集群化发展,拉动新农村建设,创新形成葡萄酒旅游发展“蓬莱模式”。荣成市促进旅游与乡村振兴、海洋、体育、文化的融合发展,丰富全域旅游发展业态。章丘区的工业旅游、乡村旅游、文化旅游发展迅速,并各自形成了丰富的产品体系和特色鲜明的产业融合示范点(区)。五莲县立足生态和文化优势,因地制宜围绕“全域旅游,全域温泉,全域体育”,以新理念定位新空间,以新空间培育新业态,以新业态激活新市场,以新市场带动一、二、三产业融合发展。台儿庄明确“一核、一带、一环、多点”发展布局,实现建设景区化、旅游全域化、产业融合化,创新文化旅游与农业、康养、会展、体育、研学等跨界融合发展,培育文旅相关产业体系,初步形成全域共建、全业共融、全民共享发展格局。长清区推进“旅游+”产业融合发展,树立“一家人、一盘棋、一件事”的同心理念,对分布在全区的11处A级景区以及沿线的乡村旅游片区进行整体设计、统筹指导、资源整合,打破行政隶属壁垒,实现了资源共享、设施共建、市场共治、成果共享的景乡一体化共建全域旅游发展新模式。青州市化零为整,利用街头闲散用地,见缝插针,建设城市公园95处,同时将散落的文化资源进行转化发展,形成“城区即景区,景区即城区”的“城景合一”大格局。

(五)主客共享,共建共赢

全域旅游是国家战略,是推动经济社会发展的重要抓手,从“景点旅游”向“全域旅游”的发展实质是伴随着从“主客分异”到“主客共享”发展的现实需求。[②] 山东省关注到发展全域旅游不能囿于旅游业内部,而是要有更大的视野、更大的范围,要从区域经济社

① 参见麻学锋、张世兵、龙茂兴:《旅游产业融合路径分析》,《经济地理》2010年第4期。

② 参见厉新建、马蕾、陈丽嘉:《全域旅游发展:逻辑与重点》,《旅游学刊》2016年第9期。

会发展的全局出发谋划旅游业的发展问题，最终构建全域共建共享的旅游发展新格局。

多个创建单位在实现主客共享、共建共赢方面表现突出。例如，崂山区全面推进生态环境、景观风貌、社会氛围的全景优化提升，以全民参与实现全域共建共享。一是坚守生态底线，实施环境整治。全面实施自然保护区三大攻坚行动，提升旅游环境；推进城乡环卫一体化，创新实施网格化保洁。二是深化景社融合，推进富民强居。建立景区、街道、社区“双联动”和三级帮联工作机制，每年设立2000万元景区生态补偿金，对景区内35个社区、34800名居民进行补偿和奖励。三是倡导全民共建，营造浓厚氛围。倡导“无痕旅游”，组建20支文明旅游志愿者队伍。推出“春色崂山”“激情崂山”“秋韵崂山”“冬趣崂山”、市民旅游季“百万市民游崂山”等系列惠民活动，让市民共享全域旅游发展成果。青州市积极化解旅游开发与社区利益的冲突，依托“主客共享”推进共建共赢。青州市将本地居民同样视为全域旅游的服务对象，极大地提升了老百姓的获得感、幸福感，而和谐社区的营造又反过来为青州古城增添了无穷魅力。青州对本地居民实行零门票政策，青州古城保留原住民，鼓励本土企业转型发展旅游业，带动发展周边商铺500余家，吸引大量外来就业人员，实现旅游就业人数14.3万人次。另外，青州市以“古城”为中心、以科技为手段，带动周边乡村旅游快速发展。全市已经建立30多家乡村旅游合作社，鼓励村民以承包土地和宅基地的使用权入股，腾出多余宅基地建设乡村酒店、特色民宿和会议中心等，同时支持本地居民土地或产权入股。滨州市在通往旅游景区的乡村旅游道周边开展洁化、绿化、美化行动，完善景区旅游配套设施，实施图书馆、红色旅游景点、城市休闲公园、爱国主义教育基地等免费开放政策。积极落实乡村振兴工程，大力推进农村环境整治，实施城乡环卫一体化、“三改一整”工程，建设美丽乡村，开展乡村记忆工程，打造各具特色的乡村旅游点。大力实施乡村旅游扶贫富民工程，健全完善“景区带村，企业带户”的旅游扶贫模式，特色旅游商品网上销售火爆，乡村旅游、行业扶贫等富民成效显著。

以重点项目建设推动精品旅游发展

张凡　于潇*

摘　要：山东省实施新旧动能转换重大工程以来，精品旅游产业以重点项目为支撑，加速推动产业发展。三年来，通过加强招商引资、加大政策支持、推进项目落地等方式，重点项目建设成效明显，助力精品旅游创新发展。本文探究了山东省精品旅游重点项目的基本情况，以齐河大项目群、尼山圣境、东夷小镇、东阿阿胶康养旅游综合体、青岛国际邮轮母港为案例，分别总结其建设经验。在此基础上，从重点项目多样化、优化营商环境、"双招双引"精细化系统化、金融和财政资金支持五个方面提出了精品旅游重点项目建设的对策建议。

关键词：重点项目；旅游；新旧动能转换；产业发展

精品旅游新旧动能转换工程是由政府主导的产业升级系统性工程，主要目的是推动传统旅游业的升级换代。在这个过程中，鼓励并推动重点旅游项目的落地建设是实现这一目标的重要手段，也是决定能否真正实现旅游业升级的关键点。旅游业具有极强的地域属性，地区旅游业的繁荣离不开高知名度优质大型旅游项目的龙头带动作用。从旅游者角度来看，一个具有高知名度的优质旅游项目完全可以作为旅游地标，而与该项目有关联的基础设施和商业配套项目，也都会受益于这类龙头项目的价值辐射。传统旅游业基本以观光游览为主要形式，目的地旅游资源也通常是依托特殊的地理地貌或典型的传统文化遗迹而建立的风景区，基本仅限于提供观光游览类基础服务。随着经济社会发展，居民收入和交通便利化程度不断提高，居民出游频次出现了高速增长，对旅游体验的要求也明显呈现出多样化发展的趋势，传统单一的观光游已经很难满足居民日益增长的旅游需求。传统目的地旅游资源的特殊性决定了其运营模式受到很大限制，自身很难实现升级，而策划建设全新的符合居民需求发展的大型项目需要在前期完成很大的固定资产投入，公共基础设施的跟进也是项目能否成功的关键。另外，整体投入回收周期普遍较长，因此项目的落地对地区公共基础设施以及政策的稳定性和延续性有很高的要求。根据旅游市场需求变化，推动具有地区代表性的、能够满足更多样化市场需求的旅游重点项目落地，成为地区旅游业升级的关键点。山东省所推动的精品旅游产业新旧动能转

---

* 作者简介：张凡（1980～ ），女，山东省旅游推广中心；于潇（1989～ ），女，山东财经大学工商管理学院讲师。

换，就是以重点项目为重要切入点，通过重点项目建设来缩短产业迭代周期，减少产业升级过程中供需双方的摩擦，一方面可以从根本上提升游客旅游体验，另一方面在这些重点项目投入运营后会形成强力的磁场效应，从而带动所在地区旅游及相关行业进一步升级和发展。

一、精品旅游重点项目建设基本情况

（一）重点项目建设过程

山东省实施新旧动能转换重大工程以来，旅游业以创建精品旅游目的地为主要目标，目的地创建以重点项目建设为主要实现手段。在旅游业整体升级和发展方向上，省委、省政府明确了文化旅游深度融合发展的具体要求，编制出台了《山东省文化旅游融合发展规划》，旅游相关重点项目的筛选也以此作为重要标准和依据。此外，省政府专门印发了《山东省精品旅游发展专项规划（2018～2022年）》，作为精品旅游新旧动能转换工作的具体实施纲要。在具体实施过程中，产业融合发展被提到重要位置，其中健康、工业、体育、教育等作为旅游融合重点产业，与此相关的各省级主管部门联合出台了省级示范基地规范指导意见。康养基地、工业旅游、体育旅游、研学旅游等可以满足不同旅游消费需求的示范基地在重点项目推动过程中纷纷落地。截至目前，山东省已创建国家级和省级各类旅游融合产业示范基地133家。

近年来，在省委、省政府的部署下，山东省文旅厅通过“双招双引”，工程化推进旅游重大项目建设，推动文化和旅游深度融合，截至2020年底，已有698个优质项目落地竣工，整体完成投资4648.7亿元人民币，其中包括尼山圣境、东方影都等多个具有极强文化属性和地区代表性的创新性文化旅游项目。重点项目建成后成效明显，精品旅游新旧动能转换初见成效。

（二）政策保障

1.“双招双引”政策

“双招双引”是指招商引资、招才引智制度，是推动山东省高质量发展、实现新旧动能转换的重要支撑政策。在省委统筹领导下，省政府和各省级主管部门先后出台了《扩大高质量招商引资招才引智考核办法（2018）》《引进重大外资项目奖励政策实施细则》《山东省“双招双引”项目指南（2020）》等多项相关配套制度，保证了“双招双引”在具体实施过程中能够落到实处，吸引更多的国内外资金和人才落地山东，真正对山东各行业升级换代产生有效助力。

“双招双引”政策对精品旅游新旧动能转换重大项目落地尤其关键，重大项目除大量资金需求外，更重要的是创新意识和前瞻性规划发展意识的引进，只有顺应市场发展、符合消费需求的项目才能立得住走得远。因此，在各项推动重大项目落地措施的实施过程中，“双招双引”始终是主要政策工具。应充分利用“双招双引”政策红利，通过举办儒商大会精品旅游论坛、青岛跨国公司领导人峰会文旅项目路演等活动，加强同国内知名文旅企业合作。吸引大企业投资大项目，成为精品旅游新旧动能转换的新动能。

(1)首届儒商大会签约重大项目

2018年，山东省委、省政府举办儒商大会，大会以“新时代，新动能，新儒商，新愿景”为主题。山东贯彻落实习近平总书记对山东工作的重要指示批示精神，打造对外开放新高地的战略平台，使山东省在全国乃至世界发展的大坐标、大格局中优化配置资源，通过更大范围、更高水平招商引资、招才引智助力新旧动能转换重大工程。儒商大会山东省精品旅游产业发展与新旧动能转换高端论坛，优选230个重点项目进行推介，总投资6730亿元；13个项目集中现场签约，项目协议总金额1235亿元，项目涉及济南、青岛、淄博、烟台、潍坊、济宁、日照、临沂、德州、聊城、菏泽等11个城市，包含旅游小镇、田园综合体等新业态，旅游康养、航空等新项目，突出打造文旅融合精品，提升山东省精品旅游项目层级。

(2)青岛跨国公司领导人峰会文旅项目路演推介重点项目

在2019年跨国公司领导人青岛峰会上，山东省委宣传部、山东省文化和旅游厅主办了“文化创意、精品旅游产业路演活动”，3D电影《火牛阵》、威海设计谷、泰山新闻出版小镇、周村古商城“鲁商示范园”、沂水彩虹文化运动休闲特色小镇、齐河博物馆群等6个项目进行了现场路演，投资总额336.86亿元，融资需求82.75亿元。活动还书面推介了335个文化创意、精品旅游产业项目。

(3)第二届儒商大会暨青年企业家创新发展国际峰会推荐重点项目

2020年第二届儒商大会暨青年企业家创新发展国际峰会，正式推介312个优质项目，涵盖重大基础设施、新基建、“十强”产业、工业技改、补短板强弱项、国企混改、平台支撑七大领域。其中，文旅项目31个，占项目总数的9.93%；“十强”产业文旅项目25个，其中，补短板强弱项项目1个，国企混改项目2个，平台支撑项目3个。

2. 政策扶持重点项目发展

(1)财政政策支持项目发展

在重大项目推进过程中，财政政策支持设计了四种完全不同的方式，包括：政府债券、设立精品旅游产业基金、贴息和股权投资。具体实施过程根据项目实际情况选择最能满足项目需求的财政支持政策，从根本上改变原有单一的财政支持政策方式，方式更加灵活，同时也能更高效地使用财政工具，使政策发挥更大效力，提高财政资金利用率。

省财政厅每年按计划安排旅游发展专项资金，用于发展重点精品旅游项目，具体资金补贴形式主要采用贷款贴息、奖励等方式。2019年，省财政厅通过政府债券安排2亿元，用以支持尼山世界文明论坛提升工程，使该项目知名度得到很大提升。另外，在省新旧动能转换引导基金框架下，发起设立了龙冈、金泽、齐鲁文旅华侨城3只精品旅游产业基金，基金总额110.3亿元，委托专业管理团队承接运营。基金运作将完全采用市场化方式，主要用于壮大山东精品旅游规模，为发展本地高端旅游品牌提供相应资金支持，同时为精品旅游产业发展注入新活力。除此之外，省财政从省旅游发展专项资金中安排文化旅游项目贷款贴息资金，用于支持文化旅游贷款项目。省文旅厅健全贴息扶持政策，制定《山东省文化旅游项目贷款贴息管理暂行办法》，帮助文旅企业和重点项目解决融资问题。2019～2020年，按照连续两年安排4564万元财政资金对济南华谊兄弟电影城、德州齐河博物馆群、菏泽水浒好汉城等43个重点项目给予贷款贴息扶持。2020年1月，山东省人民政府印发《关于实施财政资金股权投资改革试点的意见》（鲁政字〔2020〕16号），对具有引领带动作用、关系经济社会长远发展的重大成果转化和产业转型升级等项目，实施财政资金股权投资。省文旅厅联合省财金集团开展文化旅游项目股权投资试点工作，采用投资入股形式支持文化旅游项目建设，初审推荐12个项目进行尽职调查，将支持5个项目共2000万元。

（2）搭建银企对接平台解决融资难题

为了解决各精品旅游项目实际资金周转问题，省文旅厅联合省地方金融监管局、人民银行济南分行、山东银保监局下发《关于做好全省文化旅游企业金融支持服务工作的通知》（鲁文旅产〔2020〕1号）；与省工商银行签订《助力文旅企业纾困 推动产业高质量发展战略合作协议》，新增贷款额度100亿元支持文旅企业发展；联合中国银行山东省分行下发《关于共同为文旅企业平稳健康发展提供实效性金融服务的通知》，针对文旅小微企业创新推出"文旅春天贷"产品；联合人民银行等13个部门印发《山东省市场主体金融助力企业诊疗行动工作方案》，举办"文化和旅游投融资项目对接会"。

3. 机制保障项目建设推进

（1）全面采用"要素跟着项目走"机制

为加快构建全省"四个一批"项目推进格局，努力破解要素瓶颈制约，提高资源配置效率，山东省人民政府办公厅印发《关于建立"要素跟着项目走"机制的意见》（鲁政办字〔2020〕45号），建立土地、能耗、污染物排放总量替代指标、水资源、资金五方面要素跟着项目走机制，不断提高全要素生产率，为项目落地创造良好环境和稳定预期，以高质量项目促进高质量发展。

（2）建立重点项目推进机制

2019年，省新旧动能办建立"十强"产业重大支撑性项目省级集中推进运行机制，集中推进对产业发展具有示范性、引领性作用的重大项目。同时，省发改委建立服务重大项目落地"五个一"协调推进机制，对重大项目实行一月一调度、一月一梳理、一月一会商、一月一反馈、一月一通报，解决重大项目落地难、落地慢问题。

（3）旅游重点项目联系帮包机制

精品旅游产业专班印发《精品旅游产业2020年重点项目联系帮包方案》，对省精品旅游产业重点项目、产业集群、领军企业等重点任务进行责任分工，联系帮包协调解决企业面临的实际问题和项目实施的制约因素。专班成员分成8个组，每个组联系帮包2个市；各市文旅部门成立重点项目协调推进小组，上下联动，全力以赴推进建设。小组每月调度情况，梳理重点难点问题；每月将项目进展情况以专班通报形式发各市文旅局，督促重点项目加快建设进度。

二、精品旅游重点项目建设典型案例

精品旅游新旧动能转换重大工程实施三年以来，已落地的重点旅游项目开始发挥供给乘数效应，一方面显著提升了旅游品质；另一方面重点项目的价值辐射作用也慢慢展现出来,开始示范引领山东省旅游产业发展。

(一)重点项目集群式发展——齐河大项目集群

1. 基本情况

近年来,齐河县依托独特的区位交通优势,以生态为基础,以文化为引领,以大项目集群开发为支撑,构建全域旅游目的地产业体系。大项目集群发展成为精品旅游产业发展的主要抓手。截至目前,落地齐河黄河国际生态城的旅游大项目泉城海洋极地世界、欧乐堡梦幻世界、欧乐堡水上世界、欧乐堡动物王国、泉城中华饮食文化小镇一期“中国驿”美食街区、孔雀王蓝海御华温泉酒店、荣盛阿尔卡迪亚温泉酒店等项目都已建成运营,齐河博物馆群、齐州国际大酒店、黄河水乡湿地公园等项目正在加快建设。齐河从零起步,通过持续性、深层次创新实现了突破性、跨越式、超常规发展,在一片黄河荒滩上创新建立了精品旅游大项目集群。

2. 建设经验

(1)强保障

齐河县以党政为主导强力推动全域旅游,尊重企业主体地位,按照“政策引导,政府服务,企业主体”理念,以市场为导向,为大项目规划、审批、建设、运营等提供全过程“绿色通道”,提供“保姆式”服务,打造“党政保障,市场引领,创新驱动”模式,强力保障重点项目建设。成立复工复产工作专班,按照“一企一策”,奔赴一线为项目遇到的问题提供一条龙服务。为提高服务投资项目效率和质量,齐河设立投资项目“一站式”服务中心,实行无差别受理,由原来的“一事跑多窗”变为“多事跑一窗”,企业申请建设手续时开通“绿色通道”,实行容缺受理;从重点项目立项规划阶段开始,为建设项目提供业务办理、政策指引、协调重大疑难问题等全方位全程“管家式”点对点服务。

(2) 抓龙头

由山东省坤河旅游开发有限公司总投资 210 亿元的泉城欧乐堡旅游度假区,致力打造国内一流旅游航母。其中,海洋极地世界、欧乐堡梦幻世界、水上世界先后建成开放,创建国家 4A 级景区两家;投资 26 亿元的齐河动植物园项目于 2019 年底开放,成为省会周边规模最大的互动式、生态型野生动物世界;投资 120 亿元的齐河博物馆群项目,根雕艺术馆、书画艺术馆、珍藏馆、地矿博物馆等四大主题博物馆已展陈开放,全部建成后,将成为我国古建筑规模最大、藏品最丰富的大型文化博览基地。

(3) 育链条

重点围绕国家级旅游度假区创建标准和“吃、住、行、游、购、娱”旅游产业链进行建链、补链,大力实施精准招商,推动五星级酒店、民宿等一批项目加快落地,培育引进特色化户外运动、休闲娱乐度假产品。以坤河文旅大项目为龙头,加快引进完善酒店、餐饮、购物、商业综合体等旅游综合配套,东盟国际生态城温泉酒店、安德湖精品酒店建成运营,以传统饮食文化为主线、集特色小吃和民宿于一体的泉城中华饮食文化小镇一期已于 2019 年运营,碧桂园温泉酒店、齐河黄河湿地公园、安德湖小镇、黄河一号体育公园加快建设,五星级酒店、精品民宿等项目正积极推进。以上项目涵盖了温泉、休闲度假、湿地生态、观光体验、研学旅游、康体养生、运动竞技等多种旅游新业态,2～3 年内建成后将在齐河形成千亿级的旅游产业集群，年接待游客数量将突破 1000 万人次。

（4）搭平台

齐河县精品旅游大项目集群位于齐河黄河生态城，原属于黄河北展区，是 1971 年国家为黄河防洪防凌而修建。随着黄河小浪底工程建成，2008 年 7 月，国务院正式批复黄河北展区全面解禁，明确提出取消北展宽工程的分凌分洪运用任务，允许开发建设。齐河县委、县政府抢抓机遇，依托黄河北展区良好的生态环境、丰厚的文化底蕴和区位交通优势，以国际视野建设了 63 平方公里的省级旅游度假区—黄河生态城，并逐步探索实施了一条以黄河生态城开发为载体，以文化旅游大项目建设为支撑，以完善基础设施为保障，政府服务、市场引领、创新驱动、品质发展、全域推进的发展路径。2010 年 4 月，齐河组建了生态城管委会负责规划开发建设。2010 年 11 月，齐河黄河生态城被山东省人民政府批准设立为省级旅游度假区。

（5）优生态

大力实施景观绿化工程，先后完成了国道 309、津浦铁路、北展堤、通园路等主干道两侧绿化及黄河湿地、玉带湖、六六河等重点区域绿化，总绿化面积 1300 余公顷，水绿空间达到 60％以上。

（6）促融资

县政府依据旅游发展空间布局和业态规划，坚持“要素跟着项目走”，全力突破土地资金瓶颈制约。除利用银行贷款、社会融资等形式外，通过成立创投基金、产业母基金等方式，拓宽企业融资渠道。

（二）打造文化 IP——尼山圣境

1. 基本情况

尼山圣境由曲阜尼山文化旅游投资发展有限公司与曲阜尼山省级文化旅游度假区管理委员会合力打造，力争成为“当代精品工程，未来文化遗产”。该项目以“文化休闲度假胜地”和“世界级人文旅游目的地”为总体定位，以“明礼生活方式”为核心文化主题，是集文化体验、文化交流、研学旅游、教育培训、修贤启智、会务会展、观光旅游、休闲度假、酒店餐饮等于一体的综合性文化载体。

该项目一期工程主要建设了宫像区（大学堂和孔子像）、配套服务区（含尼山书院酒店）、鲁源村景区集散中心等，于 2018 年 9 月建成开放。二期项目主要建设尼山圣地·鲁源小镇、尼山会堂、尼山宾舍、尼山书院酒店，是尼山世界文明论坛配套提升工程，于 2019 年 5 月启动建设。目前，尼山圣境的客源市场主要包括山东、江苏、河北、北京、上海、天津、河南、安徽等京沪沿线的省市以及日本、韩国、东南亚国家等深受儒家文化影响的国家和地区，未来将面向国内南部和西部地区以及欧美国家。

尼山圣境现被评为国家重点旅游推介项目、曲阜优秀传统文化传承发展示范区重大建设工程、山东省发展文化旅游产业重点工程、齐鲁优秀传统文化传承创新工程重点项目、山东省十大文化旅游目的地品牌骨干项目重点工程，是山东省新旧动能转换第一批优选项目。

2. 建设经验

(1)全力打造文化品牌

尼山圣境先后成功主办、承办了第五届亚洲食学论坛、第四届尼山世界文明论坛、第八届世界儒学大会、国际儒学论坛等一系列大型国际文化交流活动,尤其是2018年央视中秋晚会和第五届尼山世界文明论坛的成功举办,让尼山成为促进文化交流与文明互鉴的平台,成为讲好山东故事与中国故事的又一前沿窗口。2019年,尼山世界儒学中心正式落户尼山,新时代全球儒学中心回归大陆,儒学从尼山再出发。

(2)力树"明礼"品牌

尼山圣境一期作为度假区的核心景区,规划占地8平方公里,以"文化修贤度假胜地"和"世界级人文旅游目的地"为总体定位,以中华传统文化精髓"明礼"为文化主题。历时八年,将尼山圣境打造成了集文化体验、修学启智、生态旅游、休闲度假于一体的综合性文化载体。同时,深挖"明礼"文化资源,结合时代价值规范,在体验活动、文创产品、仪式规范、明礼服务等方面,注入"明礼"文化内涵,积极推动"明礼生活方式"的时代表达,倡领时代新风。

(3)积极打造文化体验品牌

尼山圣境先后创意策划、落地了《金声玉振》演艺、《天下归仁》灯光秀、文化夜游、礼敬先师、大学之道、手"读"《论语》等一系列具有仪式感、参与性、体验度与震撼力的文化体验活动,备受广大游客青睐。其中,《金声玉振》演艺、文化夜游成为爆款产品。

(4)努力打造研学品牌

尼山作为孔子诞生地,有着天然的超越国界的影响力与知名度,历史文化资源独一无二,研学资源得天独厚。2019年,尼山圣境接待研学团队近30万人。同时,完成了济宁市研学旅游基地,济宁市中小学生研学实践教育基地,全国政德教育体验基地、教学点,孔子学院总部体验基地体验区等申报,正在推进省级、国家级研学基地申报,抢占中国研学第一高地,为进一步提升研学市场份额及景区未来发展创造了有利条件。

(三)文旅融合创新综合体——东夷小镇

1. 基本情况

东夷小镇是日照市委、市政府实施"旅游富市"战略的拳头项目,由市城投集团创新采取"旅游+旧城改造"模式,在董家滩村原址上建设安居工程和东夷小镇两大业态,高标准高起点打造集民宿客栈、特色餐饮、文化休闲街区于一体的旅游小镇。集团创新运营模式,本着"轻资产混改,重资产自持,盈利总考核""同股不同权,同股不同筹"的原则,大胆引入社会资本成立合资公司运营,同时解决了海滨旅游转型升级、国企转型、旧村改造三道难题。小镇建有凤仪岛和龙栖岛,突出东夷文化和海洋文化主题,是集"吃、住、游、购、娱"于一体的旅游综合体。小镇共有单体建筑59个,总建筑面积约6.8万平方米。2018年4月29日,小镇对外运营,目前已有特色美食、民宿客栈、文化展馆、手工文创、休闲酒吧5大类别257家商铺营业。

2020年前三季度,小镇接待游客375万人次,实现综合收入6385万元。东夷小镇荣获国家AAA级旅游景区、第十六届山东财经风云榜2018年山东十大服务品牌、全省服务业特色小镇培育单位、山东省精品旅游最具影响力品牌、中国烹饪协会2019年模式创新街区、2019年日照市十大“网红经济典型”、日照市精品旅游示范基地创建单位等荣誉称号，成为日照市精品旅游发展的典范。

2. 建设经验

（1）创新运营管理模式

小镇探索建立规划定位、品牌营销、平台共享、招商选商、管理服务“五统一”模式，特色美食街区创新实行“统一装修，免收租金，联营扣点”政策，业主“拎包入驻”。小镇对联营商户“动态考核”，连续考核周期日均销售额低于单平米绩效的项目“末位淘汰”。重点打造美食文创业态“一店一品一产业”模式，保证项目产品吸引力和竞争力。

（2）优化丰富业态体系

东夷小镇合理布局美食、旅游、娱乐等经济功能区，满足游客多元化、个性化消费需求。完成部分单体改造，更新御尚海鲜等项目。增加旋转木马、游乐车、射击等娱乐项目，推进游乐场改造升级。结合滨海特色丰富住宿业态，创新发展民宿经济，注重提升精品民宿和主题文化酒店文化内涵和服务质量，提高游客“夜宿”体验满意率。现有悦湾客栈、花筑·禔福客栈、朵儿唱系列酒店等民宿客栈11家，床位近千张，整体风格以传统庭院式为主，富有特色。

（3）大力发展夜间文旅经济

东夷小镇在旅游旺季将营业时间调整为9:00～22:30（特殊天气除外），加快推进夜间亮化改造工程，强化夜间商业氛围营造。依托戏台、广场等开展小规模文娱活动，丰富夜游文化体验。升级青啤音乐餐吧，丰富夜间特色餐饮。增加夜间主题游乐活动，延长游客夜间逗留时间。打造东夷小镇祈愿阁大型3D东夷光影秀，开通“乘画舫夜游东夷小镇赏精致城市夜间美景”路线，邀请网红达人、摄影爱好者进行直播及网络平台推广。现已成为具有较高知名度的全市性夜间消费目的地和夜间经济地标。

（4）创新活动营销

通过举办新闻摄影周、非物质文化遗产博览会、美食评选大赛、国际大学生微拍大赛、春节庙会、长桌宴等特色主题活动，增强营销宣传效果。2019年，文旅集团共举办了140余项覆盖面广、参与性强、影响力大的活动。2019年元旦、春节期间，元旦迎日祈福大典、日照大庙会、市迎春灯会等大型节庆活动，累计接待市民游客50余万人次。广泛开展新媒体网红营销，通过微信、抖音、微博等媒体平台进行景区线上营销推广。通过媒体矩阵营销、网红引流、社群传播等形式，吸引客群聚集，增加景区二次消费。2019年，开展“海边小镇今日营业”抖音挑战赛，活动话题视频播放量2.9亿次。在日照文旅微信公众号和市区知名自媒体联盟做好“一店一品”等推广宣传工作，全力服务业主商户。

（四）多业融合模式——东阿阿胶康养旅游综合体

1. 基本情况

东阿阿胶“文旅＋东阿阿胶中医药文化旅游综合体项目”是集研发、康养、文化、休闲、研学、度假于一体的中医药文化旅游综合体项目。该项目将东阿阿胶产业链上游毛驴养殖业、中游阿胶大健康产品研发与机械化智能制造、下游阿胶中医养生文化与旅游服务有机结合起来，致力于打造集"研发＋工业＋文旅＋康健"于一体的东阿阿胶中医药文化旅游综合体，实现东阿阿胶发展引擎从传统制造业到"智能制造＋文旅服务"的新旧动能转换。东阿阿胶中医药文化旅游综合体将东阿阿胶产品研发、生产、旅游服务融合为一体，打破传统产业藩篱，进行东阿阿胶供给侧结构性改革，加快阿胶文化消费升级，培育出阿胶文化康养旅游新业态，具有实践性、创新性、示范性等特点。该项目致力于推动东阿阿胶从传统制造业到新型产业综合体的新旧动能转换，打造山东省精品文化旅游产业标杆企业。

项目引导人们培养追求健康、环保、持续的生活方式和生产方式，旨在为医改、养老、养生等一系列民生和社会保障事业作出贡献，并促进包括中医药健康服务在内的健康文化的传播和价值释放。项目承载中国优秀传统文化，通过客户的学习、体验，能大大推动精神文明建设，提高人们的文化素质，具有较强的社会教育意义。项目涵盖的一、二、三产全产业链，是"劳动密集型＋智力密集型"产业，可为当地居民创造1500多个就业机会，使当地居民参与到产业建设中来，为当地增加就业机会，提高当地居民收入。项目不仅能够直接带动地方经济发展，还带动东阿周边餐饮、宾馆、运输业、娱乐业等发展，并且直接或间接增加地方财政收入。项目通过"投资—消费—收入—再投资—再消费—再收入"这一循环周转过程，对当地经济产生连锁效应和最终影响，带动区域经济增长，为当地经济建设作出较大贡献。[①]

2. 建设经验

东阿阿胶股份有限公司创造性地将产业链上游毛驴养殖业、中游阿胶大健康产品研发与机械化智能制造、下游阿胶中医养生文化与旅游服务有机结合起来，推动东阿阿胶大健康产业供给侧结构性改革，促进实现东阿阿胶发展引擎的新旧动能转换，具有一定的创新价值。

(1) 文化创新

传承两千多年的东阿阿胶滋补养生文化是该项目最丰富的文化支撑，东阿阿胶通过精品旅游项目来传承与保护这一文化源泉是最好的选择。该综合体项目以阿胶文化为线索，将研发、生产、旅游服务功能融合于一体，实现了文化旅游产业的可持续健康发展，打造中医康养旅游行业标杆。

(2) 研发创新

研发团队涉及理论基础研究、产品研发、旅游商品开发、旅游活动策划等内容，研发团队与浙江大学、上海师范大学、美国迪士尼等专业团队合作，开展了一系列研究开发工作，具有良好的研发基础与研发优势。

(3) 产业发展模式创新

东阿阿胶贯穿一产毛驴养殖业、二产阿胶生产制造业、三产旅游服务业，为实现新旧动能转换目标做足了产业准备。该项目将毛驴养殖业、阿胶大健康产业、旅游服务业有机连接，形成一、二、三产业融合发展的新六产模式，促进形成产业发展乘数效应。

---

① 参见秦玉峰:《文旅＋东阿阿胶中医药文化旅游综合体实践模式》,《人文天下》2020年第21期。

（五）国际标准打造旅游地标——青岛国际邮轮母港

1. 基本情况

青岛国际邮轮母港位于青岛港老港区 6 号码头，由青岛港集团投资建设，总投资约 10 亿元人民币，共建有 3 个邮轮泊位，岸线总长度 1000 多米。其中，新建超大型邮轮泊位长 490 米，纵深 95 米，吃水 13.5 米，可全天候停靠目前世界最大的 22.7 吨的邮轮。在码头前沿配套建设国际标准的邮轮母港客运中心，总建筑面积 6 万平方米，最高通关能力可达每小时 3000～4000 人次，年接待能力达 150 万人次，其主要功能为联检大厅，同时配套免税商店等商业服务功能。青岛国际邮轮港力求打造中国北方邮轮中心，建成东北亚区域性国际邮轮母港。青岛国际邮轮港目前已经被国家批准为全国第4 个“国际邮轮港试验区”。

2. 建设经验

（1）高点定位

青岛国际邮轮港是青岛市委、市政府为更好融入和服务“一带一路”“蓝色经济”等国家战略，依托青岛港老港区转型规划建设的重大项目。邮轮港拥有 9 公里黄金海岸线和 4.1 平方公里的主城稀缺规模化土地资源，是落实青岛“三湾三城”空间战略、建设国际湾区都会的核心节点，是推进“三城联动”、做优做美东岸城区的战略支点，更是延续青岛老城文脉、带动老城复兴的引爆点。邮轮港将积极培育邮轮经济、文化旅游、现代金融和创新经济等现代服务领域高端产业，致力于打造国际滨海文化旅游目的地、湾区创新商务服务中心、洋溢历史风情的现代人文港湾，未来将建设成为岛城皇冠上的璀璨明珠。

（2）产业融合

青岛国际邮轮港产业打造以“国际港城，人文都心”为目标。产业发展以政策创新为平台，邮轮经济为触媒，文化旅游为吸引，依托现代金融和创新经济双支撑，形成体验、商务、创新三大主题板块，将成为现代服务领域高端产业和优质资源聚集区、新兴服务业发展先行区、引领城市生活时尚区。

（3）合理布局

青岛国际邮轮港结合港区用地条件特征，打造“一心两翼，国际港城”的空间布局。“一心”（商务文化中心）：以大港火车站综合枢纽为核心，形成滨海活动、文化设施、自然公园紧密融合的金融商务活力中心。“两翼”：北翼（创新会展港），发挥滨海景观资源优势，建立以晚霞公园为主题，以创新服务业为主导的创新经济产业聚集区；南翼（邮轮游憩港），以邮轮母港为核心，结合航线、休闲旅游，形成彰显青岛特色的国际邮轮游憩商务区。

（4）联动发展

青岛港大力发展邮轮经济，秉承“全牌照、全过程、全物流产业链”的经营理念，开拓母港访问港航线，先后走访诺唯真、皇家加勒比、嘉年华、歌诗达、天海等 10 余家邮轮公司，为船舶公司量身订制个性化作业方案，在 2017 年已确定航线的基础上，增加母港航线、访问港航线 20 余航次。邮轮母港旅游带动作用明显，能够带来大量的游客，特别是国际游客，并且随着这些游客的到来，促进了服务质量提升，同时拉动城市经济增长，提高青岛国际知名度。

三、重点项目助力精品旅游产业发展对策建议

地区旅游业升级过程中必须利用好重点项目龙头效应。通过精品旅游新旧动能转换工程推动的重点项目效用逐渐显现，尤其是与文化或产业融合紧密的大型项目，无论是在配套设施，还是在经营理念、服务模式都有了很大的提升和创新，极大地提高了目的地旅游服务体验。诸多标杆性项目不但给本地旅游业发展提供了原动力，也为之后的重点项目建设评估提供了很好的参考依据。

(一)多样化重点项目选择

在精品旅游新旧动能转换工程重点项目推进和筛选过程中，要注意对项目进行分类和分级，不能把重点项目简单的定义为“大”。地区旅游业的构成一定是系统性的，要考虑不同消费群体的需求差异。通常与传统文化或地区文化深度融合的大型龙头项目具有很强的代表性，可以辐射省内、国内甚至邻近国家和地区，最终客源抵达率基本由本地交通便利度决定。这类项目会对本地各相关产业形成很强的拉动作用，但不太容易满足本地和邻近周边居民频次较高的短途出游需求，通常短途出游周期都比较短，每次客单消费也偏中低。面向本地和周边居民的优质旅游项目规模有大有小，但普遍配套完善，以休闲或游乐为主，也有众多个性化小众项目，普遍体验感参与感很强，能够吸引周边游客高频复游。因此，就一个地区旅游产业结构来讲，一方面要注重具有代表性的大型龙头项目建设，一方面也要关注面向本地和周边居民的优质项目建设。健康合理的旅游产业结构不仅能提高游客体验，实现让游客“多留一天”，而且对本地旅游消费的拉动会呈几何倍数增长。

(二)深入优化营商环境

精品旅游重点项目都是综合性很强的项目，需要经过多个部门的审核批准才能正式落地开工，通常在前期审批手续上就要花费很大的财务和时间成本。新旧动能转换工程启动后，在推动重大项目的具体工作过程中，已经联合各相关部门在优化审批程序上做了很多工作，从申请便利度到审批周期有了较大幅度的优化，但很多程序仍然存在繁复的问题，要积极参考先进地区的经验。像深圳推行的“多审合一”“一窗通办”就非常值得学习和借鉴。另外，还有杭州的“标准地”供地政策，直接实现了拿地即开工，极大地节省了项目落地周期，给项目方节约了大量的时间和财务成本，极大程度上消除了开工前的不确定性，对吸引外部投资有非常强的推动作用。在接下来重点项目服务和推进过程中，要建立更高效的多部门协同机制，建立更精细化的执行和审批标准，把前期一些好的做法形成制度稳定下来，不能总是特事特办。

(三)精细化系统化“双招双引”

“双招双引”在新旧动能转换推进过程中确实起到了非常大的促进作用。旅游业作为综合产业，地区旅游业的结构合理性是至关重要的，因此基于精品旅游工程开展的“双

招双引”工作，一定要以解决旅游业结构性问题为根本原则。这就需要对本地旅游业的现有状况有充分深入的了解，同时对升级后的旅游业生态有更深入的研究和思考，要基于这两点制定长期的“双招双引”规划和目标。另外，对投资的真实性和可持续性也要做到严格把控，尽量杜绝投资项目无法持续的问题发生，一旦出现这类情况，资源和时间的大规模浪费就无法避免。此外，在人才引入和智库利用上，要采用更灵活和更高效的方式，比如更多维的智库建设机制，针对产业生态的不同环节，建立针对性更强的临时性问题和应对策略探讨机制，不仅限于邀请行业专家参与，也要开放邀请资深从业者代表甚至部分典型消费者参与探讨，这样得出的结论更贴近实际也更具有实际操作价值。

（四）精准提供金融和财政资金支持

旅游业重点项目通常是资金密集型项目，而且建设周期一般较长，在筹建和建设周期内，完全是单向的资金投入。健康稳定的现金流保障是项目顺利推进的重要基础，因此，一定要在金融支持政策上做到稳定可持续。另外，项目成本回收周期也比较长，且长周期总会产生较大的不稳定性因素，因此，针对不同阶段的项目提供更多样化的金融支持手段也是非常必要的。在有具体的金融支持政策基础之上，还要保障提供的资金额度不缩水，落到实处。健康和稳定的金融环境是项目顺利落地运营的关键。

培育产业集群　做大做强目的地

刘力瑜　贾衍菊*

摘　要：山东省新旧动能转换重大工程的实施为旅游产业转型发展带来新机遇，精品旅游产业作为全省重点发展培育“十强”产业之一，在调整产业结构、发挥基础性产业作用方面具有重要意义。旅游产业集群化发展是增强旅游产业竞争优势的重要依托，是激发旅游经济增长的动力来源，也是促进旅游高质量发展的有效途径之一。本文通过全面梳理山东省旅游产业“雁阵形”集群及领军企业发展概况，归纳总结发展经验，以济宁研学旅游集群、济南市文旅集团为代表，从中提取产业集群及领军企业发展的典型做法，进一步探索山东省旅游产业集群发展对策。

关键词：新旧动能转换；旅游产业集群；领军企业；发展对策

2019 年政府工作报告强调：“坚持创新引领发展，培育壮大新动能。”山东省作为新旧动能转换综合试验区，通过建设“十强”产业方式推动传统产业改造升级，促进新兴产业加快发展。旅游产业已由大众化跨入高质量发展阶段，其在经济社会发展中的带动作用不可忽视。为发挥旅游业的基础性产业作用，构建以核心产业为支撑的具有独特竞争优势的产业集群是促进旅游业高质量发展的有效途径之一。1990 年，迈克尔・波特在《国家竞争优势》一书中首先明确提出了产业集群概念。① 产业集群作为区域经济的重要现象，得到世界各国学者和相关产业实践领域的广泛关注。经济学家普遍认为，产业集群是经济环境和企业共同划定的区域，也是具有相同消费群体的企业在固定市场环境中形成的社会综合体。② 产业集群作为一种新兴的产业组织模式，因企业集聚和网络合作导致外部经济、成本降低、空间组织、学习创新和竞争优势③，能够通过创新能力、协同能力逐步提高企业的经营绩效，保持市场竞争优势，进而促进区域经济发展。④ 旅游产业集群

---

* 作者简介：刘力瑜（1989～ ），女，山东省旅游推广中心经济师；贾衍菊（1981～ ），女，博士，山东师范大学商学院副教授、硕士生导师，研究方向为旅游目的地管理。

① 参见[美]迈克尔・波特：《国家竞争优势》，李明轩、邱如美译，中信出版社 2007 年版。

② 参见刘柳：《物流产业集群企业间信任的影响因素分析——基于网络嵌入视角》，《商业经济研究》2021 年第 3 期。

③ 参见王缉慈：《创新的空间：企业集群与区域发展》，北京大学出版社 2001 年版。

④ 参见李悦：《产业经济学》，东北财经大学出版社 2015 年版。

是以旅游为主导，带动其他周边相关产业的发展，从而组成的一个产业集群。[①] 随着山东省新旧动能转换工作推进，旅游产业作为综合性很强的基础性产业，通过发挥联动作用和极化扩散效应，加速与其他产业集聚，从而完善旅游产业要素，拓展旅游产业链条，推动了山东省旅游产业的转型升级。

一、旅游产业"雁阵形"集群及领军企业现状

2018 年，国务院正式批复了《山东省新旧动能转换综合试验区建设总体方案》，为推进落实新旧动能转换，省委、省政府在济南召开山东省全面展开新旧动能转换重大工程动员大会，会中明确提出了"构建布局结构、规模体量大、延伸配套性好、支撑带动力强的现代产业集群"。在此背景下，山东省明确重点培育壮大包括新一代信息技术、高端装备制造、新能源新材料、现代海洋、医养健康 5 个新兴产业，以及高端化工、现代高效农业、文化创意、精品旅游、现代金融服务 5 个传统产业在内的"十强"产业。自此，山东省经济社会驶入高质量发展轨道。2019 年、2020 年为及时总结新旧动能转换发展成就，全省分两批组建了 73 个"雁阵形"产业集群及 105 家领军企业库，不断推动产业朝着园区化、集聚化、高端化发展。本文通过对全省旅游产业"雁阵形"集群（见表 1）和旅游产业集群领军企业（见表 2）的发展情况进行梳理，从中把握山东省旅游产业集群的特点及概况，为下一步研究奠定基础。

表 1　　精品旅游产业入库"雁阵形"集群发展概况

批次	集群名称	集群情况
第一批	济南市精品旅游企业集群	由 10 家领军企业和 25 家骨干企业组成。2019 年，实现旅游总收入 711.7 亿元，规模以上企业 140 家；34 家骨干企业营收 88.18 亿元。全市 85 个在建旅游项目完成投资 285 亿元，2019 年新签约文旅项目 18 个，总投资额 607.58 亿元
	青岛市现代海洋旅游产业集群	包括市南区、崂山区、西海岸新区、即墨区、崂山区等区市涉海旅游产业，拥有石老人、凤凰岛两个国家级旅游度假区，琅琊台、田横岛、大沽河、灵山湾四个省级旅游度假区。2019 年，营业收入达 241.3 亿元，规模以上企业 97 家，骨干企业 22 家
	济宁市精品旅游（研学旅游）产业集群	以研学旅游产业作为发展精品旅游产业的新兴先行产业和示范招牌，打造全省研学旅游业发展先行区。2019 年，集群实现年营业收入 87.45 亿元，占全市旅游总收入的 10.6%，研学旅游产业集群重点骨干企业 37 家，规模以上企业 80 家
	泰安市旅游产业集群	形成了以泰山旅游为头雁引领，以观光休闲、乡村旅游、红色旅游、体育康养、文旅演艺、节庆会展、文旅综合体、住宿餐饮、旅游商品、研学旅行十大产业雁列的雁阵形发展态势。2019 年，集群实现营业收入 321.36 亿元，规模以上企业 109 家，骨干企业 90 家

① 参见陈彩虹：《基于培育旅游集群的农村旅游发展探讨》，《中国管理现代化》2019 年第 9 期。

续表

批次	集群名称	集群情况
第二批	烟台滨海旅游产业集群	2020年,实现营业收入468亿元,龙头骨干企业数量276个,市级以上品牌435个。培植景区度假区、旅游饭店、旅游集团、邮轮游艇、海洋牧场、葡萄酒庄、工业旅游、康养体育旅游、旅游演艺、节会活动10个板块
	日照市阳光海岸带精品旅游产业集群	由10余家领军企业发挥领头雁作用,大力发展体育旅游、研学旅游、康养旅游等旅游新业态,举办运动品牌赛事。2020年,集群营业收入204亿元,成功创建为国家级旅游度假区
	青州古城精品旅游产业集群	形成了吃、住、行、游、购、娱完整纵向产业链条,实现旅游与文化、农业、工业、教育、花卉等特色产业的深度融合。2020年,实现营业收入315亿元,成为全国首批全域旅游示范区创建单位
	沂水县地质文化旅游产业集群	拥有2A级以上旅游景区40家,总量居全省县域首位,其中3A级以上景区21家(其中5A级1家,4A级4家,3A级16家)。2020年,实现集群营业收入213亿元
	单县浮龙湖文化旅游产业集群	包括单县浮龙湖周边10家旅游企业、10余家景点、11个乡村旅游村及大量采摘园、智慧农业大棚、农家乐等。2020年,实现营业收入145亿元
	济南市夜间旅游产业集群①	覆盖了吃、住、行、游、购、娱等各旅游要素,2019年济南市接待夜间游客4469.8万人次,占全市年度接待游客人数的44.6%;实现夜间旅游收入201.4亿元,占全市年度旅游总收入的16%

资料来源:山东省发展和改革委员会官网。

表2 精品旅游产业集群领军企业概况

批次	领军企业名称	企业概况
第一批	山东省文化旅游发展集团有限公司(更名:山东省国欣文化旅游发展集团有限公司)	由山东省委省政府主导组建的省级大型文化旅游企业,经营业态涵盖吃、住、行、游、购、娱等领域,拥有中高端及连锁酒店12个品牌、330余家,8家景区(含5A级景区2个),3家省级媒体,2家高尔夫公司,拥有美丽乡村建设的"样板工程"——泰山九女峰乡村振兴项目
	济南文旅发展集团有限公司	成立于2017年,是济南市委、市政府成立的市属六大投融资平台之一,负责全市文化、旅游、体育产业资源整合、建设与运营,负责文旅项目投融资和城市文化旅游产品、品牌对外推广,负责市级公园、景区、体育场馆资产统一运营
	青岛极地海洋世界有限公司	2006年开业,年平均接待游客量超260万人次,累计接待中外游客近3000多万人次,每年提供就业岗位近500个,先后荣获"山东省旅游服务品牌""省级海洋意识教育示范基地"等荣誉
	蓬莱八仙过海旅游有限公司	成立于1983年,从事旅游景区项目开发、规划、建设、管理、服务,目前运营12个景区(含2个国家5A级景区、4个国家4A级景区),9家酒店(含2个金星级主题酒店)
	山东龙冈旅游股份有限公司	成立于2004年,以开发和运营旅游景区为主的大型旅游企业,现拥有国家5A级景区2家,4A级景区2家,星级酒店及度假酒店4家,在建景区4处,并设有景区托管公司、基金管理公司、文旅产业研究院、萤火虫蝴蝶研究院、旅游规划设计院、旅行社、旅游互联网企业等

① 入选"十强"产业"雁阵形"集群储备库。

续表

批次	领军企业名称	企业概况
第二批	山东蓝海股份有限公司	成立于1999年，业务范围涵盖酒店管理、现代农业、职业教育、生鲜食品连锁等领域。目前，拥有80余家中高档酒店，初步形成了“一体两翼、相关产业联动发展”格局，在2018年中国酒店60强(含国际品牌)中排名第14位
	青岛西海岸旅游投资集团有限公司	成立于2017年，现有全资及控股子公司24家，参股子公司9家，主要从事旅游项目开发建设、景区(主题公园)运营管理、旅游产品开发经营、旅游地产开发、文化创意、酒店及商业经营管理等
	日照市文化旅游集团有限公司①	成立于2013年，旗下共有8家分公司，有万平口景区(AAAA)、东夷小镇、灯塔景区、世帆赛基地景区、水运基地景区、碧海蓝天婚嫁产业园、游泳中心等知名景区景点

资料来源：山东省发展和改革委员会官网。

二、旅游产业集群典型经验做法

在山东省各市旅游产业集群发展中，涌现出多种优势举措与先进做法，为精品旅游集群的深入推进提供丰富的借鉴与实践指导。本文以济宁市研学旅游产业集群及济南市文旅集团为例，对其旅游产业集群及领军企业的发展经验及做法进行剖析与分解，从中把握产业发展新方向。

(一)济宁市研学旅游产业集群经验做法

研学旅行成为近年来颇受社会关注的旅游热点，备受青少年欢迎。济宁市研学旅游产业集群作为全省第一批“十强”产业“雁阵形”集群，通过深入挖掘研学旅行资源优势，打造全省研学旅游业发展先行区，对拉动新旧动能转换发挥重要作用。截至2019年，全市研学旅游产业集群共有210家企业，实现年营业收入87.45亿元，占全市旅游总收入的10.6%；研学旅游产业集群重点骨干企业6家，营业收入16.86亿元，占集群总收入的19.28%；规模以上企业80家，营业收入66.7亿元，占集群总收入的76.27%。全市重点研学旅行机构接待研学人数同比增长40%。通过总结其做法从中吸取成功经验，为今后山东省文旅产业长远发展提供启示与思路。其创新做法体现为以下几方面：

1. 首创“6＋1”模式

济宁市立足丰厚的文化旅游资源，聚焦旅游六大要素，首创了研学旅行的“6＋1”模式，持续推动研学旅游高质量发展。所谓“6＋1”，“6”是聚焦旅游六大要素，全力打造“六心”研学旅游品牌。“六心”主要包括“游得舒心”“购得称心”“娱得开心”“吃得放心”“住得安心”“行得顺心”。“1”是指全力构建一个内外同优的研学旅游环境。“6＋1”模式的打造有力推动了文化和旅游产业深入融合，为文旅产业由初步融合向高质量发展攀升提供重要渠道，同时也为研学旅游发展营造了优越环境。

① 入选“十强”产业“雁阵形”领军企业储备库。

2. 聚焦打造研学旅游营销体系

一方面整合研学旅游资源。推出文化圣地体验游、国学经典研学游、运河微山湖休闲游、圣地乡村生态游四大主题线路产品以及“拜圣习儒”“走进水浒”“礼佛禅修”“运河访古”“湖上泛舟”“圣地农耕”六大体验性游览活动，以中华优秀传统文化为重要依托，整合重点旅游资源，将文化与民俗体验、工农体验等相结合，增强研学旅行产品的多样性，实现“学”与“游”有机统一。

另一方面，不断拓宽营销渠道。以儒家文化为抓手，以推进研学旅行提质升级为主线，借助社会资源，进行多方合作，开拓多种营销方式与渠道，提升旅游品牌知名度及影响力。例如：2018 年，在曲阜先后召开首届全球孔子学院山东文化旅游推广峰会、中国(济宁)研学旅游国际营销大会。国内外旅游专家学者、旅行商、研学基地负责人等齐聚大会，进一步推动山东文化旅游发展。2020 年 11 月，召开的全省研学旅游现场推进会系统全面地推介了济宁研学旅游资源和精品线路，进一步推动济宁市研学旅游产品的信息化、产品化、品牌化营销。

3. 强化奖励扶持政策引导作用

为进一步加大研学旅行支持力度，推出多项扶持政策与措施。以经济扶持为主要手段，安排专项资金扶持研学旅行的发展，充分利用各级旅游发展资金，鼓励研学旅行产品设计及市场开发。例如：《济宁市旅游奖励办法》中规定从市级旅游专项资金中列支专项资金，对创建成功的市级研学旅游示范基地给予一定的资金奖励，鼓励研学游基地不断设计开发满足市场需求的产品。经过多年完善和建设，全市现有市级研学旅游示范基地 34 处、研学旅游基地 126 处。

(二)济南市文旅集团的典型经验做法

近年来，济南文旅集团对济南历史文化和旅游景观资源优化整合，深度开发多项精品文化旅游项目，有力助推济南文旅产业高质量发展。为推动文旅产业链发展，推进全域旅游建设，构建了文化体育、旅游会展、康养园林三大主业、六大产业板块，形成了多元共生、多业并举的大文旅生态集群，持续推动济南市文旅产业向产业化、智慧化、品牌化发展。

1. 整合运营全市优质文旅资源

通过整合规划市级文旅类资产，搭建起泉城旅游大平台，进行统一运营，为文旅产品打造建立优质平台，营造良好环境。一是按照既定标准，深入发掘全市各项旅游资源优势，通过对各类旅游资源进行分类与评估，探求资源提质途径，对现有景区资源进行优化提升。同时，坚持顶层设计，强调集群式发展，立足统一运营，不断完善现有景区资源的功能配套和服务品质。二是以智慧化发展为主动力，坚持推动景区信息化建设，搭建新型智慧旅游云平台。利用大数据、人工智能等现代信息技术，对全市旅游景区及资源进行整合与统一，实现景区资源优化配置，创新文旅产业发展新动能。

2. 打造全域旅游发展新格局

为统筹全域协调发展，济南市提出形成“东强、西兴、南美、北起、中优”的城市发展新格局。济南文旅集团为加速融入济南城市发展新格局，在此背景下提出打造“东、南、西、北、中”文旅“十字产业轴”全域旅游发展格局。各地区充分发掘自身地理、资源、产业等方面优势，围绕优势资源着力打造特色区域旅游品牌，并形成了“中部文化休闲组团”“东部体育旅游组团”“西部会展旅游组团”“南部文化旅游组团”“北部文化体育组团”。

3. 实施文旅产业战略性布局

从泉城文旅融合视角出发，着力规划打造文化产业板块、旅游产业、体育产业、会展产业、康养产业、园林产业六大板块。以旅游产业板块为重点和支柱，实施双轮驱动战略，不断完善景区功能配套和服务设施建设，促进产品升级。同时，围绕泉城为核心打造一批拳头景区，拓展旅游与文化、体育、会展、康养、园林等产业之间的合作与互助，加强旅游业与其他产业间的融合，丰富旅游新业态，完善泉城旅游产品矩阵，推动旅游业提档升级，真正实现“以文兴旅，以旅彰文，文旅兴城”。

三、旅游产业集群经验总结

随着山东省新旧动能转换推进，旅游产业不断朝集群化、高端化发展，为全省文旅产业转型升级指明前进方向与行动指南。旅游产业集群成为全省文旅产业提质升级、转型发展的重要引擎，激发了文旅产业融合及全域旅游发展新动能。在推进旅游产业集群发展过程中，以供给侧改革为着力点，不断加强旅游重点项目建设力度，经过不懈努力最终取得了一系列优异成绩，通过梳理总结，将山东省旅游产业集群化发展经验归纳为如下几点：

（一）强化顶层设计，抓紧全省一盘棋

在新旧动能转换过程中，旅游产业作为十强产业之一，突出党政统筹规划绘制全域发展蓝图。为强化顶层设计优势，统筹规划全域新格局，省委省政府出台了《山东省全域旅游发展总体规划（2018～2025 年）》《山东省精品旅游产业发展专项规划（2018～2022 年）》等一系列实施策略，整体谋划，强调全域旅游高质量发展。各市也积极编制出台全域旅游发展规划，设立精品旅游产业智库和精品旅游促进会，加快落实全域旅游发展战略。在实施层面，各市充分发掘自身优势资源，集中力量创新发展动能，纵向上形成了独具地方特色的旅游产业板块。随着文旅产业链的不断延伸与拓展，越来越多的文化旅游资源被发掘，横向上逐渐形成以某一主题为核心的产业集群，产业集群的产生充分发挥了以点带面的规模优势，实现了产业优势的最大化。山东省旅游产业集群范围覆盖全省，充分落实全域旅游发展战略，打造旅游目的地品牌。以东部地区为例，充分利用其区位优势，合理开发海洋资源，创新海洋科技，以“仙境海岸”为核心品牌，突出文化优势，开发与自然环境相协调的特色新型度假区，升级沿海休闲度假产品，开拓海滨小众旅游市场，同时根据各地地理及资源特点分别制定独立的次级战略，扩大游客活动范围，满足不同层次游客的多样需求，实现滨海旅游的跨越发展。

（二）发挥龙头骨干企业带动作用，合力助推产业集群高质量发展

狠抓龙头骨干企业的优势及带动作用，把握时代机遇，以科技赋能产业创新发展，促进领军企业自身升级转型，成为产业高质量发展的担当者。同时，不断整合产业优质资

源，拓宽对外交流与合作渠道，以龙头企业为标杆带动相关产业集群发展，逐步形成龙头企业引领，中小企业协作配套，上下级旅游企业协调发展的产业组织体系。一方面，通过栽培和选拔优质旅游产业领军企业，在全产业体系中发挥榜样示范作用，通过总结领军企业成功经验，为其他企业深化改革提供行动指南。另一方面，发挥产业发展领头羊引领作用，实行区域差异和重点突破战略，调动各方面优质资源，统一规划，围绕全域旅游全力打造国内著名旅游项目，树立优质旅游目的地品牌。此外，通过对领军企业技术、人才和资金等方面的重点支持，培育具有强力支撑动力的领军企业，为产业链上的企业提供发展机遇，激发与增强品牌生命力，推动山东省精品旅游业提质升级。

（三）建全管理机制，打造全产业链

传统观光旅游、景点游已经不能满足消费市场需求。新旧动能转换推动传统旅游产业不断向高端化、智慧化、集群化转变，全域旅游发展不断推动着旅游业由高速增长向高质量发展阶段迈进。开创高质量、全域共建的旅游产业集群体系成为新时代背景下的重要任务。优质产业集群的打造离不开完善的监督与管理机制。通过加强旅游综合管理机制建设，规范旅游市场秩序，维护良好的旅游目的地形象，助推旅游目的地品牌的建设与提升。一方面，通过组建旅游发展委员会，联合国土资源、交通运输、文物等部门，建立部门合作推动机制。加强上下级配套措施，形成上下级联动、多部门共同协作的全新旅游综合管理机制。另一方面，在实施层面，通过构建旅游监管机制，成立旅游产业发展监管小组，完善旅游企业准入机制，健全旅游企业申报到遴选，通过审核到入库。于入选的旅游企业进行不定时培训，提升企业专业化管理与运营水平，促进企业自身升级转型，进一步加强精品旅游项目的打造，丰富旅游产品供给，打造优质旅游目的地品牌。

（四）多措并举，培优培强集群领军企业

为落实省新旧动能转换重大工程部署要求，提升旅游企业质量效益和核心竞争力，运用多举措，持续推动企业创新发展。

首先，通过赴境外学习借鉴先进经验，提升企业管理与服务水平。2020 年，省文化和旅游厅组织重点国有文旅集团负责人赴日本东京、大分两地参加旅游企业管理创新及服务转型升级研修班。学习日本旅游企业现代化管理、旅游管理创新与服务提升、旅游转型升级经验等内容。

其次，不断推动领军企业抢抓科创板提速增效、创业板注册制改革机遇。通过组织集群领军企业参加山东省科创板、创业板上市培训会议，优化企业发展机制，提升企业发展内涵。实施财政资金贴息政策，激发市场活力。例如，在 2020 年，对包括集群领军企业投资的德州齐河博物馆群在内的 23 个重点项目贷款贴息扶持 2000 万元。此外，推动集群领军企业围绕产业发展重点难点积极申报 2020 新旧动能转换重大课题攻关项目。全力推动集群领军企业克服疫情影响，取得较好经济效益。

最后，强调服务品质与内涵提升，不断提升各个景区的品质和服务水平，成立培训班、旅游学院等机构，对行业内人才进行广泛性培养，建立成熟的人才库，为社会输出优质高端的管理团队体系。

四、旅游产业集群发展对策

旅游业是山东省区域经济增长与国民经济发展的重要引擎。在国务院通过《山东新旧动能转换综合试验区建设总体方案》之后，山东省省政府充分利用国家给予的扶持政策，有效发挥旅游资源优势，以“产业融合”为突破口，走旅游产业集群化道路，加快发展领军企业，带动生产结构调整，建设具有区域优势以及资源优势的旅游产业集群。山东省具有丰富的旅游资源，建设优质的旅游产业集群对全国旅游产业集群的建设以及文旅融合具有重要意义，对我国的经济发展起到重要推动作用。山东省应抓住机遇，从以下几方面入手，加快建设优势特色旅游产业集群，推进山东省旅游业高质量发展目标的实现。

（一）提升旅游产业集群核心竞争力

山东省旅游产业集群根据要素禀赋、交通区位等区域比较优势形成了诸多特色明显的产业集聚区。这些集群尊重市场规律、围绕特色产业，吸引相关技术、资本、人才向当地聚集，从而在全国相关产业发展和技术创新竞争格局中占据一席之地。对此，需因地制宜强化产业集群特色优势，培育具有战略性、前瞻性、引领性的旅游产业集群，提高旅游产业集群的国际影响力。如济宁旅游产业集群着重推出“祭孔大典”、泰山市旅游产业集群着重推出“泰山庙会”、济南市旅游产业集群着重推出“泉城文化”、烟台市旅游产业集群着重推出“葡萄酒文化”等等，根据已有的旅游产业集群基础，在差异定位中打造富有创新、充满活力、特色鲜明的旅游产业集群，实现旅游产业集群的精品化和增值化。

（二）构建高品质的旅游产业集群品牌体系

旅游品牌是旅游产业的标志，对推动旅游业发展具有重要意义，而要使得旅游产业集群发展，品牌体系建设起着至关重要的作用。目前，在品牌建设方面大多数旅游地有着同样的问题，即“千城一面”[①]，如何突破这一瓶颈实现“千城千面”是旅游品牌建设和实践应着重思考的问题。自 2008 年山东省提出“好客山东”旅游品牌以来，在国内和国际上形成了良好的品牌效应。针对目前推动旅游产业集群的高质量发展同样要注重品牌建设，为避免产业集群品牌之间的同质化，在品牌建设方面要形成旅游产业集群的特色，形成高品质的旅游产业集群品牌体系。如济宁市主打“新三孔”“儒学经典游学之旅”“背论语免费游三孔”等游学精品路线；青岛市主打“邮轮游艇”“海洋牧场”“金沙滩公园及海水浴场”等海洋文化旅游项目；泰山市主打“泰山文化”“体育文化”等休闲体验旅游项目。这一系列品牌的推出有利于共同构建高品质的山东省旅游产业集群品牌体系。

（三）提升旅游产业集群营销能力

现代旅游产业集群的发展离不开营销平台的推广，基于“互联网＋旅游”渗透融合形

---

① 邹统钎：《旅游目的地品牌如何实现“千城千面”》，《人民论坛・学术前沿》2021 年第 4 期。

成的智慧旅游是推动现代旅游产业发展的重要趋势。目前,山东省内智慧旅游营销活动建设已经取得了一定的成绩,比如:山东省旅游资讯网、山东旅游官方微博等网络资源的建设在旅游营销方面起到了巨大的促进作用。在此基础上,山东省旅游产业集群应建设全面的智慧营销体系,例如对景点景区、酒店餐饮、旅行社、旅游商品以文字、图片、视频、虚拟现实技术等多种方式进行整合营销,并通过"O2O"模式,开展线上、线下结合的营销活动形式,[①]创造了良好的营销效果。

(四)推动旅游产业集群产品创新

产品创新是指对顾客可以直接观察到的新产品或服务进行创新,这类创新可以是全新产品、服务的推出,也可以是对特定企业或旅游目的地所提供产品、服务的改造、升级。[②] 从旅游产业集群产品创新角度来看,曲阜三孔、泰山、趵突泉、崂山、蓬莱阁等国家5A级旅游景区应该大力发展休闲度假产品。五岳之首的泰山人杰地灵对于休闲度假旅游者的吸引力不言而喻,孔子圣地的三孔景区历来就有多彩的民俗文化是很好的休闲度假地招牌,人间仙境的蓬莱阁具有丰富的负氧离子是山东省内的避暑胜地,同样是旅游者休闲度假的好去处。此外,青岛市是山东省的经济强市,处于沿海地区,交通网络畅通,很适合发展会展旅游,因此,山东省要在现有的旅游发展总体规划的基础上,编制休闲旅游、会展旅游和商务旅游等旅游主题活动具体规划,全力打造旅游购物、会展旅游、旅游休闲等创新旅游品牌。此外,在"旅游+"战略以及文旅融合推动下,应借助文化创意产业力量,把文化和旅游创意产业结合起来,打造文旅创新产品,推动文旅产品的研究、开发、升级、创新等。山东省是孔孟之乡,具有丰富的文化底蕴,对发展文化旅游产业具有强大的推动作用。另外,文旅创新离不开创新人才,文旅产业在加强自身旅游文化创意同时,还要积极与高校以及科研机构合作,一方面汲取旅游行业发展前沿问题,另一方面获取产品创新的智力支持。总之,产品创新是旅游产业集群发展的核心,同时也是产业健康发展的推动力量。

(五)促进旅游产业集群运作机制创新

山东省旅游业发展离不开产业深度融合,要促进旅游产业发展,必须推进产业融合,加快旅游产业与金融、信息、文化、教育等产业深度融合。

(1)加强"旅游+金融"融合。借助银行、保险机构、证券机构等金融平台为旅游产业集群发展提供金融支持,建立灵活多样的经济支持方式。如,政府经济部门直接干预、银行与企业对接、社会资本投资等方式,为促进文旅企业健康发展提供稳定的经济基础。

(2)推动"旅游+信息"深度融合。应加大现代信息技术在文旅产业应用力度,加强"智慧旅游"建设,进而创新出基于虚拟现实技术的"智慧体验"。

(3)推动"旅游+文化"深度融合。在文旅融合推动下,加快创新文化旅游产品,加强文化和旅游产品创新组合,催生出博物馆文化、图书馆文化、非物质文化遗产、红色旅游

---

① 参见薛永莉:《互联网时代农产品O2O模式发展存在问题及对策》,《农业经济》2017年第9期。

② 纪春礼、曾忠禄:《基于市场导向的旅游产业集群演变创新机制研究》,《管理案例研究与评论》2019年第4期。

等新兴的文化旅游业态,着力打造具有独特意义的旅游纪念品以及旅游用品。

(4)推动“旅游＋教育”融合。随着研学旅游的提出,在教育体系中研学已经作为单独课程,可见旅游活动在教育创新改革中具有重要分量。总之,产业融合对旅游产业集群发展具有重要意义,要加强“旅游＋”融合体系建设,促进旅游产业集群高质量发展。

旅游景区高质量发展的创新实践

张 彦　官修言*

摘　要:“十三五”以来,山东省旅游景区得到迅速发展,A级旅游景区数量高居全国首位。为了顺应旅游业高质量发展趋势,实现全省旅游景区量质齐升,2018年以来山东省开始全面推动旅游景区高质量发展,取得了显著成效。本文着重从管理服务和优质供给两个方面对山东省旅游景区高质量发展的实践进行系统梳理,并着眼于未来,从品质生活空间打造、精品景区和景区集群培育、智慧化管理服务水平提升、景区IP打造四个方面提出山东省旅游景区高质量发展的建议。

关键词:A级景区;管理服务;优质供给;高质量发展

党的十九大以来,随着我国经济由高速增长阶段转向高质量发展阶段,高质量发展成为我国旅游业发展的主旋律。而旅游业的高质量发展离不开旅游景区的高质量发展,这是因为旅游景区是旅游业发展的基础,是推进旅游产业转型升级的重要力量,可以说当前和今后很长一段时期内观光旅游仍然是国民旅游的基本市场,旅游景区景点仍然是大众旅游的刚性需求。“十三五”以来,山东省大力推动旅游业的发展,A级旅游景区数量呈现迅速增长的态势,数量居全国第一。然而与发展速度形成鲜明对比的是,山东省A级景区的总体发展质量远低于广东、江苏、浙江、四川等省份,高级旅游景区特别是5A级景区增长乏力,其他近千家3A级以下景区市场影响力普遍较低。同时,包括5A景区在内的不少景区呈现出产品老化、运营粗放、管理松懈、服务降低等问题。为此,近几年山东省顺应高质量发展的趋势,不断探索景区高质量发展的路径,着力提升旅游景区管理水平和服务质量,推动全省景区从高速增长向高质量发展转变。

一、旅游景区高质量发展概述

山东省敢为人先,率先启动山东省新旧动能转换战略,向高质量发展进军。在省委、省政府的高度重视和正确领导下,省文旅部门狠抓落实,行业协会积极引导,产业联盟勇

---

* 作者简介:张彦(1979～),女,山东青岛人,山东财经大学旅游管理系副教授;官修言(1985～),山东临沭人,山东省旅游推广中心馆员。

于作为，各景区大胆创新，形成了多元发力、合力推进的景区发展新局面，精品旅游景区建设、景区运营管理、景区业态创新等工作均取得了突破性进展。

（一）多方聚力推进景区高质量发展

山东省陆续出台了多项重大规划与实施方案，为加快推进全省景区高质量发展提供了战略指引和规划保障。2018 年 2 月，山东省政府颁布《山东省新旧动能转换重大工程实施规划》，将精品旅游列为重点培育的十大产业之一，明确提出推进旅游景区信息化建设，统筹推进重要旅游城市和品牌景区协同发展。2018 年 11 月，山东省政府发布了《山东省精品旅游发展专项规划（2018～2022）》，对全省景区高质量发展作出了明确部署，提出到 2022 年，全省 A 级旅游景区实现一级公路全覆盖；全省 5A 级旅游景区达到 18 家，并依托 5A 级旅游景区和重点文化旅游景区打造 50 家精品旅游景区；形成 2 个精品旅游发展核心集聚区，6 个精品旅游发展高地。2018 年 12 月，山东省委、省政府印发《大力推进全域旅游高质量发展实施方案》，将壮大精品旅游产业、景区景点提升作为全域旅游发展的重要内容。

山东省文化和旅游厅高度重视，狠抓落实，全面推动旅游景区高质量发展。2019 年 4 月，山东省文化和旅游厅印发《全省 A 级旅游景区质量提升行动方案》，连续两年围绕 A 级旅游景区质量提升的目标任务，统筹推进全省 A 级旅游景区体检式检查、A 级旅游景区复核验收等工作，实现全省 A 级旅游景区检查全覆盖。2020 年 3 月，山东省文化和旅游厅发布《山东省精品旅游景区建设三年行动方案》，立足景区文化、业态、服务、秩序、配套以及智慧景区打造等，推动全省旅游景区提档升级，推动全省旅游业实现跨越式发展。积极开展精品景区创建工作，组织专家对萤火虫大峡谷、微山湖旅游区 5A 级景区创建进行指导，初步确定一批 4A 级旅游景区创建名单。2020 年 3 月，山东省文化和旅游厅印发实施《关于进一步加强 A 级旅游景区疫情防控工作的通知》，推动景区安全有序恢复开放。

旅游行业协会作为政府、市场之外的第三种监督力量与组织形式，在促进山东景区高质量发展方面也发挥了应有的作用。近年来，山东省旅游行业协会相继成立了自驾游分会、旅游康养分会、融媒体与品牌创新分会、研学分会等分支机构，积极引导景区实施产业融合和业态创新。疫情期间，山东省旅游行业协会组织开展了 5 期“共助文旅　抗击疫情”在线公益培训活动，涵盖旅游景区创新提升等内容；旅游景区分会按照国家规定对景区的安全防疫进行了全面部署，着手开展疫情对山东省旅游景区的影响调研。山东省旅游景区分会引导 A 级景区从自身抓起开展景区自查自纠活动，提升全省景区综合管理水平。

景区产业发展联盟勇于作为，努力推动全省景区实现高质量发展。2019 年 11 月 20 日，由省文化旅游发展集团联合省内景区、旅游集团等 26 家单位发起的山东景区产业发展联盟成立大会在济南举行。成立大会发布了《山东景区产业发展联盟自律公约》，同时由景区联盟推动的首批合作项目进行了现场签约。山东省精品旅游促进会专家咨询委员会主任杜文彬表示：“成立景区产业发展联盟是促进我省精品旅游产业高质量发展的重大举措，有利于整合资源、优势互补，为景区发展提供有效服务，破解发展中遇到的难题;有利于多方合作、协同发展,提升景区整体影响力和竞争力;有利于业态融合、创新发展,为景区赋予新的活力和发展空间。”①

(二)景区高质量发展取得阶段性成效

近年来,山东省深度开发旅游资源,大力推进精品旅游景区建设。山东省文化和旅游厅发布《山东省精品旅游景区建设三年行动方案》,推动青州古城旅游区、威海华夏城景区、东营黄河口生态旅游区、萤火虫水洞·地下大峡谷旅游区成功创建5A级景区。推荐济宁微山湖旅游区、青岛奥帆海洋文化旅游区参加国家5A景观质量评审并获通过,目前两家景区正按照创建实施方案和计划任务书开展创建工作,加快补齐旅游公共服务设施等工作短板。另外,淄博周村古商城景区、烟台长岛旅游区、聊城东阿阿胶世界景区等一批景区也正积极创建国家5A级旅游景区。截至目前,全省共有A级旅游景区1227家,其中5A级景区13家(详见表1),数量分别居全国第一、第五位(并列),另有4A级景区220家,2020年有22家景区通过4A景观质量评审,超额完成年初目标。

表1　山东省5A级旅游景区名单

景区名称	所在市
天下第一泉	济南市
崂山风景区	青岛市
台儿庄古城景区	枣庄市
黄河口生态旅游区	东营市
烟台市龙口南山景区	烟台市
烟台市蓬莱阁旅游区	烟台市
青州古城旅游区	潍坊市
济宁市曲阜明故城旅游区	济宁市
泰山景区	泰安市
刘公岛景区	威海市
华夏城旅游景区	威海市
沂蒙山旅游区	临沂市/潍坊市
萤火虫水洞·地下大峡谷旅游区	临沂市

资料来源:山东省文化和旅游厅、智研咨询整理。

近年来,山东省A级景区规模虽然略有下降,但接待游客数、旅游总收入均持续增加,与此同时门票收入占比大幅下降,这表明山东省在摆脱门票经济、降低运营成本、扩大二次消费、开发衍生产品和服务等方面已经取得了明显成效。据统计,2018年山东省各地区A级旅游景区共接待游客5.88亿人次,实现旅游总收入270.69亿元,门票收入

① 王富:《山东景区产业发展联盟成立》,《山东国资》2019年第12期。

93.58亿元；2019年山东省各地区A级旅游景区共接待游客6.72亿人次，实现旅游总收入504.15亿元，门票收入85.34亿元；2020年山东省各地区A级旅游景区共接待游客3.44亿人次，实现旅游收入249.80亿元，门票收入33.14亿元。受疫情影响，2020年初全省景区全面暂停营业，景区发展陷入历史低谷，但随后在相关利好政策的加持下，景区很快展现出了强势复苏态势，接待游客数和旅游总收入分别达到2019年的51.19%和49.55%，居全国前列（见表2）。

表2　　2018～2020年山东省A级景区各项指标统计表

年份	A级景区数量（家）	接待游客数（亿人次）	旅游总收入（亿元）	门票收入（亿元）	门票收入占旅游总收入（%）
2018	1275	5.88	270.69	93.58	34.57
2019	1229	6.72	504.15	85.34	16.93
2020	1227	3.44	249.80	33.14	13.27

资料来源：《山东省国民经济和社会发展统计公报》《中国文化和旅游统计年鉴》，2018～2020年。

近年来全省旅游景区为了提升二次消费、缓解淡旺季差异，深入挖掘旅游体验、休闲、养生、健身、科普、研学等功能，大力发展新业态，培育新的消费热点，并取得了可喜的成绩。如今，全省已建成红色旅游景区近百个；已有5家5A级旅游景区推出旅游演艺；泰山、“三孔”等景区纷纷涉足文创；夜游经济在多地兴起，冬季主打灯会，夏季侧重演艺；研学旅游实现快速发展，涌现出了一批享誉中外的研学旅游目的地；非遗展演为山东旅游景区发展注入了新的活力，广受欢迎。

二、旅游景区高质量发展的创新实践

（一）多措并举，共创景区管理服务新局面

1. 健全A级旅游景区动态管理机制

一是启动全省A级旅游景区体检式检查工作。山东省文化和旅游厅印发实施《2019年全省A级旅游景区体检式检查工作方案》，严格按照《旅游景区质量等级的划分与评定》国家标准，全面开展景区体检式检查。同时，委托第三方分两批次开展年度景区暗访检查工作，根据检查结果，共处理4A级旅游景区21家，其中，4家景区被取消等级，2家景区被降低等级，15家景区被警告。

二是加强A级旅游景区常态化管理。为了不断推动景区服务质量提升，进一步健全景区暗访检查工作机制，实现暗访检查全覆盖、景区管理常态化。2020年起，将全部4A级和5A级旅游景区纳入暗访范围。对于不达标4A级景区给予警告、降低或取消等级处理，对于存在问题的5A级旅游景区进行内部通报，督促整改提升，同时，指导各市对3A及以下景区全覆盖检查。以检查为契机，切实摸清全省A级旅游景区经营管理状况，不断提档升级旅游产品和服务，培育新的旅游消费点。

2. 加大对重点景区的综合管理监控力度

为了提高全省重点旅游景区的综合管理监控能力，保障游客安全，山东省建设了全省重点景区客流监测与指挥调度平台，实现了对全省300个重点景区的实时客流监测与预警，主要包括对重点景区的视频监控、停车场数据监测和指挥调度。2019年，联合市场监管部门开展旅游景区、旅游民宿行业非法资讯信息专项清理整治行动，共抽查、监测旅游资讯信息4861条，检查A级旅游景区941家、旅游民宿315家，责令整改、删除名不副实的旅游资讯信息33条。

3. 用智慧手段助力景区服务管理升级

早在2018年，"全域旅游信息服务系统"在山东省落地，实现了"一机在手，畅游山东"，当年以打造沂蒙山智慧景区作为试点，接入山东省全部5A级景区和部分4A级景区的实时数据，实现了对景区的智慧管理。2020年，山东省结合疫情防控聚力打造智慧景区，推动景区管理服务升级。

一是推出A级旅游景区门票预约平台，实现一站式山东景区门票分时预约服务。截至2020年底，13家5A级景区全部实现分时预约并接入省级平台，135家4A级景区开发预约系统并接入省级平台，预约实现达率72%，高出国家文旅部相关指标30多个百分点。

二是推出集疫情防控、景区服务、线上营销三方面功能于一体的"景区智慧码"，为文旅产业复工复产和管理服务升级提供了科技支撑。"景区智慧码"借助实时客流舒适度提示、现场监控视频直播、今日照片播报、人工客流预警等多种科技手段，做好客流疏导，建立景区信息直连、动态发布机制，打通景区官方信息发布通道，方便游客一站式查询景区开业情况、防疫措施、游览注意事项、客流疏导措施、优惠措施等信息。

4. 国有景区全部实行政府指导价管理

近年来，山东省持续完善景区门票价格形成机制，推动国有景区"大范围、大幅度"降价，最大限度服务于民生，增强消费意愿，并取得积极成效。目前，在山东省范围内，利用公共资源建设的景区全部实行政府指导价管理，其中4A级以上重点景区占40.5%。2017年1月1日，作为5A级景区"天下第一泉"重要组成部分的大明湖免费开放，彼时还未引起连锁反应，直到2018年4月18日曲阜三孔景区门票降价，国有景区门票管理才正式提上日程。4月25日，原山东省旅游发展委员会发布消息，率先推动全省5A级景区降低门票价格，逐步引导4A级景区适当降价。自2018年以来，已先后出台景区门票降价方案262个，实现了国有5A级、4A级景区降价全覆盖，其中泰山、曲阜三孔、天下第一泉、崂山、蓬莱阁等一批国有5A级景区实现了连续降价，平均降幅达50%以上，年减轻游客门票负担5亿元以上。[①] 其中，降幅最大的时间段发生在2020年8月1日起至年底，除法定节假日外，9家5A级景区在原政府定价的门票价格基础上，全部执行不低于5折的票价优惠；对其余72家国有景区，在原政府定价的门票价格基础上，工作日执行2

---

① 参见李卫东：《山东省持续推进国有景区门票降价，积极激发释放旅游消费活力》，《齐鲁周刊》2020年第25期。

折票价,周末及法定节假日执行5折票价。[①]

三孔景区降价是山东从“门票经济”向“产业经济”转变的标志性事件。研学旅游是三孔景区转型升级的重要突破口。据三孔景区营销中心负责人介绍,三孔景区降价的目的是推动曲阜研学旅游目的地建设和全域旅游发展,实施联票价格的景区景点都是研学旅游的重要资源。2020年,山东大幅降低国有景区门票价格,表面上看是为了拉动消费,从深层次看,则是为旅游转型升级赋能,为推动旅游景区高质量发展铺平道路。

5. 强化疫情期间景区管理

疫情发生后,全省文旅系统第一时间进入“备战状态”,各级景区景点全部按下暂停键。为了加强全省A级旅游景区的疫情防控工作,有序推动A级旅游景区“复工复产”,山东省文化和旅游厅发布了《山东省A级旅游景区新型冠状病毒肺炎防控手册》。随着国内疫情防控形势持续向好,印发实施《关于进一步加强A级旅游景区疫情防控工作的通知》,分类指导景区景点安全有序恢复开放。在积极推动复工复产的同时,贯彻“限量、预约、错峰”要求,继续抓紧抓实抓细各项防控工作,确保安全有序。截至2020年6月底,A级景区恢复开放1083家,复工率达89.7%,其中4A级以上景区复工率达90%以上。为引导文明旅游,强化景区管理,省文化和旅游厅在双节前向全省下发了《关于做好2020年国庆节、中秋节文化和旅游假日市场工作的通知》。假日期间,全省各级各部门扎实做好假日市场安全管理工作,持续做好文化和旅游行业疫情防控工作,严格落实分区分级防控要求。旅游景区游客接待量不超过最大承载量的75%,景区内演艺场所按照《剧院等演出场所恢复开放疫情防控措施指南》(第四版)做好疫情防控工作。全省各景区严格落实体温检测、健康码查验等措施,严格落实星级饭店卫生防疫要求和食品安全管理制度,及时处置异常情况。

(二)深耕精品,不断扩大优质产品供给

1. 红色旅游不断做大做强

山东省被誉为“英雄齐鲁,红色山东”。近年来,特别是2018年以来,山东省积极挖掘红色文化内涵,大力发展红色文化旅游。目前,山东省已建成红色旅游景区近百个,其中A级景区49个(5A级景区3个,4A级景区11个),全国红色旅游经典景区24个,全国爱国主义教育示范基地18个,省级爱国主义教育示范基地34个。在烟台,海阳地雷战旅游区、杨子荣纪念馆、雷神庙战斗遗址等28处红色旅游景点全年无休,成为开展爱国主义教育的重要基地。济南则充分讲好“济南战役”红色文化故事,串点成线,打造红色研学旅游线路,解放阁3D灯光秀成为众多游客了解济南红色文化的重要渠道。

近年来,山东省以红色旅游景区和党性教育基地为依托开展丰富多彩的节事活动,并争取将更多的旅游景区发展成能开展红色旅游和红色研学活动的教育示范基地。以2020年国庆中秋假日为例:

一是假日期间红色旅游景区和党性教育基地打造了丰富多彩的节事活动:胶东革命纪念馆以“五彩党建”活动为引领,以“大问需,大惠民”活动为契机,以打造“传承·追梦”

---

① 参见付彪:《过度依赖门票经济影响旅游业长远发展》,《小康》2020年第23期。

红色文化品牌为抓手，积极开展“庆双节，话丰收”活动；沂南红嫂家乡旅游区暨沂蒙红色影视基地举办中国・沂南首届红色文化旅游节，该旅游节主打“红色牌”和“红嫂牌”，突出爱国和团圆两大元素；临沂沂蒙革命纪念馆、沂南沂蒙红嫂旅游区、蒙阴孟良崮旅游区等各大红色场馆游客爆满。

二是省内许多景区推出了特色鲜明的红色文旅主题活动：沂蒙山龟蒙景区双节期间以抗疫为主题举办“寻找最美者”朗诵大赛，烟台龙口南山景区举办“红歌嘹亮迎国庆，南山尽享嘉年华”主题活动。据统计，双节期间，山东省举办县级以上以爱国主义为主题的文旅主题活动 240 多场，假日文旅体验活动成为弘扬主旋律的重要阵地。

三是红色文化展演精彩纷呈：济南方特东方神画推出巨型国旗表白祖国、“家国同庆”无人机孔明灯秀以及盛装华服、朝钟暮鼓、国粹表演、国潮快闪等精彩演出等项目，威海伴月湾风景区开展“迎国庆，追忆领袖风采——中国出了个毛泽东画像展”，青岛文化馆举办“我和我的祖国”假期天天演暨“我们的节日——中秋”专场演出。

2. 旅游演艺开发渐成趋势

截至 2018 年底，山东 5 家 5A 级旅游景区推出了旅游演艺，即泰山的《中华泰山・封禅大典》、济宁曲阜三孔的《祭孔大典》、济南大明湖的《明湖秀》、威海华夏城的《神游传奇》、烟台蓬莱阁的《仙缘・蓬莱》；正在洽谈的有 2 家，枣庄台儿庄古城和青州古城。此外，青岛奥帆中心《有朋自远方来》之“琴屿秀”、济宁兖州兴隆文化园《菩提・东行》、日照奥林匹克水上公园《日出东方・海之秀》、烟台罗山黄金文化省级旅游度假区《金山佛谕》等均已经揭开面纱。上述 9 个旅游演艺项目中有 5 个是于 2016 年以后面世的，可以说山东景区开发旅游演艺已渐成趋势。

这些旅游演艺的投资主体大多是国有企业，投资额多以亿元计。譬如，《中华泰山・封禅大典》由泰安市泰山封禅大典文化发展有限公司投资建设，总投资 3 亿元人民币；《菩提・东行》由兖州帅元文化旅游发展有限公司投资 1.2 亿元打造，该公司由兖州齐鲁文化旅游开发有限公司（市政府国企）与阳朔帅元旅游文化策划有限公司合资组建；《日出东方・海之秀》由日照城投集团投资约 1.5 亿元打造。① 在题材选择方面，演艺项目多取材于历史或传说，《中华泰山・封禅大典》展示了秦汉唐宋等帝王封禅场景；《明湖秀》用 4 个篇章展现济南历史与名人故事；《菩提・东行》以宋代于阗国光正大师迎请佛舍利东入兖州为故事主线，展示了北宋时期的历史风貌、风俗民情；《日出东方・海之秀》的灵感来源于日照当地传说。②

3. 景区文创实现新突破

山东省多家景区纷纷涉足文创，如泰山、“三孔”趵突泉、崂山、台儿庄古城、青岛啤酒博物馆、东阿阿胶产业园等。2017 年年底，泰山景区党工委、管委会提出发展景区文创，2018 年正式启动。2018 年，崂山在太清宫旁边建立了“崂山书房”。2019 年春节，济南趵突泉花灯会推出了花灯系列衍生品。目前，山东景区文创产品常见的有摆件、明信片、钥匙扣、T 恤衫、充电宝、盖章本、扇子等，尚缺少爆款、网红产品。截至 2019 年 4 月，有 2 家

---

① 参见郭旗：《山东："景区＋演艺"盘活市场》，《中国旅游报》2019 年 1 月 21 日。

② 参见郭旗：《山东："景区＋演艺"盘活市场》，《中国旅游报》2019 年 1 月 21 日。

景区推出了吉祥物，趵突泉的“泺泺”、台儿庄古城的“和和鸽”；2家景区建立了独立文创空间，崂山的崂山书房、台儿庄古城的“台城小礼”，用以销售文创、图书、饮料等。[①]

山东景区文创的开发既注重文化内涵，又讲究实用美观，深受消费者欢迎。泰山已经生产出来的文创产品有100多种，后续设计的有1000多种，包括泰山挑山工系列文创产品、封禅帝王3D卡通人物、“泰山三宝”系列产品等。同时，还将泰山元素巧妙融入旅游纪念品、日常生活用品、办公用品中，实现艺术性和实用性有机统一，代表性文创产品有像登泰山保平安公交卡套、泰山药材手工皂等。三孔景区依托儒家文化符号开发了诗礼传家系列、金榜题名文具系列文创产品。台儿庄古城围绕古城“大战文化”“运河文化”“鲁南民俗文化”开发“大战1938”系列酒、土特产、“台城花语”等系列文创产品，其中台儿庄古城大战1938酒造型独特，颇具创意。青岛啤酒博物馆开发了300余款产品，每年都会有30余款新产品上市，覆盖啤酒、食品、服饰、日用品、玩偶等10余种。[②]

4. 夜游经济成为景区新亮点

山东景区不断探索夜游经济，冬季主打花灯会，夏季侧重旅游演艺。冬季山东景区夜间旅游产品主要是花灯会。2019年春节期间，山东举办花灯会的景区越来越多，比如青岛即墨古城、济南趵突泉、台儿庄古城、青州古城等。济南趵突泉花灯节连续举办了40届，已经成为一大品牌。夏季主要是旅游演艺、夜间游船、夜场等。泰山、济南大明湖、威海华侨城、青岛奥帆中心等推出了旅游演艺。2018年夏季奥帆中心的琴屿秀《有朋自远方来》、西海岸啤酒城的《凤凰火舞秀》、空中芭蕾表演项目、“凤凰之声国际季”系列音乐活动，引爆了游客对夜游演艺的热情。济南“天下第一泉”、青岛奥帆中心、台儿庄古城推出了夜间游船项目。济南“天下第一泉”推出画舫夜游泉城项目；青岛奥帆中心的“蓝海珍珠号”游船从奥帆基地启航，一路串起青岛“三湾三岬”，至栈桥后折回奥帆基地；台儿庄古城的游船包括画舫船和小舟，一直运营到晚上10点。[③] 主题乐园型景区多以开放夜场形式激活夜间经济，如济南方特、青岛方特、泰安方特等，会选择在情人节、儿童节、圣诞、元旦等特殊节日开放夜场。欧乐堡极地海洋世界提供“夜宿”体验项目，青岛海底世界开展“夜探海底，梦幻神奇”主题活动。夏季音乐节、啤酒节也是景区探索夜间经济的常见方式，台儿庄古城举办了持续一个月的网红歌手抖音专场。还有部分景区通过亮化工程打造夜景，如“天下第一泉”、台儿庄古城等，青岛奥帆中心则是欣赏青岛夜景的最佳地点。

5. 研学旅游持续火热

山东省研学旅游资源丰富，主题多样，涵盖国学、海洋、高科技、农业、工业、地质等方面，并且依托这些资源打造了一批在海内外具有较高知名度的目的地、示范基地与产品。其中，曲阜三孔景区等10个单位入选第一批全国中小学生研学实践教育项目，泰山、孟庙孟府孟林、济南天下第一泉入选第一批全国港澳青少年游学基地(全国仅24家)。济宁市围绕东方圣地品牌创新实施研学旅游“十百千”工程，推出开笔礼、拜师礼、“游圣地，

① 参见郭旗：《山东景区文创谋求突破》，《中国旅游报》2019年4月8日。

② 参见郭旗：《山东景区文创谋求突破》，《中国旅游报》2019年4月8日。

③ 参见郭旗、任丽：《山东景区掘金“夜间经济”》，《中国旅游报》2019年3月25日。

学儒学”等85类项目，曲阜入选首批10个中国研学旅游目的地，三孔景区入选首批20家全国研学旅游示范基地。

2018年以来，山东不少景区研学旅游接待团队呈快速增长态势。三孔景区先后策划了琴棋书画、射箭、考古、古建、面塑、篆刻、茶艺、国学讲堂等体验项目，增加了集故事性、观览性与教育性于一体的大堂问礼、成人礼、开笔礼、拜师礼等深度礼仪体验项目；诸城恐龙国家地质公园开发了恐龙博物馆、诸城中国暴龙馆、恐龙涧化石长廊、龙立方展馆等科普场馆和设施，推出了“恐龙之旅”科普线路产品；沂蒙山云蒙景区推出了“跟着课本去旅行”“绿野仙踪·变身森林小精灵”“中药二十四节气”“本草剧场”“蒙山森林大课堂”等系列研学课程；中国水准零点景区开发了“参观讲解＋多媒体电影＋航海模型制作”以及帆船操作体验等有特色的创新互动环节；蓬莱八仙过海旅游集团旗下各景区则为学生们开通绿色通道，采用“专家讲解＋社会实践＋全科体验＋智慧启迪＋道德感悟＋景点游历”相结合的教学模式，推出“山海文化教育”“国学思想教育”“生态科普教育”等课程，帮助学生学习、了解海上丝绸之路、国学及礼仪文化。

6. 非遗展演呈现出勃勃生机

山东省非物质文化遗产资源丰富，保护传承工作走在全国前列。近年来，山东省深入挖掘非物质文化遗产的当代价值，让非物质文化遗产越来越多地融入景区发展，目前“非遗＋景区”已展现出勃勃生机，社火巡游、华幡舞狮、威风锣鼓等20项常态非遗在不同景区景点不间断展演，深受游客欢迎。2018年至今，枣庄的“大运河文化带非遗项目展演”已举办两届，成为当地推介运河文化的名片。北京的京西太平鼓、山东的柳琴戏、河北的黄骅麒麟舞等运河沿线省市的数十个非遗项目来到枣庄，深入景区等进行展演。[①] 非遗是青州古城一道灵动的风景线，青州花毽、八角鼓、霸王鞭等非遗展演颇受游客欢迎，赵兴堂老人表演的始于3000年前的挫琴和李光武老人的扑蝴蝶更是引人入胜。[②] 青州依托青州古城开展的非遗进景区活动，已成为山东省非遗与旅游融合发展的优秀案例。2020年双节期间，山东省依托国家、省、市级非物质文化遗产项目开展的特色文旅活动有1200多项，成为“双节”期间文旅活动的重头戏，例如潍坊十笏园举办的“2020十笏园非遗嘉年华”向游客展示了国家级文化生态保护区——齐鲁文化（潍坊）生态保护区传统文化的精华；日照市莒县浮来山风景区举办第三届非物质文化遗产博览会上，非遗项目的体验、展示、展演等一应俱全。

7. 各类节庆活动精彩纷呈

山东省依托景区资源打造的泰山国际登山节、中国曲阜国际孔子文化节、台儿庄古城过大年、菏泽国际牡丹花会等节庆活动品牌在全国已具有较高知名度。山东各大景区围绕着节假日精心筹备的系列活动丰富了游客体验，闹火了假日景区。例如，2019年“五一”节假日期间，日照围绕“日照生活36计”旅游IP创意策划，推出了7大类、50多项不同主题、不同特色的文化旅游活动；潍坊青州古城文化惠民文艺演出精彩不断，“衡王嫁

① 参见苏锐：《乘文旅融合东风守正创新——山东枣庄探索非遗传承新平台、文旅营销新模式》，《中国文化报》2021年1月25日。

② 参见郭旗：《文旅点染山东画卷》，《人民日报》（海外版）2020年11月20日。

女，历史重现"大型古装情景剧，"余音绕梁，乐声漫漫"民乐合奏，"京剧芳华，粉墨古城"京剧展演等一曲曲动人的传统戏曲精彩纷呈；淄博周村古商城以"幸福都是奋斗出来的，劳动最光荣"为主题，策划了一系列丰富多彩的活动。2020 年"双节"期间，聊城市组织大型古装戏曲专场以及木板大鼓、快书汇演等特色活动，烟台市文化和旅游局联合各大景区推出"游仙境，品乡情，绘鲜美，迎国庆，话团圆，惜光阴"六大系列 350 余项主题活动。

三、旅游景区高质量发展的建议

(一)打造主客共享的品质生活空间

《中国旅游景区发展报告(2020)》指出，景区振兴要面向未来，而未来景区的蓝海是面向游客，面向日常生活，实现主客共享；未来景区的主题将是景观之上的美好生活。为此未来景区一方面要抓住游客的需求，不断创新产品体系。未来的景区可以借助大数据对市场进行精准定位，对游客进行精准画像，并根据不同的旅游人群提供不同的旅游产品和服务。近年来，以"90 后""95 后"为代表的年轻游客逐渐成为旅游消费主力，2020 年张家界与腾讯游戏联手打造《天涯明月刀》游戏＋旅游，杭州推出"杭州数字经济旅游十景"正是源于对这部分年轻旅游群体需求的精准捕捉。另一方面，要立足于日常生活，打通主客共享的桥梁。这就意味着景区要充分考虑本地居民休闲需求，以景区为核心再造生活空间和当代场景，综合发展各种体验、娱乐、消费等项目，实现居游一体，主客共享。未来还要冲破居民休闲与游客体验之间的藩篱，从狭义的景区走向更加广阔的日常生活空间。

(二)大力培育精品景区和景区集群

未来观光旅游和景区不会被淘汰，相反其拥有的垄断性自然文化资源和积累的品牌 IP，仍是市场的稀缺资源。但也应该认识到，如今游客对景区的兴趣正在下降，有数据显示，在整个旅游结构中，非景区景点旅游，也就是到景区景点之外旅游的游客数量占比竟然接近 80%。之所以出现这种情况，是因为当前的景区发展已经落伍，无法满足游客对综合性及品质化的追求，而且从整体旅游消费的发展和演变来看，综合性及品质化将会是长期发展趋势。所以，将来景区一方面要苦练内功，铸造品质；另一方面要善于合纵连横，抱团发展。

山东省旅游景区的发展与南方省份相比存在较大差距，5A 级景区仅有 13 家，4A 级景区 220 家，分别排在全国第五和第六位，5A 景区的头部效应虽然明显，但增长不足，同时近千家 3A 级以下景区影响甚微。所以接下来全省还要继续深度开发旅游资源，以 5A 级旅游景区创建为抓手推动精品旅游景区建设，不断提升中级旅游景区的等级，扩大高级旅游景区的比重。同时，要推动景区集群化发展，例如发挥核心景区的辐射带动作用，协同周边村镇、街道社区打造以景区为主导的旅游产业集群；依托中心城市、交通干道、江河湖海等，将景区串珠成链，打造游憩连绵体；积极培育一批新型的"精品文创景区""精品研学基地集群""精品自驾露营地集群""二十四节气民俗文化体验集群"等，将新型业态集群培育成符合消费需求的核心吸引物。

(三)提升景区智慧化管理服务水平

未来的景区要以新动能满足新需求,而加强科技应用、提高智慧化水平是转换动能、推进景区高质量发展的关键举措。景区的智慧化水平体现在新型服务项目上,也体现在支撑景区运营的装备设施上。2020 年 11 月,山东省人民政府印发了《山东省新基建三年行动方案》(简称《方案》),《方案》提出加强智慧景区建设,完成全省 4A 级以上景区门票预约系统建设,到 2022 年全省 4A 级及以上景区、旅游度假区实现智慧全域旅游服务中心全覆盖。未来几年山东智慧景区的建设必将会发生巨大改变。目前对于山东来说,当务之急是加强智慧景区标准体系建设,因为标准制定是快速响应市场和创新的必要途径,没有标准的督促和规范,就不能形成统一的规模。标准体系建设大致可以从编制总体规划、制订分布实施方案、科学招采和建设、有效验收和科学评估等层面展开。[①] 同时,需要培养大批高素质复合型人才,以对"智慧景区"的规划设计、建设发展、运营管理等形成强有力的支撑。

(四)深挖景区专属 IP,聚力打造超级 IP

IP 先导是未来景区竞争的趋势,是景区进行文创、二次消费项目设计、必备产品开发等工作的基础[②],景区唯有打造出属于自己的 IP,甚至是红遍大江南北的超级 IP,才能在未来的竞争中立于不败之地。目前对于山东大部分景区来说,IP 只是停留在"喊口号"的构想阶段,更别说打造具有国际影响力的超级文化 IP 了。至今为止,山东省还没有出现红遍全国的"现象级"的网红目的地和网红景区,这跟山东省独特的文化资源禀赋和城市格调是不匹配的。当然 IP 的打造绝不是刻意追求"网红现象",在流量时代,"网红现象"只是市场传播力和认知力的一个考量。IP 的打造绝不是一蹴而就的,而是需要沉淀,需要一个过程,大致包括创造、积累、培育、成长、品牌、保障等环节。IP 的打造决不能一味迎合大众短期需求,而是要深挖当地特色,面向未来,面向市场,向技术创新和文化创意要动能。山东省在文化资源方面具有巨大优势,可以说文化资源是山东文旅发展的基本盘,山东景区 IP 的挖掘与塑造首先要打"文化牌",将山东文化融入景区的骨髓里,见物见人见未来。

① 参见马虹、樊静静、于文龙:《标准化助力智慧景区高质量发展》,《中国建设信息化》2021 年第 1 期。

② 参见宋瑞等:《2019～2020 年中国旅游发展分析与预测》,社会科学文献出版社 2020 年版,第 262 页。

旅游度假区高质量发展的创新实践

孙凤芝　文娜娟　田菲菲*

摘　要：旅游度假区作为文旅融合的重要载体，在“双循环”格局下是推动旅游内需消费的主要动力，对促进文旅融合转型升级、助力山东省经济发展具有重要意义。山东省将旅游度假区培育作为发展休闲度假旅游的重要抓手，积极助推旅游度假区高质量发展。本文从政策引导、数量类型以及空间分布层面深入探讨山东省旅游度假区的发展现状，剖析其发展经验及存在的问题，提出应从旅游度假区管理体制机制、规划统筹、设施配套、产品提升、人才培养等环节提档升级，促进山东省旅游度假区实现高质量发展。

关键词：旅游度假区；山东省；空间分布；质量提升

山东省是旅游大省，旅游资源丰富，尤其是温带海滨资源和济南、泰安、曲阜到邹城、滕州一线的历史文化资源最具有竞争力。随着国民经济的快速发展与科学技术的日益更新，人们可自由支配时间逐渐增多，对美好生活的向往日趋强烈。在物质生活得到满足的同时，人们精神生活需求也不断增加，出游意愿越来越高，消费能力逐年提升。以旅游度假区为目的地的旅游方式借助休闲度假低密度、高频次的消费模式，正成为未来一段时间内旅游业转型的引爆点。1992 年，《国务院关于试办国家旅游度假区有关问题的通知》(国发〔1992〕46 号)，从国家层面开启了旅游度假区近 30 年的发展之路。近 30 年来，从 1992 年国务院先后批复同意建立 12 处国家度假区，到进入 2000 年后《旅游度假区等级划分》(GB/T 26358-2010)和《旅游度假区等级管理办法》等国家级旅游度假区相关文件的陆续出台，共同构成了“标准＋细则＋管理办法”的三大法宝，对国家级旅游度假区的创建、评选、退出作出明确指示。

截至 2020 年 12 月，山东省旅游度假区已达 46 家，其中国家级 5 家。旅游度假区拥有丰富的旅游产品类型，为游客出游增加了更多选择，顺应了中高端休闲旅游发展趋势，促进了旅游强省建设。

---

* 作者简介：孙凤芝(1968～)，女，山东师范大学商学院教授；文娜娟(1995～)，女，山东师范大学商学院研究生；田菲菲(1998～)，女，山东师范大学商学院研究生。

一、旅游度假区发展现状

(一)政策引导发展,逐步走向规范

随着经济发展和旅游市场的细分,度假旅游成为当前旅游业发展的重要趋势。经过近 30 年建设与发展,山东省旅游度假区走向高质量发展经历了四个阶段。

初步发展阶段(1992～1998)。1992 年 10 月,国务院正式批准建立 11 个国家旅游度假区,青岛石老人旅游度假区获批。1993～1998 年,山东省批复了 11 家省级旅游度假区,促进山东省旅游业由单一的观光型向观光与度假相结合的综合型方向发展。在此阶段,因对度假旅游概念、旅游度假区建设条件、度假旅游市场的分析不够深入,尚未了解旅游度假区开发规律,部分旅游度假区没有按照预期的方向发展,山东省旅游度假区建设工作处于探索前进阶段。

停滞阶段(1999～2009)。1999～2009 年 10 年间,由于大多数旅游度假区发展并不理想,旅游业作为主导产业地位没有确立,片面的发展旅游房地产阻碍了度假区的长远可持续发展。此后,旅游度假区的发展建设处于停滞状态,只批复了烟台莱山省级旅游度假区。

快速发展阶段(2010～2017)。2009 年以后,国家逐渐出台《旅游度假区等级管理办法》和《旅游度假区等级划分》国家标准(GB/T 26358-2010)相关规定。2011 年,国家旅游局发布了《旅游度假区等级划分》国家标准(GB/T 26358-2010),各个省份逐渐加快了度假区的创建工作。2009 年,山东省恢复省级旅游度假区批复,2011 年先后有 8 家旅游度假区通过了审批。2011 年 6 月 13 日,山东省旅游局颁布了《山东省省级旅游度假区考核办法》,省级旅游度假区由行政审批转向质量标准认定,按照成熟一个发展一个的原则予以认定挂牌,加强了山东省省级旅游度假区开发建设与经营管理,进一步规范了旅游度假区的发展。2017 年 2 月 17 日,山东省人民政府印发《加快推进十大文化旅游目的地品牌建设实施方案》,以仙境海岸为引领,突出各城市个性品牌,打造中国道家养生、东方海洋文化体验、滨海休闲度假文化旅游目的地,推进文化与旅游深度融合,强化区域合作,加快旅游业转型升级。

高质量发展阶段(2018～今)。2018 年 11 月 2 日,山东省印发《山东省精品旅游发展专项规划(2018～2022 年)》。规划提出,未来五年将发力精品旅游发展,形成创新驱动型发展模式,建设 20 个精品旅游度假区,助推全域旅游示范省创建成功。2020 年 11 月 25 日,山东省人民政府印发《山东省省级旅游度假区管理办法》,旨在规范省级旅游度假区的认定和管理及促进旅游度假区高质量发展。

(二)总量位居全国前列,建设时起时落

近年来,山东省将旅游度假区培育作为发展休闲度假旅游的重要抓手,度假区建设取得了长足发展,表现出以下特点:一是数量多。截至目前,全省共有国家级和省级旅游度假区 46 家,总量居全国前列。二是度假资源丰富。全省旅游度假区主要依托资源涵

盖海滨、温泉、湖泊、山地、温泉等多种类型。

截至2020年12月，中国国家级旅游度假区总数达到45家。山东的旅游度假区建设是与国家旅游度假区的建设同步进行的，至今将近30年历程。1992年国务院公布的12个国家级度假区中就有青岛石老人度假区。

截至2020年年底，山东省旅游度假产品形成以5家国家级旅游度假区为引领、41家省级旅游度假区为支撑的新发展格局（见表1）。

表1　　山东省旅游度假区一览表

属地	级别	度假区名称	批准时间
济南	省级	济南五峰山省级旅游度假区	1995年
	省级	莱芜雪野省级旅游度假区	2010年
青岛	国家级	青岛石老人国家旅游度假区	1992年
	国家级	青岛凤凰岛国家级旅游度假区	2015年
	省级	青岛琅琊台省级旅游度假区	1995年
	省级	田横岛省级旅游度假区	1998年
	省级	灵山湾省级旅游度假区	2013年
	省级	大沽河国际省级旅游度假区	2013年
淄博	省级	淄博文昌湖省级旅游度假区	2010年
枣庄	省级	台儿庄古城区省级旅游度假区	2014年
烟台	省级	烟台金沙滩省级旅游度假区	1993年
	省级	牟平养马岛省级旅游度假区	1995年
	国家级	蓬莱国家级旅游度假区	2018年
	国家级	海阳国家级旅游度假区	2015年
	省级	烟台莱山省级旅游度假区	2009年
	省级	烟台龙口南山省级旅游度假区	2010年
	省级	烟台莱州滨海生态省级旅游度假区	2010年
	省级	烟台莱阳丁字湾滨海省级旅游度假区	2010年
	省级	栖霞长春湖省级旅游度假区	2010年
	省级	烟台招远黄金文化省级旅游度假区	2016年

续表

属地	级别	度假区名称	批准时间
潍坊	省级	青州云门山省级旅游度假区	2013 年
	省级	安丘青云国际省级旅游度假区	2013 年
	省级	寿光弥河省级旅游度假区	2013 年
	省级	潍坊欢乐海省级旅游度假区	2013 年
	省级	诸城恐龙文化省级旅游度假区	2013 年
	省级	昌乐寿阳山省级旅游度假区	2014 年
济宁	省级	济宁北湖省级旅游度假区	1996 年
	省级	尼山省级文化旅游度假区	2010 年
	省级	微山湖省级旅游度假区	2012 年
泰安	省级	泰安泰山省级旅游度假区	1995 年
	省级	泰山碧霞湖省级旅游度假区	2013 年
	省级	泰安新泰莲花山省级旅游度假区	2013 年
	省级	泰山天颐湖省级旅游度假区	2018 年
威海	省级	威海环翠省级旅游度假区	1993 年
	省级	乳山银滩省级旅游度假区	1994 年
	省级	荣成石岛湾省级旅游度假区	1994 年
	省级	荣成好运角旅游度假区	2012 年
	省级	环翠北海省级旅游度假区	2015 年
日照	国家级	日照山海天旅游度假区	2020 年
	省级	日照五莲山省级旅游度假区	2013 年
德州	省级	齐河黄河国际生态城省级旅游度假区	2010 年
聊城	省级	江北水城省级旅游度假区	2014 年
临沂	省级	临沂汤头温泉省级旅游度假区	2011 年
	省级	临沂东部生态城省级旅游度假区	2016 年
	省级	临沂蒙山省级旅游度假区	2016 年
菏泽	省级	菏泽浮龙湖省级旅游度假区	2013 年

资料来源：山东省文化和旅游厅统计资料。

如图 1 所示，山东省旅游度假区建设时起时落，波动幅度较大，其中 1995 年、2010 年、2013 年为 3 个关键时间节点。2009 年，山东省恢复省级旅游度假区批复，各市争先创办旅游度假区，在 2010 年实现爆发式增长。

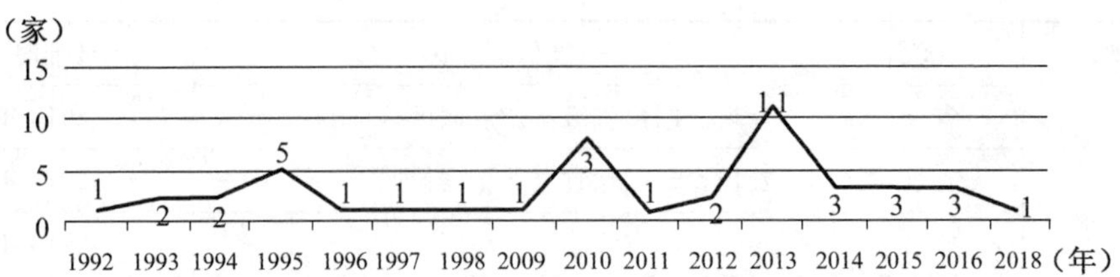

图 1 山东省旅游度假区增长图

注：山东省旅游度假区数量统计未包含已撤销资格的度假区。

如图 2 所示，山东省旅游度假区数量呈现逐年上升的趋势，至今为止，已发展 46 家，其中国家级旅游度假区 5 家，国家级旅游度假区数量占全国的 1/9。

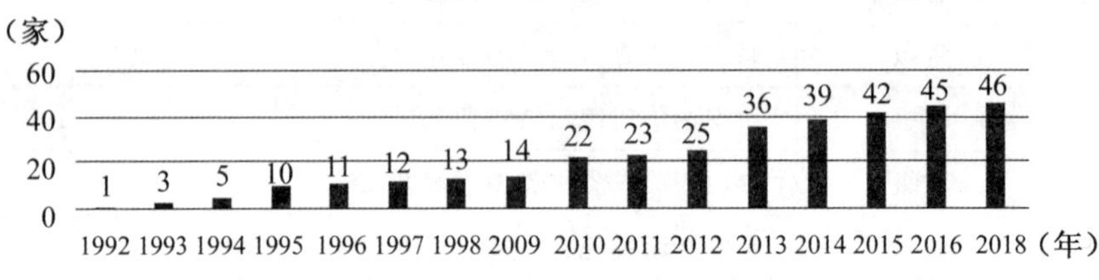

图 2 山东省旅游度假区数量图

注：山东省旅游度假区数量统计未包含已撤销资格的度假区。

（三）类型多样，主打滨海滨湖滨河型

山东省将旅游度假区培育作为发展休闲度假旅游的重要抓手，旅游度假区建设取得较好发展成效，呈现出数量多、度假资源丰富的特点。全省旅游度假区主要依托的资源涵盖海滨、温泉、湖泊、山地等多种类型，配套开发了运动健身、休闲娱乐、康体疗养、夜游、节庆演艺活动等多样化的休闲度假产品。

根据旅游资源类型，山东省旅游度假区可划分为如下五种类型（见图 3）。第一类是海滨海岛型。这一类旅游度假资源优势突出，青岛的石老人国家级旅游度假区等属于此类。在 46 个度假区中此类有 20 个，占 43.4%。第二类是滨湖滨河型。如雪野湖、长春湖等 12 个度假区都属于这一类，占 26%。第三类是文化体验型。像泰山、尼山等 5 个度假区，占 10.8%。第四类是山林型。像五峰山等 8 个度假区，占比 17%。第五类为温泉型。山东省目前只有临沂汤头温泉旅游度假区，作为健康医疗吸引地。

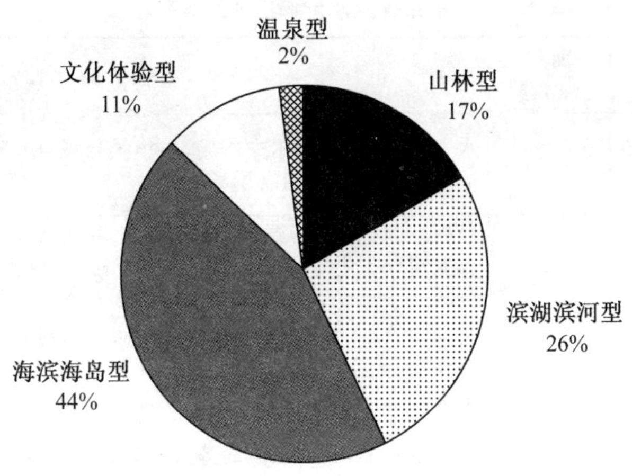

图 3 山东省旅游度假区分类占比图

(四)空间分布不均衡,沿海城市占据半壁江山

自然条件、生态环境和空间要素构成旅游度假区的第一要素。山东省不同地区因其自然条件和生态环境各有差异,形成不同资源类型的旅游度假区。不同资源类型旅游度假区的环境类型与空间分布具有自身的规律性。①

旅游度假区分布区域及分布类型存在不均现象。从度假区分布区域看,沿海城市青岛、烟台、威海拥有 21 个度假区,占到全省度假区总数的近 1/2,沿海岸线分布,区域集中。其次,潍坊、济南、淄博、泰安所处鲁中地区拥有 13 个度假区,济宁、临沂、菏泽、日照、枣庄所处鲁南地区拥有 10 个度假区,聊城与德州所处鲁西地区仅有 2 个度假区,滨州及东营暂无旅游度假区分布。

因山东省海岸线较长,形成了青烟威海滨海岛型旅游度假带;山林型度假区主要依托山林自然景观资源形成旅游度假区,该类度假区主要分布于鲁中南山地丘陵地区;山东省河湖较多,源远流长,加之良好的生态及优美的环境,滨湖滨河型旅游度假区分布较散;文化体验型旅游度假区基于泰山文化、孔孟文化等定向分布;温泉型度假区局限分布于山东省温泉发育地区,从地质条件而言主要分布于鲁中南地区。

(五)规模大小差异较大,发展良莠不齐

从 46 家旅游度假区规划面积和核心资源来看:规划面积差异较大,从几平方公里到数百公里不等,大多数核心资源以休闲娱乐为主,覆盖海滨、温泉、康体运用、医疗保健等类型,尤其以自然生态环境如湖泊、滨河、滨湖等为主(见表 2)。

---

① 参见覃建雄、张培、陈兴:《四川省旅游度假区成因分类、空间布局与开发模型研究》,《中国人口·资源与环境》2013 年第 11 期。

表 2　山东省旅游度假区详解表

度假区名称	面积（km^2）	度假资源
济南五峰山省级旅游度假区	4.40	水上娱乐中心、高尔夫球场、中华气功城、中华民俗游乐村等，新建了森林浴场等休闲娱乐场所
莱芜雪野省级旅游度假区	236.00	独树一帜的航空科技体育公园、比秦长城还早 400 多年历史的齐长城遗址、"中华生态第一村"房干村、齐鲁大峡谷群、雪野农业博览园
青岛石老人国家旅游度假区	10.80	国际啤酒城、青岛市文化博览中心、海尔科技馆、石老人海水浴场、海洋游乐园、海豚馆、国际高尔夫球场、颐中体育中心及高级别墅区
青岛凤凰岛国家级旅游度假区	28.00	建设了海上嘉年华、唐岛湾游艇会、鲁海丰海洋牧场等特色休闲项目，落户了西海艺术湾、国际羽毛球交流中心等文化体育项目
青岛琅琊台省级旅游度假区	9.80	主要有国家 AAAA 级旅游景区琅琊台、龙湾海水浴场、青岛国防教育基地、王家台后渔家乐民俗游等，周围有古琅琊港遗址、斋堂岛等景点
田横岛省级旅游度假区	1.46	有迷你高尔夫、射击、垂钓、游艺宫等娱乐项目。田横岛旅游区修建有 6 处码头，可供客货轮登陆艇停泊
灵山湾省级旅游度假区	28.50	集"山、海、林、滩、岛"等于一体，度假区一侧是苍劲青翠的黑松林、枝繁叶茂的刺槐林；一侧是岸畔沙滩绵绵、岩礁广布的海滨景观
大沽河国际省级旅游度假区	31.80	南湖休闲广场、体育运动区、日晷广场等景观先后建成，宗教文化岛、青岛自然奇石博物馆、宝龙美术馆、水上娱乐项目等景点全面开放
淄博文昌湖省级旅游度假区	96.50	以文昌湖为依托，范阳河湿地公园、荷花生态园、都市农业生态博览园、孔子文化创意园、萌山生态绿化和沿岸经济林果园等初具规模
台儿庄古城区省级旅游度假区	2.00	古城框架以运河为文化轴线，设计了关帝庙景区、西门安澜景区、纤夫村景区、"运河街市"景区、板桥－花门楼景区、水街商市景区、清真寺－九龙口景区、湿地公园等八大景区
烟台金沙滩省级旅游度假区	15.53	依次分布有金沙滩国际海水浴场、磁山省级地质公园、张裕葡萄酒城、西夫拉姆酒堡、磁山温泉小镇、芦洋渔人客栈等各具特色的旅游景点
牟平养马岛省级旅游度假区	10.00	天马广场、赛马场、海滨浴场、海上世界、御笔苑等大中型综合娱乐景区点 15 处，形成了以海滨娱乐、度假休养为主的综合性旅游度假胜地
蓬莱国家级旅游度假区	10.00	拥有快速扩张的西海岸文化旅游区、八仙过海滨海度假乐园、业态丰富的宝龙休闲风情街和登州仙阜旅游综合体
海阳国家级旅游度假区	13.36	拥有滨海浴场、度假别墅、星级酒店、沙雕公园、美食广场、亚沙遗址群、滨海游乐中心、游艇俱乐部等

续表

度假区名称	面积（km²）	度假资源
烟台莱山省级旅游度假区	21.20	重点打造雨岱山渔人码头、黄海游乐城、体育公园、逛荡河公园、海滨森林公园、烟台植物园等景区
烟台龙口南山省级旅游度假区	14.00	分为海滨旅游区、疗养休闲区、别墅住宅区、商贸服务区、文化教育区等，是集居住、旅游、休闲游艇、人文教育于一体的综合性旅游度假区
莱州滨海生态省级旅游度假区	35.16	重点打造滨海旅游、工业旅游、乡村旅游三大旅游板块，通过整合资源，科学规划，将度假区打造成设施配套、环境优美的现代化滨海新区
莱阳丁字湾滨海省级旅游度假区	100.00	构成“一河、一湾、二岛、四山”美丽的自然景观；还有娘娘山天后圣母宫、富山龙王庙、金山宝塔、三驾寺等宗教文化古迹
栖霞长春湖省级旅游度假区	30.41	依托牟氏庄园、太虚宫、奇石博物馆等现有景区，打造明清古镇；休闲运动区主要有艾山温泉、苹果城度假村；乡村风情区主要规划建设苹果公园和苹果博物馆
招远黄金文化省级旅游度假区	2.16	主要景点有中国黄金实景博览苑、罗山国家森林公园、淘金小镇和招金舜和大酒店、《金山佛谕》大型山水实景演出、罗山必捷滑雪场等
青州云门山省级旅游度假区	76.00	全面建设信美青州、智汇云门、稻香人家、海岱大观、桃源慢谷、湖光山舍等六大项目群
安丘青云国际省级旅游度假区	70.00	国家4A级景区青云山、3A级景区青云湖、拥翠山、拥翠湖国家湿地公园、青龙山及周边的体育中心、文化中心等旅游资源相对集中
寿光弥河省级旅游度假区	6.64	包含蔬菜高科技示范园、生态农业观光园、霍氏国际划艇俱乐部、晨鸣国际大酒店、晨鸣生态湿地温泉旅游度假区等旅游企业
潍坊欢乐海省级旅游度假区	20.00	以“欢乐海”为主题，涵盖风筝冲浪、渔盐文化、马术运动、海洋科普、异域风情等内容
诸城恐龙文化省级旅游度假区	28.00	打造集科研科普、修学观光、生态体验、文化娱乐、休闲度假于一体的综合性文化旅游产品，建成世界最大最好的恐龙文化旅游目的地
昌乐寿阳山省级旅游度假区	2.91	现代生活景观区、旅游风情小镇、湿地郊野公园、生态休闲度假区、特色农业观光区 、户外运动休闲区、核心景区、生态休闲保护区
济宁北湖省级旅游度假区	12.00	成为集观光游览、休闲度假、湿地保护、水质净化等多功能于一体的生态旅游区。每年7月中上旬，在湖内举办荷花节
尼山省级文化旅游度假区	35.76	一个主要吸引物——宫像区，一片文化遗产提升区——尼山孔庙，一个典型书院群落——耕读书院，一个文化体验村落——鲁源村，一个配套服务区和一个环湖生态文化休憩带
微山湖省级旅游度假区	1266.00	境内有殷周微子墓、汉初张良墓、仲子路庙、泰山庙以及大量的庙宇亭台、古碑刻石、汉画像石宋老鹅庄、宋氏宗祠、石碾等古迹

续表

度假区名称	面积(km^2)	度假资源
泰安泰山省级旅游度假区	15.60	山地度假旅游及水上娱乐项目，是一个以山地度假旅游为主，具有文化特色的多功能综合性旅游度假区
泰山碧霞湖省级旅游度假区	8.60	泰山花样年华景区、泰山啤酒生肖乐园、泰山方特欢乐世界
泰安新泰莲花山省级旅游度假区	100.00	中华第一座观音铜像、山东云谷禅寺、宫山夕照、莲花天池
泰山天颐湖省级旅游度假区	15.20	泰山花海、十万平方米的休闲沙滩、老爷车博览馆、梦想小镇儿童职业体验中心、天颐湖飞行体验馆、无边际泳池
威海环翠省级旅游度假区	3.84	3.5 千米长的金色沙滩，大岛、小岛、帽角等岛屿，双岛湾区域湿地资源，万亩黑松林，释放出大量氧气
乳山银滩省级旅游度假区	65.00	潮汐湖河宫家岛、三观亭、垛崮山、和尚洞等自然景观；海上娱乐项目有豪华游乐艇、水上划船等，陆上娱乐项目有沙滩排球、松林吊床等
荣成石岛湾省级旅游度假区	10.00	南临石岛湾，隔湾与石岛、镆铘岛相望，北依朝阳山，与宁津镇、东山镇、斥山镇相连，地势起伏，错落有序
荣成好运角旅游度假区	280.00	好运角旅游度假区分核心区、商业服务区、商务旅游度假区、休闲娱乐区、工业园区、观光休闲农业区、居住生活区、马山岛休闲养生区
环翠北海省级旅游度假区	3.84	中央电视台威海影视文化城、绿海岸娱乐中心、匹特博俱乐部、海湾大桥等。海湾大桥两侧屹立着亚当和夏娃的雕塑
日照山海天国家级旅游度假区	168.00	依山傍海，拥有美丽的黄金海岸线，有各类植物 300 多种，现配套建设洋汇广场、海晏广场、综合服务中心等公共服务设施
日照五莲山省级旅游度假区	68.00	度假区加强游客服务中心、龙潭湖、“两山”索道、光明寺改扩建、日月湖宾馆等项目建设，形成了山水相映的五莲山大旅游格局
黄河国际生态城省级旅游度假区	63.00	海洋极地世界、泉城欧乐堡梦幻世界、东盟国际生态城、晏泉湖景区等旅游景区
江北水城省级旅游度假区	226.00	凤凰苑植物园、南湖湿地公园、姜堤乐园、“四河头”水文化观光园
临沂汤头温泉省级旅游度假区	174.80	度假区由露天温泉主题公园、五星级温泉大酒店、观唐国际会议中心和温泉养生住宅四大部分围合而成
临沂东部生态城省级旅游度假区	16.50	以临沂动植物园为核心集动植物园、国防教育园、成人拓展训练基地、青少年综合实践基地、园艺中心、森林体验区、蔬菜种植园及鱼米之乡八大功能于一体的“东方绿城”
临沂蒙山省级旅游度假区	148.00	主要包含沂山风景区、蒙山云蒙景区、龟蒙景区，是世界文化遗产齐长城所在地、世界著名养生长寿圣地
菏泽浮龙湖省级旅游度假区	58.60	由黄河故道湿地景观区、水上休闲娱乐区和森林公园生态体验区三大部分组成，现有水上会务中心、浮龙广场、栈桥、生态岛等景点

二、旅游度假区高质量发展实践经验

山东省旅游度假区发展较早，在建设的过程中取得了长足发展。省内旅游资源丰富，地理位置优越，文化底蕴深厚，使得旅游度假区丰富多样。为了抓好机遇，将更多高端休闲度假推广出去，省委省政府高度重视旅游度假区的发展，将度假区的建设视为改革创新、提档升级的重要抓手，利用优越的资源文化条件，挖掘齐鲁文化底蕴，不断优化旅游产品结构、提升服务品质，推动山东省旅游业转型升级，助力地方经济发展。在休闲、度假、康养等旅游业态的拉动下，催生了很多新产品、新业态、新服务、新模式和新道路，为旅游度假区的发展注入了新的驱动力。

(一)政府大力支持旅游度假区发展

2020 年，山东省文化和旅游厅编制出台《山东省文化和旅游融合发展规划(2020～2025 年)》和《山东省精品旅游景区建设三年行动方案》，省政府印发《山东省省级旅游度假区管理办法》(以下简称《管理办法》)，日照山海天新晋为国家级旅游度假区，下一步将加快威海好运角、烟台金沙滩等创建国家级旅游度假区储备培育。《管理办法》着重强调了两项内容：一是山东省省级旅游度假区从“先批后建”改为“先建后评”；二是建立“有进有出”的动态管理机制。“先建后评”的形式提高了省级旅游度假区的进入门槛，促进旅游度假区高质量发展。该模式给予旅游度假区充分准备时间，因为度假区经过多年建设和发展，度假产品逐渐成熟，社会认可度和美誉度也逐渐增强，此时再申报省级度假区，有更充足的把握。动态管理机制更有利于度假区申请成功之后的管理。省政府摒弃静态管理模式，将每三年一评改为抽查方式，督促旅游度假区更好地进行自我管理。目前，山东省旅游度假区总量位居前列，在该政策的引导下，更有利于山东省向旅游强省转变。

(二)“两带四区”丰富的旅游资源得到充分利用

山东省是旅游大省，旅游资源有巨大的发展潜力和竞争力，总量占全国 1/10。依托于海滨、温泉、湖泊、山地、乡村田园等多种类型，配套开发了运动健身、休闲娱乐、康体疗养、夜游、节庆演艺活动等多样化的休闲度假产品，主要体现在温带海滨资源和济南、泰安、曲阜到邹城、滕州一线的历史文化资源。其中，山东省所属温带海滨度假岸线在中国大陆海岸线中是最具有优势的。山东省旅游资源天然形成两带四区，空间相对集中。如此得天独厚的旅游资源使得度假区的建立更具有规模优势，并且与当地的历史文化和民俗风情融为一体。在此资源基础上，山东省旅游度假区实现了良性发展。

(三)历史文化底蕴得以深度挖掘和融合

山东是“圣人之乡”，是中华文明的两大发源地之一，历史文化遍布全省。最广为人知的是以孔子为代表的儒家思想。另外，山东民风淳朴，一向为人所称道。齐鲁风范和遗风在我国民俗史上占有非常重要的地位，丰富多彩的传统民俗文化至今仍存活于大众的生活中，并深刻地影响着一代又一代山东人的成长。省内的旅游度假区深入挖掘这些文化，并融入自己的建设当中。比如，尼山文化旅游度假区的建设，充分彰显了齐鲁文化魅力，弘扬了先贤文化。

（四）便捷的交通网络体系增加了游客出行意愿

山东的交通四通八达，既有方便快捷的高速公路网，又有几乎覆盖了省内所有城市的铁路客运。不仅如此，山东省还推动高铁旅游经济圈发展，加快跨区域、重点旅游经济带内铁路建设力度，根据实际需求优化配置旅游目的地列车班次，全面提升铁路旅游客运能力。2018年，山东省发布《山东省综合交通网中长期发展规划（2018～2035年）》（简称《规划》），提出到2035年，全面形成“四横五纵”综合交通大通道和快捷高效的“1、2、3、12”综合交通圈。其中，“四横”通道包括北部沿海通道、济青通道、鲁中通道、鲁南通道，“五纵”通道包括东部沿海通道、京沪二通道、滨临通道、京沪通道、京九通道，争取在建和新开工高铁建设里程3300公里。快捷高效的“1、2、3、12”综合交通圈：通过高铁实现覆盖全省、通达我省周边主要城市的“1、2、3”小时陆上交通圈，其中济南至相邻6市半小时通达，济南至青岛、青岛至周边市、全省相邻各市1小时通达，济南与省内各市2小时通达，省内各市之间3小时通达，济南与北京、上海、天津等14个国内主要城市3小时左右通达；通过民航实现我省中心城市与世界主要城市12小时通达。山东省出台的《大力推进全域旅游高质量发展实施方案》中强调，到2022年国家级旅游度假区实现一级公路全覆盖，省级旅游度假区实现二级及以上公路全覆盖。交通的通达度如此之高，增加了游客出行意愿。

三、旅游度假区创新实践发展建议

山东省旅游度假区数量多，具有规模优势，且大多建在生态环境资源良好之地，并且与当地历史文化、民俗风情等有机结合为一体。但是，由于自发性粗放发展、相应顶层规划设计不健全等因素，山东省旅游度假区从发展质量来看，依然存在管理体制不健全、区域发展不平衡、度假产品不完善、基础设施薄弱、特色酒店稀缺、品牌形象特色不突出以及度假氛围较差等问题，制约着山东省旅游度假区高质量发展。

旅游度假区面临的机遇是全面的、长期的，面对的挑战是结构性的、阶段性的。旅游度假区的发展需从注重速度与规模，转向注重品质与质量，迈向高质量旅游发展新时代。[①] 新的发展格局下，作为文化大省，山东省应该超前研究、超前布局，着力探讨文旅融合发展路径、创造文旅融合发展新动能，抓住机遇，大力推动旅游度假区提档升级。

（一）完善管理体制机制，提供保障措施

在国家相关政策指导下，山东省出台有针对性的政策法规推动度假区健康发展。有关部门应加强对旅游度假区建设指导，参考经济技术开发区、高新区的辅导支持模式，支持旅游度假区建设和发展；建立充满活力、运行顺畅、务实高效的度假区管理委员会，负责旅游度假区各项工作。文旅部门应不断完善推动全省旅游度假区发展的政策措施和

① 参见吴侃侃、金豪：《全域旅游背景下浙江旅游度假区高质量发展的思考》，《浙江社会科学》2018年第8期。

服务体系，支持旅游度假区健康发展。各旅游度假区管委会应重点建设强有力的领导班子，加强规划引导和政策支持，为度假区发展提供良好的服务和政策保障。

（二）科学统筹规划，实现有序开发

全省旅游度假区布局统筹谋划要整合资源，合理布局，科学规划，明确方向。一是注重顶层设计高度。可考虑由省文化和旅游厅联合专业研究机构制定全省旅游度假区功能区发展规划，将旅游功能区发展规划上升到区域顶层设计的高度，实行旅游业引导下的"多规合一"。二是注重空间布局。综合各地市旅游发展状况，在旅游功能区划的基础上均衡空间布局，合理布点，建立发展指标体系，解决旅游度假区创建分布不均的问题。三是注重区域规划。地方政府要提高旅游度假区总体规划编制效率，扎实深入到规划设计工作中去，吸引高水平的规划公司参与旅游度假区规划。四是注重选址。寻求精神和身体的休息、放松和娱乐是游客在度假型综合体的主要诉求。① 因此，旅游度假区开发应充分围绕这一核心需求展开。

（三）发展高端海洋旅游，打造国际知名度假区

山东省大力发展海滨、近海、深海休闲度假旅游，打造青烟威精品海洋旅游发展高地和国际知名的"仙境海岸"滨海旅游目的地，借鉴国际度假旅游目的地发展模式，发挥优质沙滩资源的优势，规划建设滨海休闲度假酒店集群，完善高端度假设施，提升旅游度假区层次，培育海洋旅游聚集区和滨海特色小镇，打造国际著名温带海滨度假连绵带。山东省推进"齐鲁美丽海岛"建设，依托丰富的海岛资源，坚持一岛一品特色化开发，打造中国北方最大规模、最高品位的海岛旅游集群。度假区积极培育新产品、新业态，开发游钓型游艇、海洋牧场、海洋运动、海水康疗、海洋食品养生、房车露营地、海洋节会等产品，形成全天候海滨、海洋旅游产品体系；打破冬春淡季旅游瓶颈，培育海水热疗、海水温泉等项目。

（四）培育精品度假产品，营造度假氛围

度假区应以发展主题和品牌形象为核心，打造多层次产品体系，增加体验内容，尤其是夜间体验项目的开发；设计主题体验活动，在活动过程中注重人性、体现个性、游客参与和快乐导向；提供类型丰富的休闲娱乐活动，应提供不少于 4 项户外或室内休闲娱乐活动，其中宜包括不少于 2 项户外休闲娱乐活动。旅游度假区一方面应当立足当地文化特色，进行广泛深入的文化挖掘和文化创意；一方面也可以利用现代化技术，设计形象化、虚拟化、沉浸式的高品质体验活动。

全面提升旅游酒店业的管理水平和服务质量，以"好客精神"为文化主题，以开展"好客服务"行动为抓手，积极推进全省旅游酒店业的精品化建设。在度假酒店的规划设计中，主要原则是要因地制宜，将当地的景观资源与周围环境相融合。② 高水平规划建设一

---

① 参见李阳、刘文超、刘明菊、辛欣：《基于网络游记分析的度假型综合体旅游体验研究——以长白山国际度假区为例》，《地域研究与开发》2019 年第 1 期。

② 参见熊瑛：《旅游度假酒店规划设计》，《建筑结构》2020 年第 13 期。

批高端度假酒店、文化主题酒店、温泉酒店，形成布局结构合理、主题特色鲜明的星级饭店发展体系。依托国家级、省级旅游度假区，培育滨海型、滨湖型、山岳型、温泉型、文化型精品度假酒店集群。

（五）明确休闲度假发展主题，打造品牌形象

明确度假区的统一管理机构，界定度假区与周边地区的边界，理清度假区与所属景区的关系，避免与景区混淆重叠，塑造度假区的整体休闲度假形象。注重区域资源的整合性、自然生态的保护性、功能分区的合理性、产品设计的度假体验和娱乐性、地域文化的独特性、旅游度假与相关产业的包容性，以及规划落地的操作性和发展的可持续性。特别是依托特色资源开发的度假产品内容中，休闲度假的消费应远远高于观光旅游的消费。

加强度假区品牌建设与品牌宣传，立足当地文化特色，实现与所在地区有机融合一体化发展。加强品牌营销宣传，积极利用广播、电视、报刊等传统媒体和微博、短视频等新媒体加大度假区宣传力度，尤其要注重网络宣传，善于利用短视频、直播等新形式塑造度假区品牌形象，提升度假区影响力。

（六）改善区域交通条件，加强区内基础设施建设

旅游度假区应与机场、高速公路和火车站有便捷的联系；于当地主要火车站、汽车站之间开设旅游专线，增强度假区交通可达性。度假区要有完善的交通标识系统，包括进入度假区的外部交通以及度假区内部交通，便于游客尤其是自驾游游客进入度假区。以游客需求、功能分区、交通条件为依据，坚持因地制宜、服务大众的原则，立足于度假区整体，在度假区范围内构建度假区综合游客服务中心、游客服务分中心、游客服务点组成的三级游客服务中心体系。整体规划度假区内导览标识系统，保证其完整性和一体性。在度假区入口或综合游客服务中心增设度假区导览总平面图图，在主要的边界点和重要节点明示度假区范围。

（七）完善评价指标体系，健全度假区动态管理机制

完善出台《山东省旅游度假区发展评价指标体系》。山东省旅游度假区发展评价指标体系应遵循总体评价和分类评价相结合、定性与定量相结合、科学性和可操作性相结合、发展规模与质量效益相统一的原则，以定量指标为主，定性指标为辅，注重质量和经济效益，将游客满意度和经济贡献度作为核心考核指标。

建设山东省旅游度假区管理系统。从三类主体"管理部门、度假区、旅游企业"的不同端口接入系统，对旅游度假区实现网络实时管理与监督。度假区和旅游企业相关人员通过手机终端、电脑终端接入系统，对度假区及所辖区内的基础信息进行采集、上报、维护等，同时以《山东省旅游度假区发展评价指标体系》作为自检自查标准，进行自我整顿；管理部门则通过系统对上报信息进行查询、统计、分析整理，再结合第三方机构对旅游度假区暗访调查，依托《山东省旅游度假区发展评价指标体系》进行综合评分，对度假区实现动态有效管理与监督。

旅游饭店业高质量发展的创新实践

张　青*

摘　要：山东省旅游饭店业经历了40年快速发展取得显著成就，规模增长使产业跨越短缺时代，形成持续进步的基础。在山东省新旧动能转换重大工程推动下，山东省旅游饭店业通过融合地域文化、发展新业态、实施内部改革、推进品牌赋能等一系列创新举措促进质量提升。本文对山东省旅游饭店业面临的发展环境进行细致分析，总结了山东省旅游饭店业近年来在高质量发展中的探索，提出了优化产业结构、拓展产业价值链、促进企业不断创新、持续推进文化融合、加强科技引入、进一步提升产业品质以提升全面效益的未来展望。

关键词：新旧动能转换；高质量发展；山东省旅游饭店业

国内外市场形势的变化、旅游消费需求的日趋多样性、国家新时期发展战略的调整、经过快速发展后产业迎来的周期性低谷、新技术浪潮与大众化普及，使中国旅游饭店业发展站在新的转折点上。中国旅游饭店业如何直面未来，成为行业乃至整个社会都关注的问题。

山东省旅游饭店业是中国旅游饭店业的缩影，其发展模式与现状既有全国行业共性，也具有自身独特性。2018年2月，山东省政府推出新旧动能转换重大工程，精品旅游名列其中。旅游住宿是旅游业重要的产业要素，是精品旅游的重要组成部分，因此山东省旅游饭店业更需重新审视产业环境，寻求新旧动能转换路径与方法，推动全行业向高质量发展目标迈进。

一、旅游饭店业现状与行业环境

（一）旅游饭店业现状

1. 星级饭店规模与结构

改革开放以来，山东省旅游饭店业走出了一条以发展星级饭店为主的道路。2012年

---

* 作者简介：张青（1961～ ），女，山东青年政治学院现代服务管理学院教授，研究方向：旅游住宿业服务管理。

之前，全省星级饭店数量一直处于上升态势。2013 年之后，一方面星级饭店消费降低致使投资减少；另一方面新型住宿业态开始迅猛发展，对星级饭店形成补充，全省星级饭店数量开始呈下降态势（见图 1）。2019 年，山东省共有 502 家星级饭店，数量在全国 32 个省市自治区中居第三，其中五星级饭店数量全国排名第七（见表 1）。从星级饭店构成来看，2019 年全省共有 34 家五星级饭店，140 家四星级饭店，289 家三星级饭店，二星级饭店和一星级分别为 39 家和 0 家（见图 2）。

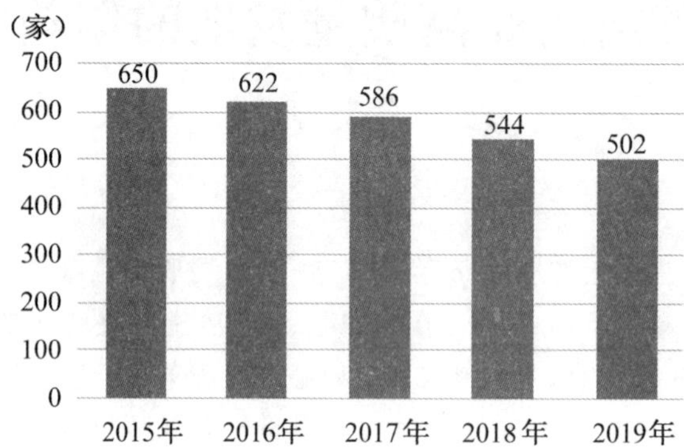

图 1　2015～2019 年山东省星级饭店数量变化

数据来源：中商情报网统计资料。

表 1　2019 年度全国星级饭店数量分布（按总数排序）　单位：家

地区	总数	五星级	四星级	三星级	二星级	一星级
广东省	586	103	130	309	43	1
浙江省	528	80	174	203	67	4
山东省	502	34	140	289	39	0
北京市	439	64	124	193	63	1
云南省	415	17	72	195	123	7
江苏省	408	77	136	176	19	0
广西	383	10	92	220	60	0
四川省	370	33	114	137	85	1
河南省	361	21	81	214	45	0
湖北省	330	22	82	167	57	1
河北省	320	21	120	135	43	1
甘肃省	315	2	73	171	67	2
江西省	310	15	126	157	12	0
辽宁省	304	25	68	159	51	1
湖南省	302	19	65	161	57	0
新疆	297	13	48	189	47	0

续表

地区	总数	五星级	四星级	三星级	二星级	一星级
福建省	290	50	130	103	6	1
陕西省	287	16	48	178	45	0
安徽省	268	23	112	115	18	0
贵州省	225	6	66	97	52	5
青海省	207	2	41	116	46	2
内蒙古	205	12	32	98	63	0
山西省	190	14	52	94	30	0
上海市	190	70	59	52	9	0
西藏	165	3	44	68	46	4
重庆市	159	27	47	64	20	1
黑龙江省	155	6	37	93	19	0
海南省	101	21	33	41	4	2
吉林省	94	3	25	55	11	0
宁夏	89	0	33	44	9	3
天津市	71	13	29	23	6	0
新疆建设兵团	50	0	10	34	6	0
合计	8920	822	2443	4350	1268	37

数据来源：文化和旅游部统计资料。

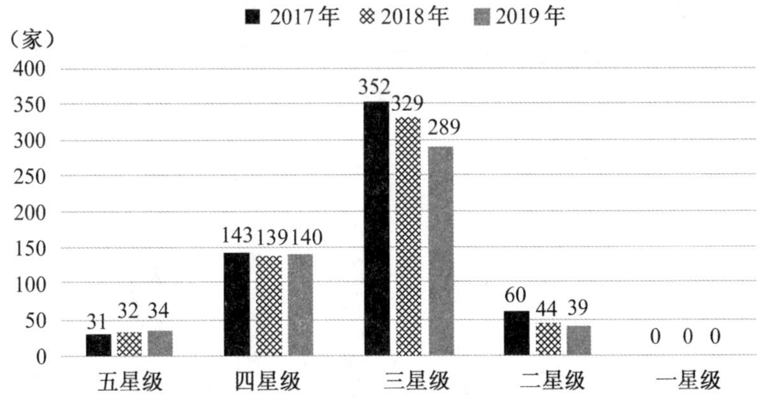

图 2 2017～2019 年山东省各星级饭店数量与结构分布

数据来源：中商情报网统计资料。

山东省旅游饭店经历了 40 多年的发展，实现了规模增长，跨越了住宿业的短缺时代，为产业高质量发展奠定了基础；从结构上看，提供有限服务的三星级饭店 289 家，而提供完全服务的四、五星级饭店数量总和只有 174 家，只占三星级饭店的 60.2%。由此看出，三星级成为山东省旅游饭店主要的产业支撑，而提供全面服务的四、五星级饭店数量偏少。

2. 星级饭店经营状况

2019 年，山东省星级饭店实现营业收入 116.09 亿元，全国排名第七（见图 3）；实现利润总额亏损 2.53 亿元（见图 4），人均利润亏损 3990 元。

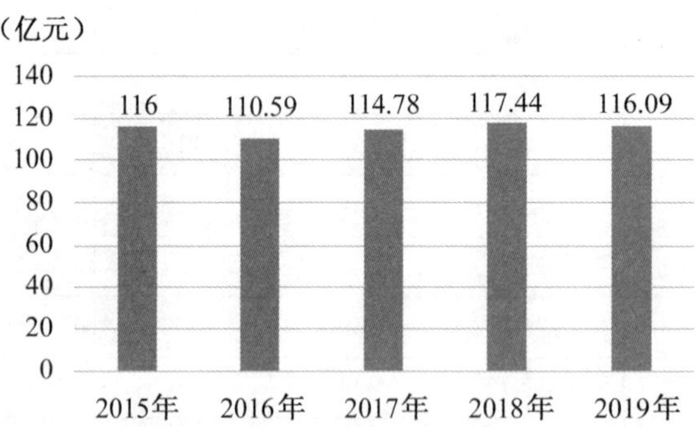

图 3　2015～2019 年山东省星级酒店营业收入统计

数据来源：中商情报网统计资料。

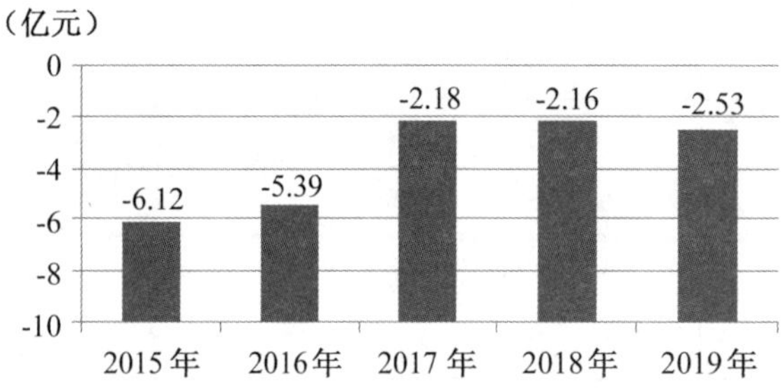

图 4　2015～2019 年山东省星级酒店利润总额统计

数据来源：中商情报网统计资料。

2019 年，山东省星级饭店平均房价为 323.5 元/间夜（见图 5），平均房价低于全国 353 元/间夜的平均水平；平均出租率为 53.12%（见图 6），低于全国 55.18%的平均水平。

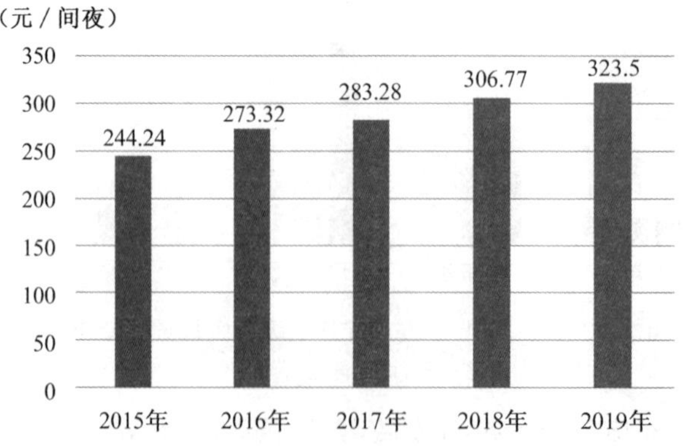

图 5　2015～2019 年山东省星级酒店平均房价变化趋势图

数据来源：中商情报网 WWW. ASKCI. CO 统计资料。

图 6 2015～2019 山东省星级酒店平均出租率

数据来源：中商情报网统计资料。

在平均房价、平均出租率、每间可供出租客房收入、每间客房平摊营业收入、全员劳动生产率、人均实现利润六个关键指标上山东省仅在每客房平摊营业收入排名第八，全员劳动生产率排名第九，其他四项均没有进入全国前十名（见表 2）。

表 2　**2019 年度全国星级饭店主要指标前十名统计**

地区	平均房价（元/间夜）	地区	平均出租率（%）	地区	每间可供出租客房收入（元/间夜）	地区	每间客房平摊营业收入（千元/间）	地区	全员劳动生产率（千元/人）	地区	人均实现利润（千元/人）
上海	749.79	北京	66.86	上海	492.97	四川	351.63	上海	443.81	上海	64.98
北京	564.46	上海	65.77	北京	377.42	上海	351.27	四川	434.09	北京	33.50
海南	434.51	湖南	60.37	广东	248.62	北京	270.83	北京	367.89	海南	25.58
广东	415.25	新疆兵团	60.23	海南	243.95	江苏	232.36	江苏	249.71	天津	19.59
天津	397.73	广东	59.87	福建	214.95	广东	198.09	广东	236.26	广东	18.77
江苏	368.48	福建	58.76	江苏	212.81	浙江	182.81	浙江	219.92	广西	9.31
福建	365.83	四川	58.47	天津	207.50	福建	168.93	海南	198.47	福建	7.00
浙江	359.36	江苏	57.75	浙江	202.18	山东	156.14	福建	191.49	四川	5.35
四川	341.88	浙江	56.26	四川	199.88	海南	144.43	山东	183.06	江苏	4.31
重庆	330.09	海南	56.14	重庆	177.90	湖南	127.34	重庆	178.33	湖南	3.36

数据来源：文化和旅游部统计资料。

多年来，我国星级饭店一直是住宿业主体，各项指标是国内住宿业发展的晴雨表，反映了产业竞争实力、市场影响力及其在区域经济中所居地位和发挥的作用。从以上数据分析，山东省星级饭店大而不强，效益和效率偏低，与山东省位于全国第三的经济排位不相对应。

（二）旅游饭店行业环境

1. 旅游饭店业进入周期性低谷

任何产业进步都会经历周期性演进，有波峰，有低谷。进入21世纪，我国旅游饭店业一直处在高速发展中，主要体现在规模扩大方面。2010年前后，行业一方面呈现出供给饱和势头，成本持续上升，经营技术固化，集中度增长缓慢；另一方面又显现出与大众旅游市场持续增长的需求错位，两种矛盾叠加，饭店业市场呈现疲软之势。2012年12月，中央出台“八项规定”对公款消费进行了严格限制，饭店业市场骤然变化，原有消费锐减，行业收益萎缩，旅游饭店业投资下滑（见图7），行业景气指数呈现负值，2013年下半年景气指数下降到了－38。自2014年开始，中国旅游饭店业锐意改革，调整产业结构，开始探索行业细分，追求差异化发展，逐渐摆脱对传统市场的依赖，向市场化运营方向转型，渐渐显示生机，但总体尚未走出低谷周期。2020年受疫情影响，加剧了下行趋势，上半年饭店景气指数降到－116，创历史新低（见图8）。

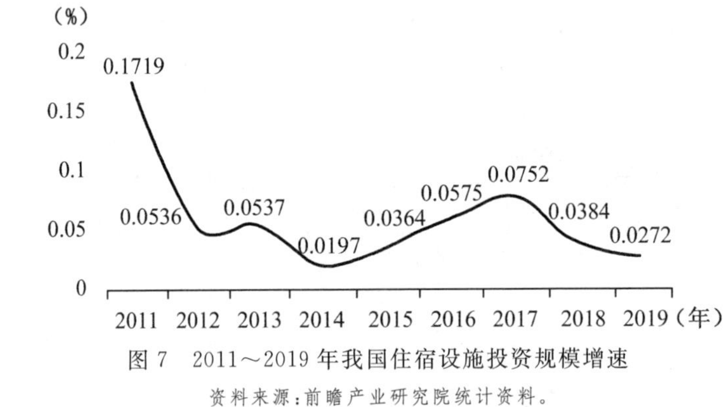

图7　2011～2019年我国住宿设施投资规模增速

资料来源：前瞻产业研究院统计资料。

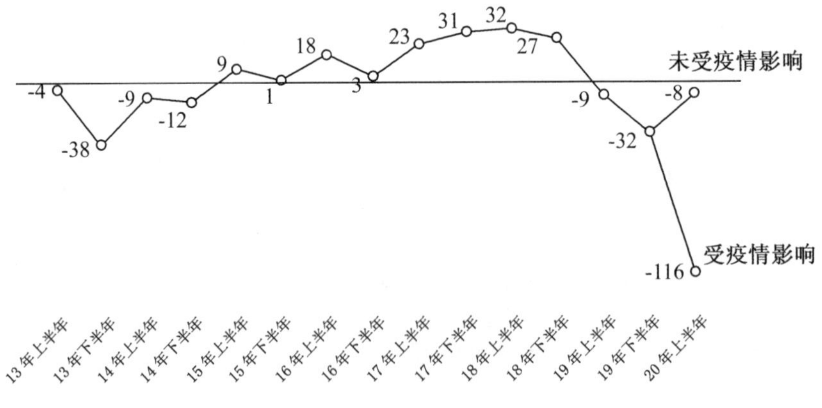

图8　2013～2020年全国饭店业景气指数走势

资料来源：浩华管理顾问公司统计资料。

与全国形势相同，面对产业周期性低谷，如何进行改革，实现产业升级，进入下一个健康发展新周期，成为山东省旅游饭店业面临的又一场挑战。

2. 消费需求呈现多样性变化

与产业惯性周期不同的是，市场呈现出持续旅游消费热度和消费行为变化。随着我国社会经济发展以及人民群众生活质量提高，旅游已经成为大众日常消费生活重要组成部分。据国内旅游抽样调查结果，2019 年国内旅游人数 60.06 亿人次，比上年同期增长 8.4%。其中，城镇居民 44.71 亿人次，增长 8.5%；农村居民 15.35 亿人次，增长 8.1%。按照这个比例计算，2019 年国民人均出游已经超过 4 次。在庞大的出游规模背后，逐渐透出旅游消费行为转变：一是国民旅游已经完成了“有没有”的阶段，进入追求“好不好”的阶段，尤其是原有流向海外市场的旅游消费者回流，他们对旅游环境、旅游吸引物、旅游住宿产品具有较高的品质追求。二是旅游市场呈现多样化的消费需求，初期的单一观光旅游形态已经逐渐被度假休闲、亲子旅游、户外运动、购物旅游、康养旅游、主题旅游等形式所丰富，每一种旅游形态对住宿的需求是不同的，这就给饭店业满足不同旅游消费目的提出新要求。三是消费者选择旅游方式的自主性越来越强，传统跟团旅游受到抑制，自驾游、借用线上信息平台的自助游、小型定制游逐渐成为消费者的重要选择，尤其是疫情以后，旅游者更倾向于自助选择旅游方式和旅游住宿，而且线上住宿预订平台也根据不同年龄、不同教育背景、不同旅行目的进行了细分，使得选择渠道越来越多元化。四是随着度假休闲旅游、主题旅游进入人们的生活，饭店已经不再单纯属于“出游”的附属品，不再只承担单一的“住宿”功能，而正在成为休闲体验的旅游目的地。

3. 信息技术迭代并实现行业渗透

近十年，我国信息技术飞速发展，从大数据、云计算、移动互联网、区块链等数字技术层面到人工智能、物联网、AR 技术、VR 技术、人脸识别、人机交互、5G 等信息工具，都已在很多行业得以广泛运用。在技术变革浪潮中，饭店业也正在寻求创新，阿里集团的“未来饭店”率先引入场景人脸识别服务；洲际饭店及度假村跨界与百度合作，成为领创人工智能饭店解决方案的积极探索者；雅高集团与阿里巴巴集团宣布达成数字化应用程序和忠诚计划的战略合作；万达饭店及度假村与腾讯微信签署战略合作协议，在智慧饭店、饭店创新场景等方面展开深度合作。饭店企业运用人脸识别、数字支付、人工智能和虚拟现实等技术，一方面为顾客提供自助选房与支付、无打扰服务、个性化服务、产品深度体验。另一方面也为饭店服务便捷性、运营精细化、产品设计针对性、后台管理有效性带来极大提升。信息技术将不仅是新科技探索和饭店个性彰显，技术与人工合作实现新型对客服务与组织管理模式已经成为旅游饭店未来发展趋势。

4. 宏观经济发展进行战略性调整

“新常态”的提出，标志我国经济从高速增长转向中高速增长，由投资驱动、要素驱动向创新驱动转变。十九大明确提出了新时期国家经济战略方向调整，国内经济由高速增长转向高质量发展、由规模式增长转向内涵式增长，转变发展方式、优化经济结构、转换增长动力成为新型经济发展的突破口。国家发展战略方向的调整，必然带动各类经济体发展方向、发展模式的改变。旅游饭店业是宏观经济和旅游经济的重要组成部分，与国家经济形势与发展方向息息相关。近年来，伴随国家经济转型升级，改革创新、开发新动能、提质增效、推进产业升级成为旅游饭店业发展主题和趋势。

2018 年 2 月，山东省人民政府全面启动新旧动能转换重大工程，精品旅游被列为新旧动能转换的十大重点工程之一。随后出台的《山东省精品旅游专项规划(2018～2022)》,梳理了山东省旅游业发展取得的成绩,指出了“大而不强,发展不平衡不充分,高端旅游产品相对不足,旅游大企业数量偏少,东西部地区之间、不同城市之间旅游发展水平差距较大,旅游淡旺季问题依然突出,民航、高铁等交通基础设施以及配套设施不完善”等问题,提出了“创新发展、融合发展、协同发展、优质发展”的方向,确定了“旅游经济稳步增长,综合效益显著提升,产业结构更加优化,品牌影响力持续提高”的战略目标。

旅游饭店业是旅游产业链上重要的环节,是重要的产业支柱。作为旅游目的地形象与对外开放的窗口,饭店质量直接影响着游客在旅行中的获得感、幸福感与愉悦感。山东省旅游饭店经历了40多年改革开放的发展,成就显著,但也形成了长期以星级饭店为主的产业格局,注重规模和数量,而缺乏像浙江开元饭店集团、上海锦江饭店集团那样高品质、具有国际影响力的饭店品牌。面对市场变化,山东省旅游饭店业仍存在创新不足,发展动力薄弱,增长缓慢,新型住宿业态发展不平衡不充分的问题。

二、旅游饭店业新旧动能转换促进高质量发展的实践

(一)融合文化,提升产品内涵

文化与旅游有着天然的密切联系,旅游中的人文景观、旅游饭店的个性装饰、餐饮产品、对客服人员风格等要素都体现着地域文化特征与韵味。2018年,文化和旅游部成立,进一步推进了文化和旅游融合,文化赋能已经形成旅游及饭店业共识。济南银座索菲特大饭店启动了优秀传统文化进饭店活动,在推出的传统文化年夜饭中,引入了年画、对联、剪纸、面塑、社火、舞蹈、吹奏等民间艺术,设计了各类拜年家庭礼仪,表达忠孝节义传统,营造了张灯结彩,欢声笑语、长幼有序彬彬有礼的传统节日氛围,由此开始,又结合山东历史相继推出了根据各地名人典故所创作的“齐鲁文化名宴”,设计了突出泉城地域特色的“山景房”与“湖景房”,提升客人对当地文化的体验。山东东方大厦将传统琉璃文化引入饭店,介绍非遗琉璃制作技艺与传承,展示琉璃艺术品,与客人分享琉璃诗词与历史故事,设计琉璃主题宴会、菜品,使琉璃文化在饭店平台上得以传播。文化主题饭店在山东省多市呈现,各地区引入地域文化,形成自己的IP,如曲阜的“儒家文化主题饭店”,济宁的“运河文化饭店”,梁山的“水浒文化主题饭店”,莘县的“伊尹文化主题饭店”,济南的“大舜文化主题饭店”“泉水文化主题饭店”“荷花文化主题饭店”等等。2018年开始,山东省旅游饭店协会把“优秀文化主题饭店”纳入年度评奖,鼓励饭店企业结合本地文化进行产品创新,提升饭店产品品质,丰富产品内涵,增强客人体验感、获得感。

(二)发展新业态,满足多样化需求

多年来,我国的“旅游饭店”一直是指市场主体星级饭店。近年来,非星标品牌饭店、主题饭店、温泉饭店、乡村饭店、城市休闲饭店、精品民宿等住宿新业态也在政策鼓励以及市场新需求日益增长中得以迅速发展。2017年7月,在山东省文化和旅游厅支持下,山东省旅游饭店行业协会成立了“住宿新业态和民宿分会”,将商务快捷饭店、公寓式饭

店、精品饭店、温泉饭店、青年旅舍、民宿、客栈、汽车宿营地等新型住宿业纳入行业管理中，拓宽了“旅游饭店”的范围，形成丰富的行业形态。

以“生活场景体验”著称的国内非星标中端饭店品牌，如亚朵、全季、维也纳国际、桔子水晶、美豪丽致、东呈、尚美、丽枫，国际饭店集团的中端品牌希尔顿欢朋、假日智选，先后进入了山东市场，逐渐向三四线城市渗透。这些新型饭店，以“自由、多元、体验、个性”为产品主线，把睡眠空间变成了生活体验场景，体现了年轻、时尚、简约的风格，成为山东省旅游饭店市场的新风景。

精品民宿也是近年来山东省着力打造的新型住宿业态，因其承担了乡村振兴、盘活闲置土地、传播乡村文化、吸引资本下乡等功能，主要在乡村布局，乡村民宿以享受田野风情、体验乡村生活、释放城市压力、独享私密空间等特点受到市场追捧。根据携程旅行网数据，近三年山东省旅游民宿规模持续增长，呈现了乡村民宿、景区民宿、城镇商业区民宿、海滨民宿、设计类民宿等多种类型。2020 年，山东省旅游民宿达到 14816 家，拥有房屋总量 90400 间/套。民宿已经与各类饭店共同形成旅游者休闲度假、民俗体验、旅行短暂停留的住宿形态。

（三）激发企业动能，应对环境变化

企业是产业基石，企业有活力才能促进产业发展。饭店产品具有生产与消费的同一性，受环境影响大，对市场高度依赖，这促使饭店企业必须跟踪并研究消费需求，需要关注趋势引领消费。随着大众旅游深入，假日休闲、家庭出游在住宿消费市场的比例越来越高，星级饭店原有以接待商务、政务、公务、团队客人为主的产品形式已经不能满足新需求。山东省众多饭店企业积极应对，对原有产品进行了改革与创新。以“亲情服务”著称的青岛海景花园大饭店，将原有商务区域改造为“亲子乐园”，包括多彩游乐场、童年游乐室、小小影剧院、手工小沙龙、多才多艺小画家等区域，精心设计了亲子客房，增加客房的温馨和情趣，细心研究新时期客人体验需求，开发新型服务项目。青岛丽天饭店结合度假客人居多的青岛市场特点，将客房改造为海洋主题，增加房间入住趣味，在每层客房公共区域，提供自动洗衣机、自助蒸煮厨具，方便客人度假生活。

2020 年初突发疫情以及国内全年的疫情波动对饭店业形成巨大冲击，整个上半年山东饭店业处于停顿和半停顿状态，出租率陷入历史最低，收益严重受损，市场突变让饭店业措手不及。在这种状况下，山东省饭店企业根据防疫需求，重新设计服务流程，改变原有经营模式，调整产品结构，加大本地服务力度，提供外卖、送餐、线上销售、全年预售、产品打包等活动。山东大厦开辟了花园烧烤、平民菜品，针对会议客源重新设计了会议及宴会服务流程，保证防疫安全；济南希尔顿公寓饭店设计了“无忧住”服务流程，将消毒流程常态化，无形服务安全有形化；蓝海饭店集团研究疫情后的需求变化，对集团战略进行重新思考梳理，明确社区服务，根据饭店所处位置形成生活圈，打造生活城，根据“吃、住、行、游、购、娱”拓宽饭店经营领域。很多饭店开辟了线上推广，尝试微信、抖音、视频号、直播等形式销售产品，指导百姓健康生活。济南华美达饭店、蓝海御华大饭店等多家饭店推出自助入住、智能机器人服务；银座泉城大饭店推进企业向数字化转型，引入 AI 管家、速核通、e 住通等数字移动技术应用，开发银座饭店小程序、会员 SCRM 项目，推动数

字化管理服务升级,在劳动密集型企业中探索智慧化服务方式。

2020年4月,在山东省精品旅游促进会指导下,山东舜和国际大饭店推出了《餐饮业分餐制设计实施指南》(以下简称《指南》),倡导文明用餐,适应疫情防控常态化趋势。该《指南》被推荐为省级地方标准,随即被确定为国家标准。这是山东省旅游饭店为提升行业服务品质、推动行业健康发展作出的积极贡献。

(四)实施内部改革,提升企业活力

企业内部改革,是企业进步内生动力,也是产业升级内在动力。山东银座文旅饭店集团是山东省唯一进入全国20强的饭店企业,面对近年来饭店市场环境变化和企业活力不足的状况,其在2020年初启动了企业内部改革。一是对原有组织架构进行调整,压缩组织层级,培养青年骨干,发挥知识型人才智慧。二是建立五大利润中心,成立六个专业委员会,组建起以专业化运营支撑、获取利润为导向的专业化饭店集团总部,改变各职能部门不对接市场的状态。三是设立创新创业基金,激励全员参与,利用高级技术人员建立起“名厨工作室”,塑造“工匠”品牌,引领厨房技术进步。四是设立产业投资公司,重点挖掘对外投资、品牌输出、业务咨询等价值。五是聚焦效益提升,实施轻资产发展和实体资产增收相结合的发展路径,以高、中、低三条产品线引领,布局12个品牌,高端展现、中端绽放、大众增量构建品牌体系,通过加盟及委托管理进行项目拓展,强化输出管理,扩大企业规模。六是推进股权处置及资产处置,淘汰低效资产,实施闲置、潜力资产回收。

企业内部改革,激发组织活力。2020年3月疫情复工后,银座文旅饭店集团经营一直向好,尽管受到疫情影响,全年饭店板块整体出租率同比提升1.64个百分点,营收同期增长显著,超额完成国欣文旅集团下达的利润指标;原有闲置、低效资产收益被盘活,人效比大幅度提升,品牌体系更加鲜明、清晰。

(五)品牌赋能,推动行业品质提升

旅游品牌表达了目的地的价值取向、内涵寓意、个性特征。对旅游者来说,品牌具有高识别度和感知度。好的品牌不仅能够吸引需求,还能影响市场、培育忠诚,形成优势竞争力,创造增值效应。“好客山东”是山东省推出的旅游目的地形象品牌,是对山东旅游最生动、最直接的表达,是对山东人民进取、大气、热情、质朴、诚信、包容精神的高度凝练。自2008年推出以后,经历了十几年的实践,“好客”品牌与时俱进,持续丰富内涵,已经深入山东旅游各个细分行业和领域。

市场环境变化和人民群众日益增长的对美好生活的向往促使山东省旅游饭店业秉承“好客”文化的积极进取精神,不断在实践中创新,探索新形势下行业可持续发展方略,彰显“好客山东”品牌时代性。2018年9月,山东省旅游饭店协会带领全行业启动“好客山东服务节”,以品牌感召力积极引导全行业推进与落实新旧动能转换和高质量发展。该协会通过举办服务技能大赛,激发从业者追求服务技能的精益求精;设定饭店业开放日,向公众展示专业服务、文创产品、鲁菜传承与创新、新型技术在饭店的应用等行业发展成果,激发社会认知与参与;打造饭店业的“齐鲁工匠”,传承优秀文化;开展“不忘初

心，牢记使命”党性主题教育活动，形成思想动力与组织动力；带领企业助力扶贫，增强饭店人的爱心与社会责任感。济南铂尔大饭店提出“良心买卖放心菜”承诺，向全社会消费客户保证食品安全与卫生；众多饭店开展了“明厨亮灶”工程，消费者可以随时全程监督食品加工过程，彰显“好客”之诚信精神。2020 年疫情之后，全省旅游饭店（餐饮）行业积极推广“分餐制，公勺公筷双筷制”服务方式，山东省旅游饭店协会与山东省文化和旅游厅、山东电视台联合录制动漫片“多一双筷子，多一份健康”，每天在山东卫视《新闻联播》之前播放，向全社会宣传健康生活理念。全省各市饭店根据“疫情常态化”背景，转变传统思维，改革服务流程，聚焦人民群众美好生活，推动“好客山东”之旅游饭店服务进入新的发展阶段。

2019 年 7 月，山东省文化和旅游厅出台《山东省卫生安全诚信饭店评定标准》，对行业卫生、安全、诚信、服务等基础品质进行严控。2020 年 8 月，山东省旅游饭店业开展“厉行节约，制止餐饮浪费行为”活动，各饭店及餐饮企业纷纷调整宴会菜品，科学合理设计宴会菜单，标识菜品主料净含量，鼓励企业提供小份菜、半份菜服务，企业诚信经营，客人适量订餐，实施“光盘行动”。2020 年 10 月，根据新住宿业市场形势，推出新版《旅游民宿等级划分与评价》，设置旅游民宿合法性经营门槛，遵循“创新、协调、绿色、开放、共享”五大发展理念对民宿经营中的建筑与环境、设施与设备、安全与卫生、服务与接待、经营特色与社会责任作出具体要求；对五星级民宿，在设施设备、视觉美感、方便舒适、文化融合、好客服务、社会责任方面提出精品化标准。

为引导消费者形成绿色、低碳的消费和生活习惯，实现生活垃圾“减量化，资源化，无害化”的管理目标，推动饭店业限制或减少使用一次性日用品，济南市旅游饭店行业协会向市民旅客及各大饭店发出倡议，尽量减量使用一次性用品，推广可循环、可重复使用的日用品，鼓励宾客自带洗漱用品入住饭店。

三、旅游饭店高质量发展的未来之路

（一）推进供给侧改革，优化产业结构

山东旅游饭店要坚持五大发展理念，对市场变化和发展趋势作出准确研判，科学规划产业结构、规模、布局，推进饭店集团化、连锁化，形成全省领导者饭店集群；加大市场化进程，降低成本，提升效益，带动全省饭店业质量升级。鼓励民营资本投资旅游住宿业，加强投资多样性，激发市场活力。引进国内外优质饭店品牌，形成竞争与合作、学习与促进的新格局。加大供给侧改革力度，创新住宿和生活性服务产品，创造新的需求。[①]积极发展住宿新业态，支持建立度假饭店、康养饭店、主题饭店、精品饭店、乡村饭店、汽车营地等细分市场饭店。制定相应标准，严格控制卫生、安全、品质，鼓励个性化、特色化发展，保证新兴业态的健康、可持续性。督导饭店企业节能减排、勤俭节约、绿色运营。

① 参见杨宏浩：《“双循环”格局下的住宿业高质量发展》，《旅游学刊》2021 年第 1 期。

（二）建立产业集群思维，拓展饭店业价值链

从产业相关性看，旅游饭店业处在一个价值链中（见图 9），包括饭店软件开发、饭店资本运作、饭店投资运作、饭店用品供应、饭店运营与服务、饭店品牌输出、饭店咨询、饭店设计多个环节，每个环节相互依存、休戚与共，形成效益共生、价值共创的关联性。

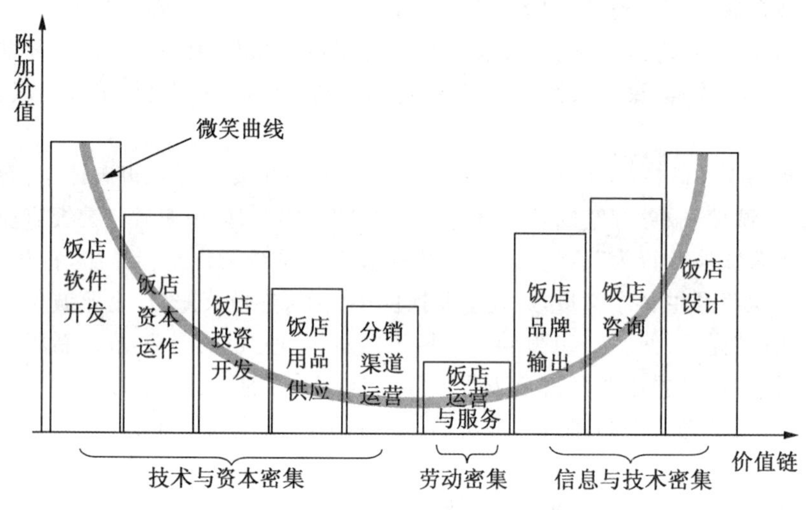

图 9　住宿业价值链（微笑曲线）

近年来，国内大量新锐饭店品牌产生，以智能技术见长的阿里巴巴“未来饭店”、跨界融合创造多样生活场景 IP 的亚朵饭店、充满人文气息的全季饭店、创造顾客增值服务的美豪丽致饭店，他们通过跨界合作、品牌输出延伸自己的产业链条，形成新生价值。目前，山东省旅游饭店业发展重心依然在“运营与服务”上，而专业软件开发、资本运作、饭店用品供应、品牌输出、管理咨询、饭店设计都处在价值链洼地，又制约了饭店运营与服务环节创新发展。因此，要突破原有思维局限，建立产业价值链思维，重视产业链条各个环节培育，尤其要推进产业利润向高附加值环节转移与分化，通过技术进步、技术创新，对全链条形成促进，推动旅游饭店业向技术服务转型。

（三）持续推进文化融合，提升服务品质

山东省是中华文明重要发祥地之一，齐鲁文化源远流长，农业文明传承的农耕文化至今影响深刻，战争年代留下可歌可泣的红色故事，这片土地上记录着众多文化名人的足迹。山东省文化资源为山东旅游增添了无穷魅力，也是吸引旅游者来山东旅游的重要动力。山东省内旅游饭店企业要重视文化挖掘、展示和传承，要将文化融入饭店设计、产品与服务中，培养员工文化内涵，以“讲好山东故事”来丰富产品个性，拓宽服务形式，提升客人消费体验。要将“好客山东”品牌内涵转化为对客服务全过程，创新产品营销方式，使具有文化内涵的山东饭店“好客服务”深入人心。全省十六市，要结合“泉城济南”“平安泰山”“东方圣地”“亲情沂蒙”“鲁风运河”“黄河入海”“仙境海岸”“鸢都龙城”“齐国故都”“水浒故里”十大旅游目的地品牌，创新自己的服务特色，通过产品与品牌文化融

合，提升旅游饭店品质。

（四）加大星级饭店创新，促进效益增长

基于发展历史、投资背景、行业基因等优势，星级饭店对行业的引领地位短时间内不会改变，仍然会对行业发展具有极大带动性。星级饭店是一个旅游目的地的窗口，是开启城市服务的一把钥匙。多年来，星级饭店主要服务范围局限于住宿、就餐、会议，而且主要服务于异地商务、旅游、出差客人，对本地居民多以提供餐饮宴会为主。在今天，异地客人入住饭店已经不再满足于“吃、住”功能，他们希望在这里得到休闲、娱乐、办公、社交、体验本地生活等服务；本地客人已经不满足饭店仅提供宴会服务，他们希望在本地饭店中能够享受休闲、社交、度假、美食、健身、养生、亲子等不同于家庭常态的生活体验。星级饭店可以引入城市要素，与公园景区、历史街区、城市商业、乡村农产品、生活制造业、文创产业、交通出行、博物馆、健身俱乐部相结合，实施“住宿＋”产品形态，拓宽饭店价值空间，使客人在饭店平台上获得多样生活满足，从而提升收益。开元饭店是我国高星级饭店龙头企业，多年运营城市高星级商务饭店，其服务与品牌深受市场欢迎。如今，开元饭店集团在原来跨界与良衣（Tailorism）、中南卡通品牌战略合作之后，又相继开发了“森泊”“曼居”品牌，向“住宿＋主题公园、休闲娱乐、轻生活”等领域进行新一轮跨界，带动企业增长，值得山东省内星级饭店借鉴。

（五）加强科技引入，推动饭店业融入时代进步

饭店业一直以劳动密集型行业著称。而当下，一方面人口红利已经消失，劳动力短缺、专业人才匮乏已经严重制约了饭店业高质量发展；另一方面，国内消费者早已习惯使用智能技术、移动终端进行信息查找、了解产品、选择商品、预订支付等无打扰的自助服务。受疫情影响，传统的高度接触服务受到挑战，无接触、低接触服务将成为未来重要服务方式。山东省旅游饭店业在新型技术运用方面还有显著差距，大量饭店企业因没有使用云平台而不能储存海量客人数据。传统SOP因为没有新型技术的引入而变得低效，管理上不能进行数字化变革，整体智慧服务程度低，服务便利性差，效率滞后，使饭店行业仍然处于低端经济地位。

山东省有着良好的培育智能化服务业的基础。青岛海尔集团借助互联网、物联网、数字技术，实现了由家电制造企业转化成为全球用户“衣、食、住、行、康、养、医、教”等定制化智慧生活服务商。他们创建卡奥斯智能平台（COSMOPlat），引入用户全流程参与体验，创造了“人单合一”企业运营模式。山东海思堡服装服饰集团股份有限公司基于大数据、互联网、物联网、自动化等信息技术，通过智能研发、智能信息数据采集、智能制造执行系统，创建了全球服装个性化定制网络协同制造服务支撑平台海思堡（ASPOP），实现了个性化定制模式全价值链的高度集成。制造业通过新技术构建生活服务平台，为饭店业带来很大启迪。人员服务与智能化服务结合，是饭店服务业未来的趋势，互联网、大数据、人工智能、VR技术、生物识别、区块链、模块化建筑技术、低碳环保、智能睡眠等大健康技术必将深入运用到旅游饭店业，满足客人技术发展时代体验，提高运营效率和盈利能力。从管理视角看，未来住宿业也会通过新技术应用而使全要素生产效率得以显著提

升。面对新技术挑战,山东省旅游饭店业需要主动作为,融入智慧化时代,敢于接受新事物,消除等待、观望的心态,主动创造市场需求,转换用人结构,培育掌握新型管理与服务方式的员工队伍,根据行业发展趋势进行管理与运营。

乡村旅游高质量发展的创新实践

官修言　张　彦　刘雅青*

摘　要：2010 年以来，在山东省委省政府的高度重视和正确领导下，山东省乡村旅游获得长足发展，整体规模和发展模式处于全国领先地位，创造了“改厨改厕”、境外精准交流等诸多“山东经验”。与此同时，山东省乡村旅游结构性矛盾日益突出，亟须转型升级，走高质量发展之路。2017 年，山东省正式拉开乡村旅游高质量发展大幕，历经四年已取得显著成果。本文对 2017 年以来山东省乡村旅游高质量发展历程进行简要回顾，系统总结相关实践和经验，并在此基础上对未来发展进行展望。

关键词：乡村旅游；高质量发展；转型升级；实践经验；展望

山东省是传统的文化大省，也是传统的农业大省，发展乡村旅游的条件得天独厚。山东省乡村旅游发展大体经历了三个阶段：自由生长阶段（1971～2009 年）、规范化成长阶段（2010～2016 年）和高质量发展阶段/精品化发展阶段（2017 年至今）。早在 1971 年，潍坊石家庄村就开始有组织地接待外国友人，在全国首开民俗旅游之先河。自此，山东省乡村旅游从无到有，从少到多，但整体发展节奏缓慢，直到 2003 年创建农业旅游示范点，山东省乡村旅游才开始实现快速发展。这一阶段最显著的特点是自由发展，整体处于“小、散、乱”状态。

2010 年以来，山东省委、省政府高度重视乡村旅游发展，先后出台了《关于提升旅游业综合竞争力加快建成旅游强省的意见》《关于贯彻落实国发〔2014〕31 号文件促进旅游业改革发展的实施意见》等文件，明确要求各级各部门把乡村旅游摆到重要位置，加强设施建设，全力推进乡村旅游提档升级。省委从 2010 年起，连续将支持乡村旅游列入 1 号文件；省政府从 2013 年起，每年列支 2 亿元资金专项支持，出台《山东省乡村旅游发展资金暂行管理办法》。为了发挥规划引领作用，打造有序发展格局，山东省 2013 年集中一年时间，为 17 市编制完成乡村旅游总体规划和环城市游憩带规划，用 3 年（2013～2015 年）为 132 个有乡镇的县（市、区）编制了县域乡村旅游规划，每个县域乡村旅游规划补助 60 万元，用 5 年（2013～2017 年）为 60 多个乡村旅游点编制规划，为 47 个国家旅游扶贫

---

* 官修言（1985～ ），山东临沭人，山东省旅游推广中心馆员；张彦（1979～ ），女，山东青岛人，山东财经大学旅游管理系副教授；刘雅青（1996～ ），女，山东济南人，山东财经大学旅游管理系硕士研究生。

村逐村编制完成旅游扶贫开发实施规划，引导规划落地，用先进发展理念引领乡村旅游产业。另外，以提升发展境界，打造精品项目为引领，从 2013 年起每年组织乡村旅游带头人赴日本、西班牙、意大利、法国、荷兰、德国以及中国台湾等国家和地区进行精准交流。经过多年努力，山东省乡村旅游得到长足发展，产业初具规模，富民效果显著，并创造了诸多山东经验，知名度和影响力与日俱增，但同时结构性矛盾却日益突出，乡村旅游需求的品质化、多样化和供给的低水平、不充分之间的矛盾日趋明显。因此，为了满足旅游市场更高品质的消费需求，为了充分激活乡村振兴新动能，乡村旅游必须走高质量发展之路。

一、乡村旅游高质量发展历程回顾

2017 年起，山东省全面开启乡村旅游高质量发展新征程。新形势下，山东省高举乡村振兴和全域旅游的旗帜，以规模化、精品化发展为主要目标，坚持多元主导、联合推进、融合发展，截至目前已经取得显著成果。笔者对 2017 年以来山东省乡村旅游高质量发展的基本脉络进行简单梳理。

（一）2017 年：全面启动

2017 年 3 月，原省旅发委与省农业厅等三部门签订了《全域旅游（乡村旅游）联合推进计划》，共同搭建了乡村旅游发展平台，重点推进乡村旅游集群片区、乡村旅游园区、乡村旅游度假区规模化发展，全力推进旅游小镇、乡村旅游特色村和民宿高质量发展。《联合推进计划》的出台有利于形成强大发展合力，改变单打独斗的局面，更快、更好地提升乡村旅游品质和档次。2017 年 6 月，省政府印发了《山东省乡村旅游提档升级工作方案》（简称《工作方案》）。《工作方案》坚持乡村旅游提档升级与新型城镇化、农业现代化以及美丽乡村建设、乡村记忆工程、乡村旅游扶贫工程相结合，与发展全域旅游、生态旅游和推进旅游供给侧结构性改革相统一，把乡村旅游打造成生产美、生态美、生活美的全域旅游发展主阵地，促进农村发展、农业转型、农民增收。《工作方案》提出一系列补齐短板的措施，抓住了乡村旅游发展的重点和难点。《工作方案》的出台标志着山东省乡村旅游开始由快速增长向高质量发展转变，自此，山东省以《工作方案》为主要行动指南全面拉开了乡村旅游高质量发展的大幕。

（二）2018 年：整体引领

2018 年，山东省相继出台了多项高规格的规划，对于整体引领和推动全省乡村旅游的高质量发展具有重要意义。省委、省政府于 2018 年 5 月印发的《山东省乡村振兴战略规划（2018～2022 年）》和 5 个工作方案，为乡村旅游助推乡村振兴制定了路线图和时间表。根据《山东省乡村振兴战略规划（2018～2022 年）》，山东将打造乡村旅游“齐鲁样板”，到 2020 年发展 100 个乡村旅游集群片区和 300 个乡村旅游园区，实现乡村旅游消费 3600 亿元，到 2022 年乡村旅游消费达 5300 亿元。山东省发改委、山东旅游发展委员会于 2018 年 5 月联合印发的《山东省全域旅游发展总体规划（2018～2025 年）》（以下简称

《规划》)将最大限度地挖掘乡村旅游的潜力作为乡村旅游的发展目标,提出了乡村旅游发展的六大战略,即统筹乡村发展规划、乡村旅游多样化和现代化、提高乡村旅游质量、提高消费者认知、鼓励社区提高包容性、提供融资渠道。《规划》的出台与落实对乡村旅游提质升级、乡村地区全域旅游格局的构建发挥了重要的推动作用。省政府于2018年11月发布的《山东省精品旅游发展专项规划(2018~2022年)》(以下简称《专项规划》)要求"立足山东特色,实施休闲农业和乡村旅游精品工程,推动乡村旅游产品、服务、环境、配套从'有'到'好'培育产品多元、业态丰富,配套设施完善的精品乡村旅游,打造乡村旅游齐鲁样板"。《专项规划》从规模化、精品化、人才振兴、文化振兴、生态振兴等角度提出了具体的工作要求。

上述规划以更高的站位、更宽的视野为山东省乡村旅游谋篇布局,以更大的决心、更强的力度推动山东省乡村旅游高质量发展。

(三)2019年:规范发展

据不完全统计,2018年全省乡村旅游区(点)中,有30%多的乡村旅游区(点)简单模仿别人的经营模式,近20%的乡村旅游区(点)基本没有什么特色,能够满足游客多元需求的乡村旅游项目和乡村旅游综合体数量偏少。不少地方的乡村旅游基本是自发组织,自行设计,自己建设,自主经营,甚至一哄而上,盲目开发、重复建设、无序竞争现象突出。针对以上问题,2019年山东省在不断丰富优质乡村旅游供给的同时,大力加强乡村旅游标准化建设,加快促进乡村旅游规范化发展,不断将乡村旅游高质量发展推向深入。2019年,山东省文化和旅游厅发布了《山东客栈服务规范》《好客人家服务规范》,编制完成《乡村旅游集群片区评定标准》《乡村旅游度假区评定标准》《精品文化旅游小镇服务规范与评定》《精品乡村旅游特色村评定标准》等乡村旅游标准,组织召开中国(日照)精品民宿发展研讨会,并计划制定《山东省旅游民宿管理暂行办法》和《关于促进旅游民宿高质量发展的指导意见》。

一系列规范、标准和办法的制定与落实,有利于从经营场地、设施设备、住宿餐饮、接待服务、风格特色、环境卫生等诸多软件与硬件方面对乡村旅游进行周密细致的规范,从而为乡村旅游高质量发展保驾护航。

(四)2020年:精品突破

2020年,突如其来的新冠肺炎疫情虽给乡村旅游业造成了沉重打击,但同时也进一步唤醒了人们的生命意识和健康意识。在后疫情时代人们更加关注和追求健康、安全的乡村旅游产品,这将倒逼乡村旅游在产品供给、生态环境和管理机制上精益求精。与此同时,疫情让出境游受阻,但国内游全面恢复,回归国内的出境游人群对旅游目的地的品质有着更高的追求,这势必对乡村旅游的高质量发展起到推波助澜的作用。2020年,山东省大力聚焦乡村旅游精品工程,例如山东省政府印发《山东省促进乡村产业振兴行动计划》,提出乡村产业融合推进行动,实施休闲农业和乡村旅游精品工程;山东省文化和旅游厅联合省发展改革委等14个部门印发实施《关于促进旅游民宿高质量发展的指导意见》,并组织开展精品旅游民宿和规模化旅游民宿集聚区创建工作;山东省文化和旅游厅组织推荐40家单位参加第二批全国乡村旅游重点村评选，24家进入文旅部公示名单，总数居全国前列；山东省文化和旅游厅印发《山东省精品旅游镇村评定管理办法（试行）》《山东省精品文化旅游小镇评定标准》《山东省精品旅游特色村评定标准》，组织开展精品旅游镇旅游村创建工作；山东省文化和旅游厅联合4个省直部门印发《关于推进村庄景区化建设的指导意见》，大力推动村庄景区化建设。

二、乡村旅游高质量发展的实践与经验

2017年来，山东省以供给侧改革为突破口，以全域旅游发展理念为引领，以乡村旅游提档升级工作方案为主要行动指南，不断推动乡村旅游高质量发展，并取得显著成效。截至目前，山东省规模化发展乡村旅游的村达3500余个；61个村被原国家旅游局命名为“中国乡村旅游模范村”，数量全国第一；先后有34个乡村进入国家乡村旅游重点村，位居全国前列。据测算，2017～2019年，山东省乡村旅游接待游客分别占游客总量的57％、58％、57％，乡村旅游已经成为山东省最为活跃的旅游形式之一，已经成为拉动农村经济转型升级的强大引擎。2020年，受疫情冲击，山东省乡村旅游暂时陷入低迷，但在相关利好政策加持下，全省乡村旅游很快展现出强势复苏态势。据统计，2020年，山东省接待乡村旅游游客2.28亿人次，实现乡村旅游消费1120.73亿元，分别同比恢复42％和41％，总体走在全国前列。

（一）实现规模化精品化发展

一是乡村旅游实现规模化发展。目前，基本建成威海、临沂、泰安等6个环城市游憩带；形成了仙境海岸、齐长城，以及黄河、运河沿岸等乡村旅游产业连绵带；建成济南齐鲁八号风情线、淄博池上镇、滕州龙阳镇、蓬莱丘山山谷、肥城桃文化等30多个乡村旅游集群片区；建成兰陵国家农业公园、寿光蔬菜高科技示范园、济宁南阳湖农场等100多处不同产业类型的乡村旅游园区；建成安丘市齐鲁酒地健康小镇、沂水县传奇崮乡小镇、夏津县德百小镇等一批旅游小镇。

二是精品乡村旅游点不断涌现。各地大力开展招商引资，引进400多亿元社会资金投向乡村旅游，建成了山亭翼云石头部落、滨州西纸坊村、黄岛藏马山乡村旅游度假区等一批高端乡村旅游点；建成了泗水王家庄村、淄川峨庄村、长清马套村、高密平安村等一批画家村、影视村、艺术村。博山区池上镇中郝峪村等10个村庄、长清区万德街道马套村等24个村庄分别入选第一批、第二批全国乡村旅游重点村，数量居全国前列。济南长清区万德街道马套村等62个村庄入选全省乡村旅游重点村（精品旅游特色村），夏津县德百旅游小镇等35个产业小镇获评精品文化旅游小镇。

三是实施乡村旅游效益提升工程。2017年，原山东省旅游发展委开展了乡村旅游“后备箱”试点工程建设，组织权威专家“送智下乡，送教入户”，打造了省、市、县（村）三级旅游商品业务培训网络，每年有2000多人次接受各级培训。2018年，原山东省旅游发展委发布了《山东省乡村旅游后备厢工程示范基地创建方案》，支持各地推动农林牧渔等产品向旅游商品转化，鼓励开发具有观赏性、艺术性、实用性和地方特点的乡村旅游商品。

山东省加快乡村旅游购物网店建设,支持乡村旅游重点村在邻近的景区景点、高速公路服务区、主要交通干道游客集散点等设立农副土特产品销售展台,整合全省丰富的旅游商品,打造乡村旅游后备厢工程示范基地。近年来,山东省将地理标志作为“一县一业”甚至“一村一品”的主要抓手,围绕乡村旅游商品发展,打造了一系列山东乡村旅游商品品牌,让章丘大葱、烟台苹果、金乡大蒜、鱼台大米、潍县萝卜、山亭花椒、长清茶、平阴玫瑰等成为游客装满自驾车后备厢的必选。[①] 近年来,山东省对优秀非物质文化遗产与特色传统手工艺品进行了大力的改造和提升,最大限度地保留了其文化内涵,并实现了其市场价值。

(二)赋予乡村旅游更多文化内涵

丰富乡村旅游的文化内涵是乡村旅游高质量发展的重要基础和内容。近年来山东省充分发挥自身文化优势,借助现代理念和新兴技术挖掘、保护、传承和发展乡村文化,不断引领乡村旅游实现内涵式发展。

一是加大对古村落、古街区、古民居等的保护利用。近年来,为保护利用好优秀传统文化资源,让乡村文化火起来,山东省将具有重要价值的古遗址、古民居纳入文物保护范围,加强传统村落保护。2018 年以来,仅省级层面就投入资金 2.7 亿元,保护项目 215 个。目前,已保护开发了泰安大汶口古镇、周村区李家疃村、青州井塘古村、临沂压油沟等一批特色鲜明、亮点突出的文化旅游古村镇。以淄博市周村区李家疃村为例,其保存了较为完整的明清古建筑群落,近年来该村对古街巷、古民居进行保护和修缮,并搜集整理乡土文化建设了乡村记忆博物馆。

二是让非遗文化越来越多地融入乡村旅游。山东省非物质文化遗产资源丰富,保护传承工作走在全国前列。近年来,山东省深入挖掘非物质文化遗产的当代价值,以非遗助力乡村旅游发展。依托非物质文化遗产资源培育了一批“非遗”村落,像陶瓷琉璃村、木版年画村、刺绣剪纸村、传统民俗表演村等。

三是依托当地特色文化打造乡村旅游新亮点。例如,依托历史文化生态资源,融入现代科技,打造了一批画家村、影视村、艺术村、美食村、健身休闲村;充分挖掘农耕文化资源,利用农民传统的生产和生活方式,建设了一批体现山东特色的文化生态博物馆、慢生活村落、乡村慢城,打造了一批山会、庙会、乡村大集等精品乡村文化活动。

四是文化下乡活动与乡村旅游紧密结合。山东省近年来积极开展“戏曲进乡村”活动及“一村一年一场戏”免费送戏工程,将文化下乡活动与乡村旅游紧密结合,为乡村旅游注入文化之魂。2019 年,组织实施“山东省乡村题材小型文艺作品创作推广计划”,举办“全省乡村题材小型文艺作品(区域)展演”“放歌新时代——山东省乡村题材优秀文艺作品集中展演”,扎实开展“一村一年一场戏”免费送戏工程,送戏达 9 万余场。东营市“进千村乐万家”文化惠民创新实践活动入选中组部《贯彻落实习近平新时代中国特色社会主义思想、在改革发展稳定中攻坚克难案例》。2020 年,认真组织开展文艺院团下乡演出工作,在 2019 年购买省直院团 300 场下乡演出的基础上,继续增加购买场次和购买金

---

① 参见刘西海、杨广云:《后备厢工程引领乡村购物游》,《农业知识》2018 年第 20 期。

额,全年送戏下乡演出9万场,超额完成全年计划。

(三)构建产业融合发展新格局

近年来山东省致力于建立融合机制,并初步形成多业融合共生的乡村旅游发展大格局。加强与各部门联动,把乡村旅游摆上重要位置,与美丽乡村、现代农业、特色小镇相结合,推进一二三产业融合发展,使乡村旅游成为带动经济社会发展的新引擎。

一是坚持乡村旅游与美丽乡村建设相结合。深入践行“绿水青山就是金山银山”的理念,把推动美丽乡村建设与发展乡村旅游有机结合。与省扶贫、住建、农业、水利等部门协调配合,整合新农村建设、小流域综合治理、农业结构调整等专项资金,集中支持乡村旅游发展。以开展“美丽乡村”建设为契机,完善全省乡村公共服务体系,促进以乡村休闲旅游业为导向的现代农业产业园、科技园、创业园和田园综合体的“三园一体”建设,着力打造生产美、生活美、生态美“三生三美”的美丽乡村。

二是坚持乡村旅游与特色高效农业相结合。通过“旅游＋”模式,实现一、二、三产业相互叠加,加快培育农业“新六产”。紧密结合特色高效农业,依托青岛即墨、滨州、东营、烟台、济宁、泰安、临沂七个国家农业科技园区,打造融合特色采摘、产品加工、现代物流、旅游观光、养生度假等关联产业的示范园区。积极推动农林牧渔等产品向旅游商品转化,鼓励开发具有观赏性、艺术性、实用性和地方特点的乡村旅游商品,先期培育打造了30家乡村旅游后备厢工程示范基地。

三是坚持乡村旅游与特色产业小镇相结合。组织现场观摩全省旅游特色小镇建设,提出依托真山、真水、真产业、真生活、真文化等特色资源建设旅游特色小镇的发展理念。依托本土资源,挖掘文化内涵,逐步推进大汶口古镇、阿胶小镇、莲花小镇、水浒小镇、魏集古镇、南阳古镇等开发建设,为全省旅游小镇建设发挥了示范引领作用。联合省台办邀请台湾青年乡村旅游规划设计师为我省乡村旅游点、特色小镇编制发展规划,截至2018年底,全省就有413个乡村旅游点和特色小镇上报编制意向。

(四)创新实施乡村旅游精准扶贫

山东省是最早实施旅游扶贫计划的省份之一,先后采取多项创新举措进行旅游精准扶贫,探索出“临沂模式”“枣庄模式”“淄博模式”等一批创新性强、可复制、可推广的地方旅游扶贫模式,实现乡村旅游扶贫村集中连片开发。山东省通过发展乡村旅游已帮助430多个贫困村和47万多人脱贫致富。在国家文旅部前两批“全国乡村旅游重点村”名单中,山东省共有34个村,其中8个村曾经为“一清二白”的省定贫困村,他们通过旅游精准扶贫,实现了凤凰涅槃。400个旅游扶贫村中,有78个村纳入村庄景区化培育计划。在世界旅游联盟旅游减贫案例100新闻发布中,临沂市兰陵县压油沟村、威海市西山后村等5地榜上有名,位居全国首位。山东省在旅游精准扶贫方面的典型做法主要包括以下几个方面:

一是突出规划引领。制订了旅游扶贫实施方案,纳入《全省脱贫攻坚专项实施方案》;为47个国家重点贫困村义务编制了乡村旅游发展规划。此外,借助省财政资金支持,为另外353个旅游贫困村编制了《山东省旅游扶贫村总体开发实施规划》。

二是精准施策连片开发。近年来,山东省先后对400个文旅扶贫村进行分类,建立问题台账,为精准施策、分类指导奠定基础。根据贫困村旅游资源的不同类型及分布特点,逐村制定发展对策、逐户明确扶贫方式,实现“一村一策,一户一案”。同时,推动贫困地区实现资源共享、优势互补,走出了“连片开发”的新路子,目前在全省形成了淄博市上小峰村、中郝峪村,枣庄市山亭区兴隆庄村、石嘴子村等十多个旅游扶贫示范带,带动了周边贫困人口脱贫致富。

三是探索扶贫新模式。积极探索形成了务实管用的“一清五帮十到户”[①]、“一区带四员”[②]、“一地生四金”[③]、“村企共建”、景区带动、能人引领、项目拉动等十几个模式,得到国务院扶贫办、原国家旅游局红办的充分肯定。其中“一清五帮十到户”拓宽了贫困户增收新渠道,引导了贫困户创业、就业,变输血式扶贫为造血式扶贫,为贫困群众寻找到了一条脱贫致富的新路子。沂南开创的“一区带四员”旅游扶贫模式先后登上《中国扶贫》,入选世界旅游联盟旅游扶贫案例。

四是实施精准营销。2020年初,山东省特设扶贫专用券,面向全省58个财政困难(沂蒙革命老区)县征集文化旅游企业和产品,设立专门的扶贫专卖店和电商扶贫馆,着力推介省内贫困地区文化和旅游产品及服务,为山东省内乡村文化和旅游资源培育市场、拓展销路。2020年7月4日,在临沂市兰陵县压油沟景区启动的“山东文旅扶贫带货大汇”,即是精准定位文旅扶贫带货目标的成果。

五是以非遗助力扶贫。实施“非遗助力脱贫,推动乡村振兴”工程,让“指尖技艺”成为“指尖经济”,培育了一批木雕、木版年画、剪纸、刺绣等专业乡、专业村。全省建成国家级和省级非遗生产性保护示范基地71个,带动23万人就业。郯城县庙山镇依托二胡文化资源,做大做强二胡产业,不仅建立了二胡博物馆,举办中国二胡文化节和二胡制作培训班,而且在全镇中小学开设了二胡演奏专业课。此外,还组织二胡制作大户每年到北京、上海等地参加展销会,出色的二胡质量收获大量客商订单。

(五)加快布局乡村旅游新业态

业态创新是乡村旅游高质量发展的有力武器,是培育乡村旅游经济新增长点的重要途径。近年来,山东省注重挖掘利用乡村田园景观、自然生态、农耕文化、民俗文化等乡村旅游特色资源,深耕“文旅+”特色发展模式,加快布局乡村旅游新业态。特色文化旅游小镇、田园综合体、乡村民宿等乡村旅游新兴业态在山东各地不断涌现,推动了乡村旅游高质量发展。

山东省加快推进乡村产业融合,不断培育乡村旅游新增长点,形成了以金乡县国家现代农业产业园等为代表的现代农业产业园、以山东省兰陵国家农业公园等为代表的农

---

① 所谓“一清”,就是先瞄准再击发;“五帮”,就是在规划、项目、资金、培训、营销上一帮到底;“十到户”,就是产业扶持到户、就业岗位到户、用工名额到户、资产性收益到户、持股分红到户、送智送教到户、结对帮扶到户、金融扶持到户、农产品采购到户、电商联通到户。

② 土地入股当社员、景区务工当职员、穿上戏服当演员、售卖产品当店员。

③ 以土地经营权流转“获租金”,扶贫资金入股公司或合作社“变股金”,贫困群众就地打工“挣薪金”,盘活土地等资源入股合作社或公司“分现金”。

业公园、以朱家林国家田园综合体等为代表的田园综合体、以寿光国家农业科技园区等为代表的农业科技园、以张裕爱斐堡酒庄等为代表的乡村庄园、以中郝峪幽幽谷等为代表的乡村康养基地、以夏津黄河故道古桑树群等为代表的乡村地标农业、以安丘市齐鲁酒地健康小镇等为代表的特色文旅小镇等新型乡村旅游业态。2020 年来，《山东省促进乡村产业振兴行动计划》《山东省文化旅游融合发展规划（2020～2025 年）》《关于开展村庄景区化建设工作的指导意见》等相关利好政策和规划陆续出台，必将为山东省乡村旅游新业态发展插上腾飞的翅膀。

山东省大力实施乡村文化振兴计划，并将其与发展乡村旅游有机结合。例如，依托当地特色文化资源打造了画家村、影视村、艺术村、秧歌村等一批新型旅游村落；推动乡村非物质文化遗产的有效保护与活化利用，在全省建成乡村记忆博物馆 210 多个；鼓励乡村文创发展，乡村创意工坊、乡村创意集市、青年乡村创客中心等不断涌现，沂南县朱家林青年乡村创客中心、邹城市唐村梦想小镇创业园、泗水县宋家沟画家村、淄博市淄川区太河镇峨庄片区、泗水县等闲谷艺术粮仓等被评为“中国乡村旅游创客示范基地”。

近年来，山东民宿发展也渐入佳境，打造了朴宿、不负、沂蒙等一批知名民宿品牌，形成了高中低档配套、布局结构较为合理的旅游住宿服务体系。目前，共评定出青岛微澜山居、临沂朱家林民宿、泰安大汶口古镇民宿等 10 家五星级精品民宿，济宁万紫千红理想家、沂水县林下花墅、泰山凡舍客栈等 45 家四星级精品民宿，三星级以上民宿共 271 家，推荐日照不负云顶乡奢美宿、临沂沂蒙山舍申报全国五星级和四星级旅游民宿。[①]

（六）初步形成育才引智现实合力

人才短缺是制约乡村旅游发展的主要瓶颈，只有念好“人才经”，才能推动乡村旅游向更高层次发展。近年来，山东省积极育才引智，为乡村旅游高质量发展提供强大智力支撑。

一是创新开展境外精准交流。山东省深入开展境外精准交流，提供涉外信息定制服务，创新对外交流合作机制。山东省已连续 7 年组织 7000 多名乡村旅游带头人赴日本、韩国、法国、德国、西班牙、意大利、中国台湾等国家和地区精准交流，“点对点式”考察农场、牧场、渔家、垂钓、民宿等乡村旅游产品，促进乡村旅游多模式经营和规模化发展。赴境外精准交流培训效果明显，一大批乡村旅游点积极谋求“外经验本土落地”，2000 多个乡村旅游资源禀赋好的村庄得到开发和提升。

二是多举措聚焦扶贫培训。组织旅游扶贫村的乡村旅游带头人、旅游从业人员、村干部等赴省外、境外进行精准交流。2018 年，组织 100 名旅游扶贫村带头人开展乡村旅游电商培训，对 400 个旅游扶贫村 1000 多名乡村旅游带头人分 4 个市进行集中培训，培训采取专家集中授课与现场观摩交流相结合的方式。2019 年，举办全省文化旅游脱贫攻坚培训班，对旅游扶贫村和黄河滩区村干部、致富带头人、旅游经营户、从业人员、电商等 220 人进行培训。通过培训为旅游扶贫村如何增强内生动力、突破产业瓶颈、促进宣传营

① 参见山东省文化和旅游厅：《山东省文化和旅游厅关于对省十三届人大三次会议第 202005 号建议的答复》，2020 年 6 月 25 日。

销等方面指明了方向，进一步激发了旅游扶贫村发展乡村旅游的热情和激情。

三是依托院校等师资骨干进行培训。每年组织山东大学、山东财经大学、山东女子学院、山东省饭店协会和李大厨鲁菜研发中心等单位师生、员工到全省乡村旅游点及扶贫村开展送智下乡、送教入户活动，从文化创意、布局策划、技能提升、餐饮客房管理等方面对从业人员开展全面培训。委托山东省旅游职业学院制定培训计划并对旅游扶贫带头人和镇、村业务骨干进行免费培训。通过培训有效提升了全省乡村旅游从业人员的水平。

四是鼓励大学生返乡创业。引导外出务工农民和大学生返乡创业，开发休闲农庄、乡村酒店、特色民宿、自驾露营、户外运动等乡村度假产品，采取以奖代补、先建后补、政府贴息等方式扶持创业发展。全省许多地方，乡村旅游已成为返乡农民和大学生创业的大舞台，目前，全省有近万名大学生活跃在乡村旅游第一线，激活了乡村旅游一池春水。

（七）不断推动乡村旅游服务升级

一是完善乡村旅游标准体系建设。近年来，山东省文旅主管部门陆续发布实施《山东省旅游强乡镇评定标准》《山东省旅游特色村评定标准》《山东省星级农家乐评定标准》《乡村旅游度假区评定标准》《精品文化旅游小镇服务规范与评定》《精品乡村旅游特色村评定标准》《山东省旅游民宿管理暂行办法》《山东省精品旅游镇村评定管理办法(试行)》《山东省精品文化旅游小镇评定标准》《山东省精品旅游特色村评定标准》等乡村旅游标准，不断规范乡村旅游建设和服务质量标准。

二是加强旅游配套服务设施建设。截至目前，全省共有70多个乡镇和300多个乡村旅游点建成游客咨询服务中心，曲阜、沂源、滕州等20多个县(市、区)，以及沂水院东头镇、安丘辉渠镇等20多个乡镇建成旅游集散中心，400多个乡村旅游点开通了公交巴士直通车，邹城市上九山村、沂南县竹泉村等2000多个乡村旅游点实现了无线宽带网络覆盖。

三是推动乡村旅游电子商务发展。2017年，充分发挥“互联网＋”思维，组织全省3500个乡村旅游点入驻八喜旅游网电商平台，乡村旅游点的民宿、农产品等实现了网上销售和网上支付，实现了“乡村旅游＋互联网”模式开发。所有乡村旅游点全部入驻电商平台，且在全省范围内实现乡村旅游移动支付，这在全国是首例。

三、乡村旅游高质量发展的未来展望

（一）优化全省乡村旅游发展格局

山东省乡村旅游发展不平衡，总体来看鲁中南地区和半岛沿海地区的乡村旅游发展模式较多、类型较全，社区、政府、企业等参与较多，驱动带动力较强；相反，鲁西北地区的乡村旅游发展层次较低，类型较少，驱动不足。不同地区的乡村旅游管理水平存在较大差异，推进市场监管、公共服务均等化、市场营销的力度不尽相同，落实中央、省、市层面的支持政策情况也有所差异，这又进一步加剧了区域发展的不平衡，进而阻碍了山东省乡村旅游高质量发展的整体步伐。鲁西北地区多为黄河冲积平原，拥有特色鲜明的耕作习俗、雄厚的农业基础和浓厚的黄河文化，发展乡村旅游的资源条件可谓得天独厚，但由于长期以来相对闭塞，乡村地区经济基础尤其薄弱，导致乡村旅游发展水平大大落后于其他地区。今后，鲁西北地区应借力“黄河流域生态保护和高质量发展战略”，集中发挥后发优势，在“高效、高端”和“循环、低碳、绿色”发展中大力度谋划乡村旅游的高质量发展，不断弥合与鲁东、鲁中南地区的发展鸿沟。这首先需要政府加大财政投入，加强交通、接待设施建设，为乡村旅游发展创造良好的外部条件。[①] 其次要以强带弱，发挥优势地区的辐射带动作用。在此基础上，要对全省的乡村旅游进行谋篇布局，加快构建“四带一圈”乡村旅游发展新格局，其中“四带”为千里黄河文化旅游风景带、大运河渔家风情带、齐长城文化研学体验带和滨海休闲度假旅游带，“一圈”为沂蒙山乡村旅游度假圈。

（二）开创“乡村全域旅游”发展新局面

乡村全域旅游对于推动乡村旅游高质量发展，实现“五位一体”的乡村振兴均具有重要的战略意义。发展乡村全域旅游绝不是家家搞旅游，处处建景区，而需要将旅游功能主动融入乡村振兴相关工作中，如美丽乡村建设、人居环境改善、农业示范园区建设，促进三产融合、生态优化、设施完善、质量提升。为此，就需要党政统筹、系统推进，形成政府主导、各部门齐抓共管的局面。发展乡村全域旅游要秉持共享的理念，打破行政区域限制，加强“环城”“依景”“沿线”等村落乡村旅游建设在设施共享、环境共建、廊道互通、客源互送等方面的合作共赢。[②] 目前，山东省诸城市正在探索以乡村全域旅游引领的“三区共建”模式，营造“三生共享”空间，打造乡村振兴齐鲁样板的“诸城模式”；沂南县正在践行以全域旅游引领的“区域化突破，全域化发展”的县域发展新模式，在贫困地区齐鲁样板打造中具有良好示范效应。

（三）面向“乡村旅居”构建产品体系

无论是从消费端来讲还是从乡村端来讲，乡村旅游未来都将进入以“乡村生活”为核心的旅居时代。从需求端来看，人们消费不断转向小众化、高端化、生活化，需求开始从“旅游”向“居游”过度[③]；从供给端来看，以前的乡村旅游都是相对独立的项目开发，对整个乡村的带动作用有限，在乡村全面振兴的今天，乡村旅游形态必须作出改变，即乡村旅游首先是一种生活方式，然后是一种旅游方式。这就意味着未来在构建乡村旅游产品体系时必须综合考虑原住民、返乡创客、生态移民、观光市民、域外访客的需求，围绕着他们的幸福生活展开产品的策划、设计、开发系列工作，而目前针对这一方面的研究非常少见。大地风景文旅集团副总裁李霞博士曾就旅居产品的创新问题进行过较为深入的阐释，她提出要打造具有家庭化、保障性、陪伴式、智能化、社群＋、连接性的旅居创新产品，如打造家庭共享空间，配备基础健康医疗设施及远程线上应急医疗设施，推出GO服务，

---

① 参见张广海、张红：《山东省乡村旅游发展驱动力与空间格局分析》，《山东工商学院学报》2020年第6期。

② 参见包乌兰托亚、马龙波：《山东省乡村旅游空间分布特征及优化对策研究》，《广东农业科学》2020年第9期。

③ 参见陈永慧：《乡村产业的未来是乡村旅居》，《安家》2019年第2期。

构建社区社群生态圈，提供云社区智能化服务，唤醒新乡绅与乡土的情感连接等。她同时还指出，可以依托乡村特色资源打造康养、度假、民俗体验、农事体验、农业休闲、IP 景区、亲子教育、自驾旅游、户外运动等多种类型配套产品。李霞博士的研究具有启发意义，今后山东省可以在此基础上围绕着“居住”和“旅游”不断丰富和深化乡村旅居产品体系的研究。

（四）加快旅游公共服务体系建设

乡村旅游公共服务是乡村旅游发展的重要内容之一，是衡量乡村旅游产业发展水平的重要标志，加快乡村旅游公共服务体系建设是推动乡村旅游高质量发展的重要抓手。目前，山东省乡村旅游公共服务建设已初见成效，但相应的服务体系尚不完善。今后应结合乡村实际，按照“覆盖面广，水平适度，坚持公平与效率”的原则构建起与大众旅游和自驾车旅游相匹配的旅游公共服务体系。要加快乡村旅游区游客服务中心、标识引导说明、散客自助服务、自驾车旅游服务、安全救援等体系建设。要推动乡村旅游设施、服务标准与等级认定体系建设，推动乡村服务驿站、标识系统、餐饮住宿、文娱购物、信息服务的规范化、标准化发展。要加快推动乡村旅游信息平台建设，完善网上预订、支付、交流等功能，推动乡村旅游智慧化发展。

旅游民宿高质量发展的创新实践

张　青*

摘　要：民宿精品化建设是精品旅游工程的重要内容，是新旧动能转换战略的重要领域。本文对山东省旅游民宿从萌芽、起步、快速发展到逐步朝向规范化、精品化建设的过程进行梳理与阐述，分析产业进步动力，总结当下山东省旅游民宿体现出的融合地域资源、追求设计特色，以细分市场彰显个性、头部企业品质效应凸显等特点，提出未来加快推动民宿业发展的对策建议：需要在加强政策联动、科学规划、严格管理品质、与地域文化深度融合、发展连锁经营和产业集群化等方面持续推进，实现产业升级。

关键词：山东省旅游民宿；精品化；高质量发展

旅游民宿原本是由城乡居民将闲置房屋有偿提供给外来短期游客的一种住宿形式，是对旅游目的地住宿形态单一的多样化补充。近十年，在消费引领、政策引导、地域经济发展、互联网技术普及等要素推动下，旅游民宿逐步突破住宿单一性，承担起乡村振兴、就业创业、文化传承、盘活闲置资源、国民休闲度假、发展共享经济等多种功能，得以快速扩张。《中国旅游民宿发展报告（2019）》显示，2016～2019 年，中国旅游民宿产业发展迅猛。截至 2019 年 9 月 30 日，中国大陆旅游民宿（客栈）数量达到 16.98 万家，相比 2016 年的 5 万多家增长了 217.06%，2019 年中国在线住宿市场规模达到 200 亿元，同比增长 36.5%，而民宿市场营业收入当年预计 209.4 亿元，同比增长 38.92%，国内主要线上平台的房源数量在 2019 年已经占住宿业市场规模的 24.77%。显然，民宿已经形成可观的产业规模，在住宿业整体市场上占据了重要地位。

山东旅游民宿最早萌芽于 20 世纪七八十年代的农家乐和渔家乐，40 年来，伴随着市场环境变化，逐步形成产业形态，并不断呈现规模发展态势。尤其是近年，受市场需求、政策引导、行业进步、信息技术普及、创建者情怀等要素的影响，逐渐向规范化、精品化方向发展。

---

* 作者简介：张青（1961～ ），女，山东青年政治学院现代服务管理学院教授，研究方向：旅游住宿业服务管理。

一、旅游民宿起源与发展

(一)萌芽时期

山东省旅游民宿起源和发展与乡村旅游联系密切。20世纪70年代初,潍坊安丘石家庄推出“住农家房,吃农家饭,做农家活,随农家俗”民俗活动,在全省乃至全国尚属首处,较早呈现了山东省乡村住宿形态。80年代,泰山区邱家店镇埠阳庄以其乡村建设特色为依托,迎接前来参观考察和研学旅行的外国客人,成为国家旅游局在全国命名的四个民俗风情旅游点之一。同时期,莱芜房干村荒山造林、筑路修渠,开发山区生态资源,逐步以市场化方式发展乡村旅游,村民利用自有资源向游客提供食宿;日照、威海长岛“渔家乐”伴随本地渔村旅游兴起;潍坊寒亭杨家埠以乡村年画、风筝文化吸引了大量中外游客,开展各种农家接待;烟台、济宁等多地纷纷兴起乡村休闲旅游,商业化的乡村食宿业态在山东农村逐渐形成。

这个时期,“农家乐”“渔家乐”作为我国乡村民宿的早期形态伴随乡村旅游萌芽在全省点状呈现,处于乡村自发状态,村民利用自有闲置房屋有偿提供食宿服务,设施简单、民风淳朴。住客与主人接触度高,关系密切,通过住在乡村农家能体验原汁原味的本地生活。

(二)初级阶段

进入2000年代中期,乡村旅游作为解决“三农问题”的路径之一,被国家及各地政府提上议事日程。政策的驱动大大激发了农民参与乡村旅游经营活动的热情,乡村旅游迅速在全省铺开,多地开展乡村游、城市周边休闲游,赏田园风光、品民俗风味、吃乡村土菜、住农家小院的“农家乐”在周末持续升温。一些地区的农民还自发联合起来,利用本地资源形成合作发展的雏形,“合作社+农户”发展模式在不少地方出现,产生了一批如淄博中郝峪、沂南竹泉村、枣庄峄城、安丘辉渠、济南南部山区等著名的乡村旅游目的地。

本阶段后期的农家乐不仅仅提供食宿,还挖掘农村文化资源,丰富农家乐的内涵。例如,枣庄峄城农家乐充分利用农村有利条件,设置农家桌椅、农用器具,收集民间故事、民间服饰,展示民间传统文化,吸引游客休闲娱乐,体验农家风情,丰富“农家乐”文化内涵,形成独有的风格和特色。王府山村还成立了饮食行业工会联合会,对已有的“农家乐”品牌进行完善与保护,实施联户、联片经营,实现规模化发展,树立品牌意识,由“农家乐”带动当地生态旅游。[①]

本时期,乡村民宿以“农家乐”“渔家乐”形态逐步在全省各市蓬勃发展,成为乡村旅游的重要组成部分。村民积极探索民宿的经营方式,包括“农户+合作社+公司运营”“农户+合作社”“公司投资运营”“农户自营”等模式。与20世纪80～90年代相比,数量有了很大突破,但呈现出“散”“小”、缺乏专业化的状态,尽管有些“农家乐”已经引入农村

---

① 参见《峄城“农家乐”富了榴园人家》,《大众日报》2012年10月9日。

文化和农业生活体验,但总体只是满足于吃、住、采摘、简单观赏,商业化目的突出。

萌芽时期和初级阶段,山东乡村尚没有“民宿”概念,主要以“农家乐”“渔家乐”形态做食宿接待与服务。2014 年,公学国、李玉萍发表《基于 SWOT 分析的山东省民宿行业发展策略》,对 2013 年之前的山东省民宿进行了评述:当时山东民宿有 900 多家,每家的房间数量在 5 间左右,大多自主经营,民宿业者没有经过专业的培训,服务质量不高,配套设施也不齐全,多数民宿仅有床位,卫生间是公用的,安全设施几乎没有,没有依据当地自然人文环境发展应有的家庭氛围和特色,表明山东省民宿业发展尚处在初级阶段。①

(三)标准化发展与精品化起步

2010 年初期,日本与中国台湾地区的“民宿”概念传入中国大陆,山东省乡村住宿开始由“农家乐”“渔家乐”向“民宿”转型,开发与提升其留宿功能。

2013 年,前山东省旅游局针对全省各地规模发展的“农家乐”推出“改厨改厕”活动,并投入资金支持,力图改善蓬勃兴起的“农家乐”的质量与安全状况。当年,山东省先后组织“千名乡村旅游带头人”和“千名乡村游从业者”赴台湾考察农庄建设、农场开发、乡村旅游的市场化推进、民宿设计与运营、农民组织自我管理等模式与经验,以开拓乡村旅游经营者的视野,提升认知水平。以“莫干山民宿”为代表的南方民宿逐渐成为全国民宿发展楷模,各地旅游行政管理者、乡村旅游从业者纷纷南下学习,民宿以其独特美学设计、与当地文化结合、追求自然意境的特点迅速走向全国。山东省“农家乐”“渔家乐”逐渐向“民宿”转型,合作社运营成为农村发展民宿的主流模式;城市资本也开始涌入乡村,注入资本的同时,也带来自然清新、融合现代生活方式的设计理念。各地旅游民宿如雨后春笋般兴起,日照不负旅游民宿、淄博蓑衣樊民宿、威海天鹅湖畔民宿群、泰安里峪村铂思民宿、滨州“西纸坊 · 黄河古村”、荣成“海草房 · 唐乡”都是这个时期的代表。

在此期间,各级政府一方面出台激励政策,进行乡村公共基础设施建设,加大扶持力度;另一方面着手规范引导行业良性发展。2017 年,山东省出台首个地方标准《民宿服务质量等级划分与评定》,对旅游民宿的环境与资源、建筑与设施、人员与服务、安全保障以及各功能区作出了具体规定与要求。随即,按此标准在全省范围内评出了“济南南部山区九如山民宿”“泰安大汶口古镇民宿”“日照不负艺术客栈”“沂南县朱家林民宿”“滨州西纸坊精品民宿”“威海大溪谷文化创意小镇民宿”六家五星级精品民宿,标志着山东省民宿业进入规范化建设的发展时期。

在乡村旅游遍地开花的同时,城镇化进程也带来城镇房地产的规模扩张,市场对不动产投资的热情不断高涨,加上旧房改造、居民搬迁,城市中出现了大量的闲置房产,城市民宿也逐渐涌入市场,住星级饭店的单一选择被打破,城市民宿成为旅游目的地住宿的重要选择。如济南曲水亭街区民宿,青岛的朴宿、伊美罗薇、海角七号,聊城不花民宿、半日闲民宿,纷纷借助城市风景、文化古迹和社区环境进行特色民宿经营。

这个阶段,国内大众旅游蓬勃兴起,旅游消费逐渐升级,游客对旅游目的地住宿有了“乐趣”“生活”“本地性”“诗意栖居”的需求。民宿市场蕴含巨大的潜力,各类资本纷纷进

---

① 参见公学国、李玉萍:《基于 SWOT 分析的山东省民宿行业发展策略》,《农村经济与科技》2014 年第 3 期。

入这块“蓝海”。市场需求与民宿供给相互促进,山东省旅游民宿快速发展,形成规模,成为旅游目的地住宿的重要选择。

2016 年之后,山东省各市地纷纷将发展民宿纳入本区域乡村振兴、旅游扶贫工程之中,城市民宿同时成为共享经济、城市居民就业创业的选择,大量拥有情怀的艺术创作者和经历过市场磨砺的企业经营者纷纷进入民宿设计与运营行列,尤其是互联网第三方专业平台、新型自媒体的涌现,推动了产生于“平民化”的民宿业快速发展,全省出现了一批具有产业带动性的民宿群。青岛东麦窑村民宿,日照不负民宿、春风十里民宿,泰安九女峰民宿群、大汶口乡村客栈,济南九如山民宿群,济宁上九山古村落,青州桐峪里,临沂沂蒙山舍、竹泉村民宿群,威海荣成民宿群,烟台长岛民宿群是这个时期的代表。在实现住宿基本功能的基础上,追求民宿的美感精致、当地生活的体验、环境的休闲情趣、意境的自然清雅,借用专业化线上推广平台以及随时随地可以“上传”的自媒体,将民宿产品打造成休闲度假、旅游购物、体验当地生活、健康养生的目的地,成为山东省旅游民宿探索精品化的代表。

2018 年 2 月,精品旅游进入山东省新旧动能转换重大工程,丰富内涵、提升品质、有效服务市场成为各个旅游产业要素的核心要务;走精品化之路,由规模化发展转为品质提升,成为山东省旅游民宿的建设方向。

2020 年 10 月,山东省修订原有民宿标准,推出《旅游民宿等级划分与评价》,设置旅游民宿合法性经营门槛,遵循“创新、协调、绿色、开放、共享”五大发展理念对民宿经营中的建筑与环境、设施与设备、安全与卫生、服务与接待、经营特色与社会责任作出了具体要求。尤其对五星级民宿,在设施设备、视觉美感、方便舒适、文化融合、好客服务、社会责任方面提出了精品化标准。2021 年 3 月,按照新出台标准评审,评选了 11 家五星级民宿、4 家四星级民宿、2 家三星级民宿,标志着山东省旅游民宿业发展进入新阶段。

二、旅游民宿业精品化发展的积极探索

(一)规模发展,成为重要的住宿业态

相比旅游饭店,民宿更具有生活气息,地域文化特色鲜明,主客关系更融洽自然,产品综合,休闲性强,体验度高,尤其是乡村民宿乡土风情浓郁、生态环境好、民风淳朴,越来越受到旅游者的欢迎。2020 年上半年疫情之后,民宿成为最早恢复的住宿业态。

根据携程旅行网数据,近三年山东省旅游民宿规模持续增长,出现了乡村民宿、景区民宿、城镇商业区民宿、海滨民宿、设计类民宿等多种类型,形成了一批具有影响力的民宿头部品牌。2020 年,山东省旅游民宿达到 14816 家(见表 1、图 1),拥有房屋总量达到 90400(间/套),全年产值为 4456 万元,民宿已经成为旅游者休闲度假、民俗体验、旅行短暂停留的重要选择。

表 1　2020 年山东省十六市旅游民宿数量

地区	数量(家)	占比(%)	地区	数量(家)	占比(%)
济南	1372	9.26	泰安	463	3.13
青岛	5799	39.14	威海	2121	14.32
淄博	251	1.69	日照	939	6.34
枣庄	381	2.57	临沂	203	1.37
东营	28	0.19	德州	121	0.82
烟台	1899	12.82	聊城	127	0.86
潍坊	638	4.31	滨州	57	0.38
济宁	286	1.93	菏泽	131	0.89
			山东省合计	14816	100.00

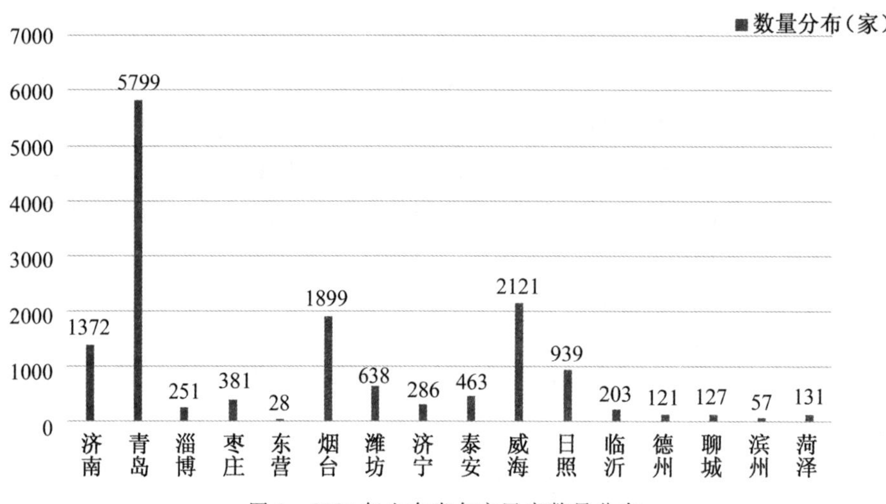

图 1　2020 年山东省各市民宿数量分布

(二)融合自然与文化资源,形成地域特色

民宿不同于旅游饭店的最大之处在于植根“民间”,因而拥有浓郁的生活气息和本地特色,有良好的休闲环境和强体验性的优质资源。以搭建民宿平台著称的爱彼迎(Airbnb)以“住在当地人的生活里”来描述旅游民宿的独特体验性。

2019 年 11 月,山东省启动了“美宿山东”山东精品民宿(客栈)推选工作,推选 36 家“美宿山东——山东省精品民宿(客栈)”(见表 2),从中能看到每家获奖民宿与当地自然、历史、文化、生活环境的特色结合。

表 2　美宿山东——山东省精品民宿(客栈)(节选)

序号	名称	地点	产品特色
1	云栖民宿	威海荣成	胶东海边传统村落,海草房,体现传统渔家风貌
2	大明小宿	烟台海阳	一处山林大海间的海草房,院落以金木水火土命名
3	小隐民宿	青岛崂山风景区	一处"茶园禅修民宿",坐落在崂山的二龙山脚下的村落中,隐于山脚下成片茶园间
4	九水·乡著	青岛崂山风景区	位于崂山风景区北九水景区内,紧邻太和观、溪涧堂、鸿烈书庐、成章草堂、美好艺栈
5	本土·港民宿	日照"春风十里"乡村文旅创意园	民宿设计灵感来源于大海和渔船,房屋外观和内饰以蓝色为中间调,材料使用渔船木板,独具船家特色
6	廓庐民宿	济南南部山区西营镇	位于南部山区海拔 780 米的拔槊泉边、群山之巅,在此可看星河、听莺歌虫鸣、极目远眺,沉浸在大自然的环抱中
7	唐乡海草房精品民宿	荣成东楮岛村	东楮岛村有 7.5 公里长的海岸线,5 公里长的天然优质沙滩,天然的海水浴场,300 亩的天然赶海滩涂以及品类繁多的野生海参、螃蟹、扇贝、牡蛎等海产品;百年历史的海草房民居是建筑界里的活化石
8	岚山小茶山民宿	日照市岚山区	沿日照最美的公路盐茶古道到达小茶山民宿,流连于在山林之间,品地道的日照绿茶
9	大汶口古镇民宿	泰安岱岳区大汶口镇	以大汶口文化的厚重与价值,依托于"北登泰山,南游曲阜,夜宿大汶口,赏古镇风情,观汶河夜景"
10	翼云桓族部落	枣庄山亭区徐庄镇崖头村	翼云湖旅游度假区桓族部落是国内第一家集毗邻翼云湖,与翼云石头部落、崖头村,组成自然和谐的部落庄园,湖光山色相映;以集装箱组合,"一箱一主题,一箱一故事"
11	上舍民宿	淄博淄川区太河镇	位于云明山风景区北麓上端士村的千年古村落,显现明清古村落印迹,老房、旧巷、草屋、石檐、石碾、石磨
12	泰山和居民宿	济南长清区万德镇	位于泰山脚下古村居内,依托原始的石头院落,修旧如旧,按照中国耕读文化的格局和模式打造了 4 处精品民宿,山青水净,天色纯正,处处显示出浓郁的古意

续表

序号	名称	地点	产品特色
13	香集居温泉康养精品民宿	五莲县松柏镇	西依松月湖,东邻龙潭湖,南眺五莲山、九仙山,北望马耳山;按照国家级精品民宿标准,形成集康养、温泉、养生、客房、餐饮、茶艺、古琴、商务、采摘园、文旅于一体的综合性精品民宿康养社区
14	十二星座野奢美宿	日照高新区河山镇	与有金沙滩之称的“鲁南国家森林公园”相连,以“星座”为主题,12 栋独立别墅,12 个星座主题
15	压油沟麦山小院民宿	临沂兰陵县压油沟村	位于在兰陵压油沟景区内,有古色古香的古村落、韵味悠长的麦山小院,还有独具异域风情的爱琴海,融为优雅惬意的休闲环境
16	柒舍·山居民宿	济南南部山区西营镇	坐落在济南南部山区,室、堂、庭、门、巷、术、野,七套客房(院落)各具特色

这些获奖民宿或依托自然风景区,或依托历史与传统,或依托时代与时尚概念,融入产品设计,形成“小而美”的魅力,不同的自然风景、地域文化、品牌创意,形成山东省旅游民宿的精品化内涵。

(三)细分市场,彰显个性

对市场进行细分、选择明确定位、设计产品满足不同需求,是产业走向成熟的标志之一。山东省旅游民宿业的领导者积极探索经营与服务的精细化和精致化。

位于济南南部山区的九如山民宿聚落在近年激烈的市场竞争中,不断提升品质和运营能力,基于市场需求进行顾客细分、产品细分、精准定位(见表 3)。

表 3　九如山民宿的产品细分

名称	产品特色
不二木居	以都市家庭客源为主,营造品一杯红酒,煮一杯咖啡,围炉夜话,棋子灯花的氛围家庭生活氛围,能为上至 65 岁以上老人、下至 6 岁以下儿童做饭,设计有前后阳台,在客房里就能欣赏风景、呼吸到自然的气息
猫窝民宿	在森林木屋内与猫相伴,忘却繁华都市的车水马龙、忙碌喧闹,独享安静。房屋主体结构全部由济南周边的最后一代老手艺人,使用古老精巧的榫卯结构拼接而成,整栋木屋结构没有使用一颗铁钉,让人思绪超越时光
红颜容木桶	送给中年伴侣的爱巢,追求品质、浪漫,置身宽阔的红颜湖边,夜间仰望星空,白日赏湖光山色
山野帐篷	定位于年轻群体,置身于山野中,沉浸于天地间,体验山野里的浪漫与疯狂,融入大自然的奢华露营体验

这些对市场需求的精致细分、对不同产品的个性化表达，标志着山东旅游民宿创建者们对精品化道路的探索。

(四)追求精致设计，实现空间美感

空间美是精品民宿的重要标志，精妙设计创造了民宿个性与美感，营造了温馨、静谧的环境，以实现心灵和精神的归宿。

2020 年冬季，山东省文化与旅游厅在“文旅山东”公众平台上推出了“山东最值得去的 10 家美宿”，无一不体现山东省旅游民宿设计之美(见表 4)。

表 4　山东省文化和旅游厅微信平台推出的 2020 冬季十大美宿介绍

序号	名称	地点	描述
1	隐泉别院	济南历下区鞭指巷内	在明府城旅游区历史老街鞭指巷内，有一处藏匿了一湾泉水的精品民宿——隐泉别院，它保留了老房子的气质，古朴木门，石头门墩，年过半百的石榴树，泉水汩汩；四季的风吹过，飘着墨香又清新欲滴的日子
2	九如山红颜容木桶	济南南部山区西营街道九如山风景区内	九如山里，湖光山色间，映入眼帘的是一排排木桶水居，木桶屋沿湖分布，与周围的美景浑然成一体；择一个周末，释两日闲情，伴三口之家，感四时之美，赏五颜六色，抛七顾八盼，暂别尘世喧嚣，来这里好好躲个清静
3	海角七号	青岛市南区太平角一路 7 号	铁艺大门缓缓打开，蓝白色调的希腊庭院映入眼帘；海角七号用地中海最经典的色彩和印记：风车、爱墙、爱情塔、爱情钟，诠释着希腊庭院静穆亲切的美；风光无限好的浴缸阳台和窗外目光所及的茫茫大海，开一瓶红酒，一边泡澡，一边聆听远处飘来的希腊音乐，整个心灵仿佛亦变得如蓝天般澄明空灵
4	鲁商朴宿・故乡的云	泰安岱岳区道朗镇东西门村	这里以设计辉映人性，以情怀触底心灵；低调外观隐身深山，复古场域缔造完美度假时光。一间山中小屋，一砖一瓦，都具有原始而又复古的诗意感，处处透露着精致，与天地万物、山川草木、日月星辰同生共栖，应是很多人的向往的生活
5	那蓝・泰山红门	泰安泰山区宝龙城市广场 A 区 2 号别墅	坐拥泰山环抱，远离城市喧嚣，野而不僻、简而不陋，将山河浪漫寄语人间美好。这就是那蓝・泰山红门；房间内采用了现代简约的设计风格，除了面朝风景的落地窗，还配有壁幕电视、智能马桶、感应灯等，智能操控系统只需轻轻一按就能完成窗帘的调用，开启你的度假模式
6	不负云顶	日照东港区河山镇大暖帐村泉山云顶风景区	蓝朵、暖寻、初若、依、遇……这不是西藏，这是散落在泉山云顶风景区的民宿名称，顺着一望无际的茶园找去，民宿就隐匿在这片山林之间。临窗听风、随性而坐，品味山野里独特的茶香，在这里，看山、看水、看风景，真正做回大自然的野孩子

续表

序号	名称	地点	描述
7	24画·十二星座野奢美宿	日照高新区河山镇大暖帐村	十二星座野奢美宿由十二栋具有星座特色的小院组成。这里的每个小院都被赋予了一个浪漫神秘的星座故事,因此它还有个名字叫“来自星星的你”。民宿有着与精品酒店同样的舒适美观,不同的是十二星座民宿连贯了梦幻与现实的边界,将自然的景致汇入了生活的美好
8	那蓝·设计师民宿	威海荣成市成山镇车祝沟村	冬日的威海时常被白雪覆盖,慢慢靠近民宿,就像走进了莫奈的雪景画中。热情的管家在门口迎接客人登门,民宿大堂内精心准备好鲜花、香氛和音乐。走进民宿内的时光容器影像馆,一下子开启了我们童年的记忆,现在回望日子过得那么快。窗外星空点点、天鹅漫步、雪花飘飞,让这乡村美梦又诗意了几分
9	海岛日记	烟台牟平区养马岛环岛路397号	这里有最IN的海景风光,更有最软的人文关怀;37公里的环岛路,欣赏无与伦比的海岛风光,延伸至海水的木栈道,感受海浪与礁石相濡以沫的深情;给你最私密的空间和最自由的天地,如同你那本泛黄的日记里承载的回忆
10	花筑·半日闲酒店	聊城东昌府区古楼街道南城墙路	坐落在聊城古城内,坐拥绝美的东昌湖,是名副其实的一线湖景院落。得天独厚的地理位置和绝佳视野,给你的入住带来便捷舒适的体验,ins风的格调特别适合拍照打卡

这些旅游民宿以“美宿”为主题推出,突出了民宿的地域文化特色,凸显了民宿空间美、意境美、环境美,引导民宿发展方向。

(五)品质提升,头部效应凸显

近年来,山东省旅游民宿业发展逐渐进入佳境,优质民宿在国内行业崭露头角。

2017年11月,在由清华大学发起,中国建筑装饰协会主办,清华大学美术学院、中国贸促会建设行业分会、中国房地产业协会等权威部门联合主办支持的2017第十二届中国国际建筑装饰及设计艺术博览会上,九如山不二木居荣获“设计影响中国2016～2017年度十佳精品案例”奖项。

2018年1月,日照不负艺术客栈以“力求简单自由的慢生活状态和远离尘世的生活方式,将中国元素进行创新的艺术空间”获得“2017年度中国十大影响力民宿品牌”称号。

2019年,鲁商朴宿·故乡的云民宿先后荣获第3届IAI国际旅游奖、《旅·城》年度精品酒店奖、最值得期待文旅项目、中国最具影响力美宿50强等荣誉称号。

2020年12月,那蓝·设计师民宿获2020长三角民宿峰会“年度民宿新星”荣誉。

2020年5月开始,经历了疫情影响的全国旅游消费市场逐渐启动,中间虽仍受零星疫情影响而出现市场波动,山东省很多民宿成交量与平均房价却呈现明显正增长趋势,显示出旺盛的市场需求和精品民宿可持续发展性(见表5)。

表5　2020年携程旅行网山东旅游民宿成交平均房价TOP20

序号	酒店名称	2020年平均房价(元)
1	拔㮤泉廓庐民宿	2178
2	九如山不二木居民宿	2120
3	24画·十二星座野奢美宿	1778
4	九如山红颜容木桶民宿	1660
5	袋鼠度假民宿	1380
6	花开呢喃民宿	1357
7	海岛日记民宿	1114
8	北海锦华禅茶客栈	1101
9	上舍民宿	1073
10	24画·不负云顶野奢美宿	1017
11	叁拾民宿	978
12	北山乡居	886
13	泰山和居民宿	878
14	臻宿	830
15	那边蓝颜民宿	817
16	海角七号别墅民宿	795
17	瑜上山间酒店	757
18	花筑·柒舍民宿	754
19	春风十里民宿	746
20	伊美萝薇海景别墅(八大关景区店)	714

三、旅游民宿精品化发展的政府支持和保障

(一)各级政府制定发展精品民宿相关政策

近三年,山东省各级政府先后推出多项扶持政策,从体制机制、行业规范、人才培养、资金支持等方面提供动力和保障(参见表6)。

表 6　2018～2020 年山东省政府及职能部门精品民宿相关政策一览表

发布时间	发布单位	政策名称	主要内容
2018 年 2 月	山东省人民政府	《关于印发山东省新旧动能转换重大工程实施规划的通知》	将精品旅游业列为新旧动能转换工程，提出“加大高星级酒店、高端度假酒店、文化主题酒店、精品民宿建设力度”
2018 年 11 月	山东省人民政府办公厅	《关于印发山东省美丽村居建设“四一三”行动推进方案的通知》	1. 实施村居环境美化，开展“美丽庭院”创建，鼓励利用砖瓦、竹木、卵石等乡土材料和旧磨盘、老门窗、废瓦罐等乡土物件，建设街头小品、文化墙和庭院微景观 2. 传承原有历史脉络、风俗习惯、文化底蕴，精心设计空间环境和特色建筑，高标准配套基础设施与公共服务设施，打造精品村居，实现“一村一品、一村一韵” 3. 对有保护价值的老建筑进行修缮，改造成乡土客栈、乡村记忆展览馆、传统手工作坊等；对闲置村居进行整理利用，插花式新建公共用房、农家乐、民宿等
2019 年 2 月	山东文化与旅游厅	《2019 年工作要点》	支持各地因地制宜，发展文化体验、旅游民宿、度假休闲、旅游购物、工业遗产、研学旅行、康养体育、邮轮游艇游、自驾车、房车等新业态
2020 年 3 月	山东省文化和旅游厅、山东省发展和改革委员会、山东省教育厅、山东省公安厅等十四个部门	《关于促进旅游民宿高质量发展的指导意见》	提出“到 2022 年，全省三星级旅游民宿达到 500 家以上，四星级以上旅游民宿达到 160 家以上，规模化旅游民宿集聚区达到 16 个以上，基本形成独具特色、管理规范、服务一流、全国领先的旅游民宿格局，为推进全省旅游业高质量发展提供有力支撑”
2020 年 10 月	山东省旅游饭店评定委员会	关于印发《山东省旅游民宿星级评定与管理办法（试行）》《旅游民宿等级划分与评价》的通知	将 2017 年制定的山东省地方标准《民宿服务质量等级划分与评定》修订为《旅游民宿等级划分与评价》，并提出实施与管理办法，进一步规范和提升旅游民宿建设品质

与此同时，各市相继推出扶植与促进民宿业发展的相关政策与行动。

2018 年 3 月，威海市出台加快推进美丽乡村建设三年行动计划，提出“依托景区景点发展景观特色民宿”，对 2018 年 20 个美丽乡村精品示范村精品民宿按每户 5 万元标准进行奖补，2019～2020 年按照精品民宿每床位 2000 元标准给予奖补。2019 年 11 月，“小民宿 · 大产业”2019 山东省民宿产业发展大会在威海开幕，齐鲁壹点联合威海市旅游行业协会共同举办的“2019 威海市最美民宿评选活动”正式启动，旨在发现、评选出一批受游客和大众喜爱的明星民宿，对优质民宿进行品质认定，引导民宿产业健康发展，加快推动个性化住宿产品的设计与生产。

2018 年 7 月，日照市委、市政府出台《关于贯彻落实乡村振兴战略的实施意见》，精品民宿被列为日照市乡村振兴战略“五大示范工程”之一，与美丽乡村、田园综合体、特色小镇、现代农业产业园同步推进。计划三年内培育市级精品民宿 15 个给予每个精品民宿 100 万元的资金奖补。2019 年6 月，由日照市政府联合中国旅游协会民宿客栈与精品饭店分会共同举办的“2019 中国·日照精品民宿发展研讨会暨民宿项目投资洽谈会”召开，力图在精品旅游项目策划招引、专业旅游人才和运营团队引进、文化旅游全产业链构建等方面，寻求互惠合作，实现共赢发展。

2019 年 5 月，济南市政府发布《济南市关于加快推进民宿业发展的实施意见》，提出自 2019 年起启动实施泉城民宿业发展五年行动计划，协调各职能部门共同参与，力争 2019 年底前理顺管理体制机制，健全完善配套政策，合理确定发展布局，重点推进 20 家民宿建设，集中打造 2 家高端精品民宿和 1 个民宿集聚区；力争 3 年内实现全市民宿业规范化发展，民宿集聚区达到 10 个，民宿不少于 300 家；力争 5 年内实现全市民宿业规模化发展，民宿集聚区达到 20 个，形成国内外较为知名的“泉城人家”民宿旅游品牌。市级财政每年安排 2000 万元民宿业发展专项资金，用于扶持民宿集聚区、精品民宿奖补工作，对达到国家标准、省级标准的民宿给予奖励，以提升民宿精品化、特色化、国际化水平。

烟台市围绕打造最佳观光旅游和休闲度假城市，立足海、岛、泉、葡萄酒、黄金等优势资源，聚集精品项目，整合政策资金，加强配套服务，高水平培育精品民宿，助推乡村振兴。编制《乡村旅游总体规划》，对精品民宿进行了专题规划设计；出台《关于加快示范镇建设发展的意见》《关于提升旅游产业综合竞争力加快建设旅游强市的意见》等相关政策，将精品民宿作为重要的发展载体加以培育提升。长岛先后出台《长岛县渔家乐管理办法》和《长岛综合试验区“渔家乐·民宿”提升三年计划实施方案》，设立每年不少于 200 万元的“渔家乐·民宿”提升专项资金，规范渔家乐经营服务行为，促进“渔家乐·民宿”提质升级。

除此之外，青岛、东营、枣庄市都出台了促进旅游民宿发展的奖励政策。

(二)提供公共服务支持

除了政策激励与保障，各级政府在公共服务、营造经营环境、人才培养方面提供了支持。

山东省文化和旅游厅 2017 年推出山东省地方标准《民宿服务质量等级划分与评定》，2020 年根据行业形势变化，对原有标准进行重新修订，推出山东省《旅游民宿等级划分与评价》和《山东省旅游民宿星级评定与管理办法（试行）》，引导旅游民宿健康发展。从省文化和旅游厅到市文化和旅游局，定期走访考察精品民宿建设状况，进行多种形式的人才培养、培训。

济南市为培育精品民宿优化资源配置，在用地保障、财税支持、金融服务等方面加大扶持力度，加强市场监督、消防、公安、卫生健康各部门协调治理。

日照市政府建立了智慧旅游平台,为游客专门设置了“(游客)便民查询平台”,为日照所有注册民宿建立了名录及情况介绍,同时为游客提供民宿检索、地理位置、规模特色、即时房价、导航等服务。日照市政府为游客提供信息的同时,使市场形成竞争机制,促使民宿提升品质。

烟台市加快了精品民宿周边环境的综合整治,完善标识引导、游客服务中心、厕所、垃圾污水处理及水、电、路等设施。

泰安市环九女峰聚集故乡的云、铂思、乡奢等多家民宿,为推进此区域民宿业发展,泰安市政府投资做整体规划、拓宽道路、进行污水处理改造、设置标识,保障基础设施的完善与便利。

(三)支持建立行业组织,提供专业化指导与服务

行业协会在促进行业进步中起到举足轻重的作用。协会可以充分发挥引领、协调、服务等职能作用,通过资源整合、功能拓展,进一步引领和促进民宿产业发展,同时当好政府与民宿企业之间的沟通桥梁,反映民宿业者诉求,为民宿产业的健康发展提供服务。在政府的支持下,继山东省旅游行业协会乡村旅游与民宿分会、山东省旅游饭店协会民宿专业委员会、山东省旅游精品促进会民宿专业委员会之后,青岛、日照、临沂等多个市也成立了民宿相关分会,与省级行业协会密切联系,形成两级行业组织,加强监管指导,通过规范民宿的运营管理、良性竞争,提升民宿的服务品质。

四、旅游民宿精品化发展存在的问题

(一)众多民宿缺乏合法经营条件,难以追求精品

精品民宿建设是一套系统工程,不仅涉及民宿经营者自身,还涉及文旅、公安、消防、环保、市场监管、卫生健康、土地甚至社区等多个相关部门。按照山东省《旅游民宿等级划分与评价》(2020年版)要求,“民宿应取得营业执照,并符合卫生、食品、消防、环境保护及特种行业等有关规定与要求,取得相关证照,证照齐全”,然而由于民宿很多是旧房或居民房改造、非专业化经营,获得证照困难重重。据调研分析,目前山东省65%以上的民宿处在“证照不全”状态,这就容易造成民宿短视经营,设施简陋、产品单一、不做投入,仅满足简单住宿,难以追求精品。

(二)沿海与西部呈现极度不平衡,制约了全省民宿精品化发展

从表1和图1的数据分析,东部沿海青岛、烟台、威海、日照四市拥有旅游民宿10758家,占全省旅游民宿数量的72.6%,西部的滨州、德州、聊城、菏泽四市的旅游民宿数量为436家,占全省不足3%。这种不平衡会带来社会资本、客源市场、行业资源持续向东部沿海地区的流动,从而继续拉大东西部差距。产业发展区域不同步,将导致全省旅游民宿精品化整体建设水平受到影响。

(三)个性化不足,在全国尚没有形成区域品牌影响力

2020 年 4 月出版的《中国旅游民宿发展报告(2019)》对国内民宿主要聚集区域分布情况作了分析,在全国 7 个民宿群聚集地中,山东尚没有影响力(见表 7)。

表 7 国内民宿群主要分布区域

序号	区域	中心区域
1	北京地区	京津冀区域,包括以山海关、老龙头等知名景区为依托的秦皇岛市
2	江浙东部地区	以苏州、无锡、杭州、湖州、嘉兴等为中心
3	东南部地区	以厦门、广州、深圳为中心
4	徽赣文化地区	安徽黄山和江西婺源等地为中心
5	云贵川地区	由云贵川地区的旅游民宿组成
6	湘黔桂地区	主要分布在湖南、贵州、广西三省交界处
7	东北、西北地区	—

资料来源:《中国旅游民宿发展报告 2019》,2020 年。

山东省是文化和旅游资源大省,无论是儒家文化发祥地、绵长的海岸线、传统农耕文明,还是丰富的物产、四季分明的自然景观都是独有的资源,但山东省民宿建设尚没有充分利用这些资源来丰富产品内涵、延长产业链条、集聚形成区域品牌。旅游民宿产业之间统筹协作少,单打独斗多,产品功能单一,同质化严重,地域特色不鲜明,因而在全国缺乏影响力。

(四)连锁化、聚落化薄弱,经营效益整体不高

经历了几十年的演进和发展,山东省旅游民宿已经形成产业,尤其是近十年的积极探索,使山东旅游民宿形成了局部品牌,但整体仍处于“散”“小”的状态,能够进行连锁经营、输出管理的民宿企业屈指可数。民宿本身就有体量小、承担功能多的特点,如果不能形成聚落,进行集约化经营管理,必然无法控制成本,无法提升经营效益。

从携程旅行网数据来看,尽管 2020 年受疫情影响,山东省旅游民宿(客栈)的平均房价仍然比 2019 年提升了 3.4%,体现出疫情后市场对民宿的需求热度,但是能够于 2019～2020 年连续在携程网形成销售产值的民宿只有 457 家,仅占全省民宿的 3%,显现出山东省旅游民宿经营的脆弱性。

(五)专业经营者匮乏,精品化缺少人才引领

建设精品民宿,需要在功能单一的传统民宿基础上进行创新,既有住宿业卫生、安全、舒适、营利性的基本要求,又需要融合多种资源,为游客搭建丰富而独具特色的生活体验平台。这就要求民宿经营者视野开阔,把握行业变化,懂得游客心理,有创新思维,能进行当地生活与文化的表达与传播,利用新技术、新渠道进行营销推广。但目前山东省旅游民宿人才储备远远跟不上精品化发展要求。从调研情况看,民宿经营者只有少部

分具有精品追求和发展思路，多数处在“卖住宿”的思维定式上，民宿管家大多处在“生活照料”层次，缺乏对本地文化的了解，缺乏理解游客特点和需求的能力，服务不够精准，管理粗放。

五、推进民宿精品化发展的对策

（一）加强政策联动，继续推动民宿业升级

各市要充分利用文旅融合、乡村旅游、精品民宿等政策和资金支持，做好市场培育、区域环境打造、公共设施建设、人才引进与培育等方面的提升，充分发挥财政资金引导作用，增加优质消费和有效供给，持续加强政策引领。要发挥政府监管、行业自律、主体自觉多个方面的积极性，逐步推进精品民宿标准落地，营造健康有活力的市场环境，促进旅游民宿专注市场、专注品质。各级政府应调动相关力量，不断完善政策体系，一方面引领市场资源向优势区域投入；另一方面支持弱势区域，健全配套和支撑体系，实现可持续发展。

（二）科学规划，严格管理品质

精品，是指事物的精细、精确、精致，代表事物的精华。建设精品民宿，需要追求专业、高端、美感、精致、个性、经营可持续目标。目前，山东省旅游民宿业迈出了精品化探索的第一步，但整体品质还有待于提升。首先，需要在基础质量管理如卫生、安全、客用品、舒适度、礼貌待客方面形成共识和自觉行为；其次，要了解追求精品住宿客人的生活习惯、消费偏好，研究本地资源与消费需求结合点，选择行业标杆，向海内外优秀民宿学习，提升对精品民宿的认知，把握运营规律，进而将优质理念和思路渗透到每个设计和服务细节中。新建民宿不仅要注重建筑、装饰设计，更要注重品质设计，对结构布局、产品组合、客用品标准、服务流程、人员要求作出具体规定。

并非所有乡村都适合发展民宿，需要对周边自然环境、历史文化、特色物产、地质与交通、应急救助条件以及业态分布等作出预先评估，防止民宿建设的盲目性，消除后期运营艰难的隐患。

（三）与文化相长，打造山东旅游民宿 IP

文化深受地域、民族、历史等因素的影响，因而具有个性。山东省旅游民宿业在未来发展过程中，要用品质、文化、地域资源形成自身定位。要结合“泉城济南”“平安泰山”“东方圣地”“亲情沂蒙”“鲁风运河”“黄河入海”“仙境海岸”“鸢都龙城”“齐国故都”“水浒故里”十大旅游目的地品牌，建立更高的市场识别度，与“好客”文化相长，逐步走向个性化、主题化、定制化、高端化，以新媒体与传统媒体的融合，加大全国市场品牌推介。

（四）激发相关产业活力，构建民宿精品化的生态环境

从目前山东省旅游民宿发展情况看，中低端的民宿市场稳定性差，发展空间越来越

狭窄，而品质高、体验感强、产品内涵丰富、富于个性的精品民宿会有更大的发展前景。这就需要推进相关产业融合，围绕旅游业、旅游住宿业发展，运用产业扶持、资本注入、市场环境打造等多种手段，激发乡村、景区、建筑设计、城市社区、餐饮业、交通业、特色购物、信息技术、文化创意、生态保护等各类领域的活力，构建民宿产业链条，为民宿的精品化发展提供市场活力。

（五）推进精品民宿的集群效应，创新经营模式

要推进精品民宿的连锁化、集群化，在空间上形成集聚化发展，探索集中化采购、生产、销售以及用工模式，降低运营成本。要将乡村民宿与乡村旅游融合经营，打造农业体验、手工体验、自然体验、民俗体验、运动体验活动等产品链条，拓宽收入渠道，发展综合业态，提升经济效益。

（六）发挥各级协会、各类院校以及社会的作用，培养专业化人才队伍

要制定与完善精品民宿人才政策，加强精品民宿人才培训和交流。要支持民宿企业与高校院所、职业技术院校合作开展人才培养，不断充实和扩大专业人才队伍；鼓励开办民宿专业学院，根据旅游民宿特点设置包括服务、运营、策划、推广、资源整合、连锁发展的相关课程，培养民宿专业人才。要举办各类民宿技能大赛，孵化培育更多职业化民宿管家和民宿运营管理人才。

工业旅游高质量发展的创新实践

梅 青　陈 虎　孙彩琳　吴吉月*

摘　要:工业旅游是促进产业转型升级的重要手段,也是山东省新旧动能转换的重要成果展现。为了引导山东省工业旅游市场健康发展,全面规范山东省工业旅游管理,提升工业旅游服务质量,本文结合山东省工业旅游产业发展实际情况,总结山东省工业旅游发展经验,如重视观念创新与顶层设计、发挥规划引领与政府扶持的带动作用、更新设计工业旅游产品体系等;并提出进行精细化一体化的工业旅游规划、旅游产品创意开发、发挥示范基地的引领作用等一系列创新路径,进一步促进山东省工业旅游发展。

关键词:山东省工业旅游;工业旅游产品;工业基地;高质量发展

工业旅游是以工业遗址(迹)、工业生产过程、工厂风貌、工人劳动生活场景、企业文化等为主要吸引物的旅游活动,产生于20世纪50年代的欧洲。我国工业旅游在20世纪90年代萌芽起步,2001～2016年逐步规范发展,2016年后提质增效。发展工业旅游既是旅游领域深化新旧动能转换工作的具体举措,更是推动"旅游+"战略,推进旅游发展的现实需要,对国家、社会、地区、工业企业和个体的发展都有着极为重要的意义。① 工业与旅游业融合主要有两种形式:一是现代工业企业旅游,主要是现代企业以旅游的方式,向外界展示本企业生产、交易、产品等环节,来树立企业形象,宣传企业文化的活动;二是工业遗产旅游,是围绕废弃的工业资源以旅游创新发展的方式让工业遗产产生新的生产力。山东省工业遗产丰富、工业基础条件好、门类齐全、知名品牌多,适合发展工业旅游,现已有国家工业旅游示范基地1处,全国工业旅游创新单位3家,国家级工业旅游示范点39家,全省首批工业旅游示范基地20家,省级工业旅游示范点337家。

一、工业旅游发展现状

山东省是中国近代工业的重要起源地,也是目前中国制造业的重点分布区。从引入

* 作者简介:梅青(1970～),女,济南大学文化和旅游学院教授;陈虎(1986～),济南大学文化和旅游学院讲师;孙彩琳(1998～),女,山东师范大学商学院研究生;吴吉月(1998～),女,山东师范大学商学院研究生。

① 参见谢彦君、胡迎春、王丹平:《工业旅游具身体验模型:具身障碍、障碍移除和具身实现》,《旅游科学》2018年第4期。

近代工业技术开始，几乎包含了中国工业发展历史的各个阶段，而且已经形成诸多品牌，山东省发展工业旅游的基础资源和工业文化十分全面。截至目前，山东省共有国家工业旅游创新单位 3 家，国家级工业旅游示范基地 1 家，国家级工业旅游示范点 39 家，省级工业旅游示范点 337 家，省级工业旅游示范基地 67 家。全省工业旅游商品研发基地达 100 家以上，涌现出青岛海尔、张裕集团、东阿阿胶等一批工业旅游龙头企业①；张裕酿酒公司、济南第二机床厂、青岛啤酒厂、青岛国棉五厂等 12 处遗址被列入国家工业遗产名单②；中兴煤矿国家矿山公园、坊子炭矿遗址文化园、胶济铁路、济南泺口黄河铁路大桥等工业遗址入选全国首批 100 个保护项目。目前，山东省工业旅游已形成一批较为成熟的工业旅游线路和品牌。③

（一）政府大力支持工业旅游的发展

工业旅游可以说是传统工业的增值革命，发展工业旅游对促进工业转型升级和旅游业融合发展具有特殊意义。近年来，国家和各省高度重视工业旅游发展，为进一步促进和保障工业旅游发展，相关部门出台一系列政策、规划，并多次召开会议。山东省也大力发展工业旅游，归因于山东省是中国经济最发达、实力最强和发展较快的省份之一。山东省工业发达，工业总产值及工业增加值居中国各省前三位，特别是一些大型企业较多，号称“群象经济”。

国家层面高度重视工业旅游发展，出台了一系列政策、规划并多次组织召开工业旅游相关会议。湖北省工业旅游在 2017 年 11 月的第二届全国工业旅游创新大会暨“灵秀湖北”推介会后得到进一步发展。该会上发布了《全国工业旅游创新发展三年行动方案（2018～2020）》。该方案对促进全国工业旅游的发展具有重要意义。工业遗产在工业旅游发展中发挥着重要作用，2018 年工业和信息化部印发了《国家工业遗产管理暂行办法》，规范国家工业遗产认定和保护利用。截至 2020 年，我国已有四批国家工业遗产，在助力工业旅游发展方面发挥重要作用。2019 年 10 月，在河北唐山举行的第三届中国工业旅游产业发展联合大会上，济南市和青岛市荣获“网友最喜爱的十大工业旅游城市”称号，东阿阿胶股份有限公司、烟台张裕文化旅游发展有限公司、青岛啤酒博物馆荣获“网友最喜爱的十大工业旅游企业”称号。这些工业旅游城市和工业旅游企业都在积极发挥模范带头作用。2020 年6 月，国家多部门联合印发的《推动老工业城市工业遗产保护利用实施方案》对探索东北老工业城市转型发展具有重要建设性意义，如今各老工业基地在积极依靠文化带动老工业城市的全面振兴和发展。

山东省层面历来重视工业旅游发展。从 2004 年国家旅游局评选第一批全国工业旅游示范点以来，山东省积极做好工业旅游发展顶层设计，通过实施规划引领，制定行业标

---

① 参见国家旅游局：《关于公布首批国家工业旅游创新单位名单的通知》（旅发〔2016〕154 号），2016 年 11 月 28 日。

② 参见国家工业和信息化部：《关于开展第四批国家工业遗产认定申报工作的通知》（工信厅政法函〔2020〕68 号），2020 年 12 月 4 日。

③ 山东省文化和旅游厅、山东省工业和信息化厅：《关于公布第三批“山东省工业旅游示范基地”名单的通知》（鲁文旅产〔2020〕11 号），2020 年 12 月 15 日。

准，采取政策扶持等一系列工作，使工业旅游发展走在全国前列，基本建立了由工业企业、产品设计、旅游市场三方共同参与的工业旅游商品市场开发机制。2017 年，山东省政府印发的《关于加快推进工业旅游发展的意见》明确了山东省工业旅游发展的总体要求、任务目标、重点任务和保障措施。2019 年 1 月，山东省文化和旅游厅印发了《山东省工业旅游发展规划（2018～2025）》，提出引导省内的工业旅游企业结合传统再造、体验经济、文艺展演等增强游客的互动和体验，东阿阿胶、青岛啤酒、蒙牛乳业等企业积极响应政府规划，取得较好发展。2019 年 11 月，第二届山东省工业旅游联盟大会上通过了《山东省工业旅游联盟—东阿宣言》和《冬游齐鲁优惠倡议书》，推出山东省经典工业旅游产品、山东省工业旅游冬季优惠政策。2020 年末，山东省工业旅游现场推进会暨第三届工业旅游联盟大会上发布了第二批山东省工业旅游示范基地名单和《山东省工业旅游示范基地建设指南》，这为山东省工业旅游基地建设提供了方向，将进一步促进山东省工业旅游的高质量发展。[①]

（二）工业旅游线路丰富

2020 年 11 月，山东省工业旅游现场推进会暨第三届工业旅游联盟大会在淄博举行。会上，山东省旅行社协会研究提出并发布了齐鲁养生文化之旅、琼浆玉露品鉴之旅等 6 条工业旅游秋冬线路，省自驾车旅游协会研究提出并发布了泉城商韵百年传承商业文化体验游、淄博齐都古韵陶瓷文化工业民俗体验游、德州—聊城千年阿胶文化游等 10 条工业游自驾线路。工业旅游秋冬游线路和工业游自驾线路的具体情况如下：

工业旅游秋冬游线路。山东省旅行社协会研究提出并发布的 6 条秋冬游线路包含齐鲁养生文化之旅、琼浆玉露品鉴之旅、红酒探秘轻奢之旅、慧联智慧考察之旅、烟火人间体验之旅、城市记忆追溯之旅。这些线路都是根据山东省的优质工业旅游资源进行研究设计的，主题鲜明，设计合理。

工业游自驾线路。山东省自驾车旅游协会研究提出并发布了泉城风韵—福牌阿胶—佳宝乳业—宏济堂—胶济铁路博物馆—百脉泉酒业深度体验游、淄博陶瓷文化—1954 陶瓷创意园—金祥琉璃博物馆—国酒文化博览园—齐民要术酱文化体验馆民俗体验游、德州多彩工业打卡游、东营—滨州胜利油田科教文创体验游、红色沂蒙—938 兵工厂—蒙山龙雾茶—新时代药业产业游、烟台张裕葡萄酒文化—健康产业—矿区寻宝—核电文化体验游、潍坊—威海 1532 文化产业园—坊子炭矿—齐鲁酒地—高科技碳纤维体验游、日照浮来春—尧王酒文化—亚太森博纸文化体验游、鲁西南—孔府酒家—广育堂中医药—鲁锦博物馆体验游、泰安—蒙牛乳业工业园—泰山啤酒工业园—金彩山酒文化园体验游 10 条工业游自驾线路。自驾游方式在后疫情时代特别受到大众喜爱，通过这些线路也可以深度体验山东省工业旅游资源的魅力。

（三）开发模式多样

纵览全省工业旅游形态，其开发模式主要分为观光农场、工业博物馆、工业遗址公

---

① 参见山东省文化和旅游厅、山东省工业和信息化厅：《关于公布第二批“山东省工业旅游示范基地”名单的通知》（鲁文旅产〔2020〕3 号），2020 年 4 月 15 日。

园、工业文化创意基地和工业产业园区(工业旅游小镇)5 个大类。具体情况如下:

第一,观光农场。泰安蒙牛工业景区以泰山悠久历史文化为依托,拥有液体奶、冰激凌、酸奶三大生产车间,七个职能部门,乳制品日生产能力达 1200 吨,拥有液态奶、酸奶、冰激凌三大系列 150 多个品项,产品以其优良品质覆盖国内市场。景区建筑和整体布局的设计风格是以开放透明为特色,主色调蓝、白、绿,寓意蓝天、草原、白云、洁白的牛奶,无论从空中还是陆地,进入视线的蒙牛景区都会给人一种焕然一新的感觉。景区通过在生产车间设计参观通道,展示了蒙牛产品从生产、加工到成品的全线生产流程。独特的蒙牛文化在参观过程中随时随地的予以展现,使广大消费者更近距离了解蒙牛、信赖蒙牛。景区围绕冰激凌、液体奶、酸奶三大品类的工厂及附属设施,规划开发了十多个参观景点,设计了三条参观线路,为中外游客提供完善的设施和优质的服务。

第二,工业博物馆。海尔世界家电博物馆位于崂山区东海东路 52 号"冰山之角",以世界家电体验为主题,是复古与科技结合的沉浸式博物馆。海尔世界家电博物馆运用当今最新声、光、电科技,以展示家电发展历程为脉络,打破传统博物馆固有的参观模式,集陈列展示、科普教育、剧场演出等于一身,通过沉浸式交互体验让观众回望过去、预见未来。老家电陈列区通过场景还原了各个年代与家电相关的生活场景,观众可以通过 AR 互动体验,结合光影动画剧场,进行一场家电史的时光旅行。在智慧家庭展区,观众只需下达语音指令,能"听懂"语音的智能家电便会开启相应的功能。"需求宝"互动体验区以"定制未来"为主题,分成"为你定制"和"你来定制"两个部分,智慧家电系统可根据观众喜好和需求为其快速创建和搭配出个性化的未来智慧家庭方案。在儿童互动区,小观众们将在此探索关于电力和家电的知识、历史、科学以及实验。

第三,工业遗址公园。潍坊坊子炭矿遗址文化园是山东新方集团股份有限公司充分挖掘坊子煤矿百年历史变迁的文化内涵,修复和利用矿区遗存的德日工业建筑遗址而开发建设的工业遗址文化园。坊子煤矿(解放前为坊子炭矿)于 1898 年由德国人始建,至今已有 117 年的开采历史,是目前国内唯一横跨三个世纪仍在生产的煤炭矿井。矿区内现遗存德、日建筑群9 处,其中德建坊子竖井及井下近千米施工巷道,历经百年仍保留完整,砌碹工艺罕见。园区将坊子炭矿百年历史文化的传承教育与水上竞技游艺娱乐及温泉休闲疗养融为一体,是目前省内唯一一家以煤炭为主题的大型综合文化旅游园区。此外,还有蒙阴小三线军工遗址旅游基地。该基地的建设结合岱崮地貌的自然景观特色,将红色传统教育、三线军工文化与自然景观有机融为一体。①

第四,文化创意产业园。近年来,越来越多的山东省工业企业主动拥抱旅游产业,工业旅游成为行业发展新趋势。2017 年 8 月,淄博 1954 陶瓷文化创意园开园,这里曾经是一个倒闭的陶瓷厂,现在既保留了 60 年历史的老厂房、老设备,又融入了现代艺术设计元素,开始发展工业旅游;同年,济南宏济堂制药有限责任公司发力工业旅游,发挥中药文化的魅力,游客可以参观宏济堂中医院、中医药文化长廊、宏济堂博物馆、阿胶二厂、制药车间、DNA 检测实验室、阿胶手工坊等。

第五,工业园区。张裕工业园项目总投资 40 亿元,占地 1650 亩,是一个集生产、研

① 参见吕建昌:《现状与研究对策:聚焦于三线建设工业遗产的保护与利用》,《东南文化》2019 年第 3 期。

发、文化展示、物流等为一体的综合性工业园区。园区包括葡萄与葡萄酒研究院、葡萄酒生产中心、丁洛特葡萄酒酒庄、可雅白兰地酒庄、葡萄种植示范园、先锋国际葡萄酒交易中心、海纳葡萄酒小镇七大主题功能区。烟台张裕国际葡萄酒城将打造葡萄酒现代大工业酿造示范区、中国原产地标准的种植酿造示范区和中国葡萄酒工业旅游5A级景区。

（四）拥有多种工业旅游企业类型

山东省工业旅游资源丰富、企业类型多样，主要企业涉及农副食品加工业、食品制造业、酒和饮料及精制茶制造业、纺织服装和服饰业、计算机和通信及其他电子设备制造业、核电、金矿、石油、家电等现代化企业。其中，食品加工制造业的代表性企业有烟台欣和食品体验馆、德州扒鸡集团和山东健人食品科技公司工业园；酒和饮料制造业有烟台张裕集团、青岛啤酒集团和济南佳宝乳业有限公司；纺织服饰业有威海金猴集团、云龙家纺工业园和滨州瑞鑫地毯工业旅游基地；核电业主要有山东核电科技馆；金矿业有招远金翅岭金矿和兖矿集团；电子设备制造业有青岛海尔集团和青岛海信集团；制药业有济南宏济堂制药有限责任公司、山东新时代药业有限公司和山东广育堂中医药产业园。

（五）形成一批工业旅游创新单位和示范基地

山东省工业旅游资源较为丰富，各个部门重视工业旅游发展。山东省共有国家工业旅游创新单位3家，国家级工业旅游示范点39家，国家级工业旅游示范基地1家，省级工业旅游示范点337家，省级工业旅游示范基地67家，全省工业旅游商品研发基地达100家以上，工业旅游发展势头较好（见表1）。

表1　各市工业旅游创新单位、示范基地数量

城市	国家级 工业旅游创新单位	国家级 工业旅游示范点	国家级 工业旅游示范基地	省级 工业旅游示范基地
济南				7
青岛	2	7		7
淄博		3		6
枣庄				
东营				3
烟台		6	1	8
潍坊		2		4
济宁		2		4
泰安		3		4
威海		7		3
日照		1		3
滨州				4

续表

城市	国家级 工业旅游创新单位	国家级 工业旅游示范点	国家级 工业旅游示范基地	省级 工业旅游示范基地
德州		4		3
聊城	1	3		3
临沂		1		5
菏泽				2
合计	3	39	1	67

资料来源：国家文化和旅游部、山东省文化和旅游厅统计资料。

(六)部分工业旅游基地成为区域核心吸引物

在2020年《中国500最具价值品牌》榜单中，青岛啤酒作为唯一上榜的工业旅游品牌，成为备受关注的文化旅游名牌。其以201.75亿元的品牌价值位列316名，连续6年将行业推向新高，正式成为超200亿的中国文化品牌。作为首家全国工业旅游示范点、全国工业旅游创新单位，青岛啤酒博物馆每年吸引100多万游客，在山东工业旅游乃至全国工业旅游领域有着不可撼动的地位，开馆16年，累计接待850万游客，游客满意率高达98%。青岛啤酒博物馆提供的数据显示，2018年青岛啤酒博物馆的门票收入约8000万元，而文创产品的收入是门票的两倍。①

张裕集团自1992年百年大庆开放葡萄酒博物馆以来，至今已在全国布局8个工业旅游项目。1998年，老博物馆翻新开放张裕葡萄酒文化博物馆，随后跟卡思黛乐集团合作打造了烟台卡斯特酒庄，十多年间在全国多地先后落地北京爱斐堡、西安瑞那城堡、宁夏摩塞尔十五世、新疆巴保男爵、烟台工业园、烟台可雅白兰地酒庄等项目，每个项目年游客量都超过20万，总计每年接待160多万游客，一年为张裕带来2个多亿的营收。

东阿阿胶按照国家5A级旅游景区标准建设阿胶世界项目。该项目联合全球顶级运营专家团队共同精心打造，景区主要包括东阿阿胶体验工厂、中国阿胶博物馆、东阿阿胶城、东阿药王山和毛驴王国等，运用全息投影、4D体验、裸眼5D等现代科技，营造宏观和微观世界不同的场景，直观地展示中医药文化传承千年的魅力，给游客带来刺激性、趣味性、科普化的中医药文化体验，深受游客青睐。2018年，阿胶世界接待游客119万人次。2021年上半年接待游客74.1万人次，全年预计达到150万人次，带动东阿县及周边地区特色旅游井喷式发展。

山东领尚琉璃文创园入选第三批"山东省工业旅游示范基地"。近年来，领尚琉璃文创园转变思路，走"工业＋文旅"融合发展道路，按照"立足非遗技艺传承，保留经典工业遗迹，展示传统生产场景，打造最美琉璃艺术，确保行业龙头地位"的指导思想，请德国标恒公司高起点规划园区，请北大纵横管理集团量身定制10年发展规划，一期工程2016

① 参见石硕：《文化生态学视角下的工业遗产保护与再利用研究——以青岛啤酒博物馆为例》，《文物鉴定与鉴赏》2020年第21期。

年8月对外开放，至今已接待国内外游客40万人次。2017年8月11日，该公司承办了第五届世界摄影大会淄川站的工作，受到来自全球42个国家200余名摄影大咖的交口称赞。2018年，山东领尚琉璃文化创意园（原中华琉璃文化创意园）被评为国家AAA级旅游景区。

二、工业旅游发展经验总结

（一）重视观念创新与顶层设计

流水不腐，户枢不蠹，只有求新求变，事物才会有生命力。工业旅游发展的创新一定是市场导向下而非权力主导下的创新，一定要将人的创新能力作为出发点。工业旅游研究空间跨度大、影响因素多、辐射领域广，仅凭借工业遗产保护难以解决它自身在发展过程中的所遇到的诸多问题，所以工业旅游发展急需新方法、新模式、新路径。发展工业旅游必须进一步强化多学科交叉研究，充分借鉴其他学科与方法，加快跨界融合的进程。因此，激励各类专家从事工业旅游跨学科研究已经成为产业发展的当务之急，工业旅游需要借鉴历史学、社会学、经济学、营销学、设计学、地理学等多学科创新理论，要具备创新的资源观、融合观、市场观和效益观。让工业生产与产品转化为旅游产品与服务，使工业品牌转化为旅游品牌；让工业产品消费者与旅游产品消费者的相互转化，这就需要更多的对于工业旅游产业跨界研究的激励措施与成果评估，要邀请相关专业人士做好工业旅游发展的评估、决策、规划。[①]

（二）发挥规划引领与政府扶持的带动作用

一是组织相关部门共同成立山东省工业旅游协调小组，指导全省工业旅游工作健康发展，并设立日常联络机构；二是成立山东省工业旅游促进中心，具体承担工业旅游的规划实施、组织协调、宣传推广、产品策划、人员培训等职能；三是引导工业旅游相关企业成立山东省旅游行业协会工业旅游分会，在充分发挥政府引导作用的同时，建立工业旅游企业自律机制，进一步发挥企业积极性，鼓励和倡导诚信旅游、公平竞争，促进工业旅游市场规范化；四是根据《全国工（农）业旅游示范点检查标准（试行）》等国家相关旅游管理规范，结合山东省实际情况，拟定《山东省工业旅游景区服务质量标准（草案）》；五是做好工业旅游统计工作，摸清开展工业旅游的工业企业的发展概况，将工业旅游商品消费列入旅游统计范畴。

对于工业旅游的发展，《关于推进山东省工业文化发展实施意见的通知》列出了很多具体的举措，譬如，要树立工业遗产保护理念，开展工业旅游资源普查，建立工业旅游资源数据库，对工业旅游资源科学分类；研究制定发展计划，科学编制山东省工业旅游发展总体规划；建立工业旅游统计和信息发布制度；研究制定山东省工业旅游示范基地评定

---

① 参见王国华：《论推进工业旅游产业发展的理念、路径与措施》，《北京联合大学学报》（人文社会科学版）2019年第1期。

标准、山东省工业旅游服务规范等；将工业旅游营销纳入全省“十大文化旅游目的地”品牌营销体系，每年安排一定数量的资金开展专题营销活动；各部门要建立促进工业旅游发展的协作推进机制，充分发挥综合协调职能。完善财政补贴政策、优化土地利用政策、旅游基金支持工业旅游项目建设；鼓励金融机构对发展工业旅游的小微企业给予贷款支持；鼓励企业以固定资产、资金、技术等多种形式入股兴办工业旅游；支持有实力的文化旅游企业设立工业旅游发展基金，选择有发展潜力的工业企业合作开发。

（三）更新设计工业旅游产品体系

现阶段，虽然工业旅游发展如火如荼，但仍存在一些问题，集中表现在：大多数项目仍处于初级水平，缺乏高水平的规划和产品设计，多数仍为生产线参观、产品推介等，产品互动性、趣味性、休闲性不足；工业旅游纪念品开发低层次、同质化现象较为突出，深层次、复合型的创意体验型旅游产品较少等。

针对上述“痛点”，《山东省工业旅游发展规划（2018～2025）》（以下简称《规划》）提出了颇具针对性的解决方案：引导企业结合传统再造、体验经济、艺文展演等增强游客的互动和体验；利用各类工业基地、工业遗址、工业园区等，开展影视拍摄、绘画写生、艺术创作、科普培训、教育实践等附加活动；举办相应的主题活动、文化和体育盛事；运用现代展陈理念和声光电技术，丰富展陈内容，增强吸引力和观赏性；激发企业重视旅游商品的研究与开发，鼓励其围绕生活用品、电子商品、图书出版、农产品加工等领域，开发具有观赏性、艺术性、文化性和实用性的便携式工业旅游商品，以此培育山东旅游购物产业体系；从新资源观的视角设计以观光工厂、工业园区、工业博物馆、工业遗址公园、工业文化创意基地、重大工业工程、工业旅游小镇、工业节庆会展活动、“好品山东”旅游购物品牌、旅游装备制造产品为主的十大工业旅游产品体系；深入实施品牌战略，提出十二大工业旅游品牌，将中国重汽博物馆、力诺瑞特科技园、海尔世界家电博物馆、青岛啤酒博物馆、张裕葡萄酒城、东阿阿胶世界等打造成为国内外知名的产品、企业、行业和区域品牌；支持企业深化与旅行社及旅游电商的合作，推出一批国内知名的精品工业旅游专题线路，提升山东省工业旅游竞争力。

（四）着力打造工业化产业集群

在加快构建以国内大循环为主体、国内国际双循环相互促进的新发展格局下，我国明确提出要推动制造业升级和新兴产业发展。中国电子学会理事长张峰在主论坛上作了题为《高质量新基建与中国制造业产业集群发展》的主旨演讲。张峰建议加强研究顶层设计和统筹建设，加强核心技术攻关，加快制造统一的新型基础设施标准体系，积极培育行业应用市场，构建新型基础设施网络体系，建立数据安全保障体系，强化配套制度保障。开展工业旅游的目的在于以工业遗址为依托，深入挖掘其所蕴含的文化价值与经济价值，使之为地方社会经济发展服务，实现经济价值与社会价值的统一，推动地方产业实现升级转化。[①]《山东省中小企业产业集群发展规划》重点选择食品工业、塑料业等16个行业进行产业集群培育。山东省滨州市惠民县塑料安全绳网属塑料产业，是重点培育产业集群之一，山东省其他工业企业积极响应国家政府号召，进行专业的规划设计，与其他产业和相关的企业积极合作，共同打造产业集群，取得了较好的发展。

三、工业旅游高质量发展对策

近年来，山东省虽已形成了一些特色工业旅游产品，但总体来说，还存在一些问题。比如，不能满足大多数旅游者精神层面的需求，大多数仍然停留在观光阶段，并且停留时间较短，游客的体验性、参与性较低；工业旅游产品同质化现象严重，产品单一、缺乏创意。山东省现有67家省级工业旅游示范基地，涉及各个行业，但是大部分企业对其他工业旅游基地的示范效果欠佳，没有发挥带头作用。山东省内各市、各企业工业旅游发展水平不协调，在旅游设施和旅游专业化服务方面还有待进一步提升，在营销上也缺乏相应的策划和宣传推销，等客上门的现象仍然存在。[②]

(一)制定精细化和一体化旅游规划

旅游规划是指对一定范围地域的旅游业在未来若干年内建设和发展的总体部署和策划，对旅游休闲资源、相关设施和服务以及其他相关资源进行合理配置和使用，力求实现旅游休闲业经济、社会和环境效益最大化。规划事关重大，必须慎重从事，进行工业旅游规划更是如此，要邀请专业人员进行专业的、具体的规划。

第一，工业旅游规划线路主题要鲜明，特色要突出，要注重创造体验。德国目前120条工业旅游线路大多都有明确的主题，这些线路与某一行业相关，而且是一条“工业文化之路”，如玩具之路、汽车之路、啤酒之路、玻璃之路等。德国沃尔夫斯堡的大众汽车城是目前世界上最大的也是第一座汽车主题公园，陈列了大量汽车和汽车部件，还有许多体验性实验装置，是典型独特的汽车文化城。沃尔夫斯堡把整个城市纳入汽车工业旅游中，这种模式对工业旅游发展很有借鉴价值。

第二，注重景观再造，要妥善处理保护与重建的关系，实现工业旅游地、工业遗迹的形象改造。英国、德国等工业遗产旅游比较发达的地区的经验表明工业遗产旅游需要政府部门的强力主导，不能简单将工业遗产旅游像对待一般旅游产品一样交由市场自由发展。[③] 德国北杜伊斯堡景观公园依托蒂森钢铁公司，在工业遗址的基础上进行改造，将5号高炉改成可攀爬项目，煤气罐改造为潜水中心，将1号高炉改造成露天电影院，将料仓改为儿童活动区域，配电供应室改为办公与餐饮区域，旧办公楼改为青年旅舍。

第三，注重开发多元化旅游产品，在旅游产品供给特别是全域旅游产品供给上，为满足游客个性化旅游需求，需要注重并且大力开发工业旅游新业态新产品，提升产品供给

---

① 参见李玉、石永程：《工业旅游的人文特点、开展条件与路径划分》，《南京理工大学学报》(社会科学版)2020年第5期。

② 参见董锁成、郭鹏：《国内外工业旅游研究进展》，《山西大学学报》2015年第2期。

③ 参见张金山、陈立平：《工业遗产旅游与美丽中国建设》，《旅游学刊》2016年第10期。

质量,推动产品结构不断优化。

第四,注重把解决社会问题放在工业旅游开发的重要位置。

(二)加强旅游产品创意开发

第一,产品综合开发。旅游行业包括食、住、行、游、购、娱六要素,工业旅游的发展也离不开这些要素,应在六要素的基础上增加"学","学"是一种体验式的旅游方式,也是工业旅游核心附加值。要根据企业实际情况以及特色,有针对性地进行产品开发。对于较大规模工业产业园区遗址,可以依照"混合使用"理念,利用原有的工业产业园区建立围绕"创新、艺术"等主题的特色区,开展再利用活动,为工业遗产赋予新的文化内涵;同时利用较大的工业遗产空间建立购物中心,并配有咖啡馆、酒吧、健身及儿童娱乐等场所,打造集创意文化、艺术展示、购物、娱乐、休闲于一体的综合工业遗产创意文化园,从而深度嵌入城市发展,成为城市中一张重要的名片。北京798艺术区就是这种模式的典型代表。

第二,体验互动项目开发。体验经济时代,游客需求日益多样化,除了观光和科普,旅游体验成为推动景区发展的重要手段。通过让游客亲身体验、动手参与到产品的生产过程中,勾起游客的回忆、增加游客的知识面、增强游客参与性。要给游客较多的DIY旅游体验项目,增强游客的感官体验、情感体验、思考体验、行动体验。从看旅游到体验旅游,这是富有体验感的工业旅游遇上的绝佳机遇。企业在体验项目的开发上应更多地融入科技因素。企业可通过实际操作、仿真模拟等形式将产品生产过程的高科技、健康、安全、绿色环保的理念深刻植入到消费者体验的每一个环节。[①] 要让游客自己选择并打造喜欢的巧克力,让游客吹制一个琉璃产品,或者,让游客去拧一拧螺丝,去设计调制一款酒等,也可以通过节庆活动带动工业旅游以及城市旅游整体发展,比如青岛啤酒节已经成为彰显青岛城市个性优势与魅力的盛大节日,以啤酒为媒介,进一步加强游客对青岛啤酒的认识,促进其进一步发展。此外,还有东阿阿胶文化节、酱味生活节等节庆活动都可以进一步提高相关工业旅游企业的知名度。

第三,文化深度挖掘。文化是旅游的灵魂,旅游是文化的载体,工业旅游亦是如此,其产品、项目等应体现其企业文化、品牌文化、产品文化、科学文化、遗址文化,传递给游客精神层面的体验。发展工业旅游要充分尊重实际、注重挖掘本土资源、进行重点培育引导,深度挖掘企业文化、品牌文化、产品文化或工业文明、民族传统等素材。要把杂乱无序的文化理念转变为条理清晰的文化平台,可以把标准机械的现代工业生产流程提升为富有情趣的旅游体验过程,把封闭的工业区变成开放宜人的旅游区,把无声的企业博物馆变成企业精神的流动宣传栏。

第四,特色商品开发。工业旅游的发展离不开产品的开发,要根据本企业的经营特色以及主营产品把本企业的产品转化为旅游商品,在原有产品基础上,对外包装、数量和服务方面进行改进,如便携式包装和精美的礼品包装盒。把纪念品转化为企业宣传品,

---

① 参见张爱琴、郭晓东、苏维欢:《工业旅游体验营销对企业品牌形象的影响》,《资源开发与市场》2017年第8期。

在一般的纪念品上附加本企业的标识。汽车、摩托车企业可以将自己企业生产的车型做成纪念品;钢铁企业可以将锻铸钢打造成小小的纪念品,为客人刻上姓名或者其他具有意义的字样;食品企业可以根据不同年龄段的需求设计不一样的产品,比如蒙牛、伊利等企业设计的工业旅游产品以及欣和酱油推出的醋味、酱油味道的冰激凌。

(三)建设一批特色精品工业旅游项目

重大工程建设与旅游相结合,既要考虑旅游观光需要,也要实现现代工程、自然风光和人文景观的有机融合。要根据实际情况,依托特大水利、交通、能源、建筑工程等,打造重大旅游项目;要围绕提升城市文化、教育、体育、商业发展功能,建设地标性旅游工程。山东省工业旅游资源不仅有传统的工业遗产,还包括许多新兴成果。山东省食品、纺织、电器等工业资源和工业科普资源需要进一步深化提升;传统工业美术品种、技艺需要加强重视程度并进行开发;工业精神及专业人才需要进行创新开发。未来,山东省应建设一批黄金小镇、陶瓷小镇、纺织小镇、食品小镇、酿酒小镇等工业旅游小镇,培育一批生物制药、信息技术、海洋开发现代产业园区,丰富业态和产品供给。

(四)打造工业旅游产业集群

工业旅游具有同质性,各个企业之间要文化互鉴、错位开发、共同遵守规则和行业标准。政府、协会可以将工业旅游企业与会展、会议、酒店等资源整合,建立异业同盟联席会议制度,推动工业旅游企业、酒店业和会展业异业同盟、协调发展,要积极促成相应的产业链,促进产业集群化发展。此外,还可以借力有关会展活动带动工业旅游发展,积极催生工业旅游发展条件,搭建工业旅游发展良好平台。工业旅游企业也要根据自己的实际情况,适当扩大产业规模,从旅游六要素出发,不断完善工业旅游的旅游功能。有能力、综合实力强的企业可以建设自己的酒店、餐馆等场所,延长产业链,并增强对其他企业的带动性,以便促进旅游者消费,提升盈利能力。

(五)加强旅游市场研究与营销创新

工业旅游是推动工业转型升级的重要载体,是宣传企业形象、促进销售、提高效益的新手段。

新时代工业旅游市场拓展与营销重点要做好以下工作:优化组合线路以增加产品的可游性和层次性,策划主题类的工业旅游产品。通过工业节庆活动带动城市整体旅游发展,提升工业旅游产品的参与性和体验性。销售和推出工业旅游产品及衍生产品,借助互联网进行线上营销推广。要围绕产品、包装、定价、促销、渠道五个方面开展市场营销。首先,企业应该根据所处环境、自身发展情况、企业特色等内容邀请专家一起参与研究,确定其客源市场,确定各个细分市场,并根据各个细分市场特点,选择有效的营销渠道。其次,除了传统的与各个旅行社、学校或者社区等进行合作外,当下工业旅游企业要紧跟时代发展步伐,建立自己的平台账号,积极开展网络营销,借助抖音、快手、微博等当下流行的新媒体加大线上宣传。可以通过一些影响力大的博主进行宣传推荐,及时根据时下热点话题进行炒热,有条件的可以借助明星的形象力让明星转发增加热度。通过带话题转发抽奖等活动吸引更多粉丝，还可以聘请网红或者明星开展实景线上直播、根据企业的主题拍摄宣传片，微信公众号要定期及时推送景区相关活动内容，应注重整合营销和多元化营销。最后，在传播体系建设方面，要建设以传播工业文化为主要定位、面向国内外消费者的工业文化传播平台及传媒体系，包括工业题材的影视、网络游戏、文学、美术、设计与工艺展、工业会展等，形成具有中国特色的工业文化体验和传播体系。[①]

（六）完善提升旅游设施与管理服务

工业旅游企业要合理规划功能区，应尽可能地包含六要素区域，满足游客的需求，合理划分观光区、体验区、展览区、购物区、游憩区等功能区域，让游客获取观光、休闲、科普、手工制作、购物等多元化体验；此外，还可以在园区内增加特色标识系统，让游客清楚了解园区构成，完善旅游设施，提升综合管理能力。要建立完整的旅游管理机构，完善游客接待服务中心，体现人本主义。要处处为游客着想，提供人性化、亲情化、个性化、细微化服务，如提供为残疾人服务的专用设施，配备专职导游队伍，为不同国家游客提供多语种导游服务等；在厂区完善路标和景点介绍，方便游客游览。切实抓好安全工作，杜绝人身伤害事故发生，让客人乘兴而来，满意安全而归。

专业优质、全方位服务主要指不断提升旅游公共服务水平，提供更多的让游客满意的工业旅游项目，要推进旅游基础设施建设全域化、公共服务一体化、旅游监管全覆盖。工业旅游在工业设施的设计、建设以及配套服务完善等方面，应充分考虑开展旅游活动所需要的功能，培育一批全链条的特色工业旅游产品，为游客提供独特的旅游体验。工业旅游具有较强专业性，游客对该工业产品及其生产流程、工艺特点、产品鉴定等一般都是门外汉，导游的解说对游客在旅游中能否得到期盼的知识和趣味非常重要。要加强工业旅游从业人员素质建设，加大培训力度，提高从业人员专业素质和能力以提高服务质量。

（七）发挥示范基地的引领作用

山东省工业企业要发挥工业旅游创新单位、示范点、示范基地的引领作用，让其他工业旅游企业学习运营模式，发挥自身优势，促进产业升级与转型，形成一批龙头企业，再带动其他企业发展。要坚持“创新、协调、绿色、开放、共享”的新发展理念，创新体制机制，强化规划引领，增强产业支撑，发挥示范引领作用，努力推动工业旅游不断发展，为加快旅游强省建设作出更大贡献。对于企业的好做法，要及时总结经验，大力进行宣传推广。要以工业旅游示范企业的创建为抓手，突出示范引领作用，带动更多企业开展更多的旅游活动。要根据示范基地评价标准、建设指南等文件，致力于自身的发展。在建设方面，要依据所具有的工业旅游资源确定并突出主题，进行分区设计，合理布局各功能区，完善配套设施，增强服务人员的专业知识和讲解技能，健全卫生责任制度和卫生检查制度，建立完善的游客投诉处理机制，开通多种面向游客的电子支付方式。山东省张裕集团、东阿阿胶产业园、青岛啤酒厂等工业旅游要发挥示范带头作用。

---

① 参见惠鸣：《建构新时代中国特色工业文化》，《中国发展观察》2020 年第 21 期。

（八）重视组织机构优化与人才培养创新

发展工业旅游的企业应根据实际情况以及自身特色设立旅游运营部门，招聘旅游专业员工来专门负责本企业工业旅游相关工作，专业的事情交给专业的员工去做。此外，还可以加强复合型人才培养，这种培养方式包括但不限于工业人才转化，即本企业掌握操作运营流程、熟悉企业文化的员工去协助本企业工业旅游的发展，做本企业工业旅游的导游员和献言献策者。企业应完善旅游新人、旅游资深从业者、高校实习实训人才储备，丰富本企业实力，听取专家意见与建议，吸纳高校人才为本企业的发展奠定雄厚基础。此外，还应定期开展员工培训，增强员工责任意识，加强员工对本企业运营理念与企业文化的了解，在游客参观游览过程中做好企业宣传者，定期邀请专家对员工进行培训，组织企业负责人以及员工多去其他工业旅游发展较好的企业参观学习，构建专业团队、组建工业旅游发展办公室等。

体育旅游高质量发展的创新实践

许峰　路丽君　李帅帅*

摘　要：体育与旅游融合发展，打造优质体育旅游产品，符合“健康中国”国家战略的要求，对经济社会健康发展具有促进作用，是山东省发展精品旅游的一项重要内容。政府和企业应精准识别体育旅游发展现状，全面总结体育旅游实践经验，科学创新体育旅游发展对策。本文以钻石模型为框架，全面分析山东省体育旅游产业最新发展现状。本文立足于山东省自然、经济、社会实际情况，总结优秀案例典型做法，将山东省体育旅游发展模式概括为竞技赛事型、民俗节庆型、休闲康养型三大类，进而提出政府要从产品、服务、宣传三个方面，引导山东省体育旅游产业向地域化、知名化、品牌化、智能化方向发展的政策性建议，促进旅游业与体育业深度融合发展，为精品旅游提供体育力量。

关键词：体育旅游；现状评述；实践经验；路径创新

随着经济发展进入新常态，我国旅游产业发展迅速，产业体系日益完善，产业规模日益扩大，产品品质日益提升，正快速步入“大旅游，大健康，大休闲”的时代[①]，旅游业呈现出旅游业态融合、体育参与多样、健身需求多元、休闲方式转型、消费品质升级的发展趋势。[②] 据山东省文化和旅游厅统计，山东省旅游总收入和接待人次从“十二五”末的6685.8亿元、6.6亿人次，增长到2019年的1.1万亿元、9.4亿人次，分别同比增长64.5%、42.4%。

“健康中国”战略的提出为体育旅游产业的发展提供了概念基础，这一战略的实现不仅要依靠医疗卫生进行被动的健康恢复，更要依靠体育健身进行主动的健康提升[③]，体育旅游迎合了这一时代要求，作为一种新业态逐渐走入大众视野。国务院办公厅印发的《关于促进全域旅游发展的指导意见》（国办发〔2018〕15号）明确提出，要加快开发健康旅游，大力发展体育旅游，打造体育旅游综合体，推动旅游与体育融合发展。

---

* 作者简介：许峰（1975～），山东大学管理学院教授；路丽君（1998～），女，山东大学管理学院2020级硕士研究生；李帅帅（1990～），山东大学管理学院助理研究员。

① 参见张雅乔、魏小安：《大生活，大休闲，大产业》，《商周刊》2015年第20期。

② 参见姜付高、曹莉：《全域体育旅游：内涵特征、空间结构与发展模式》，《上海体育学院学报》2020年第9期。

③ 参见丁正军、战炤磊：《新时代我国体育产业高质量发展的综合动因与对策思路》，《学术论坛》2018年第6期。

山东省体育旅游资源众多,但是在资源开发、产品体系、人才支撑、保障体系、营销策略等方面存在一定的问题。认识到山东省体育旅游产业的优势和劣势是提高体育旅游发展质量的前提,归纳总结山东省体育旅游产业的现有经验是突破现状、创新发展的基础,提供山东省体育旅游产业的发展路径是进一步开展工作的指向标。

一、体育旅游发展现状

"钻石模型"由美国学者迈克尔·波特在《国家竞争优势》[①]一书中提出,是用来分析研究某国家、某产业或某企业竞争力的模型,该模型由六个要素构成,其中资源要素、需求条件、当地文化和生态环境、相关及支持产业是决定要素,政府和机会是机动要素。在阅读现有文献后,本文从资源要素、需求条件、当地文化和生态环境、相关及支持产业四个基本要素和政府、机会两个辅助要素,共六个方面(见图 1),分析山东体育旅游产业发展现状。

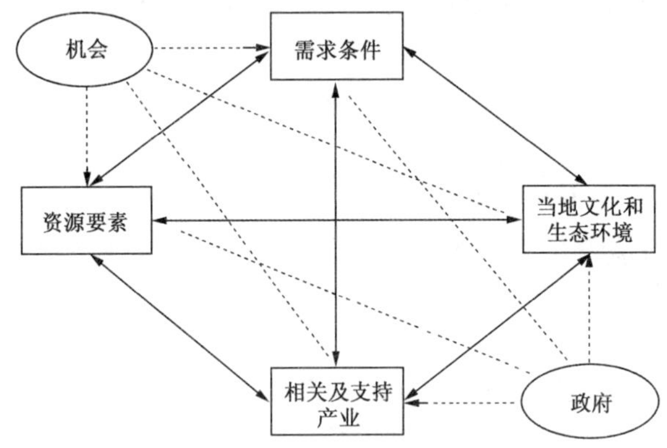

图 1 山东体育旅游发展现状钻石模型

(一)基本要素

1. 资源要素:资源禀赋良好,高级要素不足

资源要素是指区域旅游市场存在和发展所依存的资源,包括自然资源、人力资源、知识资源、信息资源、基础设施等。体育旅游资源要素主要包括体育旅游资源、体育旅游硬件设施和体育旅游人力资源。山东省是中国旅游资源大省,自然景观和人文景观丰富,类型多样。截至 2002 年末,全省有 A 级旅游景区 1227 家,其中 5A 级景区 13 家,数量分别居全国第 1 位和第6 位;旅游度假区 46 家,其中,国家级 4 家,省级 42 家,总数居全国第 6 位;非物质文化遗产 173 项,总数居全国第 2 位,其中传统体育类、游艺与杂技类 14 项和传统舞蹈类 12 项,总计 26 项(见表 1)。丰富的旅游资源是旅游业健康发展的基础,也为开展体育运动提供了自然和人文属性,推动了产业融合平台和载体建设。

① [美]迈克尔·波特:《国家竞争优势》,李明轩、邱如梅译,华夏出版社 2002 年版。

表 1　　山东体育类非物质文化遗产名单

类型	第一批(2006)	第二批(2008)	第三批(2011)	第四批(2014)	总计
传统体育、游艺与杂技类	聊城杂技、淄博蹴鞠	查拳(冠县)、螳螂拳(莱阳市)、宁津杂技(宁津县)	螳螂拳(栖霞/青岛崂山)、东明佛汉拳、孙膑拳(青岛市北/安丘)、临清肘捶、青州花键	螳螂拳(青岛市南)、新泰徐家拳	14
传统舞蹈类	商河鼓子秧歌、胶州秧歌、海阳大秧歌	济阳鼓子秧歌、泰安高跷(独杆跷)、广饶鼓舞(陈官短穗花鼓)、冠县鼓舞(柳林花鼓)、商河花鞭鼓舞、栖霞八卦鼓舞、鄄城商羊舞	阳信鼓子秧歌、临沂龙舞(龙灯扛阁)	—	12
总计	5	10	9	2	26

资料来源:文化和旅游部官方网站。

丰富的生态系统为山东省体育旅游市场提供了先天优势,但也由于资源禀赋的优势,反而忽略了对硬件设施、人力资源等高级要素的投入。第六次全国体育场地普查的主要统计数据显示,我国平均每万人拥有体育场地 12.45 个,人均体育场地面积仅有 1.46 平方米,且地区分布不均。教育系统管理的体育场地 66.05 万个,占总体育场地数的 38.98%;场地面积 10.56 亿平方米,占总体育场地面积的 53.01%。有限的高质量体育场馆往往以追求高额利润为目的,只能满足少数人的需求,难以为全民健身服务。体育旅游人力资源也是资源要素的一大短板,因为体育旅游产业出现时间较晚,学术界与产业界缺少懂经营、旅游、管理、法律、体育的复合型人才,专业人才的总量、质量、专业与分布构成状况都不容乐观。①

2. 需求条件:消费潜力巨大,增长态势向好

随着我国经济高速增长,消费市场需求也迎来了多样化,旅游产品向休闲、健身与娱乐性并存的多方位延伸发展,游客的消费倾向由传统的观光型旅行向多维度体验旅行转变。② 2019 年,山东省国内旅游收入 10851.3 亿元,与 2018 年相比增长 12.3%;国内游客达 93288 万人次,与 2018 年相比增长 8.6%;旅游业对 GDP 综合贡献率达 11.8%,已成为全省支柱产业。从以上数据可以看出,山东省旅游业国内消费潜力大。山东省旅游统计便览统计得出,体育娱乐项目游客消费比例在全省国内游客消费构成中持续增长,2018～2019 年增长率最高,相比于其他项目增长优势比较明显,但是 2016～2019 年连续四年,体育娱乐项目消费占旅游总消费的比例一直低于 1.8%(见图 2),对旅游业的贡献极低,说明山东旅游业整体和体育旅游发展形势向好,但是体育旅游受到发展规模基数限制,总体处于初级发展阶段。

① 参见郑向敏、宋伟:《体育旅游:发展需求与研究现实——华侨大学旅游学院创院院长郑向敏教授访谈》,《社会科学家》2020 年第 7 期。

② 参见楼帆:《上海体育旅游 SWOT 分析》,《当代旅游》2020 年第 18 期。

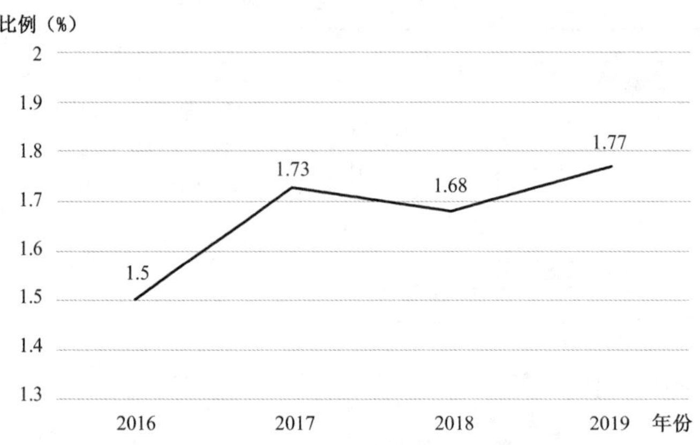

图 2　山东省国内游客体育娱乐项目消费比例

数据来源：山东省文化和旅游厅官网。

3. 当地文化和生态环境：地理环境多样，文化类型丰富

自然生态环境和当地文化是体育旅游的重要引力源。地理位置和地形特征是山东省自然生态环境和文化多样性的基础。山东省位于东部沿海地区，地形中部突起，为鲁中南山地丘陵区；东部半岛大都是起伏和缓的波状丘陵区；西部、北部是黄河冲积而成的鲁西北平原区，是华北大平原的一部分。境内山地约占陆地总面积的 15.5%，丘陵占 13.2%，洼地占 4.1%，湖沼占 4.4%，平原占 55%，其他占 7.8%(见图 3)，具有开展房车露营、帆船旅游、山地户外运动、冰雪运动等多种体育运动的条件，形成不同类型的体育文化。

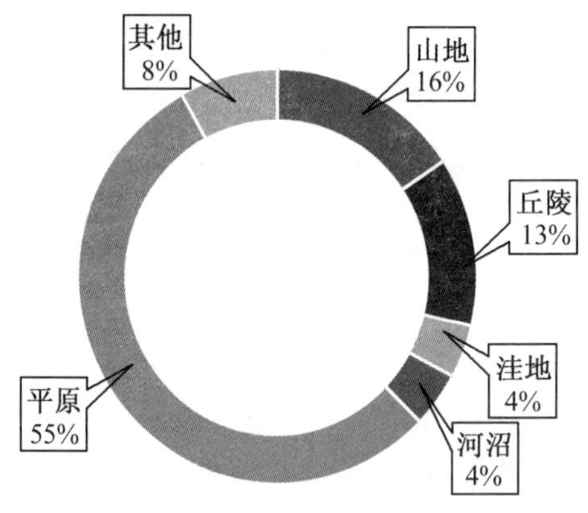

图 3　山东省陆地地形分布

4. 相关及支持产业：发展规模较大，支持保障有力

据山东省体育局统计，2018 年，山东省体育产业总规模(总产出)为 2466.55 亿元，增加值为 968.58 亿元，体育产业增加值占当年全省 GDP 比重为 1.45%，高于全国平均水平 0.35 个百分点。从山东体育产业内部结构看，体育服务业继续保持良好发展势头，增加值为 713.98 亿元，山东体育服务业总产出占比 60.1%，占山东省体育产业增加值比重为 73.7%，分别高出全国比重 12.2 和 8.9 个百分点；体育用品及相关产品制造增加值为 249.46 亿元，占山东省体育产业增加值比重为 25.8%；体育场地设施建设增加值为 5.14

亿元，占山东省体育产业增加值比重为0.5%。

在这些产业以及旅游相关产业的支持下，山东省已经形成了较为知名的体育旅游节庆活动，包括泰山国际登山节、黄河口（东营）国际马拉松比赛、中国（日照）国民休闲水上运动会、威海国际铁人三项赛、青岛国际帆船周、潍坊国际风筝会、莱芜国际航空节、济南国际泉水冬泳节等赛事。未来将重点建设一批体育旅游项目，比如青岛国家体育产业园、济南万达文化体育旅游城、即墨港中旅帆船小镇、滨州低空飞行旅游项目等。总体而言，山东省体育用品制造业规模和旅游业规模比较可观，但为了使山东省体育旅游产业更具竞争力，相关配套产业仍需加快发展，进一步加强山东体育旅游产业建设。

（二）辅助要素

1. 政府：规划引导加强，支持力度加大

山东省政府积极促进体育旅游消费，出台了一系列对口措施和保障政策。除了建设完成和即将建设一批大型体育旅游项目之外，山东省文化和旅游厅和山东省体育局主导，其他政府部门积极配合，完成了一系列保障工作。积极打造体育旅游品牌知名度，截至目前，海阳旅游度假区、青岛奥帆中心等2家单位被国家旅游局、国家体育总局评为“国家体育旅游示范基地”，泰山国际登山比赛入选“国家体育旅游精品赛事”评定名单。临沂市费县许家崖航空飞行营地、泰安徂徕山航空飞行营地、栖霞市航空飞行营地等3家单位被评为“国家航空飞行营地示范单位”（全国仅15家）并授牌。于2020年完成了山东省体育旅游示范基地标准制定和首批评定工作，济南雪野航空科技体育公园等13家申报单位被评为首批省级体育旅游示范基地（见表2），深入实施“标准化＋”战略行动，将内外销产品“同线同标同质”工程实施范围进一步扩大至日用消费品企业。发布“2020年春节黄金周山东体育旅游精品线路”“2020年十一黄金周山东省体育旅游精品线路”，推出冰雪之旅、沿海徒步精品线路、运动休闲精品线路、颐养休闲之旅等17条精品体育旅游线路，引导人民群众进行合理体育旅游行为等。

表2　山东省首批省级体育旅游示范基地名单

所属地市	基地名称
济南市	雪野航空科技体育公园；济南卧虎山滑雪运动基地
青岛市	青岛宝湖马术小镇；青岛上合·国际马文化产业园
淄博市	齐文化传承创新示范区·足球小镇
东营市	黄河口体育旅游基地
烟台市	烟台招远黄金海自驾车运动营地；海阳国家沙滩体育健身基地
潍坊市	潍坊国际运动休闲小镇
济宁市	山东峄山风景区体育旅游基地
日照市	日照奥林匹克水上运动小镇
菏泽市	郓城水浒好汉城武术基地
临沂市	临沂雪山彩虹谷体育旅游基地

资料来源：山东省文化和旅游厅官网。

2. 机会："大旅游"时代到来，疫情引发健康观念转变

在我国"全域旅游"和"旅游＋"的旅游产业发展背景下，体育和旅游在扩大有效投资和消费方面的作用越发凸显。2019 年，我国国民经济平稳运行，人民生活持续改善，旅游消费意愿不断释放，居民旅游消费占消费总支出比例达到 18.8%。《2016 年体育旅游报告》数据显示，体育旅游目前仅占中国旅游市场的 5%左右，而发达国家此比重已达到 25%（见图 4），我国体育旅游的发展空间还很大。

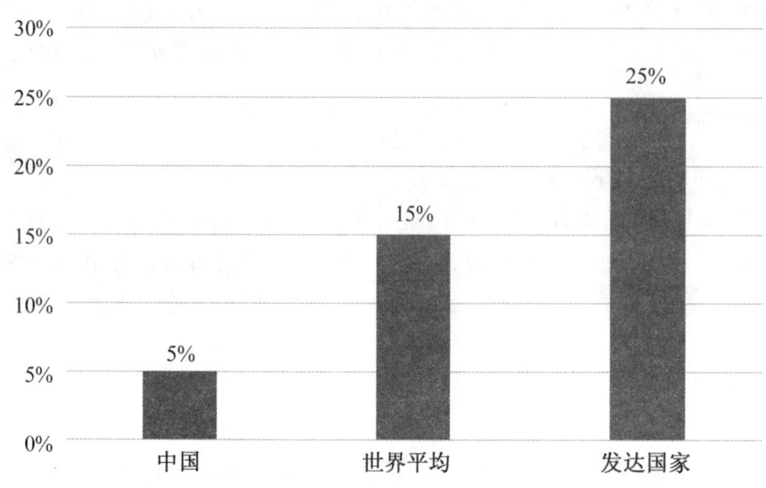

图 4　体育旅游占旅游市场的比重

疫情对旅游行业的冲击既是一个挑战，也是一个机会。2020 年，全社会、全行业积极克服新冠肺炎疫情的严重影响，山东省接待游客 5.77 亿人次，实现旅游收入 6019.7 亿元，分别恢复到 2019 年的 61.5%和 54.3%，走在全国前列。疫情之后，带有"防治"特征的产品受到青睐，运动、健身类产品需求大增，疫情影响不仅是短期冲击，亦将从深层次上重塑人们的生活方式，疫情将使人们健康消费动机更加显著，健康消费更加全面[①]，疫情后的旅游业，特别是体育旅游业的走向值得期待。

二、体育旅游发展实践经验

体育旅游产业是旅游业和体育业深度融合形成的新业态，兼具体育业和旅游业双重的产业特征，实质上是以体育资源为本体，以观光、体验、游历等旅游活动为形式的产业。山东体育旅游在实践发展的过程中，形成了一系列值得推广的经验做法。根据相关文献和现实情况，以下选取山东省内典型案例地进行归纳分析，总结典型做法。

（一）利用地理优势，开发创新性体育旅游项目

特色体育旅游项目往往要依托独特的地理优势，在地理优势十分明显的状况下，要利用本地区独特的条件创造性地开发体育旅游。要突破传统体育项目的桎梏，发展新型

① 参见朱迪：《"互联网＋疫情"背景下的青年生活方式及未来影响》，《青年探索》2020 年第2 期。

体育项目，开发特色产品，使价值增值。

以雪野航空科技体育公园和卧虎山滑雪场为例。雪野航空科技体育公园项目位于济南市雪野旅游区，目前是国家3A级旅游景区。其依托航空资源优势和优美的山水生态优势，以航空节为龙头，突出“运动、时尚、健康、生态”的理念，着力打造“水、陆、空”组合式特色旅游产品，重点发展空中、水上、陆地立体化运动休闲旅游，已发展成为集航空旅游观光、航空文化、航空运动、航空培训、休闲度假、会议会展、美食养生于一体的特色航空旅游主题公园。

卧虎山滑雪场项目位于济南市中心区域，同泰山一脉相连，与卧虎山水库一山之隔。其依托山地资源，开发了滑雪项目，设有雪道12条，其中高级道2条、中级道6条、初级道4条，待雪场规划建设全部完成后，将成为华东地区最大的旅游滑雪场。

(二)建设配套设施，打造综合性体育旅游产业园区

为游客提供较为快捷、舒适、方便的旅游环境，可供选择的消费模式多样，能够有效提高游客满意度。完善交通、通信、供电、供水、住宿、娱乐、餐饮、购物、旅游产品开发等基础配套设施，是加快体育旅游发展要解决的首要问题。综合性体育旅游园区在山东省较常见，目前已经有多家企业加大基础设施建设，形成了配套设施完善、主题鲜明的体育旅游项目。

以青岛上合·国际马文化产业园为例。该项目是国内首个马主题乐园，也是亚洲唯一一家集马术表演、马术公园为一体的综合性马主题产业园。青岛上合·国际马文化产业园集马术表演、体育赛事、旅游休闲、教育培训、文化交流、餐饮娱乐、配套服务七个功能为一体，主要包括旅游休闲、文化教育、体育赛事三大板块。其中，旅游休闲板块占地256亩，规划建设马术表演、亲子旅游、餐饮娱乐三大功能业态；文化教育板块规划建设教育培训、文化交流两大功能业态；体育赛事板块占地108亩，建有马球比赛场、马球训练场、比赛缓冲区、VIP会员尊享会所、接待中心、马主题艺术精品酒店等。

(三)把握城市标签，塑造标志性体育旅游产品

一个城市的标签是以文化发源，经历史沉淀，由人为渲染，被世人传颂而形成。每个城市都有属于自己的城市标签、城市形象或城市个性，都有自己的文脉。它不仅是区分彼此的重要标志，更是居于此的人们精神上共同的根与魂，比如南京“博爱之都”、香港“动感之都”、巴黎“优雅之都”等。体育旅游的发展除了要受到地理因素的影响，还要与城市标签相吻合。要在精准把握本城市标签的基础上，整体布局体育旅游产业，形成整体性的、代表性的、可持续的体育旅游体系。

以潍坊风筝系列体育旅游产品为例。“世界风筝之都”潍坊又称“鸢都”，被认为是世界风筝的发源地之一，制作风筝历史悠久，工艺精湛。潍坊立足于良好的地理优势、丰富的旅游资源和深厚的文化底蕴，把旅游作为城市发展的突破口，按照“一轴一线一环、海河湖联动、项目支撑、节会拉动”的总体思路，不断完善旅游产业布局，重点发展以潍坊风筝为主要代表的民俗体育旅游，使之成为在全国乃至世界享有盛誉的“标志性体育旅游产品”。依托潍坊国际风筝会、世界风筝锦标赛、风筝冲浪世锦赛、环湖骑行大赛等体育

旅游项目，潍坊形成了以风筝为核心，以海河湖为支撑的独特体育旅游文化，加上优美的自然风光，使得大批外地游客慕名而来，体育旅游成为潍坊旅游的新亮点。据不完全统计，风筝会期间，前来潍坊进行体育比赛、文艺演出、经贸洽谈、观光旅游、对外交流、理论研讨、新闻报道的客商达到十几万人次。

（四）挖掘体育文化，推动体旅文融合发展

旅游活动追求的是生理与心理的双重体验，因此，体育旅游不能注重单一的体育运动，而要注入文化元素，给予体育旅游活动以灵魂。"体育＋旅游＋文化"的融合发展，为旅游业注入更加优质、更富吸引力的文化内容，为文化传承和体育发展注入新的内生动力。

以郓城水浒好汉城武术基地为例。该项目是集明清古建筑群、武术教学与培训、武术及水浒情景剧表演、研学旅行新业态、餐饮娱乐休闲健身于一体的综合体育旅游聚集区。项目所在地郓城始建于公元前587年，是名副其实的千年古县，自建城以来就和武术、军事有着密切的联系，是中国好汉之乡和全国闻名的武术之乡。该基地依托于自身优势，注重创新运作，积极开展体育项目及赛事。该基地把水浒文化与中国武术结合起来，开展武术比赛、武术表演、武术修学旅游、武术研究等活动，吸引水浒爱好者和武术爱好者汇集郓城，以武促旅。现景区拥有散打、套路、拳击、跆拳道等现代竞技体育项目，状元大刀、十八般兵器等传统武术项目，以及大洪拳等非遗项目，另有武术研学、足球、冰球、水上高尔夫、自行车环湖赛等群众性体育项目。

三、体育旅游发展模式总结

山东体育旅游的类型多种多样。在探讨发展路径之前，本文按照专业程度、依托资源、旅游形式等属性，将山东体育旅游发展模式分为竞技赛事型、民俗节庆型、休闲康养型三大类，总结三类发展模式的特性、发展条件和注意事项。

（一）竞技赛事型

竞技赛事型体育旅游是指以竞技体育赛事为基础，吸引旅行者从异地进入赛事活动举办地参赛或观赛而引发的旅游活动，是最基础的体育旅游类型。竞技赛事型的体育游客多为体育爱好者，具有较为专业的体育素养，其目的主要是获得体育运动方面的提升或经历，比如泰山国际登山比赛、威海铁人三项世界杯赛、青岛·崂山100公里国际山地越野挑战赛等体育赛事。这些体育赛事不仅带动团体游客或个体游客奔赴异地作为选手参赛，也吸引了一大批观赛者，具有一人参赛多人旅游，一日比赛多日停留，单人竞赛多人消费的独特优势[①]，有效拉动当地的餐饮、住宿、娱乐、交通等旅游相关产业的消费。

如前所述，山东地形的多样性特征为多项运动提供了天然场地，可以举办高要求的专业性体育赛事，也可以举办马拉松、垂钓等偏休闲的群众性体育赛事。在举办过程中，要注意体育和旅游的深度融合，将当地旅游品牌和文化特征融入体育赛事中，加强体育和旅游

---

① 参见刘传海：《我国海洋体育旅游发展研究》，《体育文化导刊》2019年第10期。

联动，以赛事拉动消费，推动体育知名度和旅游知名度相辅相成，打造与本地文化相适应的体育旅游精品赛事。

(二)民俗节庆型

传统节庆型体育旅游是指结合民族传统节庆活动，开展各式各样观赏性或参与性的民间民俗体育活动来满足旅行者感知、体察当地民族特色文化需求的旅游形式。[①] 与竞技赛事型体育旅游相比，民俗节庆型更具休闲意味，更加大众化。民俗体育节庆和演艺等体育观赏游和参与游，登山、垂钓、赶海、旱船等体育体验游基本构成了山东省民俗体育旅游的内容体系。

山东省有多达 173 项国家级非物质遗产，其中与体育旅游有关的非遗有传统舞蹈类包括秧子、龙舞、鼓舞等 12 项，传统体育、游艺与杂技包括蹴鞠、螳螂拳、花毽等 14 项。这些国家级非物质文化遗产应当是山东民俗体育节庆和演艺的主要内容，而体育体验游的运动类型则更加多样化。要深入挖掘当地具有代表性的民俗文化，特别是自然旅游资源匮乏和同质化问题较为严重的地区，要在专业人士的指导下，开发和发展为集参观、娱乐、体验为一体的综合性节庆，同时要注意民俗节庆型体育旅游在全省域、全年度、全阶层的合理分配，弥补自然旅游资源受季节影响较大的缺陷，推动全省旅游业空间上和时间上的均衡发展。

(三)休闲康养型

休闲康养型体育旅游是指以健身休闲运动资源为基础条件，通过体验型体育旅游产品来满足旅行者休闲娱乐、体育健身等需求的旅游形式。这是发展体育旅游的重点，是体育与旅游结合最密切的部分。休闲康养型体育旅游与前两类发展模式最本质的区别是具有实体化、可持续、可长期规划的特点。例如，2020 年评定的山东省体育旅游示范基地，既包括烟台招远黄金海自驾车运动营地、济南卧虎山滑雪运动基地等户外运动基地，包括黄河口体育旅游基地、临沂雪山彩虹谷体育旅游基地等体育旅游基地，也包括潍坊国际运动休闲小镇、日照奥林匹克水上运动小镇等体育健身休闲综合体。这些体育旅游项目都具有鲜明主题。通过科学规划能够满足游客休闲、娱乐、健身、康养需求的实体，其发展模式都可概括为休闲康养型。

发展休闲康养型的体育旅游对传统文化和环境适宜度的要求相对宽松，针对的人群不仅限于体育爱好者或者民俗爱好者，而且针对全体大众，与全民健身的精神契合度很高。山东省各市可围绕良好的自然和生态资源，以市场需求为导向，发展集景区观光、运动健身以及康养度假为一体的休闲康养型体育旅游。要以户外运动基地、体育旅游基地和体育健身休闲综合体为重点，深入贯彻健康中国的要求，突破传统旅游业以观光活动为主的瓶颈，加入体验元素，打造一批具有综合性、带动性、代表性、可持续的休闲康养型体育旅游产业。

---

① 参见耿迪、王思悦、李尧、张颖、许军：《川西北民族地区体育旅游发展模式与优化路径》，《四川旅游学院学报》2021 年第 1 期。

四、体育旅游高质量发展的创新对策

体育旅游发展要遵循科学性、逻辑性原则,实行"三步走"战略。首先要设计出合理的、能够满足消费者需求的异质体育旅游产品;其次要扩大产品的知名度和美誉度,吸引国内外客源;最后要逐步形成自己的特色,推动体育旅游产品转化成与当地社会文化相契合的体育旅游品牌,并根据时代的要求不断改善和提升产品,赋予品牌鲜明的时代价值。按照以上逻辑,本文在总结山东体育旅游发展模式的基础上提出以"四化",即地域化、知名化、品牌化、智能化为主线的山东体育旅游发展创新对策,以期能够给予政府和产业一定指导,推动山东省体育旅游可持续发展。

(一)设计特色产品,打造地域化体育旅游产业集群

从地形、文化上看,山东省各市的旅游业发展情况具有明显的分区域化特征:东部沿海地区形成以青岛、烟台、威海为中心的滨海旅游产业集群;中西部丘陵地区形成以泰山、沂蒙山等山地为中心的森林山地旅游文化集群;中部平原地区形成以济南为中心的文化旅游产业集群。在开发体育旅游产品时,各地不可放任市场主体无序、无组织地单兵作战。在推进体育旅游深度融合的同时,应形成整体性的规划和指导,可以多市联合协作进一步挖掘地域资源特色,设计符合本地域资源特色的系列产品,推动形成不同地理区域特点的体育旅游集聚区或集群区,要利用产业集聚效应,提高整体的产业竞争力,推动体育旅游品牌的产生。

滨海体育旅游资源以水上资源为主。在现代旅游业中,有所谓"3S"(Sun,Sea,Sand),指的是太阳、海洋和沙滩。这三种最受人们欢迎的旅游资源都与海洋有关,与这三种资源相关的运动类型自然成为滨海体育旅游的主要产品,包括游泳、潜水、帆船帆板、游艇、龙舟、冲浪、沙滩排球、沙雕、攀岩、悬崖跳水、悬挂滑翔机、滑翔伞等。省政府《关于印发山东省精品旅游发展专项规划(2018～2022年)的通知》(鲁政字〔2018〕256号)强调要发展高端海洋旅游,明确指出深入落实经略海洋战略,大力发展海滨、近海、深海休闲度假旅游,打造青烟威精品海洋旅游发展高地和国际知名的"仙境海岸"滨海旅游目的地。可以说,在政府的大力支持下,山东滨海旅游市场已经初具规模和知名度,但是聚焦到体育旅游这个细分市场上,仍然存在很多问题和发展潜力。首先是滨海体育旅游市场需求不足。截至2020年底,上述提及的潜水、帆船帆板、游艇等项目,大多是小众市场,应将这些体育项目根据市场需求简单化、大众化。其次是滨海体育旅游具有明显的季节性特征,客流分布不平衡,冬春季是旅游淡季,可以采取开发海水温泉、组织公司素拓等方式弥补季节性限制。最后是生态保护问题。近年来,一些沿海沙滩时常出现大面积的浒苔涌入的现象,而在粗放型经济增长过程中,因企业产生工业化污染而引起的海水质量下降问题日渐严重,这些都严重地制约着海洋体育项目的开展。

山地体育旅游资源以森林、山地资源为主,山地地形起伏较大,生态环境具有多样性,为登山、攀岩、山地赛车、滑翔伞、蹦极、滑雪等运动提供了天然的场所。山地体育旅游的创新发展路径可以分为两条:一条是与康养旅游相融合。山区的现代化和城镇化开

发程度较低，是休闲康养旅游最普遍的目的地，符合深入实施健康中国战略的要求，推动参与性、体验性的体育旅游向深度运动参与、健康的方向加速迭代，体育与旅游优势叠加效应将进一步放大，产业相互赋能更加凸显，体育旅游健康、生态内核亦将深度彰显。另一条是与文化旅游相融合。山地体育旅游属于文化产业的重要组成部分。充分开发并利用我国山地资源，深入挖掘文化背后的经济价值，有利于进一步扩大山地体育的现实影响力。应致力于挖掘山脉、地脉独特的人文价值，在发展山地体育的同时搭建通往游客心灵的“桥梁”，唤起本地游客和外来游客对特色名山的向往。京西灵山案例可以为山地体育旅游开发提供一定思路。他们以山地为载体，构建“1＋X”山地旅游开发模式；利用灵山层次分明的地貌景观，构建“山地立体生态圈”开发理念，构建“山地休闲度假生态圈模式”；借助“四极”（运动极、童话极、草甸极、雾天极），聚力打造四季全时休闲旅游结构。

相比于海洋和山地体育旅游资源，平原体育旅游资源较为普遍，除了可开展马拉松、垂钓、自驾游等常规活动，重点应放在文化体育资源开发上，即民俗类体育资源，形成具有代表性和知名度的节庆活动，并依靠文化的独有性吸引省外甚至国际游客。可依托台儿庄古城、青州古城、济南明府城等知名景点和历史文化街区，在充分挖掘当地体育相关民俗的基础上，联合开展一系列节庆活动，充分展示文化资源和自然资源基础上的体育旅游特色。

（二）形成多维营销体系，扩大体育旅游产品知名度

在设计出具有特色的、优质的体育旅游产品之后，要想在将来获得良好的发展，选取科学有效的营销路径与方法将成为主要任务。

多维营销体系要求以政府为主导，联合企业和媒体进行全方位的多渠道营销。首先，要重视线上营销。将优质体育旅游产品与国家政策和大众需求紧密结合，设计和制作脍炙人口的推广口号和使人印象深刻的宣传片、媒体报道等。要利用电视、网络、社交软件进行宣传，制造良好的体育旅游氛围，使人们更直接、更具体地感受体育旅游的乐趣和意义。其次，要重视线下渠道。政府要加强与其他省份的合作，开展体育旅游推介会和会展，在宣传山东体育旅游产品的同时，学习和借鉴其他省份的经验。

多维营销体系要求政府要采用多元化、立体化的营销策略。首先，采用整体营销策略。要打破各地区的行政界线，整合地域化体育旅游资源和产品，将分布在各市并且特色各异的体育旅游资源点线相连，统一策划包装，整体宣传促销，共同塑造地域化体育旅游形象。其次，要做好市场细分工作，采取精准营销策略。年龄、职业、爱好等特征不同的群体对体育旅游产品的需求有不同的侧重点，比如中老年人较偏爱传统、和缓的体育旅游产品，而年轻人则想要尝试刺激、新兴的体育旅游产品，所以在选定营销对象时，要准确把握消费者特征，进行精准营销，提高营销工作的效率。最后，要做到个性定制化营销。营销的过程也是摸清市场需求的好机会。以九龙山国际运动休闲度假区为例，其以运动休闲为核心，以私享定制为手法，以高端商务交流为模式，以森林养生、温泉度假作为产业延伸，通过多元产品的设计，打造全国首个定制型运动休闲之城。

（三）形成体育旅游品牌，增强核心竞争力

品牌对于任何一个产业的发展都具有非常重要的作用。体育旅游产品质量与品牌的一致性可以使消费者对该品牌产生信任，可以有效预测消费者对赛事品牌的承诺，而品牌的信任度和对品牌承诺可以极大地推动消费者的活动参与热度。品牌的树立和拓展，不仅可以提高产品知名度和扩大产业销路，还可以带动相关产业发展，推动体育旅游产业获得更好的发展。山东体育旅游要走“以品牌带品牌，以品牌推品牌”之路。

体育旅游品牌的打造需要科学宣传，要想使游客产生重游行为和推荐意向，就要不断增强体育旅游产品的核心竞争力。增强核心竞争力有多条原则，本文认为最核心的原则是守成与创新结合，防止核心刚度。这就要求政府要合理指导企业进行横向一体化和纵向一体化，当已经形成品牌核心竞争力时，不能故步自封，坚守本业，也不能一味扩张，削弱本业的地位。山东临沂蒙山登山健身步道现如今是山东省内唯一的国家级登山健身步道，已经初步形成体育旅游品牌。近年来，步道陆续承办了国家登山健身步道联赛山东蒙山站、蒙山国际帐篷节等一系列丰富多彩的全民健身活动，步道已被国家体育总局评为 2019 中国体育旅游精品线路，被山东省体育局命名为“山东省体育产业示范项目”。这便是守成，是核心竞争力的体现。

（四）科技赋能，推进智慧体育旅游进程

2020 年的新冠疫情无疑给旅游业一大重击，但纵观此次疫情危机，科技赋能产业和线上运营逆势而上，迸发出了不少火花，给各行业不少启发。体育旅游产品虽然是以体验性强为主要特征，但是体育旅游产品的更新要紧跟时代潮流。要跳出原有产品体系，采用智慧营销，提供智慧服务，设计智慧产品，推进智慧体育旅游进程。从市场需求角度看，消费者日常消费模式发生了变化，“宅经济”快速发展，体育旅游产业应从营销、服务、产品三个方面入手，加快运用智能化、科技化助推产品提档升级。

首先是智慧营销。体育旅游产业应建立游客信息反馈数据收集及智能分析系统，一方面要通过大数据与人工智能的运用，锁定体育旅游不同需求，精准匹配、推送体育旅游产品与服务，实现高效数字化营销和精准营销；另一方面要为游客提供发布游记和评论的场所，不仅可以根据游客的建议改进体育旅游产品，还可以形成口碑效应，产生二级营销的效果。其次是智慧服务。除了旅游业中可以普遍应用的智慧点单、智慧预订等服务，体育旅游因其体验性强，在体育运动的前期培训、中期训练、后期体验可以运用智慧服务的场景更多样化。比如在滑雪运动中，在准备阶段可以利用智能化设备辅助游客准确挑选适合自己尺寸和风格的雪靴、雪杖、滑雪板等滑雪设备；在培训阶段为了降低滑雪场的人力成本，可以利用 MR、AR 等虚拟现实技术让初学者在小范围内实现自主培训；在训练和体验阶段则可以引入智能定位设备，保证游客的人身安全。最后是智慧产品。通过体育旅游数字化场景感知、运动社交沉浸式的情境化体验等线上体育旅游业态创新，打造多元化体育旅游消费场景，满足人们个性化、多元化的体育旅游需求，有效推动体育旅游行业线上与线下的优势叠加、相互赋能。比如受疫情影响延期举办的 2020 武汉线上马拉松，启动 12 小时，共有 25 万余名跑友积极参与，其中武汉以外的跑友超过七成，充分体现了智慧体育旅游的活力。

康养旅游高质量发展的创新实践

许 峰　詹崔婧　李帅帅*

摘　要:康养旅游产业规模在全球范围内迅速扩张,相较而言,我国康养旅游尚处于起步阶段,存在巨大的成长空间。在此背景下,山东省加快布局康养旅游产业,推动康养旅游目的地城市建设,支持康养旅游项目落地。本文在分析山东省康养旅游发展现状、梳理各市康养旅游产业发展概况、整合山东省康养旅游项目开发典型案例的基础上分析现阶段山东省康养旅游发展存在问题,并据此提出针对性建议。

关键词:康养旅游;最新发展;未来选择

康养旅游是经济体量庞大的旅游产业与康养产业的交叉产业。新千年以来,伴随着金融、旅游、房地产行业的深度融合,"康养+旅游"双轨发展模式在全球范围内铺开。2013年,全球康养研究所(Global Wellness Institute,GWI)首次发布了《全球康养旅游经济报告》,这项具有里程碑意义的报告定义了新兴的康养旅游产业,强调了其深远的经济意义。据GWI估计,康养旅游的增长速度将达到一般旅游业的两倍以上。

受国家顶层设计的推动、消费市场的刺激,康养旅游已经成为我国从省、市、县再到风景区等各级政府及管理部门的重要布局方向。原国家旅游局也通过打造中国康养旅游示范基地,来逐步规范康养旅游市场。山东省作为新旧动能转换的综合示范区和旅游资源大省,康养旅游产业是山东省布局的五个前瞻性产业之一,也是实施新旧动能转换的重要产业。[①] 在国家陆续出台政策鼓励发展养老养生、中医药健康产业的大背景下,山东省以提高发展质量和效益为中心,以打造万亿级产业为目标,以创建全国医养结合示范省和建设国家健康医疗大数据北方中心为抓手,围绕"医药养食游"等重点领域,着力转变发展方式、优化产业结构、转化增长动力,推动医疗、养老、养生、文化、旅游、体育等多种业态深度融合发展,扩大医养健康产品供给,完善全方位、全周期医养健康产业链条,顺应旅游业转型升级趋势,带动康养旅游产业高质量发展,呈现出良好的发展势头。

---

* 作者简介:许峰(1975～),山东大学管理学院教授;詹崔婧(1997～),女,山东大学管理学院2019级硕士研究生;李帅帅(1990～),山东大学管理学院助理研究员。

① 参见杨锐:《新旧动能转换背景下康养旅游产业创新发展研究——以山东省为例》,《延边党校学报》2020年第2期。

一、康养旅游发展现状

（一）康养旅游发展环境

近年来，山东省人口老龄化程度持续加深，并且呈现出基数大、增速快，失能、高龄、空巢老年人多等特点，是全国应对人口老龄化任务较重的省份。如图 1 所示，根据《山东省统计年鉴》，2010～2019 年间，65 岁及以上老年人数占人口总量的比重逐年增长，从 2010 年的 9.9％增长至 2019 年的 15.8％，占比超过 15％，高于全国平均水平，山东省进入中度老龄化阶段。此外，0～14 岁区间人口数量占比由 2010 年的 15.7％增长至 2019 年的 18％，呈现总体增长态势。而处于 15～64 岁的人口比重由 2010 年的 74.4％降至 2019 年的 66.2％，呈现出较为快速的下降趋势。当前，山东省老年人口、青少年人口增多，而具备劳动能力的青壮年人口比重下降，预计到 2035 年，山东全省老年人口占比将达 30％，进入深度老龄化社会。

与此同时，如图 2、图 3 所示，2010～2019 年间，山东省居民人均可支配收入呈现稳步增长态势，由 2010 年的 12922 元增长至 2019 年的 31597 元。山东省城镇居民医疗保健支出也经历了显著增长，从 2010 年的 869 元/人增长至 2019 年的 2184 元/人。其中，2014 年后，山东省城镇居民医疗保健支出的增长速率高于 2014 年前。

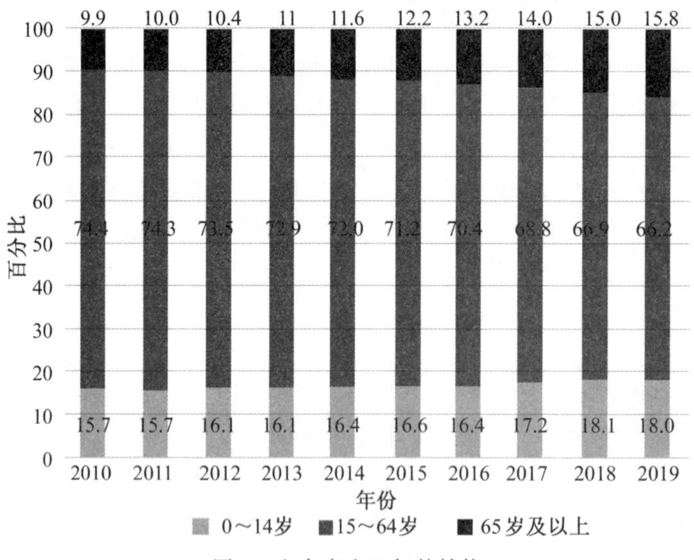

图 1 山东省人口年龄结构

数据来源：《山东省统计年鉴》（2010～2019）。

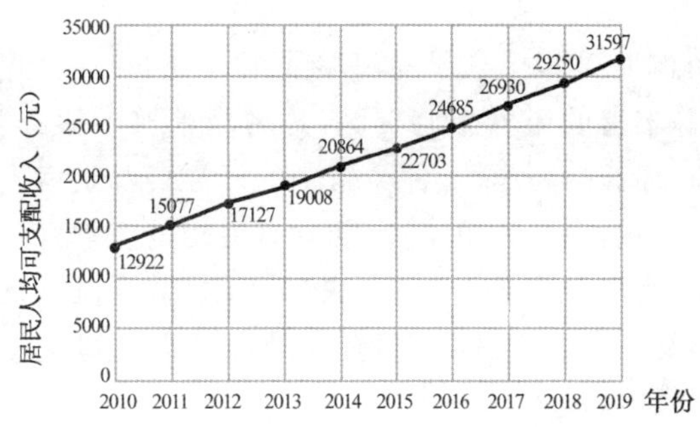

图 2　山东省居民人均可支配收入(2010～2019)

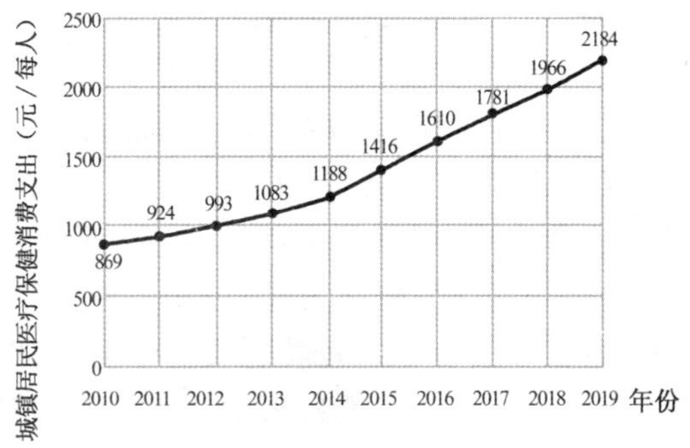

图 3　山东省城镇居民医疗保健消费人均支出

数据来源:《山东省统计年鉴》(2010～2019)。

山东省当前人口结构的变化意味着青少年、老年群体数量增长,青壮年人群赡养家庭压力增大,针对青少年群体的亚健康防治、心理诊疗、运动休闲,针对中老年人群的慢性病管理、营养膳食、老年疗养以及针对工作群体的养心养神、康养度假需求大幅增长,喷薄而出的休闲健康养生需求成为康养旅游扎根的土壤。

(二)康养旅游产业现状

山东省地处中国大陆东部的南北交通要道,位于三大直辖市(北京、天津和上海)之间,承接南北、连贯东西,是沿黄经济带与环渤海经济圈的交汇地带,也是连接华北与华东地区的重要纽带,具备发展康养旅游产业的基本条件

1. 政策先行,引领产学研用

山东省大力实施新旧动能转换重大工程,加快推进以“四新”促“四化”,积极创建全国医养结合示范省,并将医养健康产业作为全省新旧动能转换的“十强”产业之一,明确提出到 2022 年打造万亿级医养健康产业的发展目标,全省对医养健康产业的支持力度将持续加大。山东省“十四五”规划和 2035 年远景目标建议中,“健康山东”再一次被突出强调,山东省将把保障人民健康放在优先发展的战略位置,健全健康融入所有政策的体制机制,推动以治病为中心向以健康为中心转变。种种举措为山东省康养旅游提供了良好的发展环境。

2.资源优渥，康养类型多样

山东拥有雄厚的资源基础。山东半岛海岸线绵延3000多公里，汇集滨海、湖泊、山地、田园、森林、中医药等丰富的康养旅游资源，是名副其实的康养福地。山东省东部地区拥有丰富的海洋资源，绵长的海岸线、种类繁多的海洋产品适宜开发滨海康养旅游；中部和西南部以山地地形为主，森林资源丰富，既具有突出的避暑疗养功能，也孕育了众多珍稀物种和名贵中草药，为森林康养、中医药康养、山地康养提供良好的空间；北部和西北部平原地区是全国重要的农业产区，也拥有大量历史文化遗迹，适合挖掘历史文化资源，开发田园康养、文化康养。

3.布局清晰，产业基础雄厚

山东省医养健康资源丰富，科技人才支撑较强，拥有一批国家级重大创新平台，初步形成了一批医养健康产业集聚地，是国家健康医疗大数据中心建设试点省。实施新旧动能转换重大工程以来，医养健康产业与精品旅游产业被列为山东省新旧动能转换十强产业。2019年，山东省发布了首个健康产业规划《山东省医养健康产业发展规划(2018～2022年)》，发展规划确定了“三核引领，三带聚集，多点支撑”的医养健康产业区域发展格局，充分发挥济南、青岛、烟台产业基础优势，打造蓝色海洋健康产业带、运河养生健康产业带、鲁中南山区健康产业带，并结合各地产业特色确定了健康食品、健康旅游、养老养生、健康文化、医疗器械、生物医药等六个产业发展支撑点，努力把医养健康产业培育成为山东省新的经济增长点和重要支柱产业，在此基础上发展康养旅游具有得天独厚的优势。

4.高校云集，人才供给充裕

山东具有145所大学，包括78所专科院校和67所本科院校，其中包括山东大学齐鲁医学院、山东中医药大学、青岛大学医学院、泰山医学院、滨州医学院、济宁医学院等医学类院校。济南护理职业学院围绕服务“健康山东”“康养济南”建设，新增设了针灸推拿、医学营养、中医康复技术、医学检测、老年服务与管理、幼儿发育与健康管理等6个专业，直接培养面向服务康养产业和养老服务业的技术技能人才。威海职业学院则在2004年即开设康养学院，设有食品营养与检测、药品质量与安全、药品生物技术、环境监测与治理、应用化工技术五个专业。各院校能够与康养产业需求进行对接，为康养产业发展、医药科研创新提供强大的人才支撑。

当前，山东省康养旅游发展已经取得一定的成果。2018年，山东省阿胶世界、庆云养生基地、台儿庄古城、华茂集团等四家单位获评首批国家中医药健康旅游示范基地创建单位。2020年4月，山东省文化和旅游厅、山东省卫生健康委员会命名山东宏济堂等重视传播中医药文化、普及科学知识，具备比较丰富的养心、养生、健康、休闲度假产品和业态的7家创建基地为首批“山东省中医药健康旅游示范基地”。2020年6月，第一批96个国家森林康养基地名单出炉，山东省桃花岗森林康养基地、寿光林发集团森林康养基地、牛郎山森林康养基地、获鹿山谷等四家单位获公示。2020年12月，山东省文化和旅游厅、山东省卫生健康委员会命名济南房干森林康养旅游基地、青岛海泉湾康养旅游基地、灵山岛森林康养旅游基地、中郝峪幽幽谷、仙坛山温泉小镇、东营揽翠湖康旅文化小镇等18家申报单位为首批省级康养旅游示范基地(见表1)。2020年12月，第八届中国旅游产业发展年会发布了“中国十强康养旅游目的地”奖项，山东青岛获此殊荣。

表 1　山东省各类康养旅游示范单位名单

	国家森林康养基地	国家中医药健康旅游示范基地创建单位	山东省中医药健康旅游示范基地	山东省省级康养旅游示范基地
济南	—	—	山东宏济堂中医药健康旅游基地；山东省中医药博物馆	房干森林康养旅游基地
青岛	—	—	青岛玫瑰圣地中医药健康旅游基地	青岛海泉湾康养旅游基地；灵山岛森林康养旅游基地
淄博	—	—	山东鲁山神农药谷中医药健康旅游基地；岜山中医药健康旅游基地	中郝峪幽幽谷
枣庄	—	台儿庄古城	—	仙坛山温泉小镇
东营	—	—	—	东营揽翠湖康旅文化小镇
烟台	—	—	山东省中医药文化博物馆	烟台龙口南山养生谷小镇；烟台磁山温泉小镇
潍坊	寿光林发集团森林康养基地；获鹿山谷	山东华茂集团	—	竹山生态谷森林康养旅游基地
济宁	桃花岗森林康养基地；牛郎山森林康养基地	东阿阿胶世界	—	山东万紫千红生态养生旅游区
泰安	—	—	—	泰安市徂汶景区泰山温泉城
威海	—	—	—	威海天沐温泉度假区；那香海文旅度假小镇
日照	—	—	日照中加国际中医药健康旅游基地	浮来青茶养生康养旅游基地
临沂	—	—	—	天蒙药谷康养旅游基地
德州	—	庆云养生基地	—	德百温泉旅游小镇
聊城	—	—	—	东阿阿胶康养旅游综合体
滨州	—	—	—	—
菏泽	—	—	—	鲁西南记忆温泉康养基地

二、各市康养旅游目的地建设概况

近年来,在国家健康战略支撑下,在地方政策支持下,山东省持续强化核心引领、带状集聚、多点支撑,整体构筑了“三核三带多点”的康养产业三维区域布局。一是“三核引领”,济南、青岛、烟台依托产业基础优势,率先实现突破发展,打造全省医养健康产业发展高地。二是“三带集聚”,由青岛、东营、烟台、潍坊、威海、日照、滨州七市组成“蓝色海洋健康产业带”,由济南、枣庄、济宁、德州、聊城、菏泽六市组成“运河养生健康产业带”,由泰安、淄博、临沂三市组成“鲁中南山区健康产业带”。三是“多点支撑”,各市依托产业特色与地域资源优势形成潍坊(健康食品)、济宁(健康文化)、菏泽(生物医药)等多个产业发展支撑点。在此基础上,山东省16市纷纷着手开展康养旅游目的地建设,各地依托地方的自然资源、人文历史、产业基础等优势,开发了丰富的康养旅游产品。

(一)济南市

济南市在2020年制定国民经济和社会发展“十四五”规划和2035年远景目标时提出,要在“十四五”期间基本建成科创济南、制造济南、文化济南、生态济南、康养济南,加快建设“大强美富通”现代化国际大都市,康养成为济南高质量发展的强劲赛道。[①] 济南承接南北、连贯东西,位于环渤海南翼、京沪之间,在建设康养目的地方面具备独特的资源条件与深厚的产业基础,是不可多得的康养福地。近年来,济南市致力于打造“泉城济南·康养名城”城市旅游品牌,整合泉水、古城、老商埠、乡村、名山、森林、温泉、滑雪、露营以及深厚的历史文化等资源,积极策划具有泉城特色的医疗康养类旅游项目。济南市重点推进黄河国家湿地公园、济西湿地公园、万达文体旅游城、明水古城、华侨城绣源河文旅综合体等休闲康养大项目;打出“济南温泉”品牌,推动建设北纬37°温泉悠养小镇、恒健温泉康养城等富有泉城特色的温泉养生休闲集聚区;打响“扁鹊故里,齐鲁中医”品牌,推进宏济堂、福胶小镇等中医药健康旅游示范基地建设;塑造“泉城济南·康养名城”城市旅游品牌形象,组织了山东(济南)国际旅交会、国际泉水冬泳节、国际定向寻泉赛、夜休闲文化旅游节、泉水节等节会活动,因地制宜打造原生态与现代康养方式相结合的“高端引领全球知名”的国际康养名城。

(二)青岛市

青岛市是国务院批准的山东半岛蓝色经济区核心区的龙头城市。近年来,青岛市围绕“把青岛打造成为更加富有活力、更加时尚美丽、更加独具魅力的国际一流滨海度假旅游胜地”的目标,在“新旅游时代”保持特有的海洋文化品牌特色及优势的海洋康养文化旅游新形式,让集自然滨海景观、康养文化、滨海旅游度假、健康管理、养生保健于一体的

---

① 参见清绝、刘悦琛:《康养济南,托起“健康城市”新起点》,《走向世界》2020年第51期。

新型旅游创新产业模式惠及当地居民乃至旅游者。① 当前，青岛市以藏马山国际旅游度假区为龙头，打造集健康医疗、温泉理疗、养生养老、绿色居住、绿色食品等功能于一体的健康旅游集群；重点开发崂山湾“国际生态健康城”，打造“国际尖端诊疗健康枢纽、全球前沿健康产业创新中心、东北亚高端健康旅游目的地”；重点开发玫瑰圣地中医药健康旅游基地，以玫瑰产业为主导，集玫瑰种植、玫瑰珍稀品种、玫瑰产品生产开发、旅游观光、康养休闲、度假居住、科研教育为一体，入选了首批“山东省中医药健康旅游示范基地”名单；重点开发青岛明月海洋健康小镇，围绕“海洋生活健康新方式”主题，建成全龄化颐乐复合型小镇。此外，青岛闽江路商圈为人所熟知的China公社文化创意产业园也正瞄准康养旅游进行重新定位。转型后，China公社将以中医健康文化为主题，设计建设养生谷，形成精神（情志）养生、强身（功法）养生、休闲（文旅）养生、医疗（诊治）养生、滋养（产品）商城等五位一体的养生体验系统，打造养生消费聚集区、康养产业孵化器、文化旅游目的地。

（三）烟台市

烟台市致力于打造“仙境海岸·鲜美烟台”城市旅游品牌。烟台市依托海洋性气候优势及独特的仙道文化，构建集海洋文化、森林文化于一体，融合道家养生、智慧国学、海洋理疗、健康运动的内外兼修康养模式，目前已初步形成以康养旅居、康养休闲、康养游乐为主的旅游产品体系。② 当前，烟台市重点打造桃源仙谷国际康养小镇，以国际康养理疗为特色，中西结合，使道家修身养性哲学和国际先进康养理念相结合，为城市全龄高端家庭客群打造一个集康养理疗、休闲度假、亲子娱乐、文化传承、艺术体验等功能于一体的康养小镇；重点打造磁山温泉小镇，依托于富含矿物质微量元素，具有突出养生保健功效的磁山温泉水资源，开发了一个以温泉为特色，以养生养老为主题的旅游新业态社区。烟台作为最适合人类居住的城市之一，已初步形成以康养旅居、康养休闲、康养游乐为主的旅游产品体系，开发了特色医疗、疗养康复、美容保健等康体养生旅游项目，龙口南山康养谷区域内相继成立了三甲医院、康养保健中心、国际休闲疗养中心等康养养老设施，并依托国家级森林公园、绵长的海岸线、高尔夫球场、原始黑松林等优质资源，主打福寿文化，发展康养度假，康养旅居模式已初见成效。

（四）淄博市

淄博市依托独特的自然生态资源和健康制造业资源优势，推动医养健康与文化旅游深度融合，并利用优质自然条件，开发抗霾、养心、灵修等康养项目。淄博市深入挖掘中医养生、太极健身等资源，推进岜山集团建设国家级中医药健康旅游示范基地；充分利用鲁山、原山、黄河、马踏湖等自然资源，建设集医疗康复、养生保健、温泉疗养等为一体的健康旅游聚集区；深入挖掘“聊斋”文化，以影视、文化、旅游、康养四大板块为核心挖掘鬼

---

① 参见王盼盼、韩呈毅、刘森：《基于健康中国2030战略下的海洋生态康养文化旅游研究——以青岛市为例》，《城市建筑》2020年第24期。

② 参见张馨予、吕春莉：《健康中国背景下烟台康养旅游发展对策浅析》，《中外企业家》2018年第15期。

谷子的文化背景,开发“中国淄博鬼谷生态旅游区”项目;充分依托森林资源,中郝峪村开发森林康养、中医药康养、户外运动、生态观光、民俗体验、避暑休闲等旅游产品,发展以养生健身、保健康复、医疗养老、修身养性为核心的康养旅游产业。

(五)枣庄市

枣庄市发挥自然旅游资源优势,突出生态建设,发展康养旅游,初步形成了以峄城区、台儿庄区、山亭区为代表的健康旅游等养老休闲产业基地,并通过跨界整合中医药、康养、文旅三大领域,实行中医康养、中医药种植、城市经济＋智慧小镇为核心竞争力的“3＋1”产业模式。2020 年,枣庄市重点推出了灵芝湖中医药康养小镇建设项目,打造“健康中国行动”示范新基地、文化旅游新标杆、乡村振兴新实践,通过康养小镇建设,带动灵芝湖周边 14 个村居发展;打造山亭与枣庄新城区融合发展的通道枢纽,实现城乡一体融合发展。2020 年 6 月 5 日,国家森林康养基地(第一批)名单公布,山东省共 4 家基地当选,枣庄市市中区永安牛郎山森林康养基地位列其中。牛郎山国家森林康养基地历史底蕴丰富、自然优美、地质独特,是枣庄市重要的康养旅游资源,也是新旧城区的后花园,其中建设有红色影视基地。本次入选国家森林康养基地对于枣庄市森林康养的开发打造具有重大意义。

(六)东营市

东营市紧紧围绕“打造黄河入海文化旅游目的地”的目标定位,充分利用“河海交汇,新生湿地,野生鸟类”三大世界级旅游资源,打响“黄河入海,我们回家”旅游品牌,实施康养旅游融合计划,打造一批康养示范项目。东营市重点打造龙居黄河森林旅游区,包含龙栖湿地公园、龙居桃花岛、利丰度假村、黄河同心圆、天牧园中草药基地、龙居人家温泉民宿、河畔林语桑蚕人家等景点,是集观光旅游、研学体验、休闲康养、会务接待于一体的综合性旅游区;重点打造龙居林海小镇,打造以就业实训、温泉理疗养生、康复医疗、高效生态示范观光农业、地域文化小镇五大主题为主的生态旅游小镇;重点打造揽翠湖康养小镇,以高尔夫和温泉为主,综合开发运动休闲、康体娱乐、生态观光、商务会议等项目。

(七)临沂市

临沂市立足于“康养圣地·生态沂蒙”的城市品牌,以国家全域旅游示范市建设为契机,发挥特色资源优势,通过示范项目带动,旨在建设成为国内知名的,以长寿、生态、休闲养生为特色的健康旅游目的地。临沂现阶段的康养旅游产品主要依托于当地的温泉资源,致力于弘扬汤泉文化。此外,临沂还着眼于“康养旅游＋体育”的目的地建设,由山东亲情沂蒙旅游有限公司与浙江瑞林景观工程有限公司签约打造了集体育赛事、休闲健身、康养医疗、农业体验、体育培训、民俗文化于一体的“彩虹文化运动休闲特色小镇”项目。今后,临沂将着眼于开发利用森林资源,围绕蒙山区域,投资 30 亿元,打造蒙山国际医疗健康养老养生中心,形成集旅游养老、健康管理、养生健身等产业于一体的森林康养产业集群。

（八）威海市

威海市紧盯康养旅游优势资源，聚焦打造康养旅游产业集群，先后出台《威海市康养旅游产业集群三年行动计划》《威海市医养健康产业发展规划（2018～2020）》等产业规划，高标准谋划康养旅游产业发展布局，塑造"四季威海·康养福地"品牌，致力于建设国内领先、国际一流的康养旅游产业基地，打造具有较强国际影响力和区域特色的"健康之都"。结合滨海、气候、环境、生态、文化等综合条件，威海市突出昆嵛山、圣经山等四座名山，汤泊、天沐等五处温泉等优势，重点构建以康养文化为灵魂，以康养地产和康养旅游为龙头，集康养服务、康养培训、康养会展、康养食品种养、康养产品加工、康养设备制造等于一体的康养产业体系。威海市将康养产业融入城市发展全局，为健康城市建设注入"健康基因"，优化康养健康产业发展环境，打造"双核、三带、六个基地"，围绕"医、药、养、食、游"等重点领域，把医养健康产业培育成新的经济增长点和支柱产业。随着威海冬季休闲康养旅游品牌越来越响亮，近年来，为进一步打响"四季威海·康养福地"的城市品牌，打造"舌尖上"的康养威海，威海市旅游发展委员会、市旅游行业协会主办了健康养生餐饮品质提升行动，以"春夏秋冬"四季为主线，挖掘出"春之生、夏之长、秋之收、冬之藏"四大主题养生菜品，为"四季威海·康养福地"品牌注入新的内涵。

（九）潍坊市

潍坊市以打造"北海盐汤·温馨海岸"为目标，精心打造人与自然和谐共存，集冬季温泉度假、夏季戏水游乐、温泉康体养生于一体的综合性旅游度假区。潍坊市致力于提升温泉度假品位，发展康养主题温泉，引入温泉医院，以温泉养生、养老和理疗康复为核心功能，打造环渤海区域的高度养老养生度假综合体。此外，潍坊市重点打造了青州"鹿鸣溪谷·柿子沟"。该项目以"修身修心修智，养生养息养神"的舒睡理念为主线，涵盖陈抟历史古迹、文旅推广、中药高科技研发、民宿旅游、药膳养生、舒睡养心（睡谷）等主题康养理念，形成"天、地、人"合一的慢生活模式，致力于打造休闲度假、康养文旅的生活圣地。潍坊市重点打造安丘获鹿山谷森林康养基地，坚持"村林融合，突出特色，生态优先"的原则，以孩子们的森林课堂、青年人的户外乐园、中青年的心灵家园、老年人的颐养居所为目标，坚持"养、享、疗、闲、趣、乐"六大养生理念，建设以田园生态欢乐谷、生态乡村旅游体验区、康养与文化休闲体验区、古村落商业休闲区和生态养殖与种植区等为主要景观的国家级森林康养基地。潍坊市还打造九龙涧生态康养小镇，开发养生保健、野外游憩、娱乐体育、科技教育等项目，游客来到小镇不仅可以体验森林浴、芳香浴等养生项目，还可以体验露营、摄影、探险、文博展览等文旅结合项目。

（十）济宁市

济宁市将康养旅游列为七大主导旅游产业之一。济宁市依托微山湖打造环湖健康养生养老休闲带；依托佛教文化开展禅修旅游；依托医疗机构打造国民养生休闲区；依托区域山林湿地等资源禀赋开展健康养生旅游。优质项目中，泗之源泉文化康养小镇依托泉林景区突出的景观资源和丰富的文化要素，打造具有独特儒家韵味的度假生活小镇；

鱼台县康养文旅小镇项目建设特色精品酒店、艺术文化交流中心、原生态度假体验中心、儿童游乐区、生态康养社区、渔湖文化体验中心、农业观光旅游等为主的生态旅游综合开发项目;嘉祥武氏祠依托武氏墓群遗址及周边良好自然人文资源,以“文物博览—文化体验—乡野游憩”三大主题,打造集遗址保护、旅游度假、康体养生、亲子修学、庄园农耕、民俗活动于一体的国家级旅游景区。

(十一)泰安市

泰安市打造“养老泰安·养生泰山”康养旅游品牌,建设国家医养结合示范市,推进康养旅游产业发展。重点开发泰山慢谷项目:在泰山脚下打造康养度假综合体。该项目秉承“泰山为根,绿水为魂,慢道成脉,慢谷成林,一谷一品,繁花似锦”,以康养度假为主,倡导慢生活,将打造集旅游、观光、度假、康养、研学等为一体的康养度假综合体。重点开发徂汶景区:立足山水生态、人文历史资源优势,突出医疗康养、教育文化、体育休闲、设施农业四大定位,着力打造国内一流的生态高地、康养胜地。重点开发泰山温泉康养小镇:以健康产业为核心,开发集温泉养生、休闲度假、商务会议、康体娱乐和生态旅游等多功能于一体的国际性泰山文化温泉主题度假区。

(十二)日照市

日照市积极顺应旅游消费升级新趋势,着力培养康养旅游新业态,不断丰富城市旅游内涵,成为山东省唯一入选首批国家中医药健康旅游示范区的城市。日照以明朝皇家寺院禅修、太极保健为主,串联五莲山、大青山、白鹭湾艺游小镇等景区的禅修之旅;以滨海旅游资源及生态水系为主,串联北海锦华禅茶客栈、中加国际健康管理中心、花仙子景区、泉山云顶不负客栈等景区的滨海养生之旅;以福寿康养为主,串联浮来山、田甸园、都乐农庄、嗡嗡乐园等景区及库山中草药种植基地的文化康养之旅;以日照绿茶为主,串联马亓山、东山部落、茶山公社等景区的茶香禅养之旅。串珠成链,“一线一风格”的中医药康养旅游线路既相互补充,又相得益彰,为游客提供了差异化、多角度、全方位的康养体验,成为外地游客体验“日照生活”的不二去处。

(十三)滨州市

滨州市深入实施“旅游+”战略,积极推进健康旅游发展。滨州地处黄河三角洲腹地,北拥渤海,南跨黄河。作为黄河文化和齐文化的发祥地之一,物产及自然资源丰富,各涉旅企业依托现有资源,推出了一系列以健康体验为主题的旅游项目:邹平县鹤伴山国家森林公园、打渔张森林公园、黄河岛景区推出森林氧吧体验;各星级酒店推出特色养生宴;黄河一号汽车营地、秦口河房车露营公园、黄河文化主题公园等自驾车房车营地也推出了一系列健康体验旅游项目。此外,滨州市积极研发健康旅游产品,相继推出了热敷盐、洗浴盐、盐雕等海盐保健产品;邹平县山药、无棣县桑叶茶、桑葚酒、惠民县惠白菊等健康养生旅游产品。“食域滨州”区域公用品牌还推出了当地的“康养九味”,即沾化冬枣、阳信鸭梨、长山山药、博兴对虾、惠民蘑菇、沾化洼地绵羊、渤海黑牛肉、青阳小米、博兴金丝鸭蛋。这九大农特产品分别以脆、甜、补、大、鲜、美、嫩、养、香的特点入选康养九味。下一步，滨州市将挖掘整合当地旅游资源、中医药文化资源，紧扣消费需求，发展"医、药、养、健、游"五位一体的健康旅游产业。

（十四）德州市

德州市积极融入省会济南医养健康产业链条，推进沿黄河、徒骇河生态旅游资源开发，打造健康旅游产业集聚区。积极打造水系康养旅游，立足建设京津冀南部重要生态功能区，发挥运河、黄河、漳卫新河、岔河、减河、马颊河等湿地水网生态优势，积极开发生态养生旅游产品；开发温泉养生旅游，发展以温泉疗养、温泉保健等为调养手段的健康养生业态，建设一批适应消费升级趋势的优质温泉养生小镇、温泉度假城、温泉保健疗养基地；开发文化养生旅游，深入挖掘运河文化、黄河文化、黑陶文化、董子文化、古桑文化中关于健康养生的内涵精髓，推动传统健康文化资源创造性转化、创新性发展；开发中医药健康旅游，打造石斛小镇，建设集中医药种植生产加工、养生保健、文化宣传、观光旅游为一体的国家中医药健康旅游示范基地；开发特色健康旅游，深挖千年枣林生态，加快建设医养中心；支持夏津县放大黄河故道古桑树群作为全球重要农业文化遗产的优势，建设农业生态健康旅游项目；发挥德州扒鸡、乐陵小枣、德州黑陶等品牌优势，培育一批以健康养生为核心元素的文化旅游产品。

（十五）聊城市

聊城市大力发展"医养健康＋旅游"产业，着重打造了一批具有区域竞争优势的医养健康旅游项目。重点打造阿胶养生健康旅游，以阿胶产业为支撑，融合医疗、食疗、中医、温泉等多种形式，打造有鲜明特色的阿胶养生旅游胜地；打造温泉浴养健康旅游，建设天沐温泉、阿尔卡迪亚温泉等一批温泉养生小镇、温泉保健疗养基地；打造乡村休闲健康旅游，支持刘道之村、天乐庄园、清逸生态园等特色农家乐和精品民宿建设，打造田园康养综合体；打造水城一体健康旅游，以"江北水城·运河古都"城市品牌为主题，建设一批湿地公园、古运河美丽乡村、滨湖（滨河）康养度假区和水上休闲养生基地；打造黄河风情健康旅游，推进鱼山梵呗寺、梵呗音乐小镇、林场修复等重点项目建设，打造身心双养的黄河康养旅游带。

（十六）菏泽市

菏泽市充分发挥"牡丹之都""好汉之乡"等品牌优势，大力发展文化健康游、健康中医药游、生态休闲游等健康旅游产业，打造辐射菏泽周边乃至全省的综合性文化旅游康养示范基地。近年来，菏泽重点打造"九卿陂"田园康养小镇，立足于菏泽的商祖文化、商帮文化、爱情文化、慈善文化、财神文化，打造集民俗体验、文化演艺、商务休闲、生态旅游、养生度假等功能为一体的城市文化休闲综合体；重点打造鲁西南记忆旅游度假小镇，集民俗博览、历史文化、温泉养生、商业娱乐、原乡记忆多种业态为一体，重点推出鲁西南味道生态餐厅、养生温泉、民俗客栈等产品。此外，还开发了七里河康养旅游观光小镇、舜王城康养小镇等医养旅游结合的重点项目。

三、康养旅游项目开发典型案例

2018年,山东省印发《山东省医养健康产业发展规划(2018～2022年)》,指出要依托独特的生态、康养与旅游资源,加快开发滨海疗养、森林康养、温泉浴养、研修康养等健康旅游业态以及高端健康体检、医学美容、养生护理、医疗保健等健康旅游项目,推动医养健康与旅游深度融合,到2022年,建设60家省级康养旅游示范基地。2020年,首批18家"山东省康养旅游示范基地"名单公示,本文从中选择了优势资源依托型、特色文化驱动型、康养保健植入型三大类型中的代表性项目进行案例分析。

(一)优势资源依托型——竹山生态谷

竹山生态谷森林康养旅游基地由山东润竹山文化旅游发展有限公司投资经营,将"健康、旅游"作为基地开发的出发点和归宿点,以康养旅游产业为核心,坚持"养生、养心、养老、养智"四养理念,打造"药王谷养生区、森林养生养老区、温泉疗养区、文化养生区、农耕体验区、休闲度假区"六大板块,以"森林康养旅游智慧管理平台"为规划思路进行建设。

竹山生态谷坐落于山东省诸城市东南部的竹山片区,处于山东半岛城市群的中心区位,自然资源优越,林木茂盛,环境优美,森林总面积达1300公顷,占地2万亩,森林覆盖率达97%,被誉为"天然氧吧",是一处"四季有花,绿树常青",集休闲、观光、避暑、娱乐于一体的旅游胜地。依托当地的森林资源,竹山生态谷打造了32公里环山路、3公里森林木栈道、5公里登山步道;栽植了花海、中草药、茶叶、各类果品5080亩。此外,温泉地热井已施工完成,七彩滑道、舜陶坊陶艺体验中心、集装箱露营基地、房车露营基地、森林康养木屋等项目已建成并投入使用。竹山生态谷还依托当地的生态农业基础,采用"六不用"(不用化肥、不用农药、不用农膜、不用添加剂、不用除草剂、不用转基因)的方式种植培育了原生态森林康养食品。

秉持着以生态保护为前提的开发理念,竹山生态谷依托丰富的自然资源和人文景观,将乡村旅游、生态农业、康养旅游相融合,打造了特色鲜明的优势资源依托型康养旅游产品,致力于将该基地建设为集养生养老、医疗保健、康复疗养、旅游教育、体育运动、休闲度假等功能为一体的森林康养旅游示范基地,形成生态康养产业体系,催生康养新产业、新业态、新模式,成为诸城市新旧动能转化和乡村振兴的新引擎。

(二)特色文化驱动型——东阿阿胶康养旅游综合体

东阿阿胶产业康养体验建设项目,以国家级特色小镇东阿阿胶小镇为平台,通过建设阿胶产业研发创新中心、阿胶行业交易中心、阿胶康养体验区及配套设施,打造具有产业特色、产城融合、宜居宜业宜游的精品工程。

从企业角度出发,作为中国最大阿胶企业的东阿阿胶,在过去数年间成功打出知名度,将阿胶打造为中医药滋补品市场上的主流产品,将阿胶重新定位为"滋补上品",拓宽东阿阿胶的"滋补养生"消费市场。在养身保健市场成功打开知名度后,东阿阿胶捕捉到新的产业蓝海，将目光瞄准到康养旅游开发上。近年来，东阿阿胶先后建设了中国阿胶博物馆、东阿阿胶养生文化苑、阿胶生物科技产业园等文旅康养项目，在原先的产业链条上进行延伸，致力于打造从黑毛驴养殖，到阿胶产品生产，到文旅康养目的地打造的复合型产业链，将东阿阿胶作为文化IP，打造特色文化驱动型康养旅游产品。

从政府角度出发，近年来，山东省东阿县旅游局持续加大规划编制、项目建设、宣传推介等工作力度，打造“阿胶名城·康养东阿”特色旅游品牌，谱写出全域旅游新篇章，致力于将东阿县打造为享誉世界、示范中国的健康养生休闲度假旅游目的地。东阿县立足发展实际，依托阿胶产业、鱼山梵呗、黄河生态等优势康养资源基础，以“阿胶养身，梵呗养心，黄河怡情”为核心产品，构建可示范推广的“产带旅，文促旅”全域旅游发展东阿模式，开发了丰富多彩的康养旅游项目，参加阿胶养身一日游的游客数量呈现出井喷式增长态势。

东阿阿胶康养旅游综合体深度挖掘阿胶的文化价值，系统梳理东阿阿胶的历史文化故事，围绕东阿阿胶的中医药滋补养生文化，开发生活化、休闲化的康养旅游产品，让游客在阿胶文化体验式旅游中全面认识东阿阿胶，深化品牌认知，提升客户忠诚，为特色文化驱动型康养旅游产品打造提供了良好的示范模板。

（三）康疗保健植入型——药谷康养旅游基地

天蒙药谷位于山东省费县朱田镇石沟村，秉承“中医药＋旅游”的产业融合定位，笃行药王孙思邈的养生理念，以特色中医药康养产业为主体，大力开展特色中医药康养旅游，充分发挥中医药康养功能和旅游休闲度假功能，并将两种产业优势充分利用再升级，开发建设集中草药种植加工、康体健身、中医疗养、药膳美食、亲子体验、研学旅行、拓展培训、商务接待、休闲度假于一体的新型旅游目的地。

当前，天蒙药谷已经打造成为以中医养生为核心，集休闲观光、科普体验、研学教育、科研创新、康体养生为一体，一、二、三产业有机融合的康疗保健植入型康养旅游产品。其中，天蒙药谷黄菊茶、白首乌黄酒、药王养生宴、八大名人宴等养生膳食产品深受游客欢迎。得益于药谷的天然环境，天蒙药谷黄菊茶生长于青山翠谷之间，用高锶水灌溉，有机蚯蚓肥滋养，是绿色无公害的康养食品。“药王养生宴”食疗药膳脱胎于“药补不如食补”的民间养生理念，基于“药食同源”的理论，取药物之性、食物之味，借助食品的形式，起到保健强身、治病延年的效用。在此基础上，结合八大名人于传统人生八德，赋予药膳浓郁的文化内涵，创造出包含“颜真卿·碧血丹心”“张四知·成由勤俭”“闵子骞·单衣顺母”“孔子·克己复礼”“王雅量·清正廉洁”“颜含·情同手足”“臧霸·侠肝义胆”“曾子·言而有信”共八道菜肴在内的“八大名人文化养生宴”。此外，在天蒙药谷，游客不仅能够在中医养生馆体验针灸、刮痧、推拿、药浴，还能在百草园体验中草药种植、采摘、辨识，学习中医药文化，亲手制作中药香包、中药药丸；能够参与农作，采摘绿色水果，下水捉鱼摸虾，动手制作农家饭，获得丰富的游览体验。

四、康养旅游高质量发展的创新建议

与传统旅游项目相比，康养旅游涵盖的要素更为丰富，不仅包含休闲、观光，更多地需要依托良好的自然生态环境、人文活动环境等资源条件，注重与医药保健、运动康体、养心养颜、健康膳食等形式相结合，从而达到康体健身的目的。[①] 山东省作为儒家文化发源地，得天独厚的康养文化氛围，良好的滨海生态环境以及丰富的中药材资源为康养旅游产业的发展提供了天然优势。然而，国内的康养旅游产业尚处于起步阶段，各地抢滩发展康养旅游产业，市场竞争十分激烈。政策支持、市场需求、产业竞争都是影响康养产业创新发展的主导因素。[②]

现阶段，山东省康养旅游虽然在国内处于较为领先的位置，却也依然存在一些问题：一是当前山东省康养旅游项目所面向的目标人群较为局限，许多项目将目标客群定为老年人以及患病人群，一定程度上忽略了大量年轻人以及健康人群的康养需求。二是当前山东省康养旅游产品尚缺乏核心产品引领，未具备不可替代性，许多康养旅游项目存在产品开发不足、定位模糊，服务内容布局创新性的问题。三是康养旅游方面专业化人才培育体系不健全，在康养项目如雨后春笋般涌现的当下，真正理解康养概念、能够对于康养旅游项目进行合理规划与管理的人才仍然较少。四是山东省康养旅游发展仍存在政策碎片化问题，各部门之间缺乏统一协调，还没有形成科学合理的政策体系。五是山东省尚未形成凸显本地特色的康养目的地品牌，各市康养目的地建设模式仍较粗放，未将资源优势转化为强大的核心竞争力，尚不具备康养品牌影响力，在国内外知名度仍然较低。立足于当前山东省康养旅游发展现状，本文提出以下发展建议。

（一）高点定位，争上游发展

山东省政府高度重视医养健康产业发展，大力推进健康山东建设，省内康养优惠政策利好。此外，山东省具备丰富的休闲度假和健康产业资源以及先进的康养配套设施和发达的医疗科技，因此，当前山东省康养旅游产业处于全国“第一梯队”。立足于独特的资源优势和优渥的政策环境，山东省康养旅游发展可谓具有扎实的根基，在未来发展中，应高点定位，争上游发展，加快把资源优势、政策优势转化为发展优势。山东省应明晰康养旅游的受众群体，打造全方位、全周期服务于广大人民群众的康养旅游产品，学习借鉴国内外一流康养旅游目的地发展的先进经验，抢抓康养旅游发展先机，以国际化标准打造高端康养项目，加快建设国际化康养旅游大省。

（二）资源整合，独特性挖掘

资源禀赋是影响康养旅游发展的主要因素，资源禀赋的差异和区别决定了康养旅游发展的速度、程度和高度。[③] 因此，未来山东省各市康养旅游产品开发应更多地关注当地优势资源与康养旅游的匹配度和实用度，因地制宜，开发田园观光、滨海度假、森林疗养、农耕民俗体验等不同类型的具备独特性、不可替代性的康养旅游产品。要注重产品的核心定位，创新康养旅游活动内容。此外，应关注区域内康养旅游产品主题的相关性与协

---

① 参见王瑗琳：《国内康养旅游服务产品的开发策略探析》，《中国商论》2017 年第 34 期。

② 参见李莉、陈雪钧：《康养旅游产业创新发展的影响因素研究》，《企业经济》2020 年第 7 期。

③ 参见段湘辉：《大健康时代康养旅游发展格局和影响因素研究》，《武汉职业技术学院学报》2021 年第 1 期。

调性，形成区域合力，推出一批主题化康养旅游精品线路，形成更为完整成熟的康养旅游市场体系，以此实现持续发展。

（三）人才培育，专业化支撑

专业技术技能人才是推进康养旅游产业发展不可或缺的关键因素，也是山东省建设康养旅游强省必须高度关注和重视的核心内容。因此，应鼓励省内高等院校立足办学实际和人才优势，以培养高素质康养人才为目标，以康养相关专业建设为基础，以载体平台建设为支撑，以校企合作、产学研融合为抓手，构建康养人才培养机制。广泛开设康养旅游、营养膳食、中医疗养、健康管理等康养相关专业，直接培养面向服务康养旅游产业的技术技能人才。此外，出台康养人才引进政策，吸引高素质人才流入山东省，为康养旅游产业发展做好人才储备工作。

（四）政策制定，系统性引领

现阶段，山东省康养旅游政策体系尚不完善，新旧政策之间尚缺乏衔接，服务机构地域布局分散，产品多样且标准不一，资金、人才、设施设备、医疗技术等方面差异较大，发展不均衡问题突出[①]，制约了康养旅游项目的规划、建设与运营，不利于产业的规范和发展。因此，未来山东省应制定康养旅游政策体系，系统性引领康养旅游产业发展，全面落实税收等优惠政策，吸引社会资本进入康养产业；通过财政政策指出引导鼓励金融机构创新金融服务，拓展投融资渠道；建立省级康养旅游重大项目库，高标准谋划一批示范作用强的优质项目，在项目审批、政策保障方面给予重点支持；此外，制定高素质康养人才引进政策，为康养旅游创新发展吸纳人才力量。

（五）多元融合，跨产业联动

2020 年山东省旅游发展大会上，省委书记刘家义指出，要聚焦旅游业高质量发展，打造“好客山东”升级版，要高标准谋划“文旅康养融合发展示范区”，打造一批高端文旅“新地标”。康养产业与旅游产业都具有较强的经济带动性，具备较高的产业关联度，山东省康养旅游发展应更加注重多元融合，以“健康、养老、养生”产业为核心，在融合中国传统的养生理念的基础上发展康养产业、休闲产业、文化产业、旅游产业及养老产业板块，将多元化功能融为一体[②]，实现多产业联动，催生康养旅游新业态、新模式；积极推动以健康养生、休闲度假为核心，集运动休闲、医疗康复、文化研学、养老度假等功能于一体的多元化产品开发，实现多业融合，使发展成果惠及各方，让游客能满意、居民得实惠、企业有发展、百业添效益、政府增税收，形成文旅康养共建共享新格局。

（六）提档升级，品牌化发展

品牌是旅游市场竞争的关键因素，品牌化是目的地营销工作的核心任务。随着国内

---

① 参见张贝尔、黄晓霞：《康养旅游产业适宜性评价指标体系构建及提升策略》，《经济纵横》2020 年第 3 期。

② 参见王俊、王新月、周志超、郑代良、伍娟：《健康与养老：新时代可持续康养》，《南方论刊》2021 年第 1 期。

康养旅游产业发展日益成熟，游客对康养旅游目的地产品供给质量的要求将越来越高。品牌化建设将成为一个康养旅游目的地脱颖而出的重要手段。因此，山东省应梳理康养旅游优势资源，找准山东省康养旅游目的地建设的核心竞争力，从而构建山东省康养旅游品牌。围绕主题品牌，加快省内康养旅游产品提档升级，培育一批高质量龙头项目，构建全省域大康养格局，推动山东省康养旅游品牌走向全国，走向世界。

研学旅游高质量发展的创新实践

孙凤芝　肖冉　孔倩芸　张蕊　单怡　孙震*

摘　要:伴随我国对素质教育重视程度不断提高,研学旅游逐渐成为国内旅游研究的热点议题。研学旅游的开展对提高我国素质教育质量、促进旅游事业多元化发展有重要意义。山东省研学旅游如何抓住文旅融合机遇,承载文化教育和旅游双向赋能,深化旅游体验产品开发值得深入探讨。本文对山东省发展研学旅游的相关政策、研学资源分布、研学市场现状以及研学产品开发情况进行分析,针对山东省研学旅游发展现状进行经验总结,进一步提出山东省研学旅游高质量发展的创新对策,从保障机制、多方联动、校企融合、研学产品等发展对策进行总结,促进山东省研学旅游健康持续发展。

关键词:研学旅游;发展现状;创新对策

近年来,随着我国经济社会的发展和人们对美好生活的追求,旅游产业取得长足发展,与其他产业的交叉和融合不断加深,文旅融合更加密切,诞生了许多极具特色和发展潜力的旅游新业态,研学旅游就是其中之一。与研学旅游相关的概念有研学旅行、游学、修学旅游等,其中最广泛使用的是研学旅游和研学旅行,二者在侧重点上有所不同。研学旅游指向旅游者出于文化求知的需要开展的旅游活动,而研学旅行指向学校开展的、以学生为中心的、以学习知识等为主要目的的校外考察活动,但二者最终都旨在获得认知。作为旅游市场上的一项新兴的旅游产业,通过学与游的紧密结合,让游客在旅行中不断了解历史、触摸文化,对青年学生了解基本国情、增长见识、陶冶情操等尤为重要。研学旅游虽然属于新兴业态,但山东的研学起步较早。山东拥有丰富的研学旅游资源涵盖国学、海洋、高科技、农业、工业、地质等多种类型,并且已成功打造出一批在海内外具有较高知名度的目的地、示范基地和产品。其中,曲阜入选首批 10 家中国研学旅游目的地,三孔景区入选首批 20 家全国研学旅游示范基地,泰山、孟庙孟府孟林、济南天下第一泉入选 24 家全国港澳青少年游学基地。近年来,山东省将研学旅游作为重点打造的十大旅游新业态之一,不断完善政策,优化发展环境,加大营销推广力度,精心打造研学旅

* 作者简介:孙凤芝(1968～),女,山东师范大学商学院教授;肖冉(1997～),女,山东师范大学商学院研究生;孔倩芸(1996～),女,山东师范大学商学院研究生;张蕊(1998～),女,山东师范大学商学院研究生;单怡(1996～),女,山东师范大学商学院研究生;孙震(1996～),山东师范大学商学院研究生。

游产品和基地，研学旅游发展取得明显成效。研学旅游作为文旅融合的特殊产品，在山东并非新兴产业，如何在文旅融合时代背景下寻找进一步提升的突破点是亟待解决的问题。

一、研学旅游发展现状分析

山东省是我国沿海大省和儒家文化的发祥地，要以丰富的自然资源和文化资源为载体，积极发展研学旅游。

（一）研学基地数量多，地区分布不均衡

自 2016 年曲阜市被授予“中国研学旅游目的地”，三孔景区被命名为“全国研学旅游示范基地”之后，山东省于 2018 年 2 月发布了第一批“全省中小学生研学实践教育基地”名单，共计 65 个单位；于 2020 年 11 月发布了第二批省级中小学生研学基地名单，共计 46 个单位。截至 2020 年底，山东省获批的国家级及省级研学基地累计 112 个，全省 16 个市数量分布情况如图 1 所示。

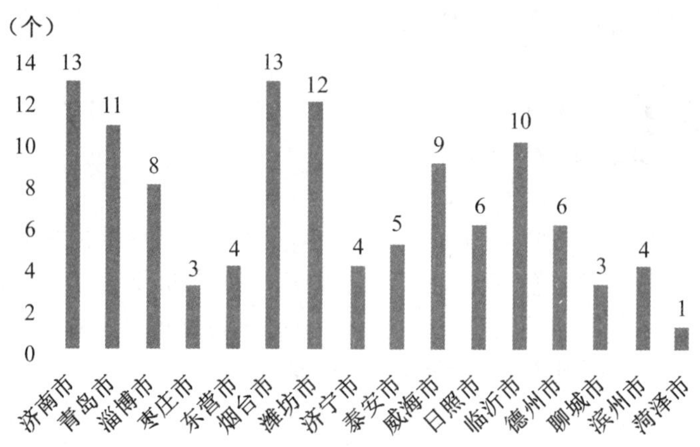

图 1 各市研学基地数量分布

虽然山东省各市皆有研学基地获批，但仍呈现出分布不均匀的特点，研学资源总体上东多西少，沿海多内地少，鲁东和鲁中地区多，鲁西南地区少，不同市之间的数量存在较大差距。济南市与烟台市凭借 13 个研学基地居于首位，潍坊市、青岛市、临沂市的数量紧随其后；而位于鲁西南地区的菏泽市仅分布 1 个研学基地，排在末位，淄博市、聊城市、东营市、济宁市四市的基地数量也相对较少。

（二）研学资源类型丰富，研学主题多样化

山东省共有 4 处世界文化遗产、8 个联合国教科文组织认定的“人类非遗代表作名录”项目、10 座国家历史文化名城、9 座中国历史文化名村、124 个传统村落、230 处全国重点文物保护单位、1627 处省级文物保护单位，总数位居全国首位，这表明山东省可开发的研学旅游资源丰富。十九大后，传统文化掀起新的热潮，国学路线的研学游在 2018 年

热度大增。在此形势下，山东省以丰富的文化遗产资源为载体，以传统文化为主题发展研学旅行，成为山东省传承和弘扬齐鲁优秀传统文化的新形式和新亮点。

按照《研学旅行服务规范》(LB/T 054-2016)的标准，对山东省获批的112家研学基地进行分类，主要有自然观赏型、知识科普型、文化康乐型、体验考察型和励志拓展型五大类。其中，以泰山景区、山东黄河三角洲国家级自然保护区为代表的自然观赏型研学基地共计15家，占比14%；以山东省地质博物馆、山东济南气象科普馆为代表的知识科普型研学基地共计51家，是五种类型研学基地当中数量最多的，占比达45%；以日照海洋公园、青岛极地海洋世界有限公司为代表的文化康乐型研学基地共计5家，是数量最少的类型，占比4%；以山东省药乡林场、青岛韩家民俗村为代表的体验考察型研学基地共计23家，占比21%；以焦裕禄纪念馆、台儿庄大战纪念馆为代表的励志拓展型研学基地共计18家，占比16%。

此外，山东省每个市在五种研学基地类型分布情况上也各具差异。除聊城市、菏泽市分别仅有一种研学主题，泰安市仅有两种研学主题之外，其他13个地级市均能为研学旅游者提供3～5个主题的研学体验。其中，日照市包括5种类型，烟台市、威海市、东营市、淄博市、临沂市各自包括4种基地类型。总体上，除了各市外部之间基地的类型数量分布不均匀之外，各个市内部之间的类型数量也具有分布不均匀的特点，比如青岛市和潍坊市，其知识科普型研学基地都达到了9个，而其他类型的研学基地只有1个或无基地所在。下一步，各市更应当依托当地文化特色和丰富的研学旅游资源，通过开发更丰富多样的研学基地类型，为研学旅游者提供全方位的研学体验。

(三)研学旅游开发不够充分，品质参差不齐

山东省各市不仅在研学基地数量、类型上具有差异，在开展情况上也有所不同。当前，部分市在研学旅行产品开发过程中，已通过颁布各项研学政策和规定、创建研学基地和研学旅游实验区、打造研学目的地品牌、树立品牌意识、依托传统文化资源和产品等多项举措来推动研学旅游发展。虽然部分市已采取多项举措推进研学旅游，但总体来看，山东省在研学资源开发与利用上仍有巨大发展空间。

山东省拥有1200余家A级旅游景区，数量居全国首位，但通过统计16市研学基地所属A级景区情况，如表1所示，1200余家旅游景区仅有46家获批为研学基地，其中，5A级旅游景区仅有5家。所属A级景区数量最多的城市为潍坊市，但也仅有7家；对于研学旅游开展较有成效的济南市，其拥有的研学基地中仅有一个属于A级旅游景区；对于研学基地数量本就较少且推进成效不明显的日照市、聊城市以及菏泽市，并无一家研学基地为A级旅游景区。因此，当前山东省各市研学旅游基地的开发和建设仍旧不够充分和完善，如何进一步开发和整合山东省现有的丰富研学资源，打造数量更为庞大、质量更为上乘的研学基地，是未来山东省推动和发展研学旅游的重要突破口。

表 1　　各市研学基地所属 A 级景区数量表

	A	AA	AAA	AAAA	AAAAA	总和
济南市	0	0	0	1	0	1
青岛市	0	1	2	3	0	6
淄博市	0	1	1	2	0	4
枣庄市	0	0	2	2	0	4
东营市	0	0	0	2	0	2
烟台市	0	2	1	1	1	5
潍坊市	0	1	0	5	1	7
济宁市	0	0	0	1	1	2
泰安市	0	0	0	1	1	2
威海市	0	0	0	0	1	1
日照市	0	0	0	0	0	0
临沂市	0	0	2	4	0	6
德州市	0	0	3	0	0	3
聊城市	0	0	0	0	0	0
滨州市	0	0	3	0	0	3
菏泽市	0	0	0	0	0	0

资料来源:山东省文化和旅游厅。

(四)市场前景广阔,需求旺盛

山东省作为重要的人口大省和教育大省,是全国各省市中最为积极推动研学旅游发展的省份,必将为研学旅游的发展提供广阔的市场空间以及巨大的发展动力。2017 年 7 月,山东省教育厅联合相关部门印发《山东省推行中小学生研学旅行工作实施方案》,要求山东省各地中小学把研学旅行纳入学校教学计划,学校每年安排集体研学旅行不少于 2 次。对学生参加研学旅行的情况进行科学评价,逐步纳入学生学分管理和学生综合素质评价体系。济宁、潍坊等市相继出台了中小学生研学旅行工作实施方案,这标志着山东省研学旅行工作全面展开,同时也有章可循。

据山东省教育事业发展统计公报显示,2017～2020 年小学教育在校生、初中教育在校生、普通高中教育人数整体呈递增趋势,意味着山东省研学旅游市场的需求不断扩增,研学旅游发展前景值得期待。2017～2020 年全省中小学在校生人数如图 2 所示。

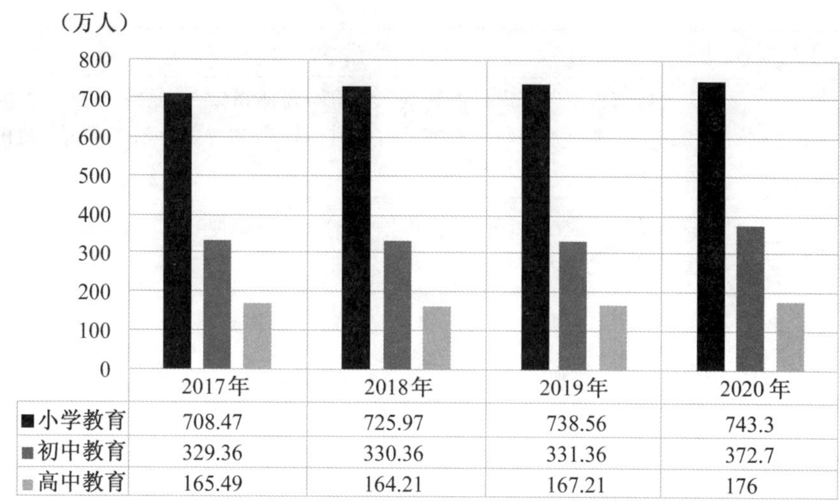

图2　2017～2020年山东省义务教育阶段及普通高中教育在校生人数

（五）打造精品研学旅游产品体系，培育“齐鲁游学品牌”

2018年6月，山东省教育厅发布《山东省中华优秀传统文化传承基地名单公示》，经专家评审，共遴选出13个山东省中华优秀传统文化传承基地。这意味着，山东省研学旅行将进入规范化管理，同时进一步丰富了研学旅游产品体系，山东研学旅游迎来了发展的新机遇和新趋势。

2020年7月，山东省文化和旅游厅发布了《关于印发山东省文化旅游融合发展规划（2020～2025年）的通知》，确定重点打造济南—泰山—曲阜优秀传统文化旅游示范区等四大示范区、突出打造六大文化旅游带，推出16条综合型经典文化旅游线路、7个系列主题特色型文化旅游线路，实现“串珠成线，连片成面”。7个系列主题特色型文化旅游线路分别是红色旅游精品线路（5条）、特色主题文化旅游精品线路（7条）、研学旅游精品线路（6条）、乡村旅游精品线路（10条）、自驾游精品线路（10条）、摄影主题旅游线路（10条）、入境旅游产品线路（16条）。其中研学旅游系列主题的6条精品线路如表2所示。

表2　　山东省研学旅游精品线路

线路主题	旅游景点
孔子研学之旅	孔府·孔庙·孔林—尼山孔庙·书院—孟府·孟庙
博物馆之旅	孔子博物馆—平邑天宇自然博物馆—山东博物馆—齐河博物馆群—齐文化博物馆、中国古车博物馆、陶瓷琉璃博物馆—青州博物馆—诸城恐龙博物馆—青岛贝壳博物馆—青岛啤酒博物馆—海军博物馆—烟台博物馆—中国甲午战争博物院

续表

线路主题	旅游景点
陶瓷文化研学之旅	淄博聊斋旅游区—周村古商城—中国陶瓷博物馆—齐故城景区—中国古车博物馆—临淄足球博物馆—博山古窑村—1954 陶瓷文化创意园区—博山陶瓷琉璃艺术中心
岱崮地貌研学之旅	蒙阴岱崮地貌旅游区—沂蒙山景区—天宇自然博物馆—孟良崮—天然地下画廊—沂水地下大峡谷—沂水天上王城
黄河口生态文化研学之旅	黄河口生态湿地—鸟类博物馆—孤岛万亩槐林景区—胜利油田科技展览中心—黄河三角洲生态文化旅游岛
水浒故里·跟着名著去旅游研学之旅	景阳冈旅游区—狮子楼—水浒影视城—水泊梁山风景区—水浒好汉城—宋江故里

研学旅游 6 条精品线路涉及泰安、济宁等文化圣地,青岛、威海、烟台等海滨城市,临沂、淄博、潍坊等亲情沂蒙品牌城市,济南、聊城、东营等黄河流经城市。线路旨在深入贯彻习近平总书记视察山东重要讲话,彰显山东齐鲁文化、红色文化、优秀传统文化优势,丰富山东省研学旅游特色产品业态。贯彻实施《山东省文化旅游融合发展规划(2020～2025 年)》,精心打造“尼山圣境(儒家文化)”“稷下学宫(齐文化)”“蒙山沂水(红色文化)”三大游学地标品牌,策划打造孔孟儒家研学游产品、兵学研学旅游产品、博物馆研学旅游产品等 13 个产品为核心的精品研学旅游产品体系,积极推动研学旅游朝着规范化、特色化、专业化方向发展,努力培育“齐鲁游学”品牌。

二、研学旅游经验总结分析

(一)政策扶持,研学旅游有立足之本

1. 国家政策保障,提升研学旅游地位

2013 年《国民旅游休闲纲要(2013～2020 年)》中,国家首次提出“逐步推行中小学生研学旅行”的设想,山东省在此之前尝试把研学旅行作为推进素质教育的一个重要内容来开展。之后,全国范围内强化了对研学旅游的重视。为促进中小学生全面发展,提升青少年的综合素养,明确提出通过研学旅游促进中小学的德育和劳动教育,大力推行中小学研学旅游的规范化和普及化。国家在研学旅游基地建设、研学资源开发、安全保障等方面出台了相应政策文件来保障研学旅游的多元化健康发展。国家研学旅游相关政策见表 3。

表 3 国家研学旅游相关政策文件汇总表

	政策文件	发布机构
2013 年 2 月 2 日	《关于印发国民旅游休闲纲要(2013～2020 年)的通知》	国务院办公厅
2014 年 3 月 30 日	《关于全面深化课程改革落实立德树人根本任务的意见》	教育部办公厅
2014 年 4 月 1 日	《关于培育和践行社会主义核心价值观进一步加强中小学德育工作的意见》	教育部办公厅
2014 年 7 月 14 日	《中小学赴境外研学旅游活动指南(试行)》	教育部办公厅
2014 年 8 月 9 日	《关于促进旅游业改革发展的若干意见》	国务院办公厅
2015 年 7 月 20 日	《关于加强中小学劳动教育的意见》	教育部、共青团中央、全国少工委
2015 年 8 月 4 日	《关于进一步促进旅游投资和消费的若干意见》	国务院办公厅
2015 年 10 月 11 日	《关于加强家庭教育工作的指导意见》	教育部办公厅
2015 年 11 月 19 日	《关于加快发展生活性服务业促进消费结构升级的指导意见》	国务院办公厅
2016 年 3 月 4 日	《关于进一步加强文物工作的指导意见》	国务院办公厅
2016 年 3 月 18 日	《关于做好全国中小学研学实验区工作的通知》	教育部办公厅
2016 年 9 月 12 日	《关于教育系统学习贯彻习近平总书记教师节重要讲话精神的通知》	中共教育部党组
2016 年 11 月 30 日	《关于推荐中小学生研学旅游的意见》	教育部等 11 部门
2016 年 12 月 19 日	《研学旅游服务规范》	国家旅游局
2016 年 12 月 26 日	《关于印发“十三五”旅游业发展规划的通知》	国务院办公厅
2017 年 1 月 22 日	《关于印发教育部 2017 年工作要点》的通知	教育部办公厅
2017 年 7 月 17 日	《关于开展 2017 年中央专项彩票公益金支持中中小学生研学实践教育项目推荐工作的通知》	教育部办公厅
2017 年 8 月 17 日	《关于印发中小学德育工作指南的通知》	教育部办公厅
2017 年 9 月 25 日	《关于印发中小学综合实践活动课程指导纲要的通知》	教育部办公厅
2017 年 12 月 6 日	《关于公布第一批全国中小学生研学实践教育基地、营地名单的通知》	教育部办公厅
2018 年 2 月 23 日	《关于印发教育部基础教育司 2018 年工作要点的通知》	教育部办公厅
2018 年 6 月 6 日	《关于开展“全国中小学生研学实践教育基(营)地”推荐工作的通知》	教育部办公厅
2018 年 10 月 31 日	《关于公布 2018 年全国中小学生研学实践教育基地、营地名单的通知》	教育部办公厅

续表

	政策文件	发布机构
2019 年 3 月 8 日	《关于印发教育部基础教育司 2019 年工作要点的通知》	教育部办公厅
2019 年 6 月 19 日	《关于新时代推进普通高中育人方式改革的指导意见》	国务院办公厅
2019 年 7 月 2 日	《关于做好 2019 年中小学生暑假有关工作的通知》	教育部办公厅
2019 年 7 月 8 日	《关于深化教育教学改革全面提高业务教育质量的意见》	中共中央、国务院
2019 年 8 月 1 日	《关于 2019 年中小学生暑假安全工作的提示》	教育部办公厅
2020 年 3 月 20 日	《关于全面加强新时代大中小学劳动教育的意见》	中共中央、国务院
2020 年 6 月 2 日	《推动老工业城市工业遗产保护利用实施方案》	国家发改委等 5 部门
2020 年 9 月 3 日	《关于进一步加强和规范教育收费管理的意见》	教育部等 5 部门
2020 年 10 月 12 日	《关于利用博物馆资源开展中小学教育教学的意见》	教育部、国家文物局

现将国家研学旅游政策的议题总结为以下四个方面：

第一，加大资金支持，推进研学基地建设。在研学实践基地建设方面，国家在加强研学旅游基地建设，规范研学旅游管理，健全经费筹措机制，建立安全责任体系等方面均出台了相应的研学政策，要求各研学旅游目的地和示范基地要进一步挖掘研学旅游资源，深化打造主题品牌，扩大对青少年人群的政策优惠，加强接待配套设施建设，切实提高管理服务水平和安全保障，不断提升研学旅游的综合吸引力和品牌认知度。各级旅游部门要充分发挥对研学旅游目的地和示范基地的指导作用，加大在政策、资金、项目、人才培训、宣传推广等方面的支持力度，利用中央专项彩票公益金支持开展中小学生研学实践教育项目，推进研学实践教育营地和基地建设，将研学旅游培育成为各地旅游发展创新的增长点。

第二，开展研学实践活动，提升学生实践能力。国家近年来持续发布相关政策，推动研学旅游融入教育教学计划，明确"研学旅游"要纳入中小学生日常教育范畴，并提出将研学旅游作为学校教育和校外教育衔接的创新形式以及教育教学的重要内容，进一步提高研学旅游在教育教学中的地位。同时，重视中小学生社会实践活动的开展，在多项研学政策中均强调要充分利用劳动教育实践基地、综合实践基地和其他社会资源，通过定期组织社会实践活动，促进学生实践能力的有效提高。

第三，加强德育体验，提升学生综合素质。国家大力推进素质教育，强调中小学生综合素质培养的重要性。把研学旅行纳入学校教育教学计划，促进研学旅行与学校课程、德育体验、实践锻炼有机融合，利用好研学实践基地，有针对性地开展自然类、历史类、地理类、科技类、人文类、体验类等多种类型的研学旅行活动，作为提升学生综合素质和德智体美全面发展的重要途径，进一步提高了教育领域对研学旅游活动的重视。

第四，规范服务流程，引导研学旅行健康发展。在大力推进研学旅游发展的同时，国家也健全了研学旅游过程中相应的安全保障机制，在内容设计、导游配备、安全设施与防护等方面进行了规范和引导，尤其对中小学生赴境外研学旅游活动相关安全问题进行了详细的规定。

2. 省市出台地方政策，推动研学旅游健康发展

在国家相关研学旅游政策的指引下，山东省积极响应，精准施策，大力推动研学旅游在省内高质量发展，积极为中小学生创造更丰富的研学机会，创造更安全的研学环境。同时，山东省对接国家政策要求，制定了省内研学基地管理办法，进一步规范基地管理和研学旅游服务工作，着手打造特色研学基地。各市根据国家及省级研学政策规定，整合当地旅游资源，进一步出台更具针对性和可操作性的系列研学管理政策。山东省及各市级研学旅游相关政策见表 4。

表 4　山东省及各市级研学旅游相关政策汇总

发布时间	政策文件	发布机构
2014 年 11 月 27 日	《山东省促进旅游业改革发展的实施意见》	山东省人民政府
2017 年 7 月 4 日	《山东省推进中小学生研学旅游工作实施方案》	山东省教育厅
2018 年 1 月 30 日	《关于公布第一批全省中小学生研学实践教育基地名单的通知》	山东省教育厅
2020 年 10 月 30 日	《山东省省级中小学生研学基地管理办法(试行)》	山东省教育厅等 13 部门
2017 年 8 月 30 日	《关于印发烟台市推进中小学生研学旅游工作实施方案的通知》	烟台市教育局等 13 部门
2020 年 12 月 21 日	《烟台市市级中小学生研学实践基地管理办法(征求意见稿)》	烟台市教育局等 13 部门
2017 年 12 月 12 日	《潍坊市推进中小学生研学旅游工作实施方案》	潍坊市教育局等 12 部门
2017 年 8 月 22 日	《淄博市推进中小学生研学旅游工作实施方案》	淄博市教育局、市旅发委等 10 部门
2019 年 7 月 1 日	《威海市中小学研学旅游指导意见(试行)》	威海市教育局等 11 部门
2016 年 8 月 17 日	《关于加快文化旅游强市建设的意见》	中共济宁市委、济宁市人民政府
2020 年 8 月 2 日	《济宁市研学旅游示范基地规范》	济宁市文化和旅游局
2020 年 1 月 16 日	《青岛市中小学研学旅游工作管理办法(试行)》	青岛市教育局等 11 部门
2020 年 12 月 21 日	《菏泽市市级中小学生研学基地管理办法(试行)》	菏泽市教育局
2021 年 1 月 20 日	《日照市市级中小学生研学基地管理办法(试行)》	日照市教育局
2019 年 8 月 19 日	《关于印发临沂市推进红色文化研学旅游工作实施方案的通知》	临沂市人民政府

现将山东省研学旅游政策的议题总结为以下五个方面：

第一，打造省内高质量研学实践基地。山东省积极加强省内研学基地的建设，规范基地管理，着手打造省内高质量研学实践基地。同时，多个市也相应地出台了一系列相关的实施方案和管理办法，根据自身旅游资源优势与特点，打造特色研学旅游路线和产品，促进了研学旅游多样化发展。例如，济宁、泰安、淄博以儒家文化为基点，着手打造研学旅游品牌，建设特色化的研学旅游基地；临沂、枣庄以及胶东地区等地深度挖掘当地红色文化，整合各类旅游资源，开发红色研学旅游线路和产品。

第二，研学旅游作载体提高综合素质。山东省将研学旅游与教育教学对接，强调通过研学旅游提高中小学生综合素质培养。在《山东省推进中小学生研学旅行工作实施方案》中明确要求把研学旅行纳入学校的教育教学计划中去，学校每年安排研学旅行不少于 2 次，这一政策紧跟国家对研学的政策导向。

第三，多举措保障研学旅游经费。山东省建立了研学旅游经费保障机制，强调采取多种形式、多种渠道筹措中小学生研学旅游经费，探索建立政府、学校、社会、家庭共同承担的多元化经费筹措机制，为研学旅游的持续健康发展提供了资金支持。

第四，深度开发特色研学旅游课程体系。山东省重点设计开发富有山东特色的研学旅游课程体系，要求各地教育行政部门要指导和帮助中小学把研学旅游纳入学校教育教学计划，促进研学旅游和学校课程有机融合，科学设计研学旅游活动课程内容。

第五，重视研学旅游评价机制建设。山东省重视研学旅游评价机制的建设和完善。一方面，强调要把中小学组织学生参加研学旅游的情况和成效作为学校综合考评体系的重要内容，要求学校对学生参加研学旅游的情况和成效进行科学评价。另一方面，着手研究制定研学旅游活动的督导方式和评价标准，对研学旅游基地的课程设置、接待数量、服务质量和社会效益等进行督查评价。

山东省的研学政策议题总体上紧跟国家政策导向，在研学基地建设、学生综合素质培养等方面与国家的议题基本一致，同时在研学旅游评价机制构建、研学旅游精品课程开发、研学经费保障方面为省内研学旅游发展提供强有力的政策支持。但山东省目前针对研学旅游的相关政策仍然较少，在学生安全保障、研学形式创新等方面尚不完善，应进一步对接国家在相关方面的政策导向，根据省内研学发展状况进一步完善相关政策。

（二）拥有世界级研学旅游资源，影响力大

依托世界级研学旅游资源，打造高品质产品和基地。曲阜市文化底蕴厚重，文化旅游资源丰富，是国务院首批公布的全国 24 个历史文化名城之一，境内拥有 3A 级以上景区 14 个，各类文物点 819 处、各级文物保护单位 195 处，非物质文化遗产 205 项。曲阜市建成国家级研学基地 1 处、首批港澳青少年游学基地 1 处、国家级研学旅行教育实践示范基地 1 处、国家级中小学生研学实践教育基地 2 处。曲阜市将传统文化与现代教育实践活动相结合，开发有文化内涵且具有参与性、互动性、趣味性的研学旅游产品，逐步形成了课堂类、观光类和体验类的多样化的研学旅行项目。“好客山东”服务品牌和研学产品，将通过全球 140 多个国家和地区的 500 余所孔子学院源源不断地进入国际视野。据不完全统计，自 2006 年以来，仅山东曲阜接待的研学游客已超过 500 万人次。

泰安市内的泰山研学旅游发展也十分火热。泰山景区面朝孔圣人故里曲阜，背靠万泉之城济南，雄伟壮丽，世界闻名。泰山共有山峰 156 座、崖岭 138 座、奇石 72 块、溪谷 130 条、瀑潭 64 处、名泉 72 眼、名洞 72 处、寺庙 58 座、古遗址 128 处、碑碣 1239 块、摩崖刻石 1277 处。这些经过岁月变迁，在历史长河中遗留下来的壁画刻字，庙宇景观，不仅是被科学研究所证实的珍贵历史文化遗存，更是研学价值极高的旅游资源。泰山风景区充分利用自身优势，将瑰丽的自然风光和深厚的文化积淀紧密结合起来，开发出了众多有内涵、有创新、有价值的研学旅游产品。

山东省拥有世界级别的旅游资源，在研学旅游领域具有十足的影响力，同时研学旅游作为中国乃至全世界旅游产品中的重要组成部分，正受到越来越多消费者的关注。

（三）注重产品品质，培育“齐鲁游学”品牌

近些年来，山东省一直致力于建成研学旅游强省，打造上等的研学旅游品牌，发展独特的研学旅游文化。只有注入以精神、创意等为核心的文化艺术内容，才能使研学产品成为真正的高附加值的文化产品。为此，山东省精心策划打造孔孟儒家研学游产品、兵学研学旅游产品、博物馆研学旅游产品等 13 个产品为核心的精品研学旅游产品体系。曲阜市政府响应山东省“十大国学之道”研学旅行品牌，针对儒家文化的多样形态以及不同的市场主体，开发设计研学产品，推出“孔子研学”主题项目，通过成人礼、开笔礼、六艺研习等一系列儒家文化体验，青少年可零距离与孔子对话，与 72 贤互动。潍坊诸城的恐龙科普旅游，通过利用现代化的“光声电”技术让青少年进一步了解恐龙的种类、生活习性、发展灭绝等一系列关于恐龙的科学知识。

山东省一直在不断探究各地研学资源的基础上，设计研发高质量的研学旅游产品，顺应时代潮流，积极推动研学旅游朝着规范化、特色化、专业化方向发展，推出了“尼山圣境（儒家文化）”“稷下学宫（齐文化）”“蒙山沂水（红色文化）”三大游学地标品牌。

（四）研学旅游类型丰富，文化研学主题突出

山东省旅游资源文化底蕴深厚，各种文化类旅游目的地众多，每年参加文化类研学旅游的青少年数量处于领先地位，其中传统文化、红色文化类占据多数。山东的儒家文化源远流长，孔子思想熠熠生辉，圣贤智者灿若星河，名家巨匠层出不穷。曲阜作为孔子故里，是山东十大文化旅游品牌之首的东方圣地，也是全国各地游客首选的研学圣地。近年来，曲阜市举办孔子研学旅游节，成立曲阜研学旅游联盟，出台标准规范，培育研学旅行基地，成功荣膺中国研学旅游目的地。学生们在曲阜研学中学习新知识，在行走中感受儒家文化，用脚步丈量鲁国古城，用眼睛观察三孔古建，用心灵思考儒学经典，亲身感受中华优秀传统文化。

山东省也是具有光荣传统的著名革命老区，红色文化资源丰富。山东省制订实施了《山东省红色文化研学旅游实施方案》，深挖沂蒙精神、抗战精神、中国传统文化和爱国主义教育内涵，充分整合山东济南、淄博、枣庄、烟台、潍坊、济宁、泰安、威海、莱芜、临沂等地红色旅游文化和资源，推出了具有山东特色的系列研学游红色旅游精品线路，构建出具有山东特色的红色文化研学旅游目的地体系。此外，山东把独具特色的非遗资源融入

研学旅游中，打造非遗主题研学旅游线路，培育非遗研学旅游体验基地，开展多种形式的非遗研学体验旅游活动。以临朐县非遗小镇研学基地为例，基地囊括北杨善剪纸、吕家楼年画、东镇橡皮章、龙湾竹书签拓印等多达15个非遗体验项目。研学基地为青少年学生提供了一个近距离接触非遗、体验文化、学习手艺的场所，也为非遗传承人提供了一个展示非遗文化、交流技艺的平台。非遗文化浓缩了中华民族传统文化的精华，深化了研学旅游的教育意义，也使山东省研学旅游的类型层次更加丰富，研学旅游的文化内涵更加深刻。

三、研学旅游高质量发展的创新对策

（一）健全各项保障机制，促进研学旅游健康发展

近些年，山东省内各大中小学已经成为研学旅游的“主力军”，作为群体性的活动，研学旅游的开展涉及企业、教育、交通等部门和医疗机构等，但就目前情况看，外部管理监督机制不够完善，多部门联动效果差，缺少部门间的鼎力协作及有效沟通。尽管山东省出台了一系列关于研学旅游的政策措施，但大部分都只能起到宏观指导的作用，涉及指导解决具体问题的规定相对较少，欠缺外部监督管理机制①，这使得研学旅游产品在设计和开发过程中存在相当大的局限性。另外，由于学校不具备组织研学旅游的条件，学校管理者通常会采用外包的形式，将研学旅游的组织和实施交给旅行社操作。但是由于缺乏具体详细的指导细则，各个主管部门责任义务不明确，导致在多部门联动时出现了“多个标准，多个效果”的尴尬局面。在缺乏外部统一监管的情况下，最终的研学旅游效果评价显得异常困难，既无法科学衡量研学教育目标是否实现，又无法兼顾研学过程评价和研学结果评价。为了规范研学旅游市场，提高行政效率，也为了使各大市场主体没有后顾之忧，构建合理的研学旅游监督管理机制迫在眉睫。

为保障和促进山东省研学旅游健康发展，应充分发挥政府、学校、旅行社、研学基地等的联动作用，建立和健全安保、经费、组织等一系列相关运行和保障机制。

1. 明确职责，保障研学旅游安全

在安全保障方面，要充分明确政府、学校、旅游企业等各方职责，采取相应措施确保各方职责的履行。首先，政府应加强对研学旅游安全相关政策和工作方案的制定，做好统筹协调工作，落实各方的安全责任；同时，在研学旅游过程中，定期检查相关政策的落实和实际问题的解决情况。其次，学校和旅游企业也要配合做好研学旅游的安保工作，在活动开始前对参加的学生和老师进行安全教育培训，购买意外保险，并做好突发情况的应急预案。此外，在选择旅游企业时，学校应当认真审核相关企业的从业资质，选择具有较强实力和良好信誉的企业进行合作，并且签订协议书以明确企业和学校各自的安全责任。②

---

① 参见谌春玲：《研学旅游市场的挑战与发展问题研究》，《经济问题》2020年第6期。

② 参见乐进军：《研学旅行的困境与出路》，《教学与管理》2019年第34期。

2. 多方筹资,提高研学旅游服务质量

在经费保障方面,政府首先应逐渐加大对研学旅游的财政支持。除了设置和增加一定的专项划拨经费以外,还要鼓励以政府、学校和家长共同出资为主筹集研学经费。此外,鼓励通过社会公益的方式使研学旅游惠及更多学生。其次,政府还可以通过优惠卡的方式对参加研学旅游的学生及老师在门票、交通、住宿等方面给予优惠或折扣;同时,对开展研学旅游的旅行社、景点、基地等适当减免税收或者给予一定奖励,从而提高各单位参与研学旅游的热情与积极性。

3. 理顺运行机制,统筹监管

在组织管理保障方面,首先,政府要积极引导各部门开展对研学旅游基地及相关从业机构的资格认定工作,还要不断建立和完善研学旅游相关组织和管理体系与机制,促进教育和旅游的有机结合,保障研学旅游健康可持续发展。其次,成立专门的领导小组或部门,增强对区域内研学旅游的统筹与监管,解决活动开展过程中遇到的实际困难与问题。最后,学校作为研学旅游的具体组织和实施者,要明确各项任务与环节的责任人,切实做好研学旅游的相关工作。

(二)多方联动,培养高质量复合型研学旅游专业人才

研学旅游对人才的需求提出了新要求,然而目前研学旅游专业人才缺乏,专业素养有待提升。在研学活动的开展中,研学导师需要具体制订实施研学旅游教育方案,指导学生开展各类体验活动,也需要掌握基本的教育技巧和方法,以及拥有相关的旅游基础知识。这是一个需要大量知识的复合型人才岗位,是整个研学旅游实施的"1号人物",其重要性不言而喻。当前,市场上的研学导师大多是导游兼任或者由旅游管理专业背景的工作人员兼任,不仅数量匮乏,质量也参差不齐,难以满足市场需求。一方面,校内教学和校外研学有很大不同,研学旅游中课程安排对研学导师的要求更高,需要打破学科壁垒,综合学科知识,也要在讲解中完成大量实践性操作,缺乏经验又没有经过培训的校内教师难以承担研学过程中的导师职能,很难在校外环境中正常发挥作用。另一方面,通常一个研学旅游团队内至少配备一名研学导师才能满足研学旅游的需求,而现在山东省内市场上的专业研学导师数量十分有限。

研学指导老师不仅是研学旅游过程中学生的管理者,还是研学课程的具体施教者,他们的能力、水平及素质影响着学生的学习热情、态度和课程实施效果。面对庞大的研学旅游市场需求,专业人才缺口大,难以与如今的市场规模相适应,直接影响山东省研学旅游产品设计和研学活动质量。培养高素质、专业的研学指导老师,不能仅依靠教育部门和学校的力量,还需要全社会的共同努力。为了充分发挥研学导师的作用,保证研学旅游的质量,各地应推出大力培养研学旅游专业人才的政策,支持校企合作,交叉培训,以填补人才缺口。首先,教育部门应当加大资金支持力度,鼓励高等学校发展研学旅游相关学科,促进该领域优秀专业人才的培养。其次,具备培养条件的高校也应当积极响应政府号召,申请设立相关学科和专业,制订合理的人才培养方案与目标,并且在人员和教育设施配套等方面提供保障。最后,山东省相关旅行社、导游培训机构和研学基地要加强对研学旅游人才的教育和培养,提高他们对研学旅游相关知识和技能的认识、理解

与掌握,为研学旅游的发展提供人才支持。

(三)校企深度融合,构建研学行业生态系统

作为一种结合教育和旅游产业的新型教育产品,研学旅游产品的设计需要教育机构和旅游企业通力合作、共同开发。然而,目前山东省内这两个行业的交叉融合以及合作机制尚不完善,校企融合不够,导致研学旅游产品的设计不够专业、规范,同时缺乏足够的特色和吸引力。例如,虽然有很多学校把研学旅游纳入课程体系,但由于对研学旅游的认识不够准确,部分学校出现重游轻学的现象。同时,在研学过程中,有些学校缺乏对学生有效的指导和管理,导致学生对研学目标和任务的理解不够清晰,对研学旅游敷衍了事、流于表面。此外,还有一些研学旅游产品过多地侧重于学,为凸显其教育性和知识性,在研学过程中囊括大量的多学科知识、问题和任务,严重降低了研学旅游的趣味性和体验感,影响了学生的积极性。

旅游企业在研学旅游发展中是关键。首先,具有专业优势的旅游企业应当主动走进中小学校,在教育优先原则的指引下,校企深度合作,因地制宜,因校制宜,因学段制宜,共同开发研究课程、培养研学导师和建设研学基地。其次,旅游企业在产品内容上要做好各个环节的全面统筹规划,融合学生身心发展特点,创新产品设计,让学生乐学、会学,提高学生的参与性、主动性和创造力。最后,旅游企业在开发学生研学市场方面,要具备专业化、融合化和规模化的优势,建设优质研学产品,不断提高企业竞争力。疫情过后,旅游行业经过新一轮的洗牌,研学行业生态系统的构建迫在眉睫。建立完整的研学行业生态系统,促进行业健康有序的发展,既需要行业联合起来制定规范标准、理清行业概念、搭建交流平台,又需要行业自律,构建研学旅游良性生态圈。研学旅游行业在加速构建研学旅游行业生态系统中,要精准识别行业发展痛点并弥补行业关键短板,系统提升利益相关者的认知和能力,促进研学旅游行业的可持续发展。①

(四)融合地方资源特色,打造一流研学基地

随着"研学旅游热点"的出现,面对庞大的旅游市场需求,研学旅行社和研学旅游产品如雨后春笋一般,发展态势迅猛。截至2020年底,山东省内的旅行社数量多达2685家,但规模水平参差不齐,专业人才缺乏,研学旅游产品同质化严重,研学导师这一岗位甚至无人可用。很多旅行社对研学旅游的理解仅仅局限于"名校游",路线设计中的课程安排显得苍白无力,整条旅游路线仅仅是"旅行+课程"的简单整合,甚至有的研学旅游线路只是将几个相关的旅游景点进行简单的拼凑,真正意义上的研究学习环节非常少。这种通过生硬拼凑设计出来的研学旅游产品不仅失去了属于旅游产品中原本的舒适感与美感,也严重影响了研学旅游的教育研究效果。②

研学旅游和大众休闲旅游有很多不同点,研学旅游有明确的教育教学目标和针对人群。山东省历史文化深厚,旅游资源丰富,各地区具有不同的风俗特点,在选择研学旅游

---

① 参见刘俊、陈琛:《后疫情时代研学旅游行业可持续性生态系统的构建》,《旅游学刊》2020年第9期。

② 参见谢春山、张金洋:《研学旅游的内在运行机制及其优化研究》,《旅游研究》2021年第1期。

资源时,既要契合研学旅游的教育教学目标,又要考虑到其兴趣爱好、接受能力等。研学旅游产品开发要根据不同地区的特点开发相关旅游产品,让学生不仅可以观赏当地的特色风光,还可以对当地的特色产业等有所了解。例如,在具有深厚历史文化内涵的曲阜市开展研学旅游,学生可着古装、祭先贤、溯古今,还可在其中体验古代授课情境。“璞玉也需金刚钻”,普通的旅游资源需要精雕细琢后才可以成为研学旅游资源。充分挖掘基地资源,将基地品牌建设与旅游内容进行融合,为学生的成长设计富有创意的内容和富有文化内涵的故事,打造一流的研学旅游基地,是构建山东省研学旅游体系中极其重要的一环。

(五)科学理论指引实践活动,推进“家校合作”模式

研学的本质是教育,研学理论与时俱进是开展研学旅游的基础。研学旅游作为旅游业发展的新业态,必然面对众多衍生出来的新问题和新困境,但当前研学理论研究不够深入,对实践的指导作用有待加强,在研学主体利益关系、研学评价体制机制等诸多领域仍存在着理论空白。研学旅行涉及多个主体,尤其是家庭和学校,在其中扮演着极其重要的角色。在实践操作中,虽然很多学校成立了以家委会为主要管理形式的组织,但是传统的“家校合作”存在着权责不清、形式单一、分散且封闭等诸多弊端,偏重于学校在其中发挥的作用而忽略了家庭的主体地位,使得家庭这一主体的热情度、参与度和重视程度不高,没有充分发挥出“家校合作”在推进研学旅游中应有的作用。

研究专家要在新的大环境背景下,结合山东省旅游省情,丰富现有研学旅游理论。要通过旅游政产学研的合作,吸收基础教育领域的研究专家,积极开发学生研学旅游标准体系和绩效评价体系,积极引导社会教育观念的现代化转变,支持研学旅游实践的规范化、持续化发展。[①] 在理论上,深入研究核心概念源流,对接和融合不同学科的理论,并辅以相关实证研究加以求证和发展[②],用科学的理论认识并指引研学旅游活动,为研学旅游活动奠定理论基础。在实践上,推进“家校合作”模式,实施“学校－家庭－旅游行业”合作制,提高各个主体的权责意识,充分激发家庭、学校、旅游行业的主体活力,构建专业的研学旅游支持系统,完善相关理论、探索学习方式、开发课程、培养师资、配套政策。

---

① 参见马波、刘盟:《中小学生研学旅游研究的三个关键问题》,《旅游学刊》2020年第9期。

② 参见魏雷、朱竑:《研学旅游:真实性导向下旅游情境与教育的整合》,《旅游学刊》2020年第9期。

旅游商品创新与旅游购物产业的发展

苘茂兰　韩若冰　李晓丽*

摘　要：旅游购物具有经济价值和旅游价值，是重要的旅游资源。在山东省新旧动能转换重大工程建设中，旅游购物产业发展政策导引明确，产业发展有力，购物消费贡献率持续上升，连续稳居全省国内旅游消费第一位、入境旅游消费第二位。旅游购物已成为文旅融合的新模式、产业融合的新业态、经济发展的新动能。山东省旅游购物产业发展凸显四大亮点："一赛"+"一基地"+"一工程"+"一平台""四轮"驱动旅游商品研发创新；"点""面"结合购物场所标准化与规范化管理得到提升；"山东有礼"省级旅游购物品牌及城市购物子品牌让"好客山东"品牌内涵更加丰富，品牌形象展现更为充分；线下线上联动营销齐发力促进商品消费。"十四五"时期，需进一步强化旅游购物资源观，多策并举，高质量发展"大旅游商品""大旅游购物产业"，才能为山东省新旧动能转换和"十四五"规划宏伟目标赋新能，添新力。

关键词：山东省；新旧动能转换；文旅融合；大旅游商品；大旅游购物产业

《中国经济生活大调查》数据显示，除2020年受疫情影响外，近6年旅游连续5年居中国老百姓预期消费榜首。世界旅游组织统计，2018年中国公民出境花费2680亿美元，是位居第二名美国的近2倍。在旅游六要素中，食、住、行、游支出具有刚性，需求弹性较小，而购、娱支出弹性较大，尤其是旅游购物没有"天花板"。旅游购物是能够对旅游者产生强烈吸引力的具有旅游价值和经济价值的旅游资源。旅游购物收入占旅游总收入的比重是评价旅游发达水平的重要标志。世界旅游发达国家和地区旅游购物收入在旅游总收入中的贡献率已达到40%～60%。

2018年1月，山东省获国务院批复成为全国第一个也是唯一一个以新旧动能转换为主题的试验区。山东省委、省政府将精品旅游列入新旧动能转换"十强"优势产业，并把培育壮大"十强"产业作为新旧动能转换的重要着力点。响应习总书记号召，贯彻李克强总理政府工作报告精神以及国务院相继出台的大政方针，山东省对促进文旅融合，发展文化创意产业和旅游购物产业，以推动旅游消费进行了重点部署和规划，出台了系列政策和

* 作者简介：苘茂兰（1963～ ），女，山东大学文化和旅游学系副教授；韩若冰（1988～ ），女，山东大学文化和旅游学系副教授；李晓丽（1980～ ），女，山东省旅游推广中心、原山东省旅游商品开发服务中心市场科科长。

推进措施。山东省文化和旅游厅厅长王磊多次在全省文化和旅游产业发展会议上对旅游购物产业发展作出重要指示。检视2018～2020年山东省旅游购物产业的赋能力，对继往开来凝聚未来旅游购物产业发展新动能的磅礴力量是非常重要的。

一、旅游购物产业发展现状

旅游购物离不开三大要素：人员、旅游商品与旅游设施。人员包括旅游者与旅游购物服务人员。旅游商品是旅游购物的核心要素。凡是为旅游或在旅游过程中购买的纪念品、工艺品、土特产品、日用工业品、文创商品、旅游装备等实物商品都是旅游商品。旅游购物设施指为旅游者购物提供服务或具备旅游购物基本功能的场所，包括旅游商品专营商店、专卖店、拥有旅游商品柜台的综合商店和旅游购物休闲街区等。回顾2018～2020年，其间虽受新冠肺炎疫情影响，但山东省旅游商品市场供给丰富，创新发展不断，品牌体系初现。

政策导引明确。2018年5月，山东省出台了《关于推动文化文物单位文化创意产品开发的实施意见》，明确了主要任务，推出了体制机制与支持政策等保障措施[①]，促进文化创意产业发展，助力新旧动能转换。7月，山东省发展和改革委员会、山东省文化和旅游厅联合发布《关于降低全省国有景区门票价格的通知》，吹响了旅游产业转型发展的动员号。10月，山东省委、省政府制订出《大力推进全域旅游高质量发展实施方案》。11月，印发了《山东省精品旅游专项规划（2018～2022）》，提出"实施'山东有礼'旅游商品认证和品牌体系建设工程，推动全省旅游商品研发、生产、经营品牌化和品质化发展。到2022年，山东省实现认证'山东有礼'旅游商品达到2000种以上，'山东有礼'品牌店200家以上"。为推动现代农业与文化旅游深度融合、双向赋能、一体化发展，凸显"1＋1＞2"效应，"实施乡村旅游后备厢工程示范基地建设，建成200个山东省乡村旅游后备厢工程示范基地"[②]。12月，山东省人民政府印发的《山东省文化创意产业发展规划（2018～2022）》明确提出，"通过五年发展，建成影视、出版、动漫、书画、创意设计、艺术陶瓷、手工艺品、文化旅游等一批特色产业集群；加强文化衍生品、文化旅游产品开发，促进新技术、新产业、新模式、新业态发展"[③]。2019年，根据国务院办公厅《关于进一步激发文化和旅游消费潜力的意见》（国办发〔2019〕41号），山东省人民政府办公厅9月发布了《关于印发〈大力拓展消费市场加快塑造内需驱动型经济新优势重点任务细化落实分工方案〉的通知》（鲁政办字〔2019〕164号），提出"加快培育新一代消费热点"，"发展夜间经济，繁荣丰富'夜游、夜娱、夜食、夜购'等消费业态"，"培育3～5家交通装备行业领军企业，做强'山

---

① 参见山东省文化厅、中共山东省委宣传部、山东省发展和改革委员会、山东省财政厅、山东省人力资源和社会保障厅、山东省新闻出版广电、山东省文物局：《关于推动文化文物单位文化创意产品开发的实施意见》（鲁文〔2018〕8号），2018年5月16日。

② 山东省人民政府：《山东省精品旅游专项规划（2018～2022）（鲁政字〔2018〕256号）》，2018年11月2日。

③ 山东省人民政府：《山东省文化创意产业发展规划（2018～2022年）》（鲁政字〔2018〕297号），2018年12月。

东制造'"。[1] 2020年3月,山东省人民政府办公厅推出了《关于应对新冠肺炎疫情影响促进文化和旅游产业健康发展的若干意见》(鲁政办发〔2020〕7号),提出加快文创产品开发,重点扶持一批文创产品研发生产和销售企业。6月,山东省文化和旅游厅颁布了《关于进一步促进文化和旅游消费的若干措施》。7月,《山东省人民政府办公厅关于印发〈山东省推动步行街改造提升行动计划〉的通知》(鲁政办字〔2020〕88号)明确提出,按照"政府引导,市场运作;立足存量,提档升级;示范带动,整体推进"的总体思路,通过优化环境、提升档次、丰富业态、完善功能,带动步行街与周边资源有机融合、良性互动,形成错落有致的城市商业布局,达到聚人气、提活力、扩消费和繁荣商圈的目的。自2020年起,利用3年左右时间,每县(市、区)建设培育不少于1条步行街或特色商业街,每市重点打造2～3条市级示范步行街,全省培育30条左右省级示范步行街,争取4条达到国家级示范步行街标准。在不具备人车分流条件的特色商业街中,全省重点培育50条左右省级示范特色商业街。到2022年底,省级示范步行街和省级示范特色商业街客流量和营业额累计增长20%以上。[2] 11月,山东省政府发布了《山东省文化旅游融合发展规划(2020～2025年)》,提出"推进旅游购物向购物旅游转型,持续提升购物消费在旅游花费中的比重,持续推动旅游商品品牌建设工程,打造'山东有礼'高端旅游购物品牌","推广'山东最受欢迎的100种旅游商品',推出山东千家旅游购物场所、百家山东经典旅游商品街区","大力支持发展文化创意设计和生产,打造一批独具山东特色的'好礼山东'文化旅游伴手礼,塑造'山东设计''山东创造'文创产品形象",助推精品旅游购物产业发展。

产业发展有力。新旧动能转换三年来,在宏观政策导引下,山东省通过文化和旅游商品研发创新、旅游购物体系构建、"山东有礼"品牌建设及旅游购物营销推广,旅游购物消费持续增长,在食、住、行、游、购、娱旅游六要素中,连续稳居全省国内旅游消费第一位、入境旅游消费第二位(见图1至图4)。

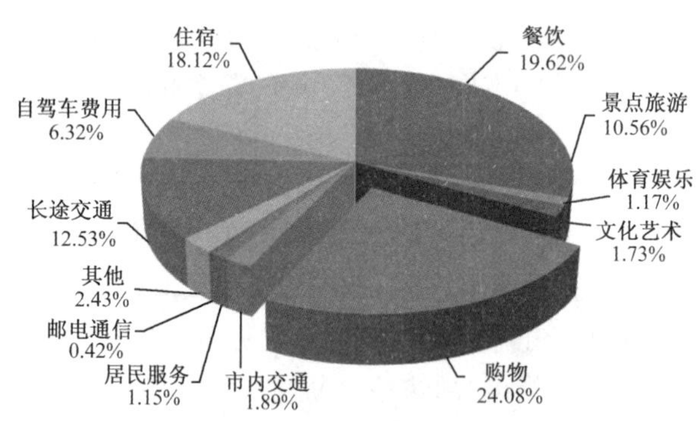

图1 2018年全省国内游客消费结构比例示意图

① 山东省人民政府办公室:《关于印发〈大力拓展消费市场加快塑造内需驱动型经济新优势重点任务细化落实分工方案〉的通知》(鲁政办字〔2019〕164号),2019年9月21日。

② 参见《山东省人民政府办公厅关于印发〈山东省推动步行街改造提升行动计划〉的通知》(鲁政办字〔2020〕88号),2020年7月3日。

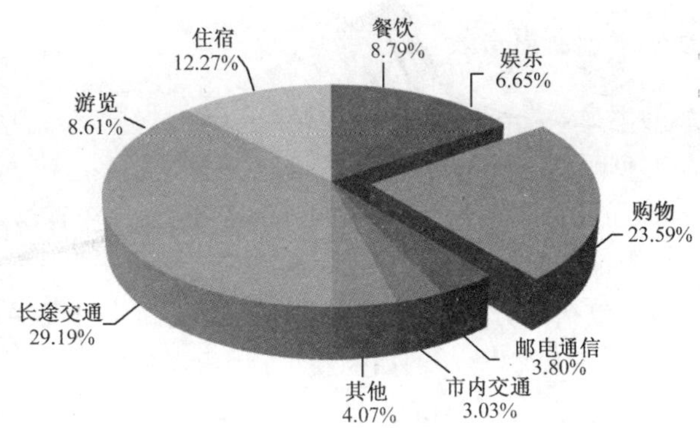

图 2 2018 年全省入境游客消费结构比例示意图

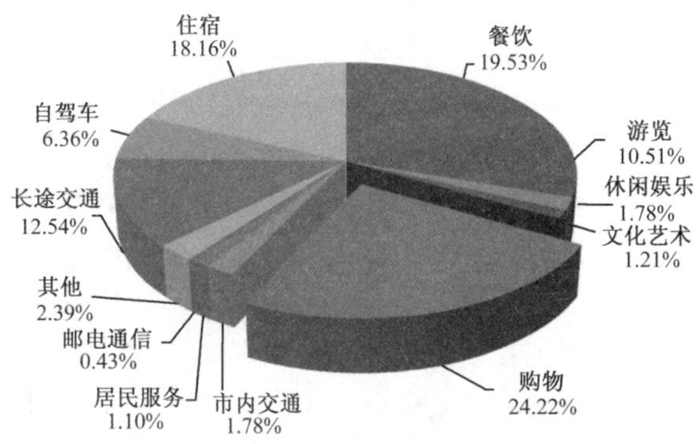

图 3 2019 年全省国内游客消费结构比例示意图

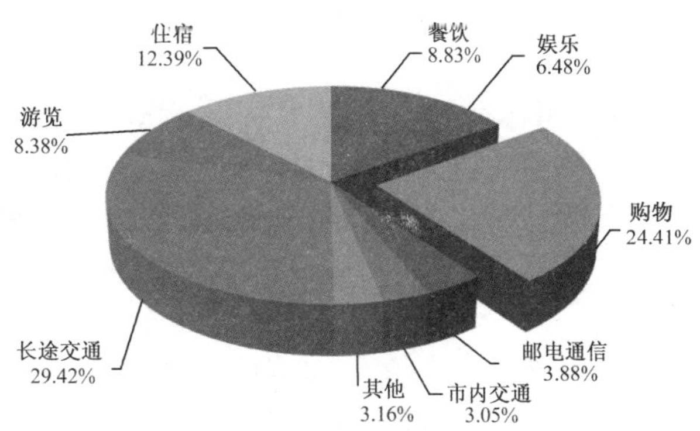

图 4 2019 年全省入境游客消费结构比例示意图

数据来源：山东省文化和旅游厅：《山东旅游统计便览》(2018～2019)。

二、旅游购物产业发展亮点

新旧动能转换三年来，山东省精品旅游购物产业发展卓有成效，亮点纷呈。

(一)"四轮"驱动研发创新显奇效

创新是旅游商品的生命。"一赛"+"一基地"+"一工程"+"一平台""四轮"驱动山东省文化和旅游商品的创新研发。

"一赛",即文化和旅游商品创新设计大赛。自2003年起,山东省已经成功举办16届旅游商品创新设计大赛。为推动文旅融合,2019年和2020年举办了山东省文化和旅游商品创新设计大赛。省内多市包括部分县域也相继举办了文化和旅游商品大赛,如"泰山设计杯"文化创意设计大赛、"黄河入海"旅游商品创新设计大赛、"日照礼物"文化旅游商品创新大赛、济宁市旅游商品创新设计大赛、仙境海岸·鲜美烟台特推好礼评选、济南福牌阿胶杯旅游商品大赛、淄博市首届文化创意版权设计大赛、莒县旅游商品大赛、宁阳县旅游商品大赛等。大赛的举办,极大地提升了全省文化和旅游商品创新研发水平。

"一基地",即山东省旅游商品研发基地。培育专业、规范、知名的旅游商品研发、生产基地,引领行业创新。截至2018年底,全省共培育了100多家旅游商品研发基地,涵盖旅游纪念品、旅游工艺品、旅游食品、日用工业品、旅游装备、文创商品等多个门类。旅游商品研发基地已经成为推动全省文化和旅游商品研发的重要力量。

"一工程",即山东省乡村旅游后备厢工程。顺应自驾游市场的快速发展,2018年3月,原山东省旅发委出台了《山东省乡村旅游后备厢工程示范基地创建方案》,在全国率先规模化开展乡村旅游后备厢工程创建。2018年先期培育了30个乡村旅游后备厢工程示范基地,给予每个基地20万元的财政资金支持。

"一平台",即山东省旅游商品设计研发供求对接服务平台——山东省旅游商品开发服务中心。作为全国首创,并得到原国家旅游局规划司、中国旅游协会领导高度肯定的山东省旅游商品开发服务中心是原山东省旅游局为发展旅游商品而设立的集管理、开发于一体的处级事业单位。该中心长期致力于全省旅游商品开发创新的引领与服务,例如,搭构旅游景区与旅游商品设计研发机构合作平台,实施"一景区一系列"旅游商品开发工程,为泰山、蒙山、崂山、台儿庄、三孔等5A级旅游景区设计景区文创产品,受到市场推崇;其指导推动下的小商品变成大产业的"肥城模式"在全国得到颂扬,等等。

(二)由点到面,行业管理日趋标准化与规范化

"抓点"。为完善旅游购物场所建设,点亮"好客山东"品牌形象,营造旅游购物环境,狠抓购物场所管理与服务的标准化和规范化。山东省曾于2009年在全国率先推出《山东省旅游购物商店等级划分与评定》(DB37/T 1242-2009)和《山东省旅游休闲购物街区质量评定》(DB37/T 1243-2009)地方标准、山东省商品研发基地评定标准。2017年,根据旅游市场需求和精品旅游发展要求,修订购物系列标准,推出《山东省旅游购物商店等级划分与评定》(DB37/T 1242-2017)及《山东省旅游休闲购物街区质量评定》(DB37/T 1243-2017)。2018年,按照标准建设了标准化省级休闲购物街区28家,省级旅游商品研发基地118家。

"推面"。根据山东旅游产业转型升级需要,积极推动购物旅游发展,山东省在全国率先推出《山东省购物旅游示范村评定》(DB37/T2962-2017)《山东省购物旅游示范乡镇

评定》(DB37/T2963-2017)《山东省购物旅游示范城市评定》(DB37/T2964-2017)三个地方标准。2018年,按照标准建设山东省购物旅游示范城市4家,示范乡镇8家,示范村11家。

旅游购物场所标准化与规范化管理由“点”到“面”地推开,业已形成了点(购物商店)、线(购物街区)、面(购物旅游示范区)覆盖山东全省规范化发展的大旅游购物格局。

(三)“山东有礼”让“好客山东”品牌形象更加饱满

省级旅游购物品牌诞生。在原山东省旅游发展委员会先后打造“到山东最想买的100种特色旅游商品”的基础上,2018年又成功注册了“山东有礼”旅游商品品牌,确立了“山东礼·礼天下”的品牌口号和品牌标识,完成了对“山东有礼”版权的登记和45类商标注册。

地方旅游购物品牌纷至沓来。在省级旅游购物品牌引领下,“济南有礼”“青岛礼物”“悦购烟台”“礼尚威海”“礼享淄博”“日照礼物”等地方旅游购物品牌接踵而至。

目前,山东省旅游购物公共品牌体系初步形成。品牌是联系企业与消费者之间的无形纽带。“好客山东·山东有礼”及城市旅游购物品牌建设,提升了山东旅游商品的知名度和附加值,对发展精品旅游,推动全省旅游新旧动能转换具有重要里程碑意义。

(四)线下线上联动营销持续发力促消费

“赛”“展”亮出山东旅游商品的风采。在国家级旅游商品大赛中,山东屡获佳绩。2018中国旅游商品大赛获得金奖1个,中国特色旅游商品大赛获得金奖10个、银奖17个、铜奖7个,金奖总数与浙江省并列全国第一,获奖总数位列全国第二。原山东省旅游发展委员会获中国旅游商品大赛最佳贡献奖、中国特色旅游商品大赛最佳贡献奖。2019中国旅游商品大赛获得1金、1银、2铜,参赛成绩并列全国第一。2020中国特色旅游商品大赛获6金13银6铜,获奖成绩继续走在全国前列。在中国国际旅游交易会、北京旅游商品和旅游装备博览会、中原旅游商品博览会、四川国际旅游交易会、山东省文化产业博览会、中华老字号(山东)博览会、济南国际旅游交易会、中华老字号故宫过大年等众多展会上,都能看到山东旅游商品、山东旅游商品企业的身影。

线下构建销售平台系统。旅游商品专卖店、专业店、旅游购物休闲街区等广布城市、乡村旅游点、火车站与汽车站枢纽。山东高速集团、齐鲁交通发展集团所辖的济广高速济南服务区、京台高速济南服务区、青兰高速诸城服务区、长深高速沂水南服务区也相继开设旅游商品销售区。仅2020年,“山东有礼”旅游商品进景区累计参展企业150余家。“山东有礼”系列文创产品登陆山东航空旅发大会主题航班,参与“新消费·爱生活——山东消费年”活动。离境退税政策在济南、青岛、烟台、威海4市全面实施,81家退税商店和4个机场口岸可以开展境外旅客购物离境退税业务,实现全省异地退税结算,亦可全国联网退税。各城市也在实施旅游商品提升工程基础上拓展消费市场。例如,济南在宽厚里、曲水亭街等街区推出了民俗文创市集,给游客提供丰富且具特色的文创产品,让游客将泉城文化带回家。

线上搭建媒体矩阵。一是新媒体矩阵,包括“好客山东之声”微信公众平台、@文旅山东官方微博,“好客山东”抖音、快手、央视频、微信视频号、B站等七大短视频平台,头条号、百家号、人民号、企鹅号等主流新闻客户端平台,基本涵盖了当下新媒体主流平台,累计拥有粉丝1300多万人;二是好客山东宣传矩阵,包括好客山东网、好客山东App、好客山东微信、抖音、支付宝等多个小程序,搭建起一个智慧文旅平台。这些平台通过图文、音频、短视频、直播、线上营销活动等多样化手段,实现了对全省优秀旅游商品的全面、即时、立体化宣传推广。2019年,山东委托第三方开通运营“好客山东”天猫、京东旗舰店,上架山东好品好物。2020年,旗舰店共举办50多场文化和旅游商品惠民优惠活动;开办“非遗产品”专区;组织企业开展淘宝直播带货、腾讯微信直播带货活动100余场,累计吸引流量50万人次。与阿里巴巴、携程网、同程旅行、美团、途牛、驴妈妈等大型电商平台、OTA开展线上合作,组织多个文旅惠民消费活动。通过线上媒体矩阵,实现了旅游商品“看得见”“买的着”。

三、推进旅游购物产业高质量发展的思考

在肯定成绩的同时,我们也清醒看到山东省旅游购物产业发展面临的困难和挑战。一是旅游购物资源观还不强,对旅游购物产业发展的投入比其他要素少,16城市发展水平也参差不齐。二是产业发展还存在盲区,例如多管理部门介入文创产品,职能交叉重叠,文创商品之外的大旅游商品出现管理缺位。山东全省旅游商品资源和旅游购物设施资源从未进行过全面普查。三是率先在全国推出的《山东省旅游购物商店等级划分与评定》(DB37/T 1242-2017)、《山东省旅游休闲购物街区质量评定》(DB37/T 1243-2017)、《山东省购物旅游示范村评定》(DB37/T2962-2017)《山东省购物旅游示范乡镇评定》(DB37/T2963-2017)《山东省购物旅游示范城市评定》(DB37/T2964-2017)地方标准被束之高阁,规范化与标准化管理放松。四是文创产品文化活化水平不高,现代科技利用严重不足。五是旅游商品生产企业品牌建设不够扎实,“山东有礼”及城市旅游购物品牌运营方式尚未明确,品牌引领作用有限等。

总之,相对于物产丰富、文化底蕴深厚的山东经济大省地位和实力,相对于强劲的旅游购物市场消费力,山东省旅游购物产业还有很大的发展潜力。与旅游发达国家和地区、国内发达的旅游省市的旅游购物水平比,山东省旅游购物产业发展尚有一定差距。2019年国庆黄金周,山东旅游接待量比江苏多2000万元,旅游收入却少51亿元,显示山东旅游质量和效益不高。原因当然是多方面的,从旅游购物产业发展看,提升空间较大。2021年是“十四五”规划开局之年。高质量发展是“十四五”发展的主题。推动旅游购物产业高质量发展,有助于优化旅游产业结构,创新旅游产品供给,提升旅游消费,更好地满足人民美好生活的需要。

(一)强化旅游购物资源观,力推大购物产业发展

1. 开发“大旅游商品”,发展“大旅游购物产业”

旅游购物是重要的旅游资源。中华人民共和国国家标准《旅游资源分类、调查与评价》(GB/T 18972-2017)界定,自然界和人类社会凡能对旅游者有吸引力,可以为旅游业

开发利用,并可产生经济效益、社会效益和环境效益的各种事物和现象都是旅游资源。旅游购物资源对旅游者具有旅游价值;对旅游供给方企业可以产生经济价值;对目的地可以解决就业,助百姓脱贫致富和文化传承,当然是重要的旅游资源。[①]

山东省“物华天宝,人杰地灵”,购物资源非常丰富。山东是农业大省、工业制造大省、海洋大省、文化大省,产业门类齐全,旅游购物产业发展基础雄厚;山东省拥有一大批在国内甚至国际市场上知名度、美誉度较高的大企业集团,是旅游商品开发的重要力量;深厚的文化底蕴为旅游商品提供着创意源泉;山东省是旅游大省,旅游市场应该成为商品消费新动能市场。发展旅游购物要破除狭隘的旅游商品观念,树立“大旅游商品”观,发展“大旅游购物”。旅游商品不等于旅游纪念品,不等于土特产品,也不等于文创商品。凡是能够吸引旅游者购买的实物商品如纪念品、工艺品、土特产品、日用工业品、文创商品、旅游装备等都是旅游商品。旅游购物商店不是传统的只为旅游者服务的购物店,全省所有购物场所都是旅游者购物的场所,都能够为游客提供规范化的购物服务。实现山东全域商品旅游化应该成为全域旅游示范区建设的重要内容之一。

2. 树立典型,推广先进经验

省内烟台、泰安、淄博、济宁等市在旅游购物产业发展方面走在了全省前列,积累的经验值得推广。烟台市在2018年强化政策引领、激发旅游商品新动能,发布了《旅游商品三年提升计划》,明确了全市未来三年旅游商品发展任务、目标及措施,开展了全域旅游资源普查,摸清了旅游商品资源。旅游商品研发已形成八大系列2万余种,购物旅游成为重要的旅游新产品。泰安市借助旅游城市优势,做“旅游+会展”文章,搭建全省乃至全国旅游商品展示交易平台。持续举办旅游商品大赛,推出泰安“十大伴手礼”。桃文化旅游商品大赛成为全国知名旅游赛事,创造了小商品发展为大产业的“肥城模式”。济宁市旅游委、市政府出台了《济宁市旅游奖励办法》,资金奖励扶持研制开发具有明显地域特色文化符号的文创产品,形成集开发、研制、生产、销售于一体的产业链,销售收入过百万的企业就有30多家。淄博市长期重视旅游购物产业人才工程建设,持续举办旅游商品培训推动创新开发水平提升,连续多年在国家和省级文旅商品大赛获多个大奖。

3. 启动旅游购物资源普查,精准谋划

旅游购物资源普查是旅游购物产业高质量发展的根本性、基础性工作。摸清家底才能精准施策,如数家珍才能更好利用。旅游购物资源普查类型和普查标准要体现全域旅游和文旅融合的战略思想。摸清旅游商品的数量和质量、可以活化的文化资源、旅游商品研发力量、旅游购物设施种类和数量、旅游购物从业人员数量和结构状况,等等。开展旅游购物资源普查,应做到应普尽普、应查尽查,分类、翔实、全面梳理,可以借助3S(RS遥感、GPS全球定位系统、GIS地理信息系统)技术,强化资源位置点的识别、定位、存储和管理分析等工作。

(二)立足美好生活,提升“大旅游商品”研发创新高度

美好生活是每一位中国人的追求。新时代旅游者对旅游商品的要求越来越高。让

① 参见石美玉:《关于旅游购物研究的理论思考》,《旅游学刊》2004年第1期。

游客来山东“有的买”,旅游商品研发必须全面创新。

1. 旅游商品研发创新要立足消费者心理诉求

基于旅游者购物的求新求异动机、追求价值动机、收藏动机、馈赠动机、追求文化动机,旅游商品研发应该突出以下方面:“新”“特”“质”“精”“美”“实”“价”“品”①,最大限度地提高旅游商品的新颖度、时尚度、流行度,满足人们美好生活的需要。不同旅游目的地的客源、不同细分市场在审美标准、情趣、购物走向上存在极大的差异,应做到精准研发,延伸开发。

2. 文创商品研发要从区域文化的角度切入

文创产品是源于文化主题,经由创意转化,具有市场价值的商品。一方水土养一方人。地域文化是文创商品设计的灵魂和源泉。山东省是文化资源大省,各市文化特色鲜明。要通过文化变文创、文创变商品,让齐鲁文化以商品形式走进千家万户,成为齐鲁文化的另一种解读方式。文创产品研发重点应强化红色文化基因、十大旅游目的地品牌文化、文物与遗产文化三大文化资源的活化。要关注人们的美好生活,开发“好看”“好玩”“好用”“好品位”的文创商品。

3. 旅游商品研发实现全面创新

旅游商品同其他任何产品一样有生命周期,需要多角度不断创新。在题材上,要突破传统,紧跟时尚潮流、流行元素,紧贴现代生活。在设计手法上,除了常规的采用临摹的具象化和结合文化的一些抽象化设计手段外,还可以采用幽默、夸张和交互等方法进行创新设计。在设计形式上,做到品类的系列化、品种的系列化、价格系列化,满足不同游客的旅游购物需求。在材料选用上,优选本地特色材料进行制作,同时注入“+”的理念,将不同材料融合使用,创造出其不意的效果。在技术上,在延续传统工艺基础上,将现代科技应用于新产品研发,提高科技含量和创新发展的高度。在功能上,让创意走进生活,拓展商品的使用价值。在包装上,通过天然环保的素雅材质、抓人眼球的色彩运用、传统风格的简洁图形、独具特色的书法字体、时尚简约的现代风格,凸显商品特色,助力商品销售。

(三)加强购物设施建设,推动旅游消费

1. 加强文化和旅游商品消费设施建设

分解任务、夯实责任、指标考核,是切实完成《山东省精品旅游专项规划 2018～2022》提出 2022 年建成 200 家以上的“山东有礼”品牌店的目标任务的有力措施。落实《山东省推动步行街改造提升行动计划的通知》(鲁政办字〔2020〕88 号)要求,保证在 3 年左右时间,每县(市、区)建设培育不少于1 条步行街或特色商业街,每市重点打造 2～3 条市级示范步行街,全省培育 30 条左右省级示范步行街,争取 4 条达到国家级示范步行街标准。全省重点培育 50 条左右省级示范特色商业街,保证游客“有地买”。有条件的城市打造购物旅游吸引物,实现《山东省文化旅游融合发展规划(2020～2025 年)》提出旅游购物向购物旅游转型的战略目标。

① 参见陈斌:《旅游商品的八个要素》,《中国青年报》2015 年 1 月 29 日。

2. 恢复对旅游购物场所规范化与标准化管理督导

按照《山东省旅游购物商店等级划分与评定》(DB37/T 1242-2017)和《山东省旅游休闲购物街区质量评定》(DB37/T 1243-2017)地方标准严格管理步行街及所有街区的购物商店，恢复对山东省旅游购物商店等级评定和旅游休闲购物街区质量评定，挂牌经营，动态管理，营造“好客山东”购物环境，推动旅游消费。

(四)实施品牌战略，强化品牌引领

1. 加强购物品牌体系建设，弘扬“山东好客”文化

品牌是旅游商品和服务质量的保证，不仅能够让游客“放心买”，而且能为企业创造更高的产品附加值。有些旅游商品企业简单化甚至错误理解品牌建设，认为品牌战略是“大企业玩儿的东西，我的企业还小，不适合打品牌，等我们做大了再说”；有些企业以为品牌就是取一个名字、一个 LOGO，注册了就是品牌；有些企业把品牌塑造与品牌传播混为一谈，以为只要有“噱头”，好好包装一下就能迅速走向市场，打广告让 KOL 带带货就是做品牌；还有企业建构了较为完善的品牌建设规划，却存在着矮化的品牌实施。当然，还有企业商品就没有商标注册；如此等等。旅游商品企业必须懂得，商标是品牌形成的基础，品质是品牌形成的生命，销量是品牌形成的前提，特色是品牌形成的推动力。要从旅游商品的创意、设计、生产、包装、营销、服务各方面，树立品牌意识，实施品牌建设工程，打造旅游商品的产品品牌、企业品牌和地域品牌。商品研发要满足游客对美好生活的向往和对高品质旅游商品的追求。要以突出山东特色、彰显好客之道、体现工匠精神、汇聚山东智造为出发点，真正解决旅游商品同质化、低端化、低质化的问题，并通过线上线下多种渠道多种方式进行品牌推广。

2. 加快“山东有礼”品牌运营，发挥品牌引领作用

鉴于“山东有礼”省级旅游购物品牌及城市旅游购物品牌运营方式尚未明确，品牌引领作用有限的问题，应尽快出台《山东有礼商标管理办法》和《山东有礼购物品牌使用办法》，制定“山东有礼”认定标准，建“山东有礼”文化和旅游商品名录，采用多重防伪技术，实现产品售后可追溯。“济南有礼”“青岛礼物”“悦购烟台”“礼尚威海”“沂蒙印象”“礼享淄博”等子品牌也要抓紧运营，发挥作用，达到品牌响亮、产品过硬、渠道完善、可控可查的品牌建设目标。

3. 完善购物服务，提升购物服务体验

品牌价值不仅体现在商品上，还体现在旅游购物服务上。旅游购物服务人员对商品特点、承载文化要有充分了解，对旅游购物消费心理要能准确把握。购物商店提供服务项目应充分、多元，细致入微。购物商店和街区要做到内外环境整洁优美，商品摆放便利且有艺术感，突出鲜明的商业特色、浓郁的旅游氛围，满足旅游、休闲、购物等多样化需求。洗手间不仅要功能齐全，洁净卫生，更要有文化特色，要鼓励有条件的购物场所打造与所在楼层销售商品相协调的特色景观洗手间。总之，通过诚信服务、执业素养、售后服务、增值服务等环境营造，给予游客优质的购物体验，并不断超越游客的期望值，让客人大胆买，放心买，开心买。

夜经济的发展与创新

王广振　于皓宇*

摘　要:2018 年,山东省根据《山东新旧动能转换综合试验区建设总体方案》部署,出台了《山东省精品旅游发展专项规划(2018～2022)》(简称《规划》)。《规划》提出培育消费新热点,最大限度满足人民群众日益增长的旅游消费需求的现代旅游发展新模式。夜经济作为新的消费热点和拉动经济增长的新动能,成为山东省重点发展方向。新旧动能转换提出"一年全面起势,三年初见成效,五年取得突破,十年塑成优势"总体目标。如今三年时间过去,夜经济在山东省得到迅速发展,成为山东省后疫情时代扩大内需新引擎。

关键词:山东省;文旅融合;夜经济;精品旅游

夜经济也称"夜间经济",源自 20 世纪 70 年代英国为改善城市中心区夜晚空巢现象提出的经济学概念,是指发生在当日 18 点至次日早上 6 点,以本地市民和外地游客为消费主体,以第三产业,如餐饮、休闲、旅游、观光、购物、健身、文化等为主要形式的现代城市消费经济。

夜间消费大多是服务性消费,几乎涵盖了商业、交通运输业、餐饮业、旅游业、娱乐业等所有第三产业。《城市居民消费习惯调查报告》统计显示,我国 60%的消费发生在夜间。相较白天消费,夜间消费内容更丰富、更多样、更亲民。夜经济能明显拉动城市经济增长,更是发展城市文旅、复兴城市文化的重要载体,加快形成夜经济体系,是中国城市面临的新一轮机遇和挑战。

一、夜经济发展的基本情况

2018～2020 年是山东省夜经济快速发展的时期,2019 年进入爆发期。山东省夜间经济市场规模扩大的主要原因包括:政府颁布多项政策,将夜间经济发展作为促进消费增长的重要手段;公共基础设施不断完善、互联网及移动支付普及;居民可支配收入增长,催生多业态消费需求等。

* 王广振(1971～),山东大学管理学院教授;于皓宇(1998～),山东大学管理学院硕士研究生。

(一)政策支持情况

山东省人民政府于 2019 年 7 月 31 日印发的《关于大力拓展消费市场加快塑造内需驱动型经济新优势的意见》中，提出了加快培育文旅夜经济在内的新一代消费热点。2019 年 11 月 5 日，山东省人民政府办公厅印发《关于加快推进夜间旅游发展的实施意见》，推动各市及具备条件的县(市、区)至少形成 1～2 个与区域商圈发展相融合、具有较强辐射带动功能的夜间文旅消费集聚区。从主题游乐、夜游文化、特色餐饮、时尚购物、夜游环境、交通保障和配套服务七个方面推进夜间旅游发展，建设一批夜间旅游优质项目，推出一批夜间旅游产品，形成一批夜间旅游发展示范城市，打造一批活动丰富、吸引力强的夜间旅游景区。山东省政府提出到 2022 年，基本形成布局合理、富有活力的夜间旅游发展格局。

在省级层面的引导下，山东省地方政府陆续推出各项鼓励夜间经济发展，以促进消费的相关政策。主要从以下方面引导夜间经济发展：一是完善交通安全环境等配套设施；二是建立责任管理体系；三是鼓励商家延时营业；四是鼓励多元化业态发展；五是打造夜间经济示范区。据统计，截至 2021 年 1 月，山东省已经有 14 个市出台了推进夜经济发展的意见(见表 1)。

表 1　山东部分市夜经济政策一览表

地区	时间	政策文件或措施
济南市	2019 年 6 月 19 日	《关于推进夜间经济发展的实施意见》
	2020 年 6 月 2 日	《关于推动济南夜间经济提质升级打造“夜泉城”2.0 版的若干措施》
	2020 年 6 月 9 日	《济南推进夜经济发展十二条措施》
青岛市	2004 年 5 月	《关于加快发展我市市区夜间经济的实施意见》
	2019 年 7 月 29 日	《关于推动夜间经济发展的意见》
淄博市	2019 年 10 月 30 日	《关于挖掘消费潜力繁荣发展夜间经济的实施意见》
	2019 年 12 月 4 日	《淄博市文化和旅游局关于推进夜间文旅经济发展的实施方案(试行)》
	2020 年 6 月	《淄博市夜间经济发展专项资金奖励扶持办法(试行)》
枣庄市	2020 年 6 月 29 日	《关于推进夜间经济发展的实施意见》
东营市	2019 年 9 月 26 日	《关于推进夜间经济发展的实施意见》
	2020 年 5 月 12 日	《推进夜间经济发展实施方案》
烟台市	2019 年 10 月	《关于进一步推进夜间经济发展的实施意见》
潍坊市	2020 年 7 月 13 日	《潍坊市推进夜间经济实施意见》

续表

地区	时间	政策文件或措施
济宁市	2019 年 9 月 25 日	《关于加快推进夜间经济发展的实施意见》
泰安市	2019 年 11 月 1 日	《关于进一步繁荣夜间经济的九条措施》
威海市	2019 年 9 月 20 日	《威海市发展夜间经济实施方案》
日照市	2020 年 1 月 15 日	《关于发展夜间经济的实施意见》
滨州市	2020 年 5 月 25 日	《滨州市加快发展城市夜经济实施方案》
	2020 年 5 月	《滨州市主城区夜经济和假日经济工作方案》
德州市	2019 年 10 月 31 日	《关于推进夜间经济发展的实施意见》
临沂市	2019 年 12 月 18 日	《关于推进夜间经济发展的实施意见》

(二)夜经济发展概况

在相关政策的支持下,全省一批重点景区推进夜间开放,推出了一系列夜游活动和演艺项目,打造了济南百花洲历史文化街区、台儿庄古城、泰安老街、曲阜尼山圣境等一大批以夜游活动为特色的重点景区景点,以及《明湖秀》《乾隆巡游台儿庄》《金声玉振》《中华泰山·封禅大典》《神游传奇》等众多旅游演艺项目。

瞭望智库联合腾讯发布的《中国城市夜经济影响力报告(2019)》统计显示,青岛、济南、烟台、潍坊分别在中国 50 城夜经济影响力排行榜中位列第 4、7、27、30 位。其发布的《中国城市夜经济影响力报告(2020)》从夜经济传播力、创新力、产业规模、商圈流量四个维度对目标城市进行综合评价分析,青岛在 2020 年夜经济影响力十强城市中排名第四。银联消费数据显示,2020 年“十一”期间,潍坊市夜间餐饮消费增长位居全国第二,仅次于深圳。艾媒商情舆情数据监测系统数据显示,2019 年 7 月,山东对夜间经济话题的网络关注度位居全国第二,仅次于北京,高于广东、四川和上海。

综合相关数据,可以发现山东省对夜经济发展的关注度高,青岛、济南等城市在夜经济发展中有着较好的成绩。

(三)各城市发展创新

1. 济南——综合保障丰富消费业态

2019 年 6 月,济南市出台《关于推进夜间经济发展的实施意见》,从建立夜间经济发展协调机制、打造夜间经济示范街区、丰富夜间经济消费业态、创新监督管理模式、优化交通组织秩序、美化亮化夜间环境、健全督导考核机制等 10 个方面推出了 27 项举措。2019 年国庆前夕,济南市发布了《济南购物、济南美食、济南夜间经济消费指南》,推出“夜经济消费地图”,重点推介 10 个夜间经济聚集区、20 个大型购物商场、15 家文化娱乐场地等 99 个夜间消费打卡地。为了保障夜间经济发展,济南也从政府层面进行统筹协调,例如由各区县政府分管领导担任“夜间区长”,统筹协调夜间经济发展。成立了济南市发展夜间经济工作领导小组，两位副市长担任组长。先后延长了180余条公交线路运营时间，在北方城市率先构建零时公交网。

在实践层面，济南市一是以“体味夜文化，感受夜生活，融入夜经济”为主题，策划组织“开心甜沫”等具有浓郁齐鲁风情和泉城特色的系列文艺演出，丰富泉城文艺舞台。二是丰富文旅消费业态。策划推出泉城夜游、夜娱、夜购、夜宿、夜读等五大冬季旅游项目，开展泉城之夜文旅消费季、文化惠民消费季、“泉城冬韵”文化旅游惠民“四个一百”等系列文化惠民活动500余场，惠及群众280余万人次。三是开展主题夜场活动。举办“泉城之夜·济南冬季文化旅游嘉年华”活动，多样文艺演出、泉城传统美食、非遗民俗手工艺、潮流文创产品等精彩汇聚，为市民游客奉献一场冬季文旅盛宴。

根据济南市商务局的财报显示，自2019年6月发布《关于推进夜间经济发展的实施意见》以来，济南市美团、“饿了么”等三方平台订单量同比增长2倍以上，神州专车日均订单量环比增长20%。2019年7～8月“印象济南·泉世界”商业街区客流量环比增长80%，夜间营业额占全天的80%。据济南市商务局不完全统计，2019年“十一”黄金周期间，济南宽厚里、融汇老商埠、印象济南等7个夜间经济集聚区客流量达近200万人，营业额达4300余万元，同比增长约30%以上。

2. 青岛——啤酒节擦亮夜经济金字招牌

早在2004年5月，青岛市就出台了《关于加快我市市区夜间经济的实施意见》，成为中国首个专门出台促进夜间经济发展政策的城市。2019年7月，青岛市政府发布了《关于推动夜间经济发展的意见》，明确提出以夜经济发展推动国际时尚城建设攻势。

啤酒节成为青岛夜经济金字招牌。享誉世界的青岛国际啤酒节是融旅游、文化、体育、经贸于一体的国家级节庆活动，始创于1991年，距今为止已经成功举办30届。作为亚洲的啤酒盛会，如今的啤酒节已经成为彰显青岛城市个性优势与魅力的盛大节日，也是青岛夜经济的金字招牌。2019年金沙滩啤酒城共接待海内外游客720余万人，最多一天近50万人，创下了历届青岛国际啤酒节之最。啤酒节期间，金沙滩啤酒城周边区域日租房平均价637元/天，较非啤酒节期间高出110%；当年8月，青岛西海岸新区高档宾馆住宿行业收入达到1.8亿元，同比增长28%。①

3. 淄博——打造大型节会

2020年9月19日、20日两天，淄博市人民政府主办了2020淄博麦田音乐节。据统计，本次淄博麦田音乐节两天共吸引了超5万歌迷。不少山东周边的乐迷也特地通过各种方式前往。据统计，两天的演出，淄博本市观众占总人数的30%，山东省内观众占70%，省外观众占30%。除了音乐节，淄博市还举办了啤酒节，2020年8月21～30日，2020首届淄博青岛啤酒节举办，共吸引了近30万人次入园，消费近180吨啤酒。音乐节和啤酒节吸引了大量本地居民和外地游客，带动了本地餐饮、住宿、旅游等相关产业发展。

2020年7月，淄博市委十二届十次全会确定淄博实施改革开放赋能、打造高水平开放型城市的总体要求。在此背景下，啤酒节、音乐会等等系列大动作悉数登场，带火了夜

① 参见瞭望智库：《中国城市夜经济影响力报告(2019)》，2019年12月。

间服务业的发展。

4. 济宁——夜经济发展惠民

截至2020年4月上旬，济宁市已开放126个景区，加大景区惠民力度，积极推进夜间文化旅游经济发展。济宁主城区打造5个夜间文旅示范街区，每个县市区打造1～2条县级示范街区。充分发挥济宁市历史文化资源优势，以儒家文化主题剧目为依托，策划推出“10元一票通”，让广大市民可以在城区声远舞台、运河音乐厅、杂技城、济宁影城观看戏曲、杂技、歌剧、音乐、电影等，促进文化娱乐消费。大力实施“景区活化”举措，加大对曲阜尼山圣境礼乐盛典“金声玉振”、华彩水幕露天演艺、“天下归仁”礼乐灯光秀等项目的扶持力度，鼓励支持有条件的景区推出“日游夜演”演艺活动。支持博物馆、图书馆、文化馆、电影公司等文化单位开展夜间文化体验活动、非遗展览活动、全民阅读活动、免费参观活动、公益电影放映活动。

5. 泰安——税收优惠、成本费用补贴助力“夜经济”

2020年3月初，泰安市政府出台的《关于支持文化和旅游企业应对新冠肺炎疫情共渡难关的通知》中提到，疫情结束后，有序引导、适时举办各类美食节、小吃节、啤酒节、餐饮嘉韶华等节庆活动，打造舌尖上的“泰山味道”美食品牌，刺激文化和旅游消费，释放消费潜力。突出做好疫情过后城市夜经济的文章，对有条件的景区景点在确保安全前提下，积极发展夜间特色餐饮场所和特色休闲街区。对发展夜间经济的市场主体，采取税收优惠减免、租金减免、成本费用补贴等措施予以扶持。[①] 同时泰安积极打造特色街区，打造集美食、娱乐、购物、休闲于一体的夜消费街区。作为发展夜间经济，进一步拉动和刺激消费的重要举措，泰安老街自开街以来，共吸引300多家商户入驻，日平均接待量达到30000人。

二、夜经济发展经验

（一）政策引领发展

省级层面，山东省人民政府办公厅2020年印发的《关于抓好保居民就业、保基本民生、保市场主体工作的十条措施》中提到，支持夜经济等特色经营方式发展，在严格履行疫情防控、环境卫生责任，不影响行人和车辆正常通行，不影响居民正常生活，不搭建临街违章建筑，维护好交通要道、消防通道、绿化地带正常状态的前提下，允许临时占道摊点摊区经营、允许临街店铺临时越门经营、允许流动商贩贩卖经营。对依法从事的摆摊经营，豁免办理营业执照，政府相关部门不收取任何费用。此举为夜经济的发展创建了较大的空间。

地方各政府也高度重视，陆续出台相关政策规划。以淄博市为例，淄博市商务局配合市发改委起草出台《关于挖掘消费潜力繁荣发展夜间经济的实施意见》，以市政府名义

① 参见泰安市人民政府：《关于支持文化和旅游企业应对新冠肺炎疫情共渡难关的通知》（泰政办字〔2020〕9号），2020年3月12日。

印发。围绕工作实施意见，先后配合市发改委起草出台《2020 年全市夜间经济发展工作推进方案》《淄博市 2020 年夜间经济文化氛围提升行动实施方案》《淄博市夜间经济发展专项资金奖励扶持办法（试行）》，配合市城市管理局起草《淄博市夜间经济街区（夜市）暂行管理办法》等各项政策意见。政策的出台，为推进夜间经济发展提供了强有力的政策支撑和组织保障。[①] 根据淄博市发改委发布的《淄博市夜间经济发展专项资金奖励扶持办法（试行）》及《淄博市夜间经济载体认定标准》，计划认定 15 个左右市级夜间经济示范街区，每个街区管理主体奖励扶持 10 万元；计划认定夜间经济龙头示范企业 10 个，给予一次性 30 万元的奖励扶持；计划认定夜间经济新兴业态示范企业 20 个，给予一次性 10 万元的奖励扶持。通过扶持鼓励政策真金白银支持夜经济发展。

（二）节事引爆市场

在推动夜经济发展中，各地举办的夜间主题活动例如音乐节、美食节、啤酒节、露营节等吸引了大量人群参与。例如，从下午一直持续到夜晚的各类音乐节，带动了夜间餐饮、住宿、交通等行业的发展。2019～2020 年，包括青岛凤凰音乐节、淄博麦田音乐节、潍坊草莓音乐节、德州齐河天空音乐节、天空 sky 音乐节等在内的数十场音乐节在山东举办，唱响了夜经济。

青岛凤凰音乐节已经在 2019 年、2020 年连续举办了两届，是青岛市举办的大型户外音乐节，目前已跻身全国一线音乐节品牌行列。2019 年青岛凤凰音乐节售出全部 3.6 万张门票，票房收入超过 1100 万元，吸引了近 4 万名乐迷参与。2020 年举办的第二届青岛凤凰音乐节在开演前七日售罄了全部 3 万张门票，据青岛西海岸新区文化和旅游局的数据，音乐节当日周边5 公里范围内客房入住率达 100%，周边商户两天实现营业收入过千万元，出租车和网约车一车难求。

2020 年 9 月，淄博市首次举办的麦田音乐节同样火爆。音乐节两天先后共吸引了超 5 万乐迷，大量外地乐迷前来淄博，带动了本地餐饮、住宿、旅游等相关产业。淄博主城区 9 月 19 日大中型酒店基本满房，部分餐饮店铺一座难求，希尔顿欢朋酒店更是为此提前开业。

（三）博物馆积极作为

山东省内众多博物馆进行了延时开放的探索。早在 2019 年 5 月 17 日，为迎接第 43 个国际博物馆日、探索博物馆延时开放的经验，山东博物馆举办了博物馆奇妙夜体验活动。2019 年，为配合省文化和旅游厅推出的“冬游齐鲁——好客山东惠民季”活动，山东博物馆自 2019 年 12 月 14 日起实行每周六夜间延时开放，将闭馆时间从日常的 17 点，延长到 21 点。为了防疫工作需要，从 2020 年 1 月 24 日起“闭门谢客”，3 月 31 日恢复开放后，取消夜间开放。

山东美术馆、淄博市博物馆、淄川博物馆等同样在 2019 年底到 2020 年初实行夜间延时开放。2020 年，根据烟台市文化和旅游局《关于做好公共文化场馆夜间延时开放的

---

① 参见《关于盘活淄博夜经济建议的答复》，淄博市人民政府网，2020 年 10 月 23 日。

通知》统一部署，烟台市博物馆、图书馆、文化馆美术展厅、美术博物馆、烟台山、胶东革命纪念馆及烟台画院自7月16日～10月8日期间实行夜间延时开放，全天开放时间为9：00～21：00。其中，青岛市博物馆在2019年8月23日～9月27日期间，举办了“夜色青博”活动，每周五试运行将开放时间从17：00延长至20：30，配合推出了讲座、演出、答题、小型音乐会等多种互动参与项目。2020年“夜色青博”主题夜场活动于7月31日～8月23日期间的每周五晚18：00～20：30于青岛市博物馆举办，将“夜色青博”延续下来。

博物馆的延时开放不仅仅是开放时间上的延长，而是需通过各具特色的精品夜间活动，吸引人群。博物馆夜游作为当地夜经济产业链中的一环，能带动周边餐饮、交通、购物等经济消费，有利于丰富城市旅游体验。

（四）交通保障出行

推进夜间经济发展，离不开便捷的公共交通。济南公交连续三年延长公交线路运营时间，有力保障了夜间出行。早在2018年6月，济南公交延长了119条公交线路的营运时间，整个2018年相继延长了160余条公交线路的运营时间，极大方便了市民夜间出行。2019年6月，在济南市发布了《关于推进夜间经济发展的实施意见》后，济南公交打造了“井”字形和“米”字形夜间服务网络，20余条线路运营至零时，180余条线路延时运营，并开通了“一湖一环”夜场专线。2020年6月，济南公交开通3条夜间特色专线，精准高效服务市民游客的夜间出行需求。为配合济南市政府制定的《关于推动济南夜间经济提质升级打造“夜泉城”2.0版的若干措施》，推出了“泉城夜未央、公交不打烊”系列服务，开通泉城夜宴专线、夜市打卡专线、星河不夜城专线。在2020年，零点公交“夜”字线路达到30条，22：00以后运营线路达到110条。

青岛和淄博等城市为助力夜经济，也专门延时了部分公交线路运营时间，其中拥有地铁线路的青岛市在2020年7月1日至10月8日期间，实行了地铁全线延时运营。公共交通的保障有力提高了市民夜间出行的便捷性，降低了夜生活门槛，高效服务了夜经济发展。

三、夜经济发展的机遇与问题

（一）机遇

1. 文化旅游资源丰富

山东省是全国旅游资源最丰富的地区之一。截至2020年末，山东省A级旅游景区1227家，其中，5A级旅游景区13家。星级饭店539家，旅行社2685家。旅游度假区46家，其中，国家级5家。城市、县城和乡镇影院580家。公有制艺术表演团体104个，艺术表演场馆93个，博物馆603个，公共图书馆154个，群众艺术馆和文化馆157个，美术馆55个，总量均位居全国前列。

夜经济不仅仅是吃喝玩乐，更要有文化的支撑，忽视了文化这一重要内核，夜经济注定无法持续健康发展。山东省不仅旅游资源丰富，而且各地文化资源独具特色。例如，山东人民创造了丰富的具有浓郁地域特色的非物质文化遗产，诸城派古琴、泰安皮影戏等列入联合国教科文组织认定的“人类非物质文化遗产代表作名录”项目，蹴鞠、鼓子秧歌、吕剧、山东大鼓等列入国家级非遗名录项目。国家级、省级非遗代表性项目分别为173项和751项。众多的非物质文化遗产为丰富夜经济的消费业态提供了良好的基础。

2. 经济基础好、消费潜力大

山东省2020年生产总值达到7.3万亿元，位居全国第三位。人均生产总值突破1万美元，位居全国第十位。居民人均可支配收入达到32886元，位居全国第八位。人均消费支出20940元，位居全国第十位。截至2020年底，山东省常住人口超过1亿人，全省常住人口城镇化率达到61.8%。众多的人口、较高的城镇化率和居民收入为山东省夜经济提供了发展基础。

虽然在2018～2020年间山东省夜经济得到快速发展，但夜间消费尚未充分释放。目前，省内大多数城市的夜经济仅限于餐饮和购物，其他领域如观光、文娱、演艺等相对匮乏，这恰恰也是夜经济继续快速增长潜力所在。

3. 基础设施不断完善

截至2020年末，山东省高铁、高速公路通车里程分别达到2110公里、7473公里，进入全国第一方阵，省内高铁成环运行、县县通高速。公共交通发展成效显著，济南、青岛公交都市示范城市创建通过了交通运输部验收，两市地铁的发展不断取得突破。近年来，省内各城市普遍推进亮化工程，在市区内办公及公用建筑、住宅建筑、公园等进行夜景灯饰安装，为发展夜经济提供了基础保障。

4. 全社会普遍重视

2019～2020年，山东省内14个市出台了推动夜经济发展的意见、规划，各级政府高度重视夜经济发展，省级层面提出到2022年，基本形成布局合理、富有活力的夜间旅游发展格局的目标。2019年和2020年，山东省内媒体对夜经济的报道更是呈现井喷式增长态势，引导消费者转变消费观念，增强参与意识，培育和壮大夜经济消费群体。各地政府带头，媒体宣传引导，商家、企业及各大行业协会助力，让山东省内达成了大力发展夜经济的共识。

（二）问题

1. 经营季节性强

山东省气候属暖温带季风气候，四季分明，春秋短暂，冬季长达3个月左右。冬季气候寒冷，特别是夜间气温较低，经常在零度以下，使大量室外活动受限，夜间出行人数大为减少，市民普遍不愿意外出活动和消费。这导致山东省夜经济在冬季发展受限，各地的夜经济在冬季有冬眠迹象，夜经济呈现出较明显的季节性特征。

2. 消费业态单一

产品供给单一，除济南、青岛等城市外，山东省夜间经济产品大多局限于餐饮、购物、灯光秀等，业态档次整体偏低。而文化、体育、竞技、表演之类的产品较匮乏，亟须开发商业夜游、主题公园夜游、演艺夜游、娱乐夜游、水秀、庙会、灯会等游客参与性、体验性与学习性强的夜间经济业态。山东省至今未有一项在全国具有影响力的实景演出，消费主体依旧是年轻客群为主,未能满足多年龄段消费者多层次、宽领域的消费需求。

3. 缺乏品牌特色

山东省夜游项目缺乏“高光点”,还未形成品牌影响力,未能坚持因地制宜、因时制宜,创新性、高品质的夜间消费内容和产品较为缺乏,“千街一面”的现象较为突出。虽然省内各地陆续推出了一批夜游品牌,但发展时间尚短,部分具有地方特色的文化产品在全国知名度非常低,还未形成全国性的影响力。

4. 缺少联动配合

夜间交通、市政设施、照明等相关配套设施薄弱,影响市民出行参与夜生活。出行不便更是限制了夜经济向午夜延伸。夜经济发展迅速,但随之而来的问题是交通配套不足、商圈硬件设施和交通安全跟不上。停车难问题、拥堵问题、餐饮配套不足问题等尤为明显。

5. 和发达地区差距较大

据瞭望智库发布的《2019 中国城市夜经济影响力报告》统计显示,山东省内济南、青岛的休闲娱乐场所规模明显偏低,两市电影院、KTV、酒吧总数分别为 262、232 家,不仅仅远远低于同类城市,也低于省内潍坊市的 443 家、烟台市的 328 家。即使在 2019 年后山东夜经济发展明显加快,但整体规模与发达城市相比有较大差距。

四、促进夜经济高质量发展的对策建议

(一)做好顶层设计

1. 加强规划引领

山东省夜经济发展需要做好科学发展规划,结合自身条件、借鉴其他地方优秀经验,制定具有地方特色的夜经济发展规划,充分发挥规划对夜经济发展的引导与促进作用。要以前瞻性的眼光合理布局夜经济集聚区,充分考虑夜经济发展带来的环境、治安、噪音等问题,既要满足人民夜生活的需求,又要保障所在地居民的正常生活。

2. 延续政策扶持

目前,山东省各地密集出台了相关政策、规划来推动夜经济发展,夜经济进入快速发展期。但是山东省夜经济的整体发展还不够强,在业态、品牌等方面存在着较大短板,需要持续性的支持引导与规范。要避免一拥而上、一哄而散,切实发挥好政策的导向作用,实现夜经济向强发展。要加强工商、技术监督等执法部门的市场规范力度,既让商家放心,也让消费者放心,实现夜经济的良性发展。

(二)加强协同配合

夜经济是一个整体系统,夜经济的发展离不开多行业的协同配合,缺乏配套设施无法保证其健康可持续发展。山东省应该在交通、宣传、安保等方面加强保障,完善夜经济发展基础。

完善夜间公共交通,应从公交车、出租车、网约车、停车位等方面入手,要延长公交车

运营时间、围绕主要集聚区设置夜间专线,有效推动夜经济活动集聚区间的联系,满足市民夜间出行需求。济南公交的"夜间延时模式"可以在省内有条件的城市进行推广。对出租车和网约车应该加强管理与引导,同时合理安排夜间停车泊位,为消费者消除交通困扰。

要多平台宣传引导,充分利用网络媒体等媒介,加强对夜间经济的宣传推介。可以通过地方报纸、电视台、微信公众号、抖音、微博等平台,引导消费者转变生活消费观念,吸引公众参与到夜生活中。

(三)业态优化升级

政府政策加上社会氛围,使得越来越多的山东人走出家门,参与到夜生活中。但是却存在着"出的来、无处去"的窘境,部分延时开放的商场并未产生良好的业绩。可见,夜经济的发展不是简单的延时营业,更需要的是业态的重构与多元化发展。夜间消费不仅仅是吃饱喝足,消费者在基本物质满足的基础上会追求更高层次的精神文化需要,夜经济发展的重点就是通过多元化的消费业态,满足消费者多元化、个性化的消费需求。

山东省可以从文化艺术、旅游观光、休闲娱乐等方面发力,营造更加丰富的夜间消费场景。文化艺术方面,山东省众多的国有博物馆应该推出更多的夜间活动,同时在演艺、节庆事件等方面根据地方特色打造更多的精品,满足消费者高层次的精神文化需求。旅游观光方面,积极打造城市夜间灯光、塑造夜间景观集聚区,尤其是在济南、青岛等核心城市,打造街区、商贸、广场等集聚区,提升城市形象。休闲娱乐方面,在发展传统的酒吧、洗浴、棋牌等的基础上,积极开发密室逃脱、VR 体验等新业态,带动城市服务业的转型升级。通过业态的丰富与优化升级,完善城市服务功能,带动服务业整体转型升级,为夜经济发展提供新动能。

(四)打造特色品牌

品牌化是文化产业和旅游产业发展的必然趋势。在全国各地纷纷支持夜经济发展的背景下,产品同质化现象越来越严重,想要脱颖而出,必须根据山东省各地的城市特色和文化旅游资源,创建夜经济品牌。山东省有着丰富的文化资源,不同城市又有着独具特色的城市文化,打造特色品牌的条件可谓得天独厚。各城市应该系统梳理自己的资源禀赋与文化特色,开发具有特色的夜间文旅产品,形成品牌吸引力,做到有品牌、有特色、有内涵,实现优秀传统文化的创造性转化和创新性发展。

品牌塑造中元素的提取可大可小。例如,可以结合此前提出的十大旅游目的地品牌(东方圣地、仙境海岸、平安泰山、泉城济南、齐国故都、鲁风运河、水浒故里、黄河入海、亲情沂蒙、鸢都龙城),将夜经济的打造融入目的地品牌建设中,构建多层次、全产业链的旅游品牌体系。也可以将具有地方特色的饮食文化等打造成夜经济产品,例如淄博市的烧烤独具特色,深受本地居民喜爱,可以在从政策等层面进行扶持并进行品牌保护。通过烧烤节等形式,将淄博烧烤打造成像重庆火锅一样的超级大 IP,带动本地居民和外地游客夜晚吃烧烤,让晚上吃烧烤成为风尚。

(五)坚持文化引领

2018年,文化部、国家旅游局合并新组建国家文化和旅游部,昭示着文旅融合成为新时代重要工作任务。过去三年的发展无不显示出拥有文化内涵的旅游产品具有更大的吸引力和更长久的生命力。21世纪以来,文化竞争在城市竞争中的地位愈加重要,文化的特殊性使得其成为不可替代的竞争优势。夜经济的发展中,从顶层设计、业态优化到塑造品牌,都应该坚持文化引领。夜经济产品的打造中,要推出更多具有思想性、艺术性的文化产品,把意识形态、文化建设和文化自信贯彻到夜经济的发展中,切实发挥好文化引领风尚、服务社会、推动发展的作用,满足人民对美好生活的向往。

(六)坚持社会效益和经济效益相统一

发展夜间经济的同时,必须准确把握夜间文旅产品供给的导向性。要坚持以人民为中心,坚持正确的文化立场。要坚持把社会效益放在首位,做到社会效益和经济效益的统一。要以人民为中心,推出群众喜闻乐见的产品,着力提升居民的文化获得感和游客的满意度,进而提升群众的知识素养、审美能力和思想道德水平。要让夜经济与乡村振兴和脱贫攻坚有机结合,优化城乡文化资源配置、创造更多的就业岗位,实现夜经济的可持续发展与高质量发展。

以厕所革命推动旅游品质和公共服务质量提升

田　芸*

摘　要：厕所不仅关系着民生幸福和国家形象，更体现着一个国家和地区的文明程度。2015 年开始的厕所革命，山东省走在全国前列，提前超额完成目标任务，实现了旅游厕所建设数量增长和质量飞跃。可以说，"厕所革命"在一定程度上推动了旅游品质和公共服务质量的全面提升，成为山东省旅游和公共服务质量提升转型的重要标志。未来仍需要以"厕所革命"为突破口，不断加强各类软硬件设施建设，进一步提升行业品质，实现山东省旅游厕所由短板变长板的根本性转变。

关键词：厕所革命；旅游品质；公共服务质量

作为人类必需的生活空间，小小的厕所一直是困扰中国尤其是农村地区的难题。厕所问题，不仅关系着民生幸福和国家形象，更体现着一个国家和地区的文明程度。

2015 年 4 月，习近平总书记就"厕所革命"作出重要指示，强调抓"厕所革命"是提升旅游业品质的务实之举。① 原国家旅游局迅速作出反应，在全国范围内启动了旅游厕所建设和管理行动，制定了《全国旅游厕所建设管理三年行动计划》，提出在 2015～2017 年三年内新建、改扩建厕所 5.7 万座，实现"数量充足，干净无味，实用免费，管理有效"的目标。② 2016 年，原国家旅游局颁布了《旅游厕所质量等级的划分与评定》(GB/T 18973-2016)，作为全国旅游厕所建设和管理的规范性标准。自此，各地迅速行动，以旅游厕所革命为抓手，开启了补齐公共服务短板、优化旅游环境、提升服务品质的"一号工程"。旅游厕所不仅成为旅游环境改善、旅游服务水平提升的象征，更成为反映旅游业发展水平和社会文明程度的一面镜子。

"厕所革命"是中国旅游业和中国公共服务领域的一次前所未有的创举，折射出人民日益增长的对美好生活的强烈需求。长期以来，厕所一直是中国公共服务体系和旅游服务质量最显著的短板。经过近 6 年的革命行动，"厕所革命"实现了广度和深度的双向发展，广度上逐步由旅游景区扩展到全域、从城市扩展到农村、从改建旅游厕所到推进农村

---

* 作者简介：田芸(1972～)，女，山东农业工程学院副教授。

① 参见习近平：《坚持不懈推进"厕所革命"努力补齐影响群众生活品质短板》，央广网，2017 年 11 月 17 日。

② 参见国家旅游局：《全国旅游厕所建设管理三年行动计划(旅办发〔2015〕78 号)》，2015 年 4 月 6 日。

改厕；深度上从注重厕所建设到建管并举，顺利实施了“厕所革命建设”“厕所革命管理”和“厕所文明提升”三大行动，“厕所革命”工作不断向纵深发展，实现了旅游厕所建设数量增长和质量飞跃。可以说，“厕所革命”在一定程度上推动了旅游和公共服务质量的全面提升，成为中国旅游和公共服务质量提升转型的重要标志。更重要的是，厕所革命带来了国人理念的转变和对文明行为的重视，也大大提升了中国旅游和中国服务的国际声誉。

一、旅游厕所建设总体情况

（一）旅游厕所革命前三年（2015～2017）：夯实旅游厕所建设的基础

1. 建设过程

2015 年，为落实习近平总书记“厕所革命”指示精神，国家旅游局制定并发布《全国旅游厕所建设管理三年行动计划》。山东省委、省政府高度重视，迅速作出响应，2015 年 11 月 3 日，山东省人民政府办公厅印发了《山东省旅游厕所建设管理实施方案》（以下简称《方案》），这是全国第一个由省政府出台的“厕所革命”指导文件。作为山东省旅游厕所建设的指导性文件，《方案》提出，要把旅游厕所建设作为完善旅游和公共服务设施建设的重要内容，并规定了旅游厕所的建设范围包括旅游景区、加油站、交通集散点（高速公路服务区、车站码头等）、乡村旅游点、旅游餐馆、旅游娱乐场所、城市商业街、大型商场（超市）及其他旅游接待场所的公共厕所。① 此外，省政府还多次召开全省会议，根据方案要求完善责任分工，部署推进厕所革命。这些举措形成了强大的政策合力，推动着山东旅游厕所革命顺利进行。

推进旅游厕所革命，完善配套政策是关键。旅游厕所建设用地、资金投入、日常管理、奖励、处罚以及计划推进等一系列问题，都需要有完善的配套政策和制度保障。山东省不仅专门出台了关于旅游厕所建设、管理的系列政策文件，调动各部门的资金和力量，共同推进旅游厕所革命，省财政厅还会同原山东省旅游发展委员会研究了厕所奖励资金安排和奖励办法。2016 年出台了《山东省新建改建旅游厕所奖励暂行办法》，明确了省财政每年用于厕所奖补的资金为 6000 万元。截至 2017 年底，山东省用于旅游厕所奖补的中央和省级财政资金超过了 2.01 亿元。

2. 复核评价

为保证公平、公正、合理规范地使用奖补资金，山东省创新性地建立了第三方评价机制。每年都会引入第三方中介机构，对新建、改建的旅游厕所进行抽检，对抽检不合格的厕所，不仅要对厕所建设的奖补资金进行核减，还要按照规定追究相关责任人的责任。

按照《方案》的要求，第三方机构要接受原省旅发委、省财政厅、省住建厅、省交通厅、省经信委、省商务厅等部门的联合委托，对全省 16 市（不含青岛）的旅游厕所建设情况进

① 参见山东省人民政府办公厅：《山东省旅游厕所建设管理实施方案》（鲁政办字〔2015〕203 号），2015 年 11 月 3 日。

行抽查复核，抽查复核范围包括《方案》中规定的所有旅游接待场所的公共厕所。为保障复核的规范和成效，在复核过程中，第三方机构组织的复核组首先认真听取各市情况汇报，然后全面审核申报材料，并按照“不低于30%的比例随机抽样，基本涵盖各种类型”的原则，随机抽取现场复核的厕所名单，进行现场复核。复核组在现场复核中，对照标准逐项审核、严格把关，并认真做好复核记录，包括照片拍摄、录像、复核表格填写等。复核组还与各地相关负责人就抽查中发现的问题进行及时沟通，提出整改建议。

在三年的复核检查中，复核组对新建、改扩建厕所的抽查比例均超过了30%，总体合格率均达到97%以上（具体情况见表1）。其中A级旅游景区厕所全部通过复核验收，且基本上达到了A级厕所的标准。

表1　2015～2017年度全省16地市旅游厕所建设抽查复核情况一览表

年度	申报总数	抽查总数	抽查比例	合格数	合格率
2015	3732	1257	34.00%	1214	97.00%
2016	6937	3538	51.00%	3527	99.70%
2017	2461	1732	70.38%	1724	99.54%
总计	13130	6527	49.70%	6465	99.10%

数据来源：2015、2016、2017年度第三方评价机构山东省旅游厕所建设复核情况汇报。

3. 三年建设成效

经过2015年、2016年、2017年三年的宣传、建设和管理，山东省旅游厕所建设成效卓著，全省新建、改扩建旅游厕所达到13130座，数量居全国第一。2017年5月，原山东省旅游发展委员会和青岛市人民政府获评“厕所革命综合推进先进单位”荣誉称号，同年11月，原山东省旅游发展委员会还获得了“厕所革命突出成果奖”。2017年11月19日，在世界厕所日暨中国厕所革命宣传日活动上，山东省因厕所革命推进的卓著成效而收获了“厕所革命推进奖”和“厕所革命优秀成果贡献奖”两项大奖。济南、青岛、临沂、济宁、枣庄、潍坊、烟台7个城市获得了“2016年度厕所革命先进市”荣誉称号，山东省受表彰数量居全国第一。

这些成绩充分证明，2017年是山东省厕所革命的转折之年。为进一步规范和指导以后的工作，2017年山东省先后制定了《山东省旅游厕所管理规范》《山东省旅游厕所管理办法》和《山东省旅游厕所建设管理新三年计划》等旅游厕所建设和服务管理的指导性文件，搭建了山东省旅游厕所信息化管理平台，研发制作了旅游厕所App。山东省旅游厕所建设和管理工作开始从粗放管理向精细管理转化，从追求数量效益向追求质量效益转化，从完全政府主导到强调全社会参与，厕所革命的范围从景区推广到全域。可以说，山东省用三年的时间，夯实了旅游厕所建设的基础。

（二）旅游厕所革命新三年（2018～2020）：从建设向建管并举提升转变

1. 建设过程

经过三年的建设，山东省旅游厕所建设成绩显著，不仅数量上完成了三年建设目标，更在管理和服务方面有了质的提升，尤其是引起了全社会特别是各级党政相关部门等对厕所革命认识的改变。但是，山东省的厕所建设，仍然存在着城乡发展不平衡、建设标准不统一、管理模式不健全、文明习惯未养成等问题。

为保障厕所革命的持续推进，2017 年 11 月，原国家旅游局发布了《全国旅游厕所建设管理新三年行动计划（2018～2020）》（旅办发〔2017〕291 号），新三年行动计划提出，要按照“全域发展，质量提升，深化改革，创新突破”的基本思路，实现“数量充足、分布合理，管理有效、服务到位，环保卫生、如厕文明”的新三年目标。[①] 尤其是，计划中提出的全域发展思路指明了新三年旅游厕所革命要向纵深发展的基本方向。为响应原国家旅游局新三年行动计划要求，山东省进一步提高山东省旅游厕所建管能力和水平，不断巩固和扩大 2015 年以来厕所革命所取得的成果，山东省政府迅速响应并及时作出部署，在总结前期经验和成果的基础上，制定发布了《山东省旅游厕所建设管理新三年行动计划实施方案》。这是山东省继续贯彻落实习近平总书记关于“厕所革命”重要批示精神的具体行动，也是提升山东省旅游公共服务水平、创建“全域旅游示范省”的重要举措。根据《山东省旅游厕所建设管理新三年行动计划实施方案》要求，计划在 2018～2020 年，继续通过政策引导、资金扶持等方式，全省实现新建、改扩建旅游厕所 5000 座，实现第三卫生间在 5A 级景区和 4A 级景区的全覆盖。[②] 新三年计划是对山东省旅游厕所建设的科学部署和指导，在前三年建设的基础上，新三年计划在保证厕所数量增长的基础上，更重视厕所建设之后的管理和服务，强调以游客满意为中心，优化厕所布局，彻底解决“如厕难”问题；以提升质量为中心，完善旅游厕所服务，实现由粗放管理向规范服务转变；以增强人文关怀为中心，科学布局第三卫生间，提升旅游厕所人性化服务。[③]

在总体部署的基础上，旅游厕所建设管理工作也提上了各级政府、各有关部门日常工作的重要日程。各市按照原国家旅游局新三年“数量充足、分布合理，管理有效、服务到位，卫生环保、如厕文明”的目标[④]，进行了科学合理的规划布局，根据新三年计划的要求，明确各自的工作重心，重点解决优化旅游厕所空间布局、提高建设质量、提升服务品质、创新管理方式等普遍存在的短板问题，努力推动旅游厕所建设和管理工作实现新突破。各市均依据住房和城乡建设部《城市公共厕所设计标准》（CJJ14-2005）、原国家旅游局《旅游厕所质量等级的划分与评定标准》以及《山东省旅游厕所管理与服务规范》《山东省旅游厕所管理办法》等有关文件要求，继续新建、改建旅游厕所，真正做到了建设有标准、管理有规范、服务有保障。

2. 复核评价

新三年继续采用第三方中介机构进行核查，以保证公平、公正、合理规范地使用奖补

---

① 参见国家旅游局：《全国旅游厕所建设管理新三年行动计划（2018～2020）》（旅办发〔2017〕291 号），2017 年 11 月 19 日。

② 参见山东省文化和旅游厅：《关于印发山东省旅游厕所建设管理新三年行动计划实施方案的通知》（鲁旅发〔2018〕12 号），2018 年 4 月 10 日。

③ 参见山东省文化和旅游厅：《关于印发山东省旅游厕所建设管理新三年行动计划实施方案的通知》（鲁旅发〔2018〕12 号），2018 年 4 月 10 日。

④ 参见国家旅游局：《全国旅游厕所建设管理新三年行动计划（2018～2020）》（旅办发〔2017〕291 号），2017 年 11 月 19 日。

资金。新三年的核查,不再是对新建、改建的旅游厕所进行抽检,而是进行了全面核查验收,对验收不合格的,依然要核减奖补资金并追究相关责任人的责任。

受山东省文旅厅委托,第三方评价机构于2019年3月对省内15个市(不含青岛)的2018年度新建、改建旅游厕所进行了验收。从分类上,本次复核的厕所分特定厕所、旅游厕所、A级厕所三个类别,涉及《方案》中规定的所有旅游接待场所的公共厕所。从数量上,全省除青岛外的15个市的自报验收总数为2302座。在整个复核过程中,复核专家组本着公平、公正的原则,查阅了各市每处旅游厕所的《旅游厕所质量等级评定报告书》,并进行现场复核检查,首次复核抽查了1620座,占总数的70.37%,而后又不定期复核暗访检查了剩余的682座,占总数的29.63%,整体上复核比例达到100%。在复核过程中注重发现问题、提出意见、及时沟通、建议整改(见表2)。

表2　　2018、2019年度全省15市旅游厕所建设复核情况一览表

年度	申报总数	复核总数	复核比例	合格数	合格率
2018	2302	2302	100%	2291	99.5%
2019	1962	1962	100%	未统计	未统计
2020	1126	未复核	—	—	—
合计	5390	—	—	—	—

数据来源:2018、2019年度第三方评价机构的山东省旅游厕所建设复核情况汇报。

注:2020年度新建、改扩建厕所已初步统计,但还未进行复核,2020全省文化和旅游工作会议上统计数据为1126座。已超额完成了新三年实现新建、改扩建5000座旅游厕所的目标。

3. 新三年建设成效

2018年开始,各市按照《山东省旅游厕所建设管理新三年行动计划实施方案》的进度要求,加强领导,落实责任,强力推进,旅游厕所的建设和管理逐步进入规范化、标准化、常态化,一些好的经验和做法得到了有效推广和发展。从三年旅游厕所建设情况来看,山东省旅游厕所建设工作不仅在数量上完成了新三年再建5000座旅游厕所的目标任务,而且在质量管理上也成绩突出、成效显著。新三年厕所革命,以全域理念实现了山东省厕所建设和管理向广度和深度进一步延伸。一是向广度延伸。厕所革命覆盖的范围和领域,除了重点关注的旅游场所的厕所之外,其他公共场所如城市街道、商场和对外服务的相关窗口单位等,都纳入厕所革命范围。同时,落实习总书记“农村也要来场厕所革命”的指示,厕所革命还进一步向乡村延伸,农村改厕也轰轰烈烈地开展。二是向深度发展。厕所功能设计强调以人为本,实现服务人群全覆盖,特别是那些有特殊功能要求的群体,如行动不方便的残疾人、老年人和婴幼儿等,真正做到能够为所有人群提供全功能的服务设计,体现了最基本的人文关怀和尊重。

二、旅游厕所建设经验

2015年开始的厕所革命,山东走在了全国前列。经过前后三年的工作推进,山东省的旅游厕所建设数量、质量和旅游公共服务设施建设成效显著。在前期建设基础上,新的三年，山东省旅游厕所革命由建设为主逐步向建管并举转变。总体上来说，山东省旅游厕所建设越来越规范，设施设备越来越齐全，管理更加规范，厕所设计更加人性化，厕所服务功能更加完善。可以说，山东省旅游厕所建设发生了全方位、系统性、实质性的变化，既实现了量的突破，又实现了质的跨越，厕所革命在推进中出现了很多创新和亮点。但同时很多地方仍然存在"重建设轻管理，重投入轻维护，重硬件轻软件"等问题，一些管理者和服务人员的观念仍需改变，全省旅游厕所建设和管理整体上仍有相当大的提升空间。

（一）科学布局，明确分工

首先是进行科学合理的规划布局，打好厕所建设管理基础。新的三年，各市科学规划为先，不仅考虑厕所建设数量、具体分布位置，更从人性化角度出发，对新建和改扩建旅游厕所的男女厕位比例、残疾人专用厕所、第三卫生间等进行专门规划。在这样的布局下，城市公共厕所、旅游景区内厕所基本做到了布局合理、数量充足、使用舒适、服务到位。乡村旅游点厕所选址也日趋合理，多选择建设在乡村广场、游乐场、停车场等游客较为集中的区域附近，极大地方便了游客使用。

其次是各部门之间分工明确，相互配合，形成工作合力。旅游厕所建设是一项任务重大又繁杂的系统工程，涉及的领域很广，牵涉的部门很多，需要各相关部门做好分工，共同参与。这就需要旅游主管部门和各级政府做好统筹协调，将厕所建设和管理纳入各级政府和相关部门的日常工作。山东省政府协调发改委、国土、财政、住建、经信、交通、商务等部门，分工合作，共同为旅游厕所革命保驾护航。作为厕所革命的牵头单位，省文旅厅积极协调，除 7 类旅游厕所外，还将加油站、商场（超市）的厕所也纳入了厕所革命的范畴；住房和城乡建设部门将旅游厕所纳入了城乡建设规划，督促指导休闲街区、历史文化名村等进行厕所改造提升；交通部门则针对高速公路服务区尤其是存在问题较多的长途客运站等交通集散点的厕所进行标准化改造。文化和旅游部门积极与住建、城市管理、经信、交通、商务等部门对接，明确各部门在厕所革命中的责任，完善厕所建管体系，分工协作推进旅游厕所的建改工作，逐步将厕所革命由旅游部门的"独奏曲"变为全社会合作的"合奏曲"，形成了旅游厕所建管工作的强大合力。

各级文化和旅游部门带头落实责任，层层分解任务，不断强化职责和作用，持续推进各地党委政府对厕所革命的重视程度，发挥对厕所革命的主导作用。每年年初，各地政府就相继组织各相关部门召开厕所建设专题会议，按照各部门的管理权限和属地管理建设的原则，进一步明确各部门和各县市区政府责任，细化各部门的建设任务和责任分工。2018 年，各地方政府在前三年工作的基础上，进一步明确了新三年旅游厕所建设的工作目标、建设标准、责任分工和政策保障等措施，将厕所建设工作与乡村振兴战略实施、美丽乡村建设相结合，定期调度、及时推进。

（二）严格复核，规范评价

为保证厕所革命成效，山东省采取了第三方复核评价机制，每年都对前一年度的新建、改扩建厕所进行复核，并实施独立的第三方现场复核检查评价。前三年的实践证明，采取第三方复核的办法成效良好，因此，采用第三方复核评价成为山东省旅游厕所建设的常态化机制。旅游厕所革命的新三年，山东省继续借鉴前三年的工作经验，在每年年初对上一年的厕所建设和管理质量进行综合验收。

与前三年不同的是，新三年的厕所复核，不再采取抽查的方式，而是对全部新建、改扩建旅游厕所进行复核。为了保证复核工作的真实、有效，复核小组每赴一地，首先是查阅全省各市上年度的新建、改扩建的每一处旅游厕所的申领表、详情表、汇总表、现场照片图片、《旅游厕所质量等级评定报告书》(2019 年度新增)等基础资料，确认每处旅游厕所的质量等级评定报告书是否有当地文旅部门的盖章，确保现场复核的每一处旅游厕所均已通过各市文旅部门的初审验收，查阅比例达到了 100%。其次，现场抽取复核检查线路和旅游厕所，并对查阅基础资料时发现疑点的旅游厕所进行重点复核检查。复核组在现场检查中，逐项审核、严格把关，并认真做好复核记录。再次，针对百度地图标注情况逐一进行了现场复核检查。复核检查组首先对照手机百度地图上的旅游厕所地图，现场复核每处旅游厕所的位置是否已上传百度地图，并现场对位置标注情况进行核对，确保位置已上传并准确无误。最后，在现场检查中，复核组与各市相关负责人就检查中出现的问题及时进行沟通，并提出整改建议，各市及时对发现的问题进行整改并对验收名单进行调整。

采取第三方复核评价，最大的好处就是在检查结束后，复核组针对发现的突出问题和各地厕所建设中的亮点和典型，及时进行整理汇总，出具复核检查报告，便于全省各市学习借鉴经验并及时整改，极大地推动了山东省厕所建设整体水平提升。同时，复核结果也是山东省文旅厅发放旅游厕所奖补资金的依据，这对于各地的旅游厕所建设部门也是一个激励。

(二)创新建管模式，推广成功的运营模式

随着工作的推进，各地逐渐认识到厕所革命是一项长期的任务，必须建立厕所建设和管理的长效机制，借鉴 PPP 模式、桂林模式、青岛模式、认养模式、委托模式等形式，采取多种措施推进建立社会激励机制，吸引机关、企业、学校等社会力量参与。同时，创新经营机制，积极探索推广“以商管厕，以商养厕”新模式，不仅解决了厕所维护的资金问题，而且使许多卓有成效的运营模式得到了推广和应用，极大促进了各地旅游厕所建设和服务管理水平的提升。例如，微山县积极探索“以商养厕”模式，利用“专利型智慧无害化生态旅游厕所”，拓展了无人售卖、办公、休闲等功能，在景区内出租，不仅很快收回了投资成本，而且解决了后期维护管理的资金问题。淄博市除公共财政、专项资金直接投入之外，还通过企业投资等渠道，强化厕所建设的资金保障，同时还制订了《淄博市厕所监督管理实施方案》，将淄博旅游厕所纳入全市公共厕所监督管理体系，建立监管长效机制。通过对全市旅游厕所全覆盖、地毯式的检查验收和整改，进一步完善了旅游厕所设施，提升了旅游厕所品质，为优化游客体验，打造优质景区奠定了基础。

济南继续推广“城市厕所开放联盟”的经验做法。2018 年，济南市加大了重点景区周边厕所开放力度，扩大“城市厕所开放联盟”成员单位，在天下第一泉景区附近形成了厕所开放联盟一条街。为加强对成员单位的管理，提升服务水平，制定了《济南市厕所开放

联盟文明公约》，成员单位主动为广大市民和游客提供免费如厕服务，并共同遵守文明公约。同时，动员市区内新建改建的旅游厕所积极加入，推进规范化管理服务，极大地节约了政府投资成本，方便了游客如厕。

各地还积极探索利用新技术提升服务水平、解决服务难题。潍坊市与“纸范儿”青年创业项目进行对接，并选取部分旅游景区、星级饭店试点推行“纸范儿”物联网智能取纸设备，解决了用纸难、用纸不合理等问题，既方便了游客，又极大提高了景区厕所管理运营水平。

（四）强化督导，严格考核

为强化考核管理，各市将旅游厕所建设管理工作作为机关考核和 A 级旅游景区等示范单位创建及复核的重要内容，执行“一票否决”制。

2018 年，济宁市共取消 3A 级景区 3 家，对景区下达整改通知书 5 份，约谈景区负责人 5 家，其中旅游厕所不达标是重要因素。微山县实施了旅游厕所管理“所长制”，具体做法是：县旅游主管部门主要负责人为全县旅游厕所的“总所长”，县旅游监察大队大队长为“副总所长”，监察大队队员轮流兼任各所在执法旅游区旅游厕所“所长”，同时，将厕所管理责任落实到人，并在厕所内公示。县文化和旅游局按年度把旅游厕所“所长”们履责情况列入年度岗位责任制考核内容。

烟台市以行业创建督导旅游厕所建设工作，市政府督查室统一制订督查方案，各责任部门共同参与，对新建、改建旅游厕所进行检查，确保达标。在旅游景区、旅游强县名镇名村、星级农家乐、工农业旅游示范点、特色旅游目的地等各类旅游示范单位创建中，将厕所革命作为重要的评价标准，部分创建项目实行“一票否决”。经信部门对厕所未达标的加油站，不予办理向省里转报证书变更、到期换证材料等事宜，年检时作不合格处理。

（五）厕所建设和管理更加注重特色化、人性化

经过前三年的工作，各市的厕所革命逐步从粗放方式向精细化方式转变，在厕所的建设和管理方面越来越注重特色化、艺术化、个性化和人性化，打造了一批风格迥异、特色突出的高水平、高质量的旅游厕所。

一是厕所越来越重视人性化设计和管理。例如，在厕所规划建设中提高了女性厕位比例，女厕位与男厕位的比例不小于 3∶2（含男用小便位）。在旅游旺季、重大节假日、大型节庆活动期间，多地景区设置了移动厕所。聊城东阿阿胶集团共建设高标准豪华旅游厕所 6 处，厕所设施不仅考虑了儿童、残疾人的特殊需求，还专门使用了防滑、防腐、易清洁材料进行装饰，外围搭建有木桩、围栏、绿竹等，外观与景区文化环境相协调，为游客提供了良好的如厕环境，体现了生态文明理念。日照海洋公园公厕结合海洋文化进行装饰装修，充分考虑目标游客群体需求，设置母婴室，且在女厕部分厕位内设置婴孩安全座椅，方便游客如厕。东营市部分厕所增加了残疾人卫生间、儿童洗脸盆、自助手机充电站、电视机、饮水机、图书报刊等便民服务设施，厕所内还配备了自动空气清新机和臭氧消毒机，使厕所成为真正的空气清新、人文气息浓厚的公共生活空间。第三卫生间的建

设是厕所人性化设计的重要体现，在新一轮厕所革命中，各地积极响应第三卫生间建设的号召，不仅实现了 4A 景区全部建成第三卫生间的新三年建设目标，而且很多非 4A 景区、商场均建设了标准化的第三卫生间。很多风格设计独具特色，干净优美的第三卫生间，专门为儿童、母婴、残疾人等特殊群体设置儿童马桶、小便器、儿童洗手台，专设母婴卫生间，配套有婴孩换尿布专用台以及婴孩安全座椅。第三卫生间的建设，不仅解决了特殊游客群体的如厕需求，更反映了人们观念的改变和对特殊人群的关怀和尊重，是“厕所革命”人文理念的贴切体现。

二是管理服务越来越精致化、智能化。各地的城市公厕实行专人管理，建有工作人员休息间，公厕管理人员按照统一标准，每天对各类环卫设施进行冲刷、擦洗、消毒，并通过安装自动消毒除臭、自动空气净化系统，极大改善了公厕环境。泰安高速服务区、方特欢乐世界、泰山天外村游客中心的公共厕所进行了智能化设备升级，厕所外设有智能化显示屏，适时显示厕所内厕位使用状态，方便游客选择。另外，场所内的厕位也使用了智能化显示器，使厕位状态一目了然。

三是厕所建设充分考虑景区特点，强化艺术化、特色化设计，厕所成为景区内一道道独特的风景线。潍坊市不断提升旅游厕所建设质量和服务质量，坚持将厕所建设融入城市环境，体现潍坊文化特色，融入潍坊旅游场所环境，做到有特色、重品质、善创新，注重个性化和品质化建设。潍坊金宝乐园的旅游厕所聘请了专业设计施工团队进行本土化设计，在外形设计上更加融入景区，在室内装饰上选用金宝乐园的枯树干切片进行装饰，不断提升第三卫生间等基础设施建设。青州市九龙峪欢乐世界旅游厕所外观以大幅森林和野生动物彩绘为主，契合园区主题。停车场西侧的旅游厕所建设注重细节，厕位设计合理，马桶品质高，厕所内配备暖气和电视屏幕，体现了人性化和科技化。威海市部分景区将文化创意与旅游厕所设计有机结合，因地制宜，突出特色，如那香海景区和天鹅湖客栈建设了具有胶东特色的海草房厕所。日照市东港区春风十里乡村文旅创意园的厕所，运用彩化玻璃进行装饰，丰富了景区夜景，厕所内部还摆放绿植、干花、艺术画等，营造厕所艺术氛围。莒县嗡嗡乐园景区以“蜂”文化为主题，旅游厕所建筑与景区主题相契合，建设了蜂巢和蜂肚厕所，外观独特别致，景致突出。

(六)持续实施文明提升行动

各市利用“中国厕所革命推进日”“世界厕所日”和旅游重大活动等，持续采取多种方式，大力实施厕所文明提升行动，深入开展厕所文明宣传，倡导文明如厕好习惯，提升游客公德心和文明意识。各处厕所中也处处能见到各种风趣幽默、温馨体贴的文明如厕宣传标语、友情提示等。经过持续的宣传引导，逐步营造了文明如厕的良好氛围，在提升游客和市民自身文明修养的同时也推进了厕所文明建设。例如，聊城市持续以“文明如厕从我做起”为主题，向广大游客和市民发出文明如厕倡议，并招募志愿者进行宣传，引起强烈的社会反响，达到积极的社会效果。同时，制作了趣味十足的宣传展板在全市 3A 级以上景区进行巡展，倡议大家争当文明如厕的示范者、监督者、推动者。日照市以提升品质、开展人性化服务为宗旨，大力宣传“厕所革命”，分别在日照新闻、日照日报等媒体宣传报道旅游厕所建设情况，倡导游客文明如厕。同时，结合创建全国文明城市工作，在全市旅游景区、乡村旅游点、星级饭店等涉旅企业广泛开展文明旅游公益宣传活动，积极引导形成文明出行、文明如厕的良好风尚。

（七）创新技术手段，推动厕所技术革命

厕所革命也是一场厕所的科技革命，推进“厕所革命”，离不开技术创新的支撑。山东省旅游厕所革命实施以来，不断推进厕所科技攻关及推广示范，通过创新技术手段，加速厕所建设、优化厕所服务与管理。

生态环保技术和生物处理技术的应用，解决了厕所建设和污物处理的难题。山东省针对给排水受限景区、乡村旅游点等存在厕所建设现实制约的地方，积极引导其使用环保厕所，通过使用新技术、新材料建设生态环保厕所。更重要的是，针对“找厕难”问题，山东省还进行了旅游厕所信息化平台建设，游客通过手机就可以一键搜到附近2公里范围内的所有厕所，让“方便”变得真正方便舒适。2017年11月，《山东省旅游厕所信息化管理平台服务采购项目》通过评审，当年就实现了接入旅游厕所6000余座，预示着山东省旅游厕所信息化管理迈出了第一步。“旅游厕所信息化管理平台”通过移动互联网手机App技术、网站平台、大数据中心等信息化工具，可完成旅游厕所精准导航、评价监控、反馈管理、意见互动等功能，从而实现了全省旅游厕所的高效、智能化管理，更重要的是为游客提供了一键查找附近厕所的导航服务，解决了“找厕难”“如厕难”等问题。2018年，平台更新了厕所系统信息，完成了旅游厕所百度地图上线。2020年，山东省已在百度地图上标注旅游厕所1.1万座，数量居全国第一。

三、旅游厕所建设未来展望

山东省旅游厕所建设工作自启动以来，各市高度重视，全省厕所建设管理工作得以顺利开展，初步实现了游客有厕可上、查找方便、使用舒心等基本目标。山东省的旅游厕所建设日益呈现出“人性化，特色化，景观化，智能化”的新特点，A级景区、城市商街等重点区域的旅游厕所已经呈现重大的代际升级。但仍有一些地区的厕所尤其是乡村旅游点、加油站等地方的厕所仍存在诸如管理松散、设施设备维护差、与环境的融合不够、如厕观念难以改变等一些亟待解决的问题。

（一）由厕所革命到公共服务和旅游管理水平的整体提升

通过新三年厕所革命的推动，山东省旅游厕所革命实现了厕所建设和管理广度和深度的进一步延伸。从厕所建设的广度上看，厕所革命覆盖的范围和领域，除了重点关注的旅游场所之外，其他公共场所如城市街道、商场和对外服务的相关窗口单位等，都纳入厕所革命范围。为落实习近平总书记“农村也要来场厕所革命”的指示，厕所革命还进一步向乡村延伸，农村改厕也轰轰烈烈地开展，将深刻改变农村的公共环境和卫生习惯；从厕所建设的深度上看，厕所的功能设计开始强调以人为本，实现服务人群全覆盖，特别是针对弱势群体提供全功能的服务设计，体现了最基本的人文关怀和尊重。

可以说，旅游厕所革命已成为带动旅游品质和公共服务水平整体提升的切入口和引

爆点，已成为旅游和公共服务建设管理的示范工程。旅游厕所革命所探索的新经验、新技术、新路径、新理念，不但从根本上改变了厕所“脏、乱、差、少、偏”的落后现象，而且以旅游厕所为先导，带动了整个旅游服务设施的建设。更重要的是，因为厕所革命的示范带动作用，城乡公共服务的最薄弱环节正在发生根本性好转。旅游厕所革命实践，已为旅游和公共服务发展积累了经验、提供了范例样板，未来需要加大培训机制、宣传机制、考核机制、投入机制等方面的探索力度，要让中国厕所成为中国旅游品质和公共服务体系的典型标杆，引领中国旅游业和中国服务真正走上质量效益型的发展道路，使旅游厕所革命成为助推旅游公共服务再上新台阶、推进全域旅游高质量发展的有效推手和新时代人民美好生活的基础保障。

（二）由厕所革命到环境革命

厕所革命最早是由联合国儿童基金会提出的，目的在于推动发展中国家的厕所卫生环境改善。厕所是民生的重要组成部分，厕所不仅是一个国家文明程度的标志，厕所的卫生状况更关系到人们的健康和环境状况。今天，厕所问题已是一个世界性话题，盖茨基金会多次致函中国旅游部门，表示中国坚定推动厕所革命，使中国成为实现联合国千年发展目标、可持续发展目标特别是环境卫生目标最成功的国家之一。通过厕所革命，不仅改善了当地的卫生环境条件，也使很多公厕成为当地形象展示的窗口。各地在严格按照要求高标准新建、改建旅游公厕的同时，还立足地方特色，在旅游公厕外观设计等方面使用了很多具有当地文化特点的元素，使用了符合生态要求的建筑材料，使厕所外观新颖亮丽，室内宽敞干净，上下水畅通，外观与外在环境很好地融合在一起，掩映在绿树中的公厕，本身就成为一道独特的风景。

（三）由厕所革命到观念革命

旅游厕所革命，强调的不仅仅是基本的建设和服务标准，更要观念的革命。不管是厕所的建设者、管理者还是使用者，对厕所革命的关注和热情，都折射出人们对美好生活的追求和向往。未来的厕所文明提升行动，将是一个长期的任务，不能仅仅依靠建设者和管理者的宣传，更应该致力于推动全民生活理念的改变，从而培养全社会文明如厕的良好习惯。尤其是在厕所革命中人本理念的融入，不仅提升了厕所建设和管理的整体水平，更反映了人们生活需求观念的变化。

一个小小的马桶背后体现的不仅仅是经济实力，还凝聚着整个社会的文明和智慧。带有冲洗和烘干装置的坐便、边尿尿边体检、如厕后冲水洗手二合一、搞怪卷纸打发蹲坑时间……在德国、美国等一些发达国家，小小的公厕里藏了无数玄机，短短时间里，如厕者所做的事远远多于“解决内急”。[①] 在未来发展中，将人本理念融入旅游厕所建设中将是其可持续发展的重要方向，从而让厕所成为一个地区生活和公共服务水平最直接的展示平台，成为一个地区或旅游目的地形象的展示窗口。

---

① 参见刘乐平：《总书记三年两次指示的这件“小事”浙江是这么干的》，《浙江日报》2017年11月28日。

III 旅游营销与品牌打造专项研究报告

“好客山东”品牌体系建设与提升*

肖树青　邢琦娜**

摘　要：作为国内最早大规模开展省域旅游目的地品牌营销的省份，近年来，山东省推出的“好客山东”品牌内涵体系不断完善、营销内容不断丰富、传播渠道不断拓宽、推广模式不断优化。本文回顾了“好客山东”品牌发展历程，总结了近三年“好客山东”及十大文化旅游目的地的品牌塑造和推广活动，对其经验和做法进行了归纳，包括：通过构建品牌矩阵，支撑“好客山东”品牌；注重国际营销，塑造“好客山东”国际影响；推进服务品牌建设，丰富“好客山东”内涵；多种营销手段综合运用，助力“好客山东”品牌传播等。未来“好客山东”要继续实施捆绑营销策略，创新多样化营销手段，进一步丰富“好客山东”品牌矩阵，并重视品牌保护和理论研究。

关键词：好客山东；品牌营销；建设；提升

自20世纪70年代以来，目的地形象成为全球旅游研究领域中最热门的选题之一。20世纪90年代，品牌理论逐步被导入旅游地研究中，旅游目的地品牌开始成为旅游目的地管理（TDM）的关键因素。“好客山东”品牌的提出，摈弃了传统的比拼资源式的做法它充分挖掘山东人的精神内涵，突出了“山东”（Shandong）与山东人最核心的形象表达——“好客”（Friendly），高度概括了山东人的品德和齐鲁文化内涵，彰显了山东人的良好品质，与其他地区相比形成了差异化优势。2009年4月，山东省委、省政府明确提出，要加强“好客山东”文化旅游品牌体系建设。① 2010年10月1日，山东省人大常委会颁布的《山东省旅游条例》将“好客山东”确立为山东的旅游形象品牌。

在全方位、立体化旅游品牌体系建设与宣传推广下，“好客山东”品牌知名度、美誉度迅速提高，品牌影响力、辐射力不断增强，不仅成为中国区域旅游的知名品牌，更是超越旅游本身，成为山东的整体象征，得到国内外、业内外以及社会各界的广泛关注和普遍认同。

---

* 基金资助：山东省社会科学规划研究项目“‘好客山东’旅游品牌支撑体系的构建”（17CLYJ01）。

** 作者简介：肖树青（1972～ ），山东青年政治学院副教授，旅游管理专业负责人；邢琦娜（1992～ ），女，山东青年政治学院教师，曾入选原国家旅游局“金牌导游”培养项目。

① 参见《中共山东省委、山东省人民政府关于进一步促进旅游业又好又快发展的意见》（鲁发〔2009〕9号），2009年6月17日。

一、"好客山东"旅游品牌发展历程

（一）"好客山东"旅游品牌演变

1999 年，大连市率先推出"浪漫之都"的城市定位，以此为标志，中国城市迈向品牌发展阶段。进入新世纪后，中国省域旅游目的地品牌意识逐渐觉醒，但这个时候的省域品牌定位，大多采用核心资源叠加组合的方式。

山东省最初的旅游形象宣传口号是"一山一水一圣人"，分别指五岳独尊的泰山在这里拔地而起；孕育中华上下五千年文明的黄河在这里奔流入海；影响世界的儒家思想创始人孔子在这里诞生。"一山一水一圣人"的说法是对山东省旅游资源的高度概括，尽管并非官方正式认定，但普遍被公众接受并广泛传播。

2001 年，山东省又提出了"走近孔子，扬帆青岛"的旅游口号。这一口号是原山东省旅游局向海内外广泛征集并确定的，是官方首次确定的山东旅游宣传口号。它包含了山东省最具国际性和知名度的人物——孔子，又重点推介了奥运会帆船比赛举办地——青岛，从而借势 2008 年北京奥运会促进山东省旅游发展。

以上两个口号都在特定时期发挥了应有的作用，较好地促进了山东省旅游发展。然而，这类口号有一个共同的弱点——两者都是对"物"的定位，没有深入到旅游文化内涵中，这就意味着无论如何组织语言，都不能涵盖整个山东省旅游资源。在山东省内旅游资源中，泰山、趵突泉、孔子的确给人们留下深刻印象，但山东省拥有类型丰富、数量庞大的旅游资源，以资源描述和概括为特征的旅游口号无论怎样列举代表性旅游资源，都难免挂一漏万。

2008 年，在进一步挖掘、提炼"一山一水一圣人""走近孔子，扬帆青岛"等品牌内涵的基础上，深入结合山东省深厚的文化内涵和山东人的精神品质，挖掘孔子之仁、梁山之义、好客之风等齐鲁大地最具代表性的人文内涵，原山东省旅游局推出简洁且意涵丰富的四字定位——"好客山东"，进而完成了全新的 VI 体系设计——"好客山东"（Friendly Shandong）标识。好客山东品牌积淀了山东豪爽率直、诚信和谐、善良真诚的品质，完好表现出好客文化，凝结了齐鲁文化内涵。[①] "好客山东"从文化的高度，抓住了山东人最核心的品质——好客，从而塑造了山东省旅游整体品牌形象。就像人们常说的，最美的风景是人，能够凸现精神和文化内核的品牌，自然能较好地统领山东旅游，进而引发积极的社会反响。

（二）"好客山东"引领全国省域旅游品牌营销

"好客山东"开启了中国史无前例的省域旅游品牌大规模、轰动式营销推广。浅显易懂、朗朗上口的"好客山东"获得了广泛的社会认同，继而引发全国各省市区的争相效仿，且标识也大多采用和好客山东类似的设计元素，包括汉字、英文、色彩、核心旅游资源、印

---

① 参见陈婕：《提升"好客山东"旅游品牌的原则和对策》，《海南广播电视大学学报》2015 年第 2 期。

章等元素的叠加。2010 年后，全国各省市区纷纷推出各自的形象定位，宣告中国旅游开启省域旅游大品牌营销的格局(见表 1)。

表 1　全国各省自治区直辖市旅游宣传口号(品牌)一览

地区	省份(直辖市、自治区)	旅游宣传口号
东北地区	辽宁	发现辽宁之美　感受辽宁之好　我在辽宁等你
	吉林	白山松水　豪爽吉林
	黑龙江	北国好风光　自在黑龙江
华北地区	北京	北京欢迎您
	天津	天天乐道·津津有味
	河北	京畿福地·乐享河北
	山西	晋善晋美
	内蒙古	祖国正北方·亮丽内蒙古
华东地区	上海	发现更多·体验更多·上海欢迎您
	江苏	畅游江苏·感受美好
	浙江	诗画江南·山水浙江
	安徽	美好安徽·迎客天下
	江西	江西风景独好
	山东	好客山东欢迎您
华中地区	河南	心灵故乡·老家河南
	湖北	灵秀湖北
	湖南	锦绣潇湘，伟人故里——湖南如此多娇
华南地区	广东	活力广东·心悦之旅
	广西	天下风景·美在广西
	海南	阳光海口拥抱您
	重庆	大山大水不夜城·重情重义重庆人
	四川	天府三九大·安逸走四川
	贵州	走遍大地神州·醉美多彩贵州
	云南	七彩云南·旅游天堂
	西藏	世界屋脊·神奇西藏

续表

地区	省份（直辖市、自治区）	旅游宣传口号
西北地区	陕西	山水人文　大美陕西
	甘肃	交响丝路　如意甘肃
	青海	大美青海欢迎您
	宁夏	塞上江南　神奇宁夏
	新疆	传奇丝路　大美新疆
港澳台地区	香港	动感之都　购物天堂
	澳门	中西交汇　文化之都
	台湾	亚洲之心

二、“好客山东”的主要品牌塑造和推广活动

（一）“好客山东”主品牌塑造

1. 大力推介“好客山东”主品牌，创新产品设计和推广

2018 年，原山东省旅游发展委员会主办主题为“好客山东群英汇”的山东省十大文化旅游目的地品牌推介会。推介会印制了《山东十大文化旅游目的地品牌产品及奖励优惠政策手册》，网罗了 200 多条“山东省十大文化旅游目的地品牌”特色产品线路、50 余条旅游奖励及优惠政策，以飨旅游同业及游客。

2019 年，组织省内有关景区、饭店和旅行社精心策划淡季产品，赴上海、南京、杭州等重点客源地举办“好客山东”冬季产品推介会。参加活动的当地旅游企业达 1036 家，与山东省旅游企业签订合作协议 493 个，签约游客数 219 万人，总交易额 23.02 亿元。

2020 年，赴长三角、珠三角、东三省等重点客源地举办“好客山东”冬季产品推介会，邀请客源地游客到山东过大年。

2. 实施“孔子文化和旅游使者”计划，在海外推广“好客山东”

2017 年，成立省旅游推广中心，与 13 个国家和地区的 58 家渠道商签署了合作协议，联合设立了 35 个山东旅游营销中心。2018 年，赴港参加香港山东周活动，举办山东文化旅游项目招商会暨“好客山东”旅游渠道商营销大会，架起鲁港文化旅游交流合作的桥梁；成功举办首届世界老年旅游大会，联合国教科文组织、世界旅游组织等国际专家，25 个国家和地区的老年大学校长，76 个国家和地区的 800 名嘉宾参会；在曲阜举办首届全球孔子学院山东文化旅游推广峰会，首批 44 名海外孔子学院院长被授予“孔子大使”称号，30 个孔子学院成为山东旅游宣传驿站。

2019 年，成功举办国际孔子文化节、第二届世界老年旅游大会，北京世园会“山东省日”文旅推介，参加 2019 新动能・青岛展览洽谈会、举办文化创意、精品旅游产业路演

活动。

2020 年，稳妥推进对外交流合作，举办 2020 中国（曲阜）国际孔子文化节，实施“孔子文化和旅游使者”计划，山东省海外重点客源市场孔子旅游大使、专家、使者总人数达 1 万余名。

3. 持续加强“好客山东”旅游形象对外推广

2018 年，加强境外营销渠道建设，与海外 15 个国家和地区的 68 家海外渠道商建立合作关系。2019 年，共组织 21 个团组 258 人次赴美国、英国、法国、韩国、新西兰、泰国和中国香港等 14 个国家、地区举办“欢乐春节”活动，叫响春节文化走出去“齐鲁品牌”。山东省成功举办“根与魂——山东非物质文化遗产展演”“情系齐鲁——两岸文化和旅游联谊行暨两岸旅行商大会”等重要交流活动。淄博非遗台湾巡展、济宁汉画石像上的孔子与鲁礼文化拓片展、威海风情宝岛行——文创非遗跨海峡等入岛项目被省委台港澳办确定为优秀对台交流项目。赴日本、韩国开展文化旅游宣传推介，举办 2019 韩国—中国山东文化年活动。赴印度尼西亚、马来西亚、菲律宾举办大型文化旅游推介活动。与印尼孔教总会和印尼山东同乡会商定春节期间输送山东文艺演出节目的合作内容；与马来西亚华人旅游业公会等 12 家合作旅游渠道商达成“千人游山东”的合作事宜，强化“一带一路”人文交流。

实施《山东省海外旅游营销合作渠道商优选办法》，与海外合作渠道商签订标准化协议，进行标准化营销合作管理。海外旅游营销渠道已经扩大至美国、德国、法国、英国、澳大利亚等 18 个国家和地区 102 家合作渠道商。加大与海外协会组织的战略合作，利用专业协会渠道的优势资源，宣传推广优质旅游产品。扩大实施孔子旅游大使计划，海外重点客源市场成为孔子旅游大使、专家、使者的人数已达到 2900 余名。制定《山东省对外文化交流和旅游营销推广项目库管理办法》，全面加强交流和营销内容建设。2020 年，在防疫常态化的形势下，开展“境内外国人游山东”产品线路推介会，整合省内优质文旅资源，推出针对在华外国人的专项旅游产品，吸引了韩国、日本、法国等外企旅行社以及国内大旅行商代表参加。创新开展线上旅游推介会，在东京、大阪两地设线上会场，推介精品旅游线路、线上签约协议，期待早日克服疫情影响，促进山东与日本的旅游双向往来。

4. 积极办好重大节会活动

2019 年，举办了山东文化旅游“六好”评选活动，整理优质资源 1500 余项。开始举办“冬游齐鲁 · 好客山东惠民季”活动，推出一系列冬季特色旅游产品、节庆活动以及惠民措施。

2020 年中国旅游日，山东省文旅厅发布山东“六好”优质文化和旅游产品。“六好”是指“齐赏好景、悦听好声、游习好理、畅飨好味、悠游好趣、乐淘好品”6 个板块，提振行业信心，提升旅游品质，优化旅游环境，促进文化旅游产业复苏发展。2020 年，全省 16 市陆续推出 532 项重点活动、305 项惠民措施以及 300 多个冬季特色优质产品，开展了“山东人游山东”“好客山东游品荟”“六个一百自驾游行动”“冬游齐鲁 · 好客山东惠民季”等活动，进一步激活文旅消费市场。

济南、青岛两市入选第一批国家文化和旅游消费示范城市，烟台、淄博两市入选第一批试点城市,试点示范城市总数位居全国第一。

2020山东省旅游发展大会暨首届中国国际文化旅游博览会采取线上线下结合方式,创新举办开幕式及宣传推介、工作会议、"一十百千万"文旅嘉年华、大型交响音乐会《黄河入海》等活动。同年,举办山东文化旅游产品推介会、泰山设计杯文化创意设计大赛推介会、2020中国沿黄文旅产业高峰论坛等系列活动,重磅推出山东文化旅游发展"九大举措"和"五个聚力"工作要求,极大地提振了信心,促进了文化和旅游消费,得到了文化和旅游部及社会各界的高度评价,对在全球提升"好客山东"品牌知名度、美誉度产生了重要影响,在文旅业发展中具有里程碑意义。

通过举办中国(曲阜)国际孔子文化节(尼山世界文明论坛),向世界讲好中国故事、山东篇章。青岛国际啤酒节、泰山国际登山节、潍坊国际风筝节、寿光菜博会、临沂书圣文化节、淄博齐文化节、菏泽国际牡丹节等一批节事活动轮番上演,彰显了齐鲁文化、"好客山东"魅力。

5. 不断拓宽网络和新媒体宣传渠道

打造文旅融合新媒体矩阵。通过"好客山东之声"微信公众平台,搜狐新闻、企鹅号、澎湃问政等新闻客户端,"好客山东"抖音号、"文旅山东"官方微博等新媒体平台,不断提升"好客山东"品牌及山东省文化旅游的社会认知度。依托"好客山东网",建立了全国领先的集资讯、预定、支付、资源整合、行业管理于一体的"好客山东智慧文旅平台"。

近年来,随着移动互联网和智能手机的普及,短视频服务在以移动、社交和视频等功能为基础的新媒体平台上迅速崛起。山东省紧跟时代需求,依托深厚文化底蕴和得天独厚的自然风光,开启了短视频平台营销传播的"好客山东"之路。自2018年5月,"好客山东"官方抖音号开通运营以来,共策划创作原创视频1774支、收获粉丝95.8万余人、点赞量逾1768.6万,各项数据在同行业遥遥领先。2020年9月7日,文化和旅游部资源开发司发布全国国内旅游宣传推广典型案例名单,"好客山东"短视频融合营销项目入选。

新冠肺炎疫情将市民困在家中,看直播已经成为最大的消遣方式。山东省文化和旅游厅为丰富疫情期间网友的生活,普及山东文化、介绍山东景点、推荐山东民宿,推出了大型"好客山东 游我来播"系列主题直播活动。活动邀请了知名导游员、皮影非遗传承人、书画专家、山东曲艺名家等文旅行业代言人,介绍山东的美丽景色、风土人情、非遗文化、国学文化等内容,为广大网友种草山东,加深对山东文旅印象,为疫情后的玩转山东做好攻略。此次活动是山东文化旅游资源全媒体、多形式线上宣传推广的实践,而且活动向游客展示更为丰富和多元化的山东文旅形象,影响将是长远的、深刻的。

建立起政府、企业、媒体、游客、主播等多主体参与的营销机制和短视频营销矩阵联盟,通过微视、西瓜、头条、腾讯、秒拍等平台进行短视频投放宣传,在"好客山东"网、"好客山东"App以及"好客山东"微信小程序、微信公众号、官方微博号等自媒体平台同步推广,最大限度发挥短视频营销特点和优势,全面提升"好客山东"品牌知名度、美誉度和影响力,打造"好客山东"文化旅游品牌升级版。

6. 大力开展联合推介

通过"联合推介,捆绑营销"模式,整合省、市、县及相关企业资源和资金,将"好客山东"品牌纳入央视品牌强国工程,每天在央视《新闻联播》等重点时段播出 7 次 15 秒"好客山东"形象宣传片。央视黄金资源分配合理,成功打造区域旅游整体品牌的首例,全面享受"品牌强国工程"所有传播资源。这是"品牌强国工程"第一次吸纳文旅类客户。

7. 推进在途旅游场景全程式、立体化宣传推广

在京沪高铁列车、山航机载媒体,重点城市的机场、高铁站、地铁及公交枢纽等进行"好客山东"广告投放,打造风格统一、方式灵活、辨识度高、契合品牌形象和产品的整合营销模式。

"好客山东"深深根植于齐鲁优秀传统文化,高度凝练山东人崇礼尚宾、热情好客、大情大义、淳朴厚道的人文品质,蕴含着齐鲁文化共有的文化基因。"好客山东"体现了"有朋自远方来,不亦乐乎"的君子情怀,用生动、准确、富有冲击力的语言,传递出发展全域旅游、优化旅游综合环境的鲜明导向,塑造山东"使远者来而近者亲"的文化旅游形象。经过精心打造,"好客山东"品牌体系不断完善,品牌知名度、美誉度和影响力不断提升,成为驰名全国甚至世界的文化旅游品牌。

(二)十大文化旅游目的地品牌推广

山东省以"好客山东"为总品牌,统领十大文化旅游目的地品牌,对推进文化与旅游深度融合,强化区域合作,加快旅游业转型升级,逐步形成完善的旅游文化品牌体系发挥了重要作用。主要做法包括:

一是出台建设方案,实行统筹规划。2017 年 2 月 17 日,山东省政府出台了《加快推进十大文化旅游目的地品牌建设实施方案》(以下简称《方案》),把十大品牌建设推进情况列入了省政府重点督察的 34 项工作之中。《方案》以旅游目的地建设为核心,以资源整合、文旅融合为路径,以市、县(市、区)为责任主体,坚持推进全域旅游、生态旅游、旅游供给侧结构性改革相统一,经济、社会、文化、生态文明建设相协调,统筹推进十大品牌建设。针对每一个文化旅游目的地品牌分别进行了针对性建设内容,并提出了要打造的主要产品。如针对"东方圣地"品牌,《方案》提出重点依托济宁市相关旅游资源,以文化朝圣、国学研修、历史体验为主要内容,构建东方文化旅游胜地,打造国际研学朝圣旅游目的地和中华优秀传统文化观光体验胜地。配套提出了鲁都朝圣、儒学体验、国学研修、文化旅游活动等系列配套旅游产品。

二是推行"好客山东+目的地子品牌"组合,推进品牌协同。例如,把"好客山东·齐国故都"品牌打造作为促进淄博旅游重要内容。通过把"好客山东"这一总品牌与十大文化旅游目的地品牌捆绑,使"好客山东"这一知名品牌更好发挥带动作用,促进十大文化旅游目的地品牌建设。

各市围绕十个文化旅游目的地品牌,积极开展品牌推广和宣传工作:

1. 东方圣地

济宁市先后在北京、济南举办了高规格的文化旅游招商推介会,推出了国学经典研学游、文化经典体验游等东方圣地文化旅游目的地系列主题旅游线路,吸引了众多文化旅游项目投资商。借势央视春晚、秋晚、世界尼山论坛、上合峰会孔府宴等重大活动,打造"东方圣地"的超级 IP。不断加强与大运河城市旅游联盟、西部经济隆起带、淮海经济区、山东半岛蓝色经济区各城市的文化旅游合作，在重点旅游客源市场举办旅游推介活动，形成了优势互补、资源共享、市场共建、信息联动、彼此促进、共同发展的双赢新格局。

济宁市借儒商大会的宣传推介，促成复兴之路文化科技项目、尼山圣地鲁源小镇两大项目签约，总投资过百亿元。济宁市正合力推进文化旅游集团组建工作，首批整合市属及7个县(市、区)属涉旅资源，三年内逐步整合其余县(市、区)涉旅资源，五年内打造"省内一流、淮海经济区示范、影响全国"的文旅航母集团，为"东方圣地"品牌打造提供有力支撑。

济宁市借助"中国研学旅游推广联盟成立大会"在曲阜成功举办的契机，整合研学旅游资源、深化省市间旅游合作，开发推广研学旅游产品，塑造宣传研学旅游品牌，全力推动研学旅游发展。全市已形成集研学旅游目的地品牌、研学旅游基地、研学旅游主题营地、研学旅游课堂于一体的"1＋3"研学旅游特色产业集群，并相继启动实施了研学游"十百千"工程，整合优质资源推出了习儒拜圣、中华文化寻根、中华成人礼等十大研学旅游品牌，创意策划开笔礼、拜师礼等102个研学游产品，培育研学旅游基地126家，进一步增强了"东方圣地"的知名度和影响力。

2. 仙境海岸

2018年，由青岛、烟台、威海、日照四市组成的"仙境海岸"秋冬季及贺年会旅游产品推介会分别在南京、杭州举行，各市对域内产品进行推介，推动跨省旅游合作紧密务实。"仙境海岸　鲜美烟台"走进上海、重庆、西安、北京、济南进行推介，推出芝罘古城之旅、醉美冬季之旅、仙境海岸周末生活、避暑康养之旅、美景美食仙境逍遥之旅、仙境民俗养生修心之旅等20余条经典线路，进一步加深"仙境海岸"品牌形象。

2020年，由青岛、烟台、潍坊、威海、日照五市共同组织的"好客山东　海阔天空"胶东经济圈文旅联盟推介会在重庆举行，重庆和胶东五市的部分旅行社还签署了合作协议。城市群通过合力打造旅游特色品牌、大力推进旅游客源互送、联手进行旅游宣传推介、加快区域智慧旅游建设、完善旅游公共服务体系。在中国旅游日，胶东五市人民政府联合主办了胶东经济圈文化旅游合作联盟成立大会，胶东五市文化和旅游局共同签署了《胶东经济圈文化旅游一体化高质量发展合作框架协议》，围绕旅游市场营销、特色旅游产品打造、文旅产业项目、文旅公共服务、对外文化交流等加强合作，构建合作机制完善、要素流动高效、发展活力强劲、辐射作用显著的区域文化和旅游发展共同体，把更多的旅游资源转化为文化旅游产品，打造面向世界的全方位、全要素、全时空、全业态旅游胜地，促进胶东五市文化和旅游一体化高质量发展。"仙境海岸"向全国、全球游客发出胶东健康游邀约。进一步提升"仙境海岸"旅游品牌，对山东省区域旅游的整体发展有着重要的战略意义。

3. 平安泰山

2018年，泰安市先后走进杭州、南京、上海等地，推介"平安泰山"文化旅游品牌和泰安市文化旅游资源。进一步优化客源结构，培育开拓优质旅游市场，招揽更多的游客来泰安观光旅游、休闲度假，推动泰安旅游事业蓬勃发展。2019年，全国两会召开期间，全国人大代表、泰安市委书记崔洪刚在CCTV-7"两会"节目《乡村振兴看这里》，介绍泰安旅游新政带动乡村振兴的成功经验，赞扬"挑山工精神"，向全国各地的游客朋友们推荐泰山，加强“平安泰山”的品牌形象。

2020年，泰安市文化和旅游局在天津等地开展旅游招商推介活动，会上提出泰安市实施了交通组织换乘、停车场提升、特色餐饮小吃、旅游厕所提升“四大工程”，在泰安高铁站开通了直达泰山中天门的专线旅游车，在城区核心位置设置了泰山景区换乘中心，节假日免费开放市政中心停车场，实现了交通零换乘。开发建设“慧游泰山”智慧旅游平台，可以方便游客订门票、查信息、找车位、投诉建议等，与高德地图联合搭建“泰安·泰山一键智慧游”平台，让游客实现“一部手机游泰安”。智慧旅游平台进一步提高了游客的游览效率，增强了旅行舒适度，扩大了“平安泰山”品牌影响力。

4. 泉城济南

济南市充分发挥市场和政府主体作用，深拓国内和境外两大市场，用好传统和新兴两类媒体，坚持走出去和引进来相结合，通过开展多形式、多层次、多领域的旅游宣传推介活动，持续打响“泉城济南”城市旅游品牌。

一是加大宣传力度。参加全省“联合推介 捆绑营销”活动，利用航空、高铁、公路运输等交通媒体渠道，开展城市旅游形象推广。二是实施品牌活动带动战略。推动国际旅交会、夜休闲文化旅游节、国际定向寻泉赛提档升级，创意办好中国(济南)自驾游营销大会和济南自驾旅游节。组织济南十大品牌旅游节事活动评选。三是拓展境内外客源市场。以省内及周边省市、高铁沿线城市等为重点，建立600家旅行社机构和100家自驾游企业营销渠道；以北美、俄罗斯、东南亚及中国港澳台地区为重点，依托济南直达国际和地区航线，面向境外人士及旅华外国人、留学生等开展精准营销活动。四是完善旅游宣传品体系。制作新版旅游地图、旅游指南和十大主题旅游产品手册，开展旅游微视频和“声动泉城”旅游音频作品征集活动。

2018年，以“玩转济南 泉是惊喜”为主题在北京、石家庄开展自由行创意分享推介会，抛开以往传统的推介会形式，现场分享会邀请了知名旅游达人、驻京新闻媒体、旅游自媒体、自驾游协会、房车俱乐部以及国旅、中青旅、无二之旅等高端自由行定制部门人员、旅游爱好者共约200人，带来为济南定制的精品游记、特色微电影、手绘旅游攻略、创意H5小游戏、泉宝形象IP等，神秘嘉宾AI智能机器人“同同”客串支持人现场互动，妙趣横生。夏天以“泉城夜宴”为主题主打济南夜生活，冬天以“济南的冬天”为主题主打冬季旅游产品，让淡季不淡。2020年，济南除了在重点客源省市进行文旅资源推介，作为黄河沿线城市，沿黄河而上走进黄河沿线城市西宁、西安、三门峡、洛阳，推介“泉城济南”文化旅游目的地，与沿黄兄弟城市一同探寻黄河文旅的神奇密码，进行风景差异化推介，强化“泉城济南”品牌。

2018年，济南市旅游促销团还远赴莫斯科举办旅游推介会，推介济南泉水特色资源和莫斯科直航旅游产品。莫斯科市70家重点组团旅行社、6家航空公司、15家中资机构、15家新闻媒体代表共计160多人参加会议，推介会达成了一批实质性合作成果。

5. 齐国故都

为深入推进客源市场开发和合作共赢发展，扩大提升淄博旅游市场规模，加快建设“齐国故都”文化旅游目的地城市，淄博市先后在济南、青岛等重点旅游客源地开展推介活动，邀请当地旅行社、OTA电商、旅游直通车、户外俱乐部的代表及媒体记者参会。推介会采取线上与线下相结合立体化营销形式，通过线上新媒体推送短视频，线下微信签到、对接洽谈、精彩PPT推介、明星代言、发布补贴政策、开通直通车等，向与会嘉宾及市民推介淄博丰厚的文化旅游资源、特色文化旅游产品和优惠政策。活动现场安排了模特陶琉服装秀展示陶琉文化、舞蹈《赶牛山》等文艺表演节目，充分展示了淄博底蕴深厚的地方特色文化。围绕产品落地、扩大市场规模，面向“散拼团”“自驾游”及“高铁游”等不同游客人群策划推出了齐风陶韵体验之旅、商埠民俗文化体验之旅、梦幻聊斋体验之旅等7个主题13条文化旅游线路产品，涵盖了淄博经典文化、传统民俗等优质资源。邀请奥运射击冠军杜丽、著名演员高亚麟为淄博文化旅游代言，以视频形式推介自己的家乡。

2019年，为进一步开发东南亚旅游客源市场，加强与东南亚国家在文化旅游方面的合作交流，淄博市访问团赴菲律宾、印度尼西亚进行文化旅游推介和考察交流活动。友好访问团分别在菲律宾、印度尼西亚举办文化旅游说明会，并走访当地文化旅游主管部门及涉文旅企业，促进了淄博与菲律宾、印度尼西亚的相互了解，为淄博与东南亚国家文化旅游交流架起桥梁，宣传淄博旅游资源，推介“齐国故都”文化旅游品牌。

6. 鲁风运河

山东省内京杭大运河沿线的枣庄、济宁、泰安、聊城、德州等5个城市共同组成“鲁风运河”文化旅游目的地。近几年，重点围绕成立联盟、制作宣传品、打造旅游线路产品、推出运河美食、拍摄宣传片等十项工作目标开展“鲁风运河”文化旅游目的地品牌推广。微山湖荷花节、中国(滕州)微山湖湿地红荷节、台儿庄运河古城千年大庙会、中国春节旅游产品博览会、台儿庄运河龙舟赛等主题旅游节庆活动，深受广大游客们的喜爱。借助省内“联合推介　捆绑营销”集中营销宣传的优势，大力推广“鲁风运河”整体形象和品牌产品，并加强与宣传、金融、商贸、文化、体育等部门的行业联系，搭建多种平台，做好“旅游+”文章，“鲁风运河”文化旅游目的地品牌效应持续发酵。

枣庄市提出打造“山水呼应，人文交融，全域覆盖，悠游枣城”旅游大格局的发展思路，强力推动枣庄旅游由初级阶段的观光型向休闲度假型转变。通过“鲁风运河·盛世文博”文化旅游推介展、鲁风运河美食展等活动，推动文化创意成果切实转化为社会效益和经济效益。邀请淮海经济区联盟城市、沿运城市非遗代表性项目参展，共同为运河文化的宣传增添光彩。2019年11月到2020年2月，枣庄市举办以“冬游齐鲁·福乐枣庄，福满枣庄·欢乐贺年，到最有年味的古城过大年”为主题口号的“冬游齐鲁·福乐枣庄惠民季”活动。深入挖掘冬季文化旅游市场潜力，吸引更多游客来枣庄旅游休闲度假。

7. 水浒故里

“水浒故里”文化旅游品牌主要目的地在梁山、郓城、阳谷、东平四县。水浒故里景区涉及四市四县四家景区，包括聊城市阳谷县景阳冈旅游区、泰安市东平县东平湖景区、菏泽市郓城县水浒好汉城景区、济宁市梁山县水泊梁山风景区。四地按照“大水浒，大旅游”的战略，共谋发展，避免同质竞争，大力推广“水浒故里”品牌。水浒四县各自有了自己的品牌定位:忠义梁山，好汉郓城，水韵东平，打虎故地阳谷。聊城市四地对“水浒故里”品牌形象进行打造，统一规划策划，整体包装，全域推广。

四地先后组织“水浒故里”核心景区参加深圳文博会、济南文博会，云南、北京、唐山、上海等各大国际旅游交易会以及举办大型推介会进行品牌宣传，统一印制水浒之旅宣传材料进行宣传发放。

为打造水浒故里旅游新形象，省文旅厅联合上海电视台、江苏电视台赴水浒故里核心景区拍摄制“水浒故里”专题宣传片，组织中国旅游报、大众日报、大众网、中国山东网等20多家主流媒体开展“水浒故里”新媒体采风活动。

“水浒之旅”精品线路中的郓城、东平、阳谷、梁山四个县区开启统一营销模式，协同进行营销传播，实现了资源优势互补、信息渠道共享，把水浒故里品牌推广落到实处。先后参加了北京、洛阳、郑州、西北（西安）、临沂、安阳、邯郸等地旅游交易会，进行“水浒故里”专题推广活动，提升了“水浒故里”品牌的影响力和社会效应。

8. 黄河入海

为推介“黄河入海”文化旅游资源和旅游项目，推动沿黄沿海城市一体化发展合作，整合山东省内沿黄文化旅游资源，打造“黄河入海”文化旅游目的地。2018年，“大美黄河口 浪漫东营行”全国网络媒体采风活动在东营启动。中央和山东省重点新闻网站、商业网站、自媒体达人等40余名媒体人士组成采访团，在东营开展了为期两天的采风活动。

借“探寻中华智慧之源”首届全球孔子学院山东文化旅游推广峰会在曲阜开幕之机，东营市向海外旅游渠道商推介“黄河入海”文旅资源。

2019年，由东营市文化和旅游局、齐河县文化和旅游局、东阿县文化和旅游局主办的“黄河入海”品牌（北京）文旅推介会在北京举行。“黄河入海”品牌的重点景区分别和北京多家旅行社签约，是“黄河入海”品牌形象的一次集中展示，也是强化合作、搭建桥梁、连接友谊的纽带，对进一步打造“黄河入海”品牌起到了良好的推进作用，提升了“黄河入海”品牌知名度和影响力。

9. 亲情沂蒙

2018年，“亲情沂蒙”临沂旅游推介会走进郑州、太原、无锡、石家庄、长沙、厦门、西安、泰安等地。当地旅行社负责人、OTA代表参加推介会。现场通过播放临沂旅游宣传片、PPT推介、现场互动等方式对“亲情沂蒙”特色旅游资源和八大类旅游特色产品进行了全面展示和推介。

2019年，随着鲁南高铁的开通，临沂市开展了“高铁环游齐鲁”专题推介活动，高铁环游齐鲁途经济南、淄博、潍坊、青岛、日照、临沂、济宁、泰安八个市，辐射近6000万人口，环线城市人文历史厚重，旅游产品特色突出，“东方圣地、平安泰山、泉城济南、齐国古都、鸢都龙城、仙境海岸、亲情沂蒙”等文化旅游品牌都有较强的市场影响力。

沿高铁环线，“亲情沂蒙”走进了日照、潍坊、淄博、泰安、济宁，加之先前到过的青岛、济南两地，临沂将自己的文化旅游产品、贺年会产品及热情的邀约推介给省内7个高铁环线城市，也进一步扩大了“亲情沂蒙 多彩临沂”的旅游品牌和产品的影响力。

10. 鸢都龙城

2018年，诸城市旅游局和八喜旅游网联合举办了百家旅行社走进诸城暨“鸢都龙城”大型旅游活动，省内外150余家旅行社和20多家媒体记者参加了启动仪式并踏线考察。八喜旅游网与省内1000多家旅行社签订协议，与500多家自媒体及户外俱乐部、摄影等群体建立战略合作关系，有3500多家乡村旅游点入驻。八喜旅游网将从产品的研发、渠道布局、品牌传播内容、传播策略和路径等方面入手，对潍坊旅游资源、产品、市场进行全面提升和开拓，有效扩大"鸢都龙城""中国龙城"品牌知名度和美誉度，全面提升潍坊旅游目的地的品牌形象。

2020 年，潍坊市文旅局在黄冈市举办潍坊文化旅游推介会，推出线路产品和优惠政策，签署合作协议。两地旅游行业协会、重点旅行社在文化旅游合作、市场开拓、资源共享、团队互送等方面签署战略合作协议，逐步实现客源互送，合作共赢。潍坊市文旅局和旅游行业协会组织全市文旅系统先模人物到黄冈市推介文旅资源。2020 年，先后在日照、青岛、烟台、威海四市举行"胶东一家亲　邀您来潍坊"文化旅游推介会并推出优惠政策，进一步加快潍坊市在胶东四市的旅游客源市场开发，提高了"鸢都龙城"文化旅游品牌在胶东经济圈的知名度。

通过"十大文化旅游目的地"品牌的建设和推广，较好地促进了"好客山东"品牌的提升，对完善"好客山东"内涵体系、丰富营销内容、拓宽传播渠道、优化推广模式，发挥了建设性作用，有力地支撑了"好客山东"主品牌。

三、"好客山东"品牌塑造与推广的主要经验和做法

(一)构建品牌矩阵，支撑"好客山东"主品牌

这一体系以"好客山东"总品牌为核心，以十大文化旅游目的地品牌为支撑，以城市品牌、核心景区品牌、旅游商品品牌、节事品牌等为基础，共同组成"好客山东"旅游品牌矩阵。

1. 目的地品牌

在完成城市品牌整合、聚合之后，2013 年，"好客山东"推出"山东十大文化旅游目的地品牌"建设，旨在进一步深化整合，实现区域文化旅游目的地与县域文化旅游目的地同步突破。这十大文化旅游目的地包括："仙境海岸""文化圣地""平安泰山""齐国故都""天下泉城""儒风运河""水浒故里""黄海入海""亲情沂蒙""华夏龙城"等，旨在形成具有山东特色的市级旅游目的地品牌。

2. 城市品牌

以"好客山东"为统领，首先带动了 16 市和数 10 个县市区的地域品牌建设，"泉城济南""逍遥潍坊""亲情沂蒙""运河古城""文化济宁""江北水城""好运荣成"等一些地域品牌，彰显着山东省丰富多元、个性鲜明的文化旅游资源。

3. 核心景区品牌

"好客山东"适时推出了六大核心资源品牌，包括：孔子在这里诞生——"游三孔，知天下"、泰山在这里崛起——"登泰山，保平安"、奥运在这里扬帆——"亲蓝海，享休闲"、黄河在这里入海——"赏奇观，抒豪情"、长城在这里始建——"读齐鲁，做好汉"、运河在这里重建——"品水城，览古今"。这些都是山东独有、别处难寻的优势资源，具有唯一性和排他性。

4. 旅游商品品牌

“好客山东”整合全省优质旅游产品，推出“三项百种旅游产品”——不得不去的100个地方、不得不吃的100种美食、不得不购的100种旅游商品，以及“山东三珍”“山东客栈”“鲁菜馆”等特色产品。这些产品的推出，不仅使游客对“好客山东”有了更具象化的认知和向往，更极大地调动了省内特色旅游产品研发、生产销售关联企业参与旅游产业发展的积极性，使得发展旅游的关联性和带动性凸显。

5. 节事品牌

为了实现淡季不淡、旺季更旺，“好客山东”围绕元旦、春节、元宵节，整合冬季旅游节庆、民俗活动、春节购物等，推动“好客山东贺年会”。整合夏季旅游节庆、民俗活动、滨海旅游季等，推出“好客山东休闲汇”。通过统一策划、统一宣传，营造全省全域过大年、休闲旅游的氛围，把每一场节事活动都当作营销盛会来打造，激发齐鲁大地传统文化活力，培育休闲度假消费热潮。

除了面向游客的贺年会、休闲汇两个品牌活动外，山东还推出了系列面向行业的旅游节事活动，如2015年开始举行的“山东旅游O2O泰山会盟”，就是“好客山东”与时俱进，在“互联网＋”时代一次引领行业之先的创举。

(二)注重国际营销，塑造“好客山东”国际影响

2020年，山东省成功举办了中国(曲阜)国际孔子文化节(尼山世界文明论坛)。通过继续实施“孔子文化和旅游使者”计划，山东省海外重点客源市场孔子旅游大使、专家、使者总人数达1万余名。

与韩国艺总开展“和平与艺术——山东现代美术精品展”。成功举办对话山东——“好客山东”文化和旅游产品线路推介会、山东“六好”优质文化旅游产品境外评选活动，线上参加2020香港国际授权展、第八届澳门国际旅游博览会“云推广”活动、“第十二届中国一葡语国家文化周”活动、第三届上海进口博览会等。组织实施海外“欢乐春节”活动，组织山东艺术团赴新加坡参加第34届“春到河畔”活动，赴塞尔维亚贝尔格莱德举办“欢乐春节”庙会。创新发展入境旅游市场，开展“境内外国人游山东”活动等。

(三)推进服务品牌建设，丰富“好客山东”内涵

“好客山东”品牌取得明显进展的同时，亟须服务品牌加强建设，以丰富“好客山东”品牌内涵，带给游客更好的服务体验和更高满意度。2020年7月，山东省政府新闻办召开新闻发布会解读《山东省文化旅游融合发展规划》，提出构建“好客”服务品牌体系，打造“山东优质旅游服务”品牌。

在好客山东服务品牌建设方面，有些组织和团体进行了一系列有益尝试，比如始于2016年的济南旅游啄木鸟志愿服务项目，曾得到了中共中央政治局委员、中央精神文明建设指导委员会副主任郭金龙的肯定。该项目先后获得“中国旅游志愿服务先锋组织”“全国文化和旅游志愿服务线上大赛一等奖”“山东省最佳志愿服务组织”“济南市最佳志愿服务组织”等荣誉称号。以济南旅游啄木鸟为“蓝本”的《旅游市场社会监督志愿服务指南》行业标准由济南市文化和旅游局牵头制定，济南市旅游联合会旅游啄木鸟分会等

共同参与起草,这是对这一志愿服务项目的高度肯定。

山东省旅游饭店协会自2018年开始举行"好客山东"服务节活动。2019年12月,中国旅游饭店业协会作出了《关于在全行业学习推广山东服务节经验的决定》。

(四)争金夺银,放大"好客山东"影响力

山东省积极推动"好客山东"参与各类评奖活动,通过各类获奖扩大品牌影响力。"好客山东"先后获得多项奖励,如:2010年中国休闲创新奖之"旅游形象创新奖"(中国休闲标准化技术委员会、中国旅游协会休闲度假分会、中国旅游休闲网联合颁发),2010年第五届中国品牌趋势论坛暨首届中国经典传播大奖颁奖典礼"广告主杰出贡献奖"(中国广告主协会、北京大学新闻与传播学院、广告大观杂志社共同主办),2011年中国旅游广告主品牌年度金奖[中国广告主协会旅游广告主分会、2011中国(国际)旅游广告主周组委会联合颁发],2015年度"最具影响力旅游头条号"等。

近三年来,"好客山东"系列品牌受到越来越多认可,收获越来越多荣誉,包括:2018年,"好客山东"系列品牌成功打造并获选"山东省庆祝改革开放40周年最具影响力的事件";2018年8月,山东省旅游发展委员会与凤凰卫视《旅游天下》栏目组联合制作的《好客山东》凭借讲述孔子文化、泰山文化、海洋文化等优质节目内容获优秀专题片奖;2019年,荣获新浪旅游第十届金足迹文化旅游峰会颁发的"2019最具影响力国内游省份"殊荣。2020年,已5次拿下全国省级文旅新媒体传播力指数TOP10第一位,"好客山东文旅在线服务"独揽2020中国文旅产业金峰奖"最具影响力文旅云平台"大奖。2020年底,"好客山东"品牌纳入央视2021年品牌强国工程,成为"品牌强国工程"第一个文旅类项目。

(五)多种营销手段综合运用,助力"好客山东"品牌传播

一是集群式营销。2008年,"好客山东"首开"联合推介,集群营销"的模式,整合省、市、县旅游企业的资源和宣传促销资金,在央视、凤凰卫视、山东卫视等主流媒体采购宣传板块和时段,集中开展了"好客山东"宣传推介,开创了全国省域旅游品牌集群式传播典范,被誉为"山东首创,众省效仿"。这一做法一直延续至今。

二是节事营销。"好客山东"通过"休闲汇""贺年会",把全省众多节事活动变成了品牌营销主阵地。

三是事件营销。山东省紧跟社会热点话题和事件,策划系列事件营销,屡屡成为引爆"好客山东"品牌营销的重要砝码。比如,2011年京沪高铁开通后,在飞速进行的列车上举办"高铁旅游营销大会"。

四是新媒体营销。山东省是国内最早采用新媒体营销的省份之一,通过与国内外知名网络媒体建立合作机制,利用微博、微信、抖音短视频等移动互联渠道,开设山东旅游营销和信息服务平台,走在全国前列。开通"好客山东"同名头条号、百家号、人民号等九大主流新闻客户端,总阅读量3.35亿次。建立抖音、快手、微视、央视频、微信视频号等五大主流短视频平台和"好客山东"直播平台,总播放量24.2亿次。山东新媒体传播力指数名列全国第一。

五是整合营销。以2020年7～9月开展的“好客山东游品荟”活动为例，系列活动包括：在山东卫视开展专题推广；举办“好客山东游品荟”网红直播带货；开展“我为好客山东代言”快手短视频挑战赛，形成亿级传播效应；在线下旅行社门店、美团外卖配送箱投放配套广告进行强势宣传；各市围绕“好客山东游品荟”开展400余项丰富多彩的暑期推广活动。还在10月开展了集“好客山东游品荟”旅游宣传推广典型案例活动。通过多种渠道、广泛参与、多波次活动，制造一次又一次热点（见表2、表3）。

表2　“好客山东”抖音、微博数据

媒体	账户名	主题词句	作品数	获赞数	粉丝数
抖音	好客山东	文化圣地、度假天堂。好客山东欢迎您！	1774	1768.6万	95.8万
微博	文旅山东	岱青海蓝，齐风鲁韵，好客山东欢迎您！	24409		884万

数据截至2021年2月24日。

表3　山东各市文旅局抖音账号

城市	账户名	主题词句	作品数	获赞数	粉丝数
烟台	烟台文旅	仙境海岸　鲜美烟台	661	44.20万	11.50万
淄博	淄博文旅	泱泱齐风　陶韵淄博	350	251.60万	9.80万
日照	文旅日照	有一种生活叫日照	52	2.10万	2844.00
滨州	滨州文化旅游	孙子故里，生态滨州，欢迎您的到来	855	793.20万	21.90万
德州	德州旅游	无	24	2837.00	630.00
菏泽	菏泽文化旅游	中国牡丹之都，菏泽欢迎您！	200	16.10万	11.20万
临沂	临沂文旅	亲情沂蒙　多彩临沂	238	334.30万	23.90万
济宁	济宁文旅	孔孟之乡、运河之都、文化济宁 游读运河，体验圣地	48	2.90万	4723.00
青岛	青岛文化旅游	红瓦绿树　碧海蓝天	967	136.30万	35.90万
济南	济南市文化和旅游局	泉城济南欢迎您！	1549	592.60万	31.30万
聊城	文旅聊城	江北水城　运河古都——生态聊城欢迎您！	749	201.90万	9.40万
东营	黄河入海	黄河入海　我们回家	118	9.30万	3.20万
枣庄	文旅枣庄	运河古城，匠心枣庄	228	6.30万	1.20万
泰安	文旅泰安	中华泰山　天下泰安	433	23.70万	2.90万
威海	文旅威海	千里海岸线，一幅山水画。 精致城市，幸福威海！	555	205.60万	27.40万
潍坊	潍坊文旅	渤海之滨风筝都　农圣故里动力城	394	63.70万	33.30万

数据截至2021年2月24日。

可以看到，十六市抖音账号中，作品最多的是济南市，有1549个作品；获赞最多的是滨州市,有 793.2 万;粉丝最多的是青岛市,达 35.9 万人。作品数、获赞数、粉丝数最少的市,相关数据分别仅为 48、2.1 万、2844,数据的巨大差异反映出各地在通过抖音短视频等新媒体手段开展营销方面投入和产出的差别。

四、“好客山东”品牌发展对策建议

(一)进一步落实“好客山东”作为山东省整体形象的定位

《山东省旅游条例》中提出,“好客山东”是本省整体形象和旅游目的地品牌。县级以上人民政府及其有关部门应当围绕好客山东品牌,整合旅游资源,培育文化旅游目的地品牌,建设具有鲜明地方特色的旅游目的地。有关部门和单位应当在重大外事、经贸、文化、科技、体育等活动中使用和推广“好客山东”品牌。

《中共山东省委关于制定山东省国民经济和社会发展第十四个五年规划和 2035 年远景目标的建议》提出:“构建以‘好客山东’为引领的文化旅游品牌体系,建设山水圣人、仙境海岸、红色文化等文化旅游带。”

山水圣人文化旅游带以“国山、圣城、母亲河”为主线,彰显齐鲁文化的历史厚度;仙境海岸文化旅游带聚力打造世界级滨海旅游目的地;红色文化旅游带定位于讲好中国共产党精神谱系中的“山东故事”,弘扬革命文化,传承红色基因。三大文化旅游带应以并联发展、互联融合、高品质提升为路径,形成具有鲜明标志性、强大辐射力和深远影响力的黄蓝红文化旅游合作圈,共同推动山东文旅产业高质量发展。要在“好客山东”文旅主品牌之下,推动山水圣人、仙境海岸、红色山东等文旅子品牌的跨区联动、组团宣传、协调发展,引领和构建覆盖全省、誉满海内外的文旅品牌体系。

要统筹“好客山东”品牌宣传与全省精神文明建设、诚信山东建设、营商环境建设,持续提升“好客山东”品牌影响力。

(二)持续推进“好客山东”捆绑营销策略,创新多样化营销手段

进一步强化“联合推介 捆绑营销”旅游宣传模式。继续利用好省、市、县、企四级资源和资金,整合 16 市文旅宣传资源,创新开展联合推介,用好央视“品牌强国工程”传播平台和山东广播电视台文化旅游频道。进一步完善捆绑营销机制,加大新媒体宣传力度。

继续实施“孔子旅游大使”计划。统筹用好孔子文化节、世界老年旅游大会等交流活动和孔子学院、孔教协会、境外旅游渠道商等平台,常态化开展入境游主要客源地、潜在客源地宣传推介,重点推进与“一带一路”沿线国家和重点境外客源市场合作,多渠道立体化展示山东文化旅游形象,进而把“好客山东”品牌打得更响。

设立好客山东形象代言人和推广大使。选择健康向上、成绩突出、形象亮丽、流量巨大的山东籍知名人士,如黄晓明、黄渤、靳东、金晨等,担任“好客山东”品牌形象大使。聘请各行业、领域具有代表性的人士,如知名影视演员、草根演艺明星、著名科教专家等,担任好客山东推广代言人。比如,2020 年 8 月 28 日,在济南泉城广场举办的“买遍中国·助力美好生活——央视全国巡回带货直播”第五站活动,康辉、倪萍等人对山东人、山东

货的赞美,依托央视大平台,引起强烈反响和高效传播。山东籍主持人倪萍的那段脱口秀——周村烧饼香酥脆,小米煎饼顶呱呱,崂山白花蛇草水,青岛啤酒配蛤蜊;要问山东还有啥,国产家电全球夸,新消费,新生活,"好客山东"不掺假——让人印象深刻。可以想象,如果有流量明星代言,凭借"大平台+大明星+好内容",一定可以对"好客山东"品牌推广起到良好推动作用(见表4)。

表4 部分山东籍明星抖音数据(截至2021年2月)

姓名	作品数	点赞数	粉丝数
黄晓明	96	6464.7万	2294.6万
王小骞	364	1382.2万	273.2万
金　晨	140	5319.4万	919.9万
刘大成	274	705.4万	165.7万

数据来源:根据各抖音账号数据汇总。

相对于"好客山东"抖音号1700余万点赞数和95万粉丝数,这些山东籍明星的流量有很大的相对优势,包括像刘大成这样的草根明星也同样有相当巨大的私域流量。

建议设计"好客山东"手游,并与即将启用的"一部手机游山东"以及短视频、新闻号等手段结合,让游客通过参与形式活泼、内容丰富、有奖刺激的互动,特别是通过内容创新,增加山东旅游对年轻人的吸引力,提升"好客山东"旅游的魅力和黏性。

推动"好客山东"品牌市场化运作。一个好的品牌,只有被广泛使用、被市场认可,才会产生强大的生命力。未来要加快探索"好客山东"品牌授权使用、市场化运作。对符合条件的企业、产品可免费使用,加快形成"好客山东+"品牌体系。注重发挥大型文旅企业和重大项目在品牌推广方面的带动作用。可以授权山东国欣文化旅游集团、济南文旅集团、青岛文旅集团以及全省5A景区等推广使用"好客山东"旅游品牌。与涉旅骨干企业,如山东航空、青岛航空等航空公司,遥墙机场、流亭机场以及烟台威海等客轮港口加强合作,推进"好客山东"品牌落地推广。

另外,应在文旅厅系统内的博物馆、展览馆、文化馆等推广好客山东服务体系。用好"好客山东 智游齐鲁"等重大文旅工程,发挥其在"好客山东"品牌推广上的重要作用。

(三)进一步丰富"好客山东"品牌矩阵

构建多层次、全产业链的旅游品牌体系。在目前"好客山东"总品牌和十大文化旅游目的地品牌的基础上,提升旅游城市、景区、度假区、酒店、旅游购物及极富山东特色的旅游服务品牌,要把山东打造为中国旅游品牌强省。张志勇认为,"好客山东"打造的旅游目的地形象既包括山东的自然历史文化形象,更应该包括山东人民自古便有的"好客"形象。山东在向外推广旅游的过程中,应以优异的旅游服务为推广的基本出发点,不能只把"好客"定位成山东的一个符号和招牌。①

① 参见张志勇:《"好客山东"旅游者满意度存在的问题及对策》,《商业经济研究》2015年第29期。

推进好客山东品牌IP化。比如,可以考虑设计推广"泰山小子""胶东小嫚"动漫形象,作为"好客山东"品牌代言人,并以其为主要形象,创作动漫故事,设计制作文创产品、拍摄系列动画作品、设计趣味游戏等。在这方面,可以借鉴日本熊本熊的形象和行为策划及一系列事件营销和授权推广活动。

创新开展旅游线路、旅游景区、度假区"好客山东"创新产品申报、审核,授权优质、典型旅游产品使用"好客山东"标识。多年来,山东省围绕"好客山东"主题,打造以泰山、曲阜、济南为主体的山水圣人旅游线,以青岛、烟台、威海、日照、东营、滨州为主体的黄金海岸旅游线,及以潍坊、淄博等鲁中地区城市为主体的逍遥游旅游线,初步形成了旅游景区品牌体系。但总体而言,这些产品在市场的占有率和号召力不足,没有形成绝对市场领先优势。要在旅游产品设计和推广上下大力气,力争尽早培育一批代表山东最高水平、体现齐鲁文化深厚底蕴的经典旅游产品,并使其得到"好客山东"品牌背书。

把"好客山东"品牌体系和服务标准融入山东省乡村旅游发展。品牌形象模糊和知名品牌缺失,已成为制约山东省乡村旅游发展的最大短板。乡村旅游作为山东省旅游业的重要构成之一,既没有出现在产品品牌当中,也没有在目的地品牌中体现,这造成了"好客山东"金字塔品牌体系的关键环节缺失,与当下乡村旅游的地位、作用也不相称。因此,完善涵盖乡村旅游品牌,并将其纳入"好客山东"品牌体系,对于"好客山东"品牌提升、乡村旅游品牌创建意义重大。

开展"好客山东"服务大使评选。本着少而精的原则,每年从一线导游、酒店员工、景区员工等旅游从业者当中评选优秀代表,授予其"好客山东"服务大使称号,并给予表彰奖励。省文化和旅游厅、大众报业集团曾于2018年主办"好客之道·好客山东人"评选,起到了良好的推动作用,未来应使此类评选常态化,并要特别加大一线旅游从业者的入选比例。通过评选,激励先进、形成示范,让更多的旅游从业者扎根基层、奉献才智、服务游客。

进一步强化服务品牌建设。2020年7月,山东省政府新闻办召开新闻发布会解读《山东省文化旅游融合发展规划》,提出构建"好客"服务品牌体系,打造"山东优质旅游服务"品牌。要不断丰富和强化"好客山东"的内涵。比如,从"好客山东"到"客好山东"和"山东好客",这个过程中,好客山东绝不仅是政府部门的事情,需要调动更多资源来塑造、维护、发展这一品牌。[①] 要把"好客山东"转化为"山东服务",在社会服务领域进行全方位落地,从硬件到软件全方位地提升,让"山东服务"成为"中国服务"的标杆。目前,有必要创立和塑造山东服务品牌,作为"好客山东"文化旅游品牌的子品牌。相对于好客这一外在、显性的特征,山东人品质当中最为人乐道的是厚道、实在、真诚、仗义。这种厚道实在,自古由来已久。《史记·管晏列传》曾记载"管鲍分金"的故事,说明了山东人的这一美好品质。焦裕禄、孔繁森、刁娜、许振超等当代山东人,进一步诠释了厚道山东人的优良品质是如何代代相传的。武汉暴发新冠肺炎后,那些星夜兼程往武汉送蔬菜瓜果的潍坊寿光菜农大哥们,同样是厚道山东人的最新例证。山东省委宣传部主办的"厚道鲁商"于2015年上线,也把厚道作为山东商业人士最明显的符号。山东省文明办、山东广

---

① 参见吴必虎、张栋平:《以五大发展理念引领全域旅游发展》,《中国旅游报》2016年2月3日。

播电视台策划制作的《美德山东》公益形象宣传片，于2013年2月中旬开始在山东电视台各频道高密度播出，并在中央电视台一套、四套和新闻频道投放。山航是全国民航行业唯一获得“全国质量奖”的民航企业，其提出“厚道山航，品质飞翔”愿景。其中，“厚道山航”是企业文化的升级。2015年年初，山东省委宣传部、省文明办、省旅游局联合开展“好客山东 德润齐鲁”活动，倡导文明旅游，引导千万山东人自觉践行“好客”的优秀文化。

可见，“厚道”是山东人精神深处的代表性品质。如果以“厚道齐鲁”作为“好客山东”服务品牌的标志性语言，可与“好客山东”形成有机整体，很好的丰富好客山东内涵，提升“好客山东”品味。类似的做法已有尝试，如文旅厅已把“好客山东·山东有礼”作为山东旅游商品品牌。

（四）注重做好“好客山东”品牌保护

完善好客山东标准体系。2009年7月，原山东省旅游局推出《好客山东旅游服务标准》。2015年11月3日，印发了《山东省旅游厕所建设管理实施方案》《旅游交通标识设计规范》《旅游饭店、餐馆卫生规范100条》等。2020年4月，山东省文化和旅游厅印发《好客山东商标管理办法》。未来，除了继续发挥已有标准和法规的作用，还要继续完善标准化体系建设，并在标准化建设中更多融入“好客山东”元素。

熟练掌握网络时代舆情危机的处理方案。正如诸多媒体所报道和评论的那样，2015年的“大虾事件”对青岛旅游形象造成了难以忽视的破坏，对山东“好客山东”品牌同样形成了负面舆情影响。“天价大虾”事件虽然属于个体行为，但却恰恰折射出了整个旅游行业和城区管理部门在监管督导方面的疏漏。我们要从保护“好客山东”品牌、维护山东良好形象的高度，破除旅游后知后觉的危机公关固有模式。要尽快出台和完善维护“好客山东”品牌的预防机制和危机处理预案。

要防止品牌滥用和侵权事件。比如，有的公司在网站上直接使用了“好客山东餐饮”字样。同样的，在微信、抖音、微博等平台输入“好客山东”，会出现许多名称里含有“好客山东”字段的账号，多数为未经授权。建议省市文旅部门与市场监管、行政执法、司法等部门加强协作，打击对“好客山东”品牌形象的侵权滥用，维护“好客山东”良好形象和品牌价值。

（五）加强“好客山东”品牌理论研究

对“好客山东”的相关学术研究始于2008年。截至2020年，专门对“好客山东”品牌进行研究的文献数量不多。在北大、南大核心期刊中，根据“好客山东”进行主题搜索，仅有20篇文献，且多数文献为早期对“好客山东”品牌模式的肯定与推广学习。近三年，在北大、南大核心文献中，未查阅到“好客山东”品牌相关研究文献。“好客山东”作为山东省重点打造的省级旅游目的地品牌，在实践层面已经取得显著成效，在国内同类目的地品牌建设中起到引领示范作用，但理论研究尚显不足。未来，山东省文旅厅应该资助更多“好客山东”相关研究课题、举办相关学术研讨活动，让更多学者将“好客山东”作为自己的研究对象，以期产出更多高质量研究成果，更好地指导山东旅游业发展和“好客山东”品牌实践与创新。

山东省海外营销体系建设

李 青　刘力瑜　贾维沙　田 芸*

摘　要：入境旅游是衡量一个国家旅游业综合实力与国际竞争水平的关键指标。自2018年山东省实施新旧动能转换为主题的区域发展战略以来，精品旅游作为重点发展“十强”产业之一，不断优化产业结构，提供优质旅游产品。为吸引更多的入境游客、加大对外交流合作、促进文化和旅游深度融合，山东省积极开拓海外旅游市场，打造山东对外开放新高地，为全省“十三五”经济社会发展交出一份满意答卷。在多年海外营销工作基础上，山东省进一步转变工作思路，创新体制机制，逐步构建起以规划(Plan)、合作渠道(Partner)、旅游专家(Specialist)、客户管理系统(System)、整合营销(Integration)、奖励办法(Incentives)(简称：2PSI)为核心内容的山东海外旅游营销体系。

关键词：海外市场营销；营销体系

在经济全球化、信息网络化和旅游目的地竞争日益加剧的背景下，旅游营销在现代旅游业发展中的作用日益重要。行之有效的海外营销策略有助于提高旅游目的地知名度和美誉度，增强旅游目的地国际竞争力，提高入境旅游市场份额。近年来，世界各个国家和地区愈来愈重视海外营销推广工作，国内各省、市、自治区也不断加大海外旅游营销推广力度，纷纷在海外客源市场成立营销推广中心，积极开拓入境旅游市场。山东省高度重视海外营销工作，持续深耕入境旅游市场，积极引入国际先进理念和成功运作经验，结合本省入境旅游市场实际，科学深入调查分析，全面性、系统性、针对性地开展海外旅游营销。经过三年的努力，文化旅游交流合作更加广泛深入，入境旅游市场结构渐趋优化，逐渐探索打造出一套海外营销的山东模式。

一、海外营销体系发展历程

多年来，山东省不断探索吸引入境游客有效办法。作为旅游营销基础工作，山东省通过开展入境主要客源国家和地区市场调查，全面分析山东省入境旅游客源地的市场结

* 作者简介：李青(1979～)，女，山东省旅游推广中心副主任(一级翻译)；刘力瑜(1989～)，女，山东省旅游推广中心经济师；贾维沙(1982～)，女，山东省旅游推广中心一级翻译；田芸(1972～)，女，山东农业工程学院副教授。

构、营销渠道、市场产品偏好、营销受众等要素，逐步探索构建起山东省海外旅游营销体系。回顾海外旅游营销体系发展历程，大致可以分为以下三个阶段。

(一)初期阶段(2007～2015年)

在全国率先打造了“好客山东”这一整体旅游品牌形象，并在海外积极宣传推广。山东省坚持与海外旅行商合作共赢的思路，开发适销对路的旅游产品，面向海外积极开展旅游营销推广工作。

1. 打造全省旅游品牌形象

创新策划“好客山东”(Friendly Shandong)旅游目的地品牌形象，在海内外广泛宣传推广。2007年，山东省创新推出了高度概括山东文化、凝练出现代旅游品牌形象的好客山东(Friendly Shandong)标识。标识结合了传统元素与现代设计的新动向，通过文字符号图形化设计融汇古今元素，突出了“山东”(Shandong)与“山东人”最核心的形象表达“好客”(Friendly)。“好客山东”(Friendly Shandong)，是对山东旅游最生动、最直接的信息传递。从此，山东省有了统一的旅游品牌，在谷歌、雅虎等知名网站上进行宣传推广，在韩国HANATOUR等OTA官方网站上设置“好客山东”品牌专区或主题馆，宣传“好客山东”品牌，推广山东优质旅游产品；在韩国、日本、美国、新加坡，中国香港、台湾等山东主要旅游客源地国家和地区设立“好客山东”海外旅游营销中心。“好客山东”品牌海外的辐射范围不断扩大，影响力不断提升。

2. 研发适销对路的旅游产品

旅游营销离不开产品研发。一直以来，山东省十分重视入境旅游产品开发工作。为吸引1000多万韩国登山爱好者，聘请韩国登山专家研发了泰山、崂山、五莲山等10余条徒步登山线路。山东在海外市场销售的产品类型各有不同，如：韩国市场除了登山之外，还推出了高尔夫、贺年会、周末休闲游、修学游等产品；针对日本市场推出了孔子街道、书法、博物馆等产品；针对中国香港市场推出了美食、贺年会、修学旅游产品；针对中国台湾市场推出了高尔夫、贺年会、美食等产品；针对东南亚市场推出了赏花、水浒体验之旅等特色旅游产品。

3. 与大旅行商建立战略合作关系

2008年4月，山东省与韩国HANATOUR签订了《合作协议书》，双方开始建立战略伙伴合作关系，合作内容具体包括：(1)联合在*HANATOUR's Traveller*杂志上作山东旅游广告以及山东高尔夫旅游产品专题报道；(2)联合在韩国主要报刊、HANATOUR的印刷品和网站集中宣传山东旅游产品；(3)联合在HANATOUR网站上举办山东旅省旅游专题企划展；(4)印刷山东旅游产品折页，向HANATOUR在韩国国内所有代理点发放；(5)拍摄制作山东旅游DVD/VCD，通过HANATOUR的所有渠道发放；(6)在首尔举办的HANATOUR国际旅游博览会现场举办山东高尔夫旅游促销说明会，并向所有参会企业和人员提供中国旅游促销品时添加“好客山东”旅游标识。从2009年开始，山东省逐步与韩国、日本、中国香港、中国台湾、新加坡、马来西亚、欧美等市场的30多家大型旅行商建立了互惠互利、合作共赢的战略合作伙伴关系。根据具体市场情况，不搞“一刀切”，采取“一社一策”的原则，即：不同的客源市场，选择不同的大旅行商合作；不同客源地，营销不同的山东主题产品。根据海外大旅行商销售山东旅游产品的情况、媒体广告投放力度的不同，所给予的营销资金补贴标准不同。积极鼓励海外大旅行商多角度地开发山东旅游新产品，并向来鲁考察新产品的海外旅行商给予一定的政策扶持。

4. 开发山东省旅游战略伙伴信息管理系统

为更好地管理合作的海外旅行商，随时掌握合作旅行商向山东输送游客情况。2008年，创新研发具有团队信息报送、宣传营销信息管理、统计分析等功能的“山东省旅游战略伙伴信息管理系统”，该系统的建立为山东客源市场分析提供了有力的数据支撑，为合作渠道商的信息管理提供了有力抓手，同时为后来推出《山东省海外旅游客户关系管理系统》奠定了基础。

5. 实施入境旅游奖励办法

为推动山东入境旅游发展和旅游目的地建设，2015年，山东省文旅厅与山东省财政厅联合出台了《山东省入境旅游奖励暂行办法》，主要包括贺年会团队专项奖和入境旅游专项奖。其中，入境旅游专项奖包括包机奖、邮轮（游船）奖、会奖、市场开拓奖等内容。该《办法》的实施，充分调动了省内旅游企业的积极性，促进山东入境旅游发展。

6. 开展“走出去”“请进来”促销活动

“走出去”，即赴海外客源地开展旅游推介和展览展示活动；“请进来”，即邀请海外旅行商和媒体来山东实地踩线采风。多年来，通过高层互访、参加国际旅游展览以及在省内举办大型国际旅游节会活动，山东省积极开展“走出去”和“请进来”工作，与海外旅行商、船运公司、航空公司、媒体、行业协会等涉旅行业建立了广泛联系，这为山东省海外旅游营销体系的建立作了充分准备。

（二）建立阶段（2016～2017年）

从2016年开始，山东省邀请联合国世界旅游组织的专家针对韩国、日本、欧洲重点入境客源市场编写了《旅游市场营销规划》，在全国率先推出《山东省旅游产品海外合作渠道管理商优选办法》，策划推出“山东旅游专家”计划，研发山东旅游客户关系管理系统，实施整合营销，出台《山东省入境旅游奖励办法》。以上述举措为核心内容的山东海外旅游市场营销体系初步建立。

1. 科学引导，规划先行

为把握市场发展趋势，推动山东旅游业尤其是入境旅游发展，2017年，山东省与世界旅游组织共同编制了《日本旅游市场营销专项规划》《韩国旅游市场营销专项规划》《欧洲旅游市场营销专项规划》等三个专项规划，在充分分析客源结构、游客消费偏好等要素基础上，对重点海外客源市场营销进行布局。

2. 规范管理，优选“合作渠道商”

为进一步拓宽营销渠道，充分调动海外旅行商开发山东市场的积极性，2016年初山东省出台了《山东旅游产品海外合作渠道商优选办法》（以下简称《办法》），并在韩国和中国港台地区率先实施。《办法》一经发布，即引起韩国和中国香港、台湾的大旅行商和船运公司的积极响应。2016年，共优选出25家“渠道商”建立了战略合作伙伴关系，其中韩国13家、中国台湾7家、中国香港5家。该《办法》的实施，进一步规范了与海外旅游渠道商的合作机制，极大调动了渠道商推广山东旅游的积极性。

3. 培育人才，招募“山东旅游专家”

“山东旅游专家”计划与《山东旅游产品海外合作渠道商优选办法》配套提出，海外合作渠道商的领队、计调等一线工作人员可以通过参加培训和考试的形式，获得“山东旅游专家”资格认证，目的是让渠道商的一线人员更加全面深入了解山东旅游，提高旅游产品策划及销售能力。2016 年底，“山东旅游专家”韩文、中文繁体课程已经投入使用。2016 年底，系统内已有 1300 余名海外业者注册，907 人完成了培训课程的学习，742 人通过审核成为山东旅游专家，其中 436 人来自韩国，279 人来自中国香港，27 人来自中国台湾。

4. 线上线下，实施整合营销

2017 年起，针对韩国、日本、中国台港澳、东南亚、欧美等不同客源市场，分别招募入境旅游市场营销服务商，加强对海外合作渠道商和山东旅游专家的管理，实施线上线下整合营销，包括韩文、日文、英文、中文繁体等网站的运维，外文宣传品制作，营销推广活动，山东旅游专家招募、培训和管理等工作内容。针对不同客源市场策划不同营销主题，通过线上线下营销渠道，集中发力，开展全方位、立体化营销。

5. 创新思维，开发客户管理系统

随着山东与海外旅行商合作规模的不断扩大，亟须运用信息化管理手段，为海外合作渠道商和山东旅游专家提供便捷服务，山东省旅游客户关系管理系统应运而生。该系统主要是对该系统客户、渠道商、媒体、旅游专家、旅游营销内容等相关内容进行管理、审核、数据统计、数据分析、数据填报以及项目督导等。信息报送主要是代办年度各类参展促销活动相关手续，极大地提升了工作效率。

6. 扶持企业，实施入境旅游奖励

2017 年，借鉴国内 14 个省市的经验，发布并实施《山东省入境旅游奖励办法和实施细则》，出台《山东省省级旅游发展专项资金奖励办法》，主要分为包机奖、邮轮游船奖、自主赴海外山东主要客源市场参加旅游展会奖、邀请海外人员来鲁踩线奖以及按不同市场接待游客人天总量奖。该奖励办法的实施，调动了省内做入境旅游业务的企业开拓入境旅游市场的积极性，与合作渠道商优选办法形成了合力。

（三）发展阶段（2018 年至今）

2018 年，山东省旅游发展委员会与山东省文化厅合并。同年，山东省实施新旧动能转换为主题的区域发展战略，将精品旅游产业作为重点发展“十强”产业之一。2020 年，新冠肺炎疫情席卷全球，给入境旅游按下了暂停键，为顺应时代发展，迎接机遇挑战，不断完善和提升海外旅游市场营销体系以适应市场变化，为疫后入境旅游恢复做好准备工作。山东省海外旅游市场体系进一步完善。

1. 落实旅游营销规划，实现市场细分

在世界旅游组织专家 2017 年完成的韩国、日本、欧洲市场《旅游营销规划》基础上，进行市场细分，逐步确定了继续开发韩国、日本、中国港澳台、东南亚等传统市场；精准开发欧美澳新等远程市场；深度开发印度、俄罗斯等新兴市场的战略。2018 年和 2019 年，成功举办了两届世界老年旅游大会，开发“银发”市场，受到联合国世界旅游组织等旅游专家的高度评价。通过与海外孔子学院合作,打造国际研学旅游品牌。

2. 加强与海外渠道商合作,实现跨界融合

2018年,海外合作渠道商扩大到68家,覆盖日韩、中国港台、北美、澳新、东南亚等15个重点客源地。除了与海外旅行社合作,还与主要客源地的专业协会开展合作,不断拓宽营销渠道。如在印尼市场,联合当地旅行社和印尼孔教协会,在200所孔教礼堂开展好客山东旅游资源宣传推广活动;在泰国市场,利用玲珑轮胎200家品牌店开设好客山东旅游营销中心,开展宣传推广;在韩国市场,与韩国登山协会、京畿道山岳联盟、三千里自行车协会等专业协会开展战略合作,宣传推广山东丰富的专项旅游产品。2019年,山东海外旅游营销渠道已经扩大至美国、德国、法国、英国、澳大利亚等18个国家和地区101家合作渠道商,其中旅行社类96家,协会、船运公司等非旅行社类5家。

3. 升级旅游专家计划,规模不断扩大

2018年,继续实施"山东旅游专家"计划,海外重点客源市场通过学习和考试成为山东旅游专家的业者已达到2260余名。通过邀请旅游专家到山东实地踩线以及在客源地举办培训会,极大提高了海外旅游业者对山东旅游的熟悉度,提升了旅游产品开发营销能力,在海外客源地建立了卓有成效的旅游营销培训机制。2019年,将山东旅游专家升级为孔子旅游使者计划,与孔子学院合作,培养孔子旅游使者,通过学习和考试等成为孔子旅游使者。在此基础上,2020年新出台了《山东省文化和旅游厅"孔子文化和旅游大使"管理办法》,将"孔子旅游使者"计划升级为"孔子文化和旅与大使计划",分别对大使、专家、使者进行招募和管理。截至2020年底,孔子文化和旅游大使已经达到96人、专家4323人、使者7000人,初步在海外客源地建立了长效旅游营销机制。

4. 完善客户关系管理系统,实现高效管理

2018年,对山东旅游客户关系管理系统进行更新升级,全面、系统、高效的管理渠道商、旅游专家和营销素材,为海内外合作渠道提供便利,为客源市场营销提供有效分析数据支撑。

5. 加大整合营销力度,实现线上线下融合

2018～2020年,分别对韩国、日本、中国台港澳、东南亚、欧美等重点客源市场开展整合营销,线上线下齐发力。线上通过"好客山东"英文、日文、韩文官方网站以及英文Facebook账号、Instagram、Twitter、Snapchat、Pinterest、Tumblr、LinkedIn、Youtube、自有社交媒体和渠道商网站等共推送山东文旅资源、产品线路等,不断加大营销推广力度。线下同步举办一系列文化和旅游推介活动,线上线下融合,相得益彰。

6. 执行入境旅游奖励,建立激励机制

继续实施《山东省入境旅游奖励办法》。为推动山东入境旅游发展,2019年对2018年山东省入境旅游专项奖申报企业进行奖励,累计26家旅行社共奖励497.7万元。2020年,在疫情背景下,为帮助旅游企业共渡难关,提前拨付2019年入境旅游奖励资金,向省内26家获奖企业拨付奖励资金588.7万元,极大缓解重点入境旅游企业的资金压力。

7. 整合各方优势,形成营销合力

统筹做好省领导"高访团"出访活动的策划,文旅部组织的大型营销活动,山东省专

场推介活动，各市宣传营销活动，旅游企业参展走访活动，文化交流活动和全省旅游发展大会等。整合宣传、商务、文化、外事、旅游、体育等部门营销宣传资源，完善联合推介机制，建立省、市、县政府部门和企业共同参与的立体化营销机制。统筹各方资源，建立全省旅游目的地一体化营销机制，形成全省文化旅游营销网状体系，实现效益最大化。

二、海外营销发展成就与经验总结

在山东旅游产业发展总体规划及相关专项规划指导下，2018 年以来，山东在多年来海外营销工作基础上，进一步开拓创新，多管齐下，多措并举，取得了一系列可喜成绩，为全省“十三五”经济社会发展交出一份满意的答卷。

（一）海外营销发展成就

1. 坚持文旅融合，文化旅游服务国家外交和经济社会发展作用愈加突出

2018 年以来，在文旅融合的大背景下，文旅融合探索持续深化，以文促旅、以旅彰文的理念不断深入人心，在开展海外营销推广工作过程中，更加注重文化旅游内在融合、相辅相成。参加国际旅游展时，注重山东省文化、艺术、文物、非遗展演项目的参与；在对外文化交流时，注重旅游的宣传与推介。2019 年，举办山东与首尔中国文化中心实施的部省合作计划——“2019 韩国・中国山东文化年”，突显文化和旅游交流在山东与韩国合作中的重要地位；参加以“筑梦新时代・美丽新山东”为主题的北京世园会“山东省日”活动，举办文艺表演、非遗展演以及好客山东文化旅游推介活动，展示齐鲁文化魅力；在 2019 山东国际友城合作发展大会期间举办文化和旅游合作论坛，以“民心相通——文化和旅游的融合”为主题，将山东文化旅游资源推介、国际友城代表演讲和展演洽谈相结合，突出展示山东和各国际友城的独特文化旅游资源与人文风情，内容丰富、形式多样、效果显著。2019 新动能・青岛展览洽谈会“好客山东”展区精彩亮相，向国内外展商展示山东文旅产业新旧动能转换的阶段性成果。参加跨国公司领导人青岛峰会期间，举办文化创意、精品旅游产业路演活动，文化旅游成为活动的重要组成部分。在第三届上海进口博览会上，“中国旅游展区”搭建设立山东旅游展台，向国际组织、各个国家和地区代表团展示“好客山东”文化旅游产品和旅游形象。另外，组织协调推进中国（山东）自由贸易试验区、上海合作组织地方经贸合作示范区文化旅游业务。大力推动淄博、烟台、济南创建“东亚文化之都”工作，文化旅游服务外交和经济社会发展的作用日益凸显。

2. 坚持“请进来，走出去”，海外“朋友圈”不断扩大

历年来，韩国、日本、中国港澳台一直是山东传统客源市场，在全省入境旅游中占据绝对份额。为优化入境客源市场结构，开拓新兴潜力市场，2018 年以来，在保证传统客源市场占有率的基础上，将东南亚、“一带一路”沿线重点国家等近年来经济发展迅速、出境游发展潜力大、增长率高的客源国纳入山东海外营销重点。持续开拓欧美、澳新等远程市场，提高品牌知名度，逐步增加市场份额，确保山东入境旅游市场健康均衡发展。

一是“请进来”。积极争取中国驻外旅游办事处支持，加强与航空公司、海外旅行商的合作。仅 2018 年，就邀请了加拿大、新加坡、美国、印尼、韩国、俄罗斯、中国港台等客

源地的旅行商 150 余人次来鲁踩线；充分发挥《山东入境旅游奖励暂行办法》激励作用，由旅行社自主邀请 400 余人次来鲁踩线，设计适销对路的旅游产品，促进旅游产品落地，达到巩固老产品，推出新产品的目的；2019 年，在济南举办“情系齐鲁——两岸文化和旅游联谊行”活动，邀请台湾文化、教育、新闻、旅游界嘉宾考察山东文化遗产、参观文博机构，观摩优秀剧目和非物质文化遗产展示，深入了解山东旅游资源；在山东美术馆举办“印象山东——俄罗斯油画家写生作品展”，展览展出俄罗斯油画家在鲁创作的写生作品和俄罗斯历史文化风貌的绘画作品共 90 幅，邀请各位艺术家来山东畅览人文胜景，领略中华文化气象，创作推出了一批高水平画作；争取世界上最大的旅行社加盟商之一德国汉莎旅游中心在青岛召开年会，举办“好客山东”文化旅游推介会和实地考察踩线活动，来自 20 个国家和地区的重点旅行商参加；2018 年起连续两年，通过举办“世界老年旅游大会”，邀请来自全球的国际嘉宾、外国老年游学团代表 700 余人次参加山东老年游学产品线路采风等活动，全面展示了山东的优秀文化旅游资源。

二是“走出去”。三年来，积极参加文化和旅游部及驻外办事处组织的近 30 场重大展览展会和旅游推广活动，赴美国、加拿大、德国、英国、俄罗斯、澳大利亚、韩国、日本、新加坡、马来西亚、印度尼西亚、中国香港、中国台湾等山东主要客源地开展宣传营销。2018 年，自主组织赴美国和印度尼西亚的“孔子家乡 · 好客山东”营销路演活动；组织赴美国、加拿大的“走进山东 · 遇见孔子”路演活动；2019 年，赴菲律宾、印度尼西亚、马来西亚举办大型文化旅游推介活动，大力吸引文化旅游项目合作，为我国“一带一路”建设添砖加瓦；赴“一带一路”沿线重点国家乌克兰、塞尔维亚分别举办山东非物质文化遗产精品展演暨“孔子故乡 · 好客山东”图片展、“笔墨意象——中国画山东名家”作品展；赴匈牙利、俄罗斯和白俄罗斯三国，参加“2019 孔子家乡（中东欧）文化贸易展”，举办“好客山东文化旅游推介会”；组织省内旅游企业赴泰国和越南开展文化旅游营销推广交流活动；赴美国旧金山举办“第六届跨越太平洋——中国艺术节”山东文旅周，组织山东民族音乐会以及山东非遗展演、图片展、旅游营销会等；2020 年，参加在韩国首尔举办的“艺术与和平——中国现代美术韩国交流展”活动及主题论坛，展出山东艺术家的优秀美术作品。

3. 坚持抓“大”抓“专”，海外旅游市场营销体系渐趋成熟

自 2009 年起，山东曾先后与韩国、日本、中国香港、中国台湾、新加坡、马来西亚、欧美等市场的 30 多家大型旅行商建立了互惠互利、合作共赢的战略合作伙伴关系。随着山东与海外旅行商合作规模的不断扩大，为运用信息化管理手段全面、系统、高效的管理客户关系，科学地进行海外旅游市场的数据分析与营销推广。2016 年开始，开发山东旅游营销系统，包括渠道商管理系统、媒体管理系统、山东旅游专家系统和营销内容管理系统，并相继实施《山东旅游产品渠道管理办法》《山东旅游产品海外合作渠道商优选办法》，建立并规范与海外旅游渠道商的合作机制，同海外优质渠道商围绕送团人数、旅游产品、媒体宣传、营销内容制作等方面开展全方位合作，成为国内首个在海外市场实施《合作渠道商优选办法》的省份，极大地调动渠道商推广山东旅游的积极性。配套《山东旅游产品海外合作渠道商优选办法》实施“山东旅游专家计划”，提高海外旅游业者对山东旅游的熟悉度，提升山东旅游产品开发营销能力。2020 年，将“山东旅游专家”升级为“孔子文化和旅游大使计划”，打造成为符合山东实际且独具山东特色的目的地营销品

牌。2017 年起，每年通过政府采购方式分别招募入境旅游市场营销服务商，加强对海外合作渠道商和山东旅游专家的管理，创意实施整合营销。2019 年，制定《山东省对外文化交流和旅游营销推广项目库管理办法》，全面加强交流和营销内容建设，通过举办“双优产品”培训班，为文化单位和旅游企业搭建交流平台，携手促进优秀文化产品向优秀旅游产品转化。

4. 坚持“线上线下”联动，全方位立体化的营销模式叠加发力

线上通过“好客山东”海外英文、日文和韩文官方网站、英文官方 Facebook 账号、Instagram、Twitter、Snapchat、Pinterest、Tumblr、LinkedIn、Youtube、自有社交媒体和渠道商网站等，推送山东文旅资源、产品线路等，持续开展线上“好客山东”文化旅游宣传。线下坚持借助中国驻外国使领馆、海外中国文化中心、中国驻海外旅游办事处、商务部门驻外经贸代表处、孔子学院等平台，共同在客源地开展品牌宣传和营销推广，扩大好客山东在海外知名度和影响力。借助孔子学院遍布全球的渠道网络资源，精选全球 30 个孔子学院作为山东旅游宣传驿站，开展形式多样的宣传推广系列活动；联合印尼旅行社和印尼孔教协会，在孔教礼堂开展好客山东旅游资源宣传推广活动；利用泰国玲珑轮胎品牌店开设好客山东旅游营销中心，开展宣传推广；与韩国登山协会、京畿道山岳联盟、三千里自行车协会等专业协会开展战略合作，宣传推广山东丰富的专项旅游产品。

5. 坚持打造品牌，凝聚形成海外营销工作中的拳头效应

一是打造海外营销活动品牌。自 2018 年以来，连续举办两届“世界老年旅游大会”。大会期间，举办开幕式、世界老年旅游高端对话、文化旅游推介会、“孔子家乡 · 好客山东”老年游学产品路演、山东老年游学产品线路采风等活动，来自全球的近千名嘉宾、老年游学团代表以及国内各省市老年大学代表到会，全面展示山东的自然风光、历史人文、民俗风情、非遗展演、美食美酒等方面资源。

二是打造海外营销节事品牌。2019 年，成功举办国际孔子文化节，举行《国家文物局与山东省人民政府合作实施“齐鲁文化遗产保护利用计划”框架协议》签约仪式。2020 年国际孔子文化节、第六届尼山世界文明论坛讲堂在尼山举办，来自 17 个国家和地区的 160 多位专家学者、嘉宾，以线上线下方式出席开幕式。此外，创新形式、突出特色，推动“欢乐春节”活动本土化、走进主流社会。2019 年春节期间，组织 21 个团组 258 人次赴美国、英国、法国、韩国、新西兰、泰国和中国香港等 14 个国家和地区举办“欢乐春节”活动。2020 年，组织山东艺术团赴新加坡参加第 34 届“春到河畔”活动，以及赴塞尔维亚贝尔格莱德举办“欢乐春节”庙会，打造春节文化走出去“齐鲁品牌”。

三是打造海外营销产品品牌。充分发挥山东研学旅游资源优势，打造国际研学品牌。作为中国研学旅游推广联盟牵头单位，2018 年成功举办了首届全球孔子学院山东文化旅游推广峰会，并与国家汉办/孔子学院总部签署框架合作协议；刘公岛、台儿庄古城和山东力明职业学院入选第二批“港澳青少年内地游学基地”；参与实施了“华夏文明 · 薪火相传”台湾青少年学生大陆研学活动，2018 年组织接待 200 名台湾师生来山东开展研学活动；2020 年，组织省内部分内地游学基地和旅游企业参加港澳青少年内地游学联盟大会，协助编写《内地游学指南手册》，山东省推荐的《去圣地，寻找中国人的精神密码》成功入选 2020 年度“港澳青少年内地游学推荐产品”，“好客山东”研学品牌逐步在海外市场打响。

6. 坚持创新发展，积极探索疫情常态化海外营销新模式

2020年初新冠疫情暴发以来，全球旅游业遭受毁灭性打击，出入境旅游均全面停滞，给海外营销推广工作造成不利影响。为继续保持山东文旅在海外发声，提升“孔子家乡·好客山东”旅游品牌在海外的影响力和美誉度，迎难而上，主动作为，争取变危机为契机，山东创新开展了一系列针对疫情的推广活动。

一是线上线下齐发力，做好疫情期间海外宣传营销。持续通过“好客山东”海外官方网站、海外社交媒体和渠道商网站等共推送山东文旅资源、产品线路，线上开展“好客山东”文化旅游推广；同时积极争取省外办支持，在境外22个重点客源市场的我国驻外使馆、签证中心摆放多语种山东文化旅游指南、播放多语种山东宣传片，扩大好客山东在海外知名度和影响力；线上线下相结合成功举办山东省旅游发展大会、2020国际孔子文化节（尼山世界文明论坛）、对话山东—“好客山东”文化和旅游产品线路推介会等，为后疫情时代的入境旅游恢复发展作好准备。

二是创意举办营销活动。疫情特殊时期，通过策划举办“好客山东，山东好客”——您最喜爱的山东文化旅游产品境外评选，借助“好客山东”海外官方网站、Facebook官方账号等平台，采用线上投票的方式，在山东境外重点客源市场展开，保持境外市场“好客山东”文化旅游宣传营销热度。

三是参加第八届澳门国际旅游博览会等“云推广”活动。组织省内部分国际旅行社参加云推广活动，线上集中推广山东旅游最新资讯、企业主题特色产品，扩大山东在澳门地区的宣传和影响。

四是积极开发常驻中国的外国人旅游市场。邀请国内的外国商会和国外大旅行社在华分支机构出席山东在国内重点客源市场举办的推介会，介绍山东特色旅游产品和相关政策，并积极邀请上述机构来山东实地考察，以及联合在山东举办外国商会年会和例会等活动，成为疫情常态化对外营销推广工作的有力抓手。

（二）海外营销发展经验总结

山东省海外营销体系在最初的构想上经过实践形成了由规划（Plan）、合作渠道商（Partner）、旅游专家（Specialist）、管理系统（System）、整合营销（Integration）、奖励办法（Incentives）等为核心组成的“2PSI”海外旅游营销体系。

1. 细分入境旅游市场，做好中长期规划（Plan）

为了实现精准营销，必须细分入境旅游市场。针对不同入境客源市场进行调研和分析，根据客源地的游客出游方式、游客偏好等信息，邀请资深旅游专家，制定中长期营销规划——《山东省旅游产业发展总体规划》。在此基础上，对于重要细分市场分别编制专项规划，如《日本旅游市场营销专项规划》《韩国旅游市场营销专项规划》《欧洲旅游市场营销专项规划》用以指导开展海外旅游营销工作。

2. 形成动态管理机制，优选“合作渠道商”（Partner）

为了加强山东省与海外大旅行商合作，推出一套“海外旅游合作渠道商优选办法”，通过授牌、营销资源支持等办法，建立战略合作伙伴关系。在实践中不断完善，逐步拓展

合作领域，实现跨界融合，实施精准营销，跟踪营销效果，形成动态管理。在保持传统市场基础上，逐步培育潜在市场，对新兴市场予以政策倾斜，逐步丰富主要客源国（地区）入境旅游产品渠道体系。

3. 讲好山东故事，建立山东旅游专家队伍（Specialist）

参照旅游发达国家的做法，在海外建立山东旅游专家认证制度。一方面，实行“山东旅游专家”培养计划。建立海外旅游专家认证制度。在主要海外客源国的领队、导游以及其他业者中，通过网络培训和考试的形式，颁发好客山东旅游专家证书。另一方面，深化与海外孔子学院合作，开展“孔子文化和旅游使者”计划，授予一批孔旅游大使，对于通过学习考试的外国人颁发孔子专家证书，对孔子学院学生认定孔子旅游使者。疫情期间，探讨转向与国内高校等领域合作，针对国内留学生和外教开展宣传推广，推行孔子文化和旅游使者计划，吸引更多对中国文化感兴趣的外国友人成为孔子和文化旅游使者，为好客山东代言，讲好山东故事。

4. 实施信息化手段，建设客户关系管理系统（System）

建设“客户关系管理系统”进行系统化、信息化、制度化管理，与省内做入境旅游业务的旅行社、海外合作渠道商、旅游专家等海外客户建立常态化联络机制。该系统涵盖“渠道商”“地接社”“旅游专家”“媒体”“营销素材”等五大板块，对海外渠道商销售的山东产品和给山东输送团队游客、旅游专家考试通过情况进行实时更新和管理，大大提高相关审核工作效率，而且可通过积累的数据来分析评估营销效果。

5. 加强营销过程管理，实施整合营销（Integration）

随着海外市场渠道商数量增加，为进一步加强对海外合作渠道商和山东旅游专家的管理，形成各方营销合力，指导渠道商执行营销宣传内容、开展营销活动，通过政府采购方式分别招募韩国、日本、东南亚、欧美、中国港澳台入境旅游市场整合营销服务商，承担收集渠道商宣传山东旅游产品情况、管理合作渠道商和山东旅游专家、管理和分发旅游宣传品物料等工作，在重要时间节点加强对海外市场营销进行过程把控。

6. 调动企业积极性，实施入境奖励（Incentives）

实施入境旅游奖励是各省市的普遍做法。山东省入境旅游奖励办法的创新点在于不仅针对省级组织的海外参展及宣传促销活动设立奖励政策，而且鼓励省内旅游企业自主赴海外的山东主要客源地参加国际旅游展。通过奖励的形式，引导鼓励企业赴海外开展自主促销活动，激发企业开拓市场的积极性和主动性。

三、海外营销典型案例

山东是孔子的故乡，也是世界文化和旅游的重要目的地。为拓展国际人文交流，促进文旅多元发展，让更多人通过了解孔子的家乡——山东，从爱上山东开始，爱上中国。山东省借助海外孔子学院平台宣传开展海外市场营销，起到了事半功倍的效果。从2018年开始，山东省借助海外孔子学院平台开展“孔子家乡·好客山东”的品牌宣传和营销的内容。依托丰富的研学旅游资源，借势孔子学院遍布全球的渠道网络资源，开展形式多样的宣传推广系列活动，将山东打造成为中国入境旅游及入境研学旅游首选目的地。与

海外孔子学院开展了以下三方面的合作:

(一)借助孔子学院平台,多渠道宣传营销

一是精选全球30个孔子学院作为山东旅游宣传驿站,放置视频播放设备和宣传手册展示架,以展示编印中、英、德、法、俄、日、韩7种语言版本的山东旅游宣传手册与《孔子家乡——好客山东旅游精品读本》等旅游宣传资料,播放剪辑制作的中英、中德、中法、中俄、中日、中韩字幕版山东旅游宣传视频,及好客山东系列专题宣传短片。

二是在美国、加拿大和德国等孔子学院和旅行商集中区举办旅游同业路演活动。

三是在网络孔子学院官方网站和全球孔子学院慕课平台以及孔子学院所在地核心媒体、海外孔子学院Facebook、Twitter官方账号、孔子学院微信公众号以及地域类、旅游达人微博等开展线上线下媒体宣传推广。

(二)实施孔子旅游大使计划,培育海外营销主力军

为了让世界各地的朋友们更好地学习汉语,更全面地了解中国山东,山东省文化和旅游厅与“中文联盟”合作,邀请数10位中华文化专家、汉语言国际教育专家,共同编撰了6个语种的《HSK分级读物(一级)山东篇》,简要呈现“孔子家乡·好客山东”的人文精神和旅游风采,让世界各地汉语爱好者们学习读物,既有助于通过HSK一级考试,也可以通过小测试获得“孔子文化和旅游使者”。为不断深化与孔子学院合作,扩大实施孔子旅游大使计划,在海外重点客源市场的从业者、学者可通过学习和考试等成为孔子旅游大使、专家、使者,成为海外旅游市场宣传推广山东旅游资源的主要力量。目前,全球孔子旅游大使、专家、使者人数已超过1万名,已成为海外营销主力军,正在逐步形成稳定长效的海外营销机制。

(三)举办系列活动,打造国际研学品牌

2018年,成功举办了首届全球孔子学院山东文化旅游推广峰会,其间精心策划了旅游推介会、非物质文化遗产和旅游商品展、中国研学旅游推广联盟年会、海外旅游合作渠道商座谈会、研学旅游踩线考察等一系列创新活动。在世界各地,孔子学院举办“汉语桥”世界大中学生中文比赛,大力推介山东文旅资源,详细介绍“孔子文化和旅游使者”计划暨招募活动,通过比赛向汉语学习者发布了“孔子文化和旅游使者”招募计划。此外,突出宣传山东省文化旅游资源,结合举办“山东文化和旅游国际游学展”等活动,将山东打造成为全球游学优选目的地,在海外旅游市场树立国际研学旅游形象。

四、海外营销发展的未来展望

(一)创造高品质营销环境

高品质的营销环境是山东海外营销发展提升的基础,是海外旅游市场向高质量发展的基石。政府职能部门和旅游相关企业必须加大力度,着力改善影响旅游营销的宏观环

境和微观环境。这其中主要包括改善旅游经济环境、制定旅游法律条规、完善旅游基础设施、提高旅游企业的管理与服务能力、提升旅游从业人员素质。[①] 对于山东省海外旅游市场而言,未来需要更加完善对渠道商与对旅游使者专家的管理,稳固现有的海外市场营销体系的同时,要注意继续拓展壮大。

(二)深耕海外细分市场

深入研究山东省海外旅游市场构成,将海外旅游市场细分,制定营销战略,即对不同的细分市场采取相应开发方式。首先,要维护重点市场。重点市场中的顾客已经对山东的旅游产品有了相当的认知度,并形成了一定的忠诚度,应继续加强对重点市场的旅游促销和宣传,保持客源市场的持续增长。其次,培育主要市场。主要市场指一定时期一个国家增长幅度持续比山东省的所有国际旅游客源国市场增长的多,但是市场份额还没有达到较高水平,应加强对主要市场进行培育,扩大竞争优势。最后,开发机会市场。对于在山东省入境旅游市场中较小,但是近年来这些国家和地区旅游市场发展迅速的市场,宜积极开拓、大力宣传,尤其注重口碑营销效力,带动市场增长。[②]

(三)提升优质旅游产品供给

深挖山东省丰富的历史文化旅游资源,加大力度宣传"好客山东"文化旅游品牌,根据细分市场游客偏好,因地制宜地开发文化寻迹游、民俗文化体验游等多种旅游形式,结合山、河、湖、海等自然资源的旅游产品以延长游客的停留时间。鼓励培育山东优质旅游产品的设计、包装和推广,通过优先提供资源、产权保护、产品销量奖励等办法,鼓励海外旅游渠道商创新推出符合当地游客需求的登山、休闲、度假、邮轮、节庆、养生、修学、生态、民俗、美食、会奖等专项产品和精品线路。

(四)实施旅游营销内容开发工程

从建设山东省旅游客户关系管理系统入手,通过政府购买服务、建立共享机制等方式,分类管理包括文字、图片、视频、漫画等营销内容,最大范围地分发到线上、线下等各类宣传推广渠道。整合海内外尤其是主要客源国的营销内容创作者,包括媒体记者编辑、自由撰稿人、旅游作家、旅游达人、漫画家、摄影家、视频创作工作者、自媒体作者等,组建强大的营销内容创作队伍,为海外旅游营销提供优质内容。

(五)加大与海外网络营销力度

网络营销是目前旅游业的主要营销方式之一,其优势在于高速、互动、全球性、全天候、成本低、见效快,应加大山东旅游海外营销力度,把山东旅游资源宣传到客源地国家。互联网在引起消费者注意力、激发消费者兴趣、帮助消费者搜寻信息以及消费后评价等

---

① 参见李传坤:《桂林对日本旅游营销策略新思考》,《旅游纵览》2018 年第 10 期。

② 参见王宇倩:《我国国际旅游市场目标选择研究——以山东为例》,《价格理论与实践》2011 年第 1 期。

各个旅游消费行为阶段，都发挥着巨大的信息支持作用，这一点在国际旅游中尤为突出。[①] 山东省旅游海外营销需要充分利用海外新媒体、社交网络平台增加曝光度，提高山东旅游知名度，从而吸引更多旅游者。[②]

① 参见苏红霞、邹璐:《省域旅游目的地国际旅游营销研究——以陕西省为例》,《商场现代化》2016 年第 26 期。

② 参见王飘逸:《从 YouTube 看海南旅游的国际新媒体营销》,《旅游纵览》2019 年第 20 期。

胶东经济圈旅游一体化建设

李凤霞　曹艳英*

摘　要：我国已进入优质旅游发展新时代，区域旅游协调发展和高质量发展成为必然，而胶东经济圈旅游一体化发展则是提升胶东经济圈旅游协调发展和整体实力及质量的重要途径。2020年，胶东经济圈旅游一体化正式启动，吹响了胶东经济圈旅游协同发展和高质量发展的号角。本文分析了胶东经济圈旅游一体化发展的基础，梳理了胶东经济圈旅游一体化发展阶段，并总结了胶东经济圈旅游一体化发展经验，最后提出建议对策。分析认为，胶东经济圈在旅游资源、初期合作、发展保障等方面已经具备了一体化发展的基础。2020年胶东经济圈重点以旅游线路打造和旅游营销一体化方面为突破口，取得了显著成效，并初步积累了一些经验，为后续旅游一体化发展提供借鉴。同时也提出，胶东经济圈旅游一体化建设是个系统工程，需要从政府组织、企业市场主体及联合营销等方面进行认真考量。

关键词：胶东经济圈；旅游一体化；经验；政府推动；营销助力

胶东经济圈包括青岛、烟台、威海、潍坊、日照五市，位于我国最大的半岛——山东半岛上。胶东经济圈三面环海，海岸线占全国近1/6，北临渤海，东、南临黄海，与日、韩隔海相望，西接内陆，地理位置优越，旅游资源丰富。2019年，胶东经济圈五市共接待国内外旅游总人数3.84亿人次，占山东省旅游总人数的41.3%，实现旅游业总收入5140.2亿元，占山东省旅游总收入的46.7%，可谓半壁江山。为高效推动山东省精品旅游专项高质量发展，助力山东省新旧动能转换，胶东经济圈提出旅游一体化发展，进一步提升胶东经济圈旅游整体竞争力和整体品牌形象，逐步实现胶东经济圈旅游协调发展和高质量发展。

* 作者简介：李凤霞（1978～），女，鲁东大学商学院讲师；曹艳英（1965～），女，鲁东大学商学院教授，旅游产业发展研究院院长。

一、胶东经济圈旅游一体化建设基础

经济圈旅游一体化建设和发展需要一定的基础和条件。首先要有地缘条件,也就是经济圈区域范围和区位要适当,范围大小决定了一体化的可能性、组织机构搭建的难易程度、交通的便利性通达性、合作主体的合作成本等问题,区位决定了资源状况、市场大小等。再者,旅游资源既要有相似性也要有互补性。相似的旅游资源有利于进行资源和产品的整合,有利于统一形象和品牌的打造,有利于进行整合营销、共同开拓市场,有利于突出优势、提高竞争力;而互补性的旅游资源则能够扩大旅游产品线的宽度和长度,丰富游客需要,增加游客的游览时间,提升目的地的吸引力,同时还可以减少替代品的竞争。最后,要有经济圈旅游一体化的意愿、需求和保障。目前,胶东经济圈已经具备了旅游一体化发展的这些基础和条件。

(一)资源基础

1. 区域相近

胶东经济圈五市作为山东半岛城市群的主体城市,位于我国三大经济圈——环渤海经济圈内,被黄渤海相围。五市地理相连,区域相近,不仅自身经济为山东省领先者,背靠国内外的腹地经济更是雄厚,有广阔的市场空间,北靠京津冀,南有长三角,东临日、韩两个发达国家,为胶东经济圈五市旅游发展提供广阔客源市场。伴随着胶东"一小时经济圈"的不断完善,城市之间距离缩短,旅游资源吸引力范围扩张,将为胶东经济圈旅游一体化发展迎来新局面。可见,显著的地缘优势和区位优势,为胶东经济圈旅游一体化发展奠定了基础。

2. 文化同源

胶东经济圈地缘相近、人缘相亲、文脉相通。数千年来,在齐鲁文化的熏染下,形成了具有自身特色的胶东文化。胶东五市人们过着相同的节日,有着相同的风俗,传统民俗文化作为齐鲁文化的重要组成部分,在这里得到淋漓尽致的体现;胶东五市拥有妈祖、八仙等仙道文化组成的海洋文化,还有在战争年代形成的胶东红色文化。这些相近传统民俗文化、海洋文化、红色文化等特色文化,奠定了胶东经济圈旅游一体化的地缘文化基础,也是旅游一体化的基础和先天优势。

3. 资源丰富

胶东经济圈旅游资源丰富,八大类自然与人文资源在区域内都有体现,是旅游资源富集区域。富有胶东地域特色的自然景观和文化资源既有相似性又有互补性。青岛、烟台、威海组成的北方黄金海岸带,是海上观光、海岛游览和海滨度假的绝佳去处,自然景观比较壮美。此外,仙道文化、海洋文化等资源优势明显,日照的太阳文化、民俗文化,潍坊的风筝文化、历史文化等富有特色,这样胶东经济圈旅游资源形成互补,有利于旅游资源整合和重组,可以不断丰富旅游产品供给,优化旅游产品空间布局,满足游客多样化需求。

4. 品牌共识

在“好客山东”品牌的统领之下，山东省政府早在2013年《关于提升旅游业综合竞争为加快建成旅游强省的意见》就提出把青岛、烟台、日照、威海四个旅游目的地城市旅游资源进行区域整合，打造“仙境海岸”滨海旅游目的地。整合四个城市，进行共同品牌打造，这在国内乃至全世界的滨海区域性旅游品牌打造范围内并不多见，这为胶东经济圈旅游营销和品牌建设打下了坚实基础。

（二）前期探索

1. 政府持续推进合作

胶东经济圈五市在多年的发展中，已初步形成行政级别的合作框架，各市间有一定的合作基础，尤其地缘关系最为临近的青烟威地区。胶东经济圈五市参与旅游合作可以追溯到1985年在大连举行的渤海湾经济圈协作研讨会。[①] 这是环渤海旅游圈最早的合作，也是我国最早的区域旅游合作。青岛和烟台旅游从此开始走向官方合作。2001年9月，青、烟、威三市签订了《青岛、烟台、威海旅游联合宣传促销框架协议》，决定联手打造“海上都市，仙境圣地”的旅游主题形象，共同打造“中国黄金海岸旅游线”，进入合作的实质阶段。2004年9月，济南、青岛、烟台、威海、日照、潍坊、淄博、东营八个城市在青岛召开首次联席会议，共同签署了《山东半岛城市群旅游合作宣言》，标志着山东半岛城市群旅游联合体成立。2005年初，在山东省委、省政府的推动下，青、烟、威三市市长联席会议制度开始建立。2005年12月9日，山东半岛城市群八个城市和泰安、济宁共十个城市共同签署了《山东半岛城市群“8＋2”旅游合作协议》，山东半岛旅游合作开发走向了更加广阔的范围，这也是继青岛合作会议之后的第二届会议。2006年2月，青岛、烟台、威海、日照四城市旅游局在威海市举办“山东旅游新产品展示推介会暨环渤海港口城市旅游洽谈会”。2013年，青岛、烟台、威海、日照共同达成《山东仙境海岸区域旅游合作宣言》。2015年11月，为实现区域旅游经济联动，打造和提升山东旅游“仙境海岸”品牌形象，青岛、烟台、潍坊、威海、日照五市发起成立半岛城市旅游区域合作联盟。可见，胶东经济圈五市政府间的合作一直在进行中。

2. 合作取得一定成果

虽然前期胶东经济圈五市的单独合作还很少，但不管在大范围的环渤海经济圈还是在小范围的胶东半岛城市群中都有胶东经济圈五市的身影，尤其青岛、烟台、威海常是合作的叠加区域。从前期区域旅游合作的主导方和主要合作内容来看，许多合作实际上是通过政府间安排进行的，或者是在政府提供政策平台的基础上才得以实施的。无论是旅游资源开发、旅游交通建设、旅游市场促销、旅游信息服务还是旅游人才培育都不乏各级政府活跃的身影，说明胶东经济圈五市区域旅游已经形成了一定行政级别的合作框架，在此框架下，部分旅游企业也在旅游资源开发、旅游线路打造、旅游市场营销方面进行了合作。

---

① 张广海、周菲菲：《环渤海城市旅游经济联系度分析》，《经济研究导刊》2009年第8期。

(三)实施保障

1. 政府主导

山东省政府和胶东经济圈五市政府一直高度重视旅游业发展,积极推动区域旅游合作和协调发展。自2008年开始,省政府每年召开一次各市分管市长、旅游局局长及相关部门参加的全省重点旅游项目建设现场会,分管省长到会并讲话。山东十大文化旅游目的地之一的"仙境海岸"也纳入了《山东省全域旅游发展总体规划(2018～2025年)》,"仙境海岸"在网络搜索热度排行中常列第一。2018年,精品旅游产业被列入山东省"十强产业"重点发展领域,又为胶东经济圈旅游合作和一体化发展提供了政策支持和发展动力。胶东经济圈五市政府也积极促进区域旅游合作,除了开展研讨会、签署框架协议、合作协议外,还成立协作会、区域合作联盟等机构,形成了市长联席会议制度及区域合作、东西互动、旅媒联合的长效机制,并在旅游线路打造、旅游营销、区域旅游主题形象及品牌构建、区域旅游合作内容等方面引导旅游企业进行合作。政府主导为胶东经济圈旅游一体化发展提供了保障。

2. 要素支持

胶东经济圈五市旅游业发展具有一定的资金、技术、人才等要素的支持。为加速旅游产业发展,山东省成立山东省旅游发展引导基金,出台《山东省旅游发展引导基金管理实施细则》《山东省滨海旅游发展引导基金设立方案实施细则》并制定多项财政税收优惠政策,促进旅游企业和旅游产业的快速健康发展。2018年7月,山东省旅游产业大数据应用联合实验室成立标志着大数据技术在旅游产业中的深入应用。2017年,山东省旅游院校93所,在校学生共计3.9万人,其中,开设旅游系(专业)的旅游普通高等学校55所,在校学生2.8万人;旅游中等职业学校38所,在校学生1.1万人。[①] 这些院校除了济南以外,主要集中在沿海地区,为胶东经济圈旅游业发展储备了一定的旅游人才,"胶东经济圈公共就业与人才服务联盟"成立后,也会为胶东经济圈旅游发展提供有力的旅游人才支撑和保障。

3. 需求旺盛

我国社会主要矛盾的改变、国内消费升级及人们需求多样化为旅游业发展带来了强大的拉动力。据有关研究,人均国民生产总值在1000美元时产生国内旅游的需求,3000美元时产生跨国旅游和国际旅游需求,3000美元以上形成环球旅游需求。2019年,山东省人均GDP为10242美元,早已具备了国内旅游和国际旅游的经济条件,对胶东经济圈的旅游需求更不在话下。而且,胶东经济圈处于山东省经济发达区域,地理位置优越,不仅有京津冀、长三角的客源,也有大批的日韩客源,现有的客源市场比较稳定,潜在的客源市场也具有一定的开拓空间。可见,胶东经济圈旅游一体化发展有需求保障。

4. 设施完善

胶东经济圈五市地处山东省最发达的东部地区,基础设施比较完善,旅游交通配套能力也不断提高。2017年,山东省政府批复《山东半岛城市群发展规划(2016～2030

---

① 参见山东省文化和旅游厅:《2017年山东省旅游业统计公报》,山东省文化和旅游厅网站,2018年9月14日。

年)》,该规划着力推进半岛地区基础设施互联互通,构建网络化、开放式、一体化的山东半岛城市群发展新格局。目前,胶东经济圈具有完备的海陆空立体空间交通网络,交通网络四通八达,山东省将实现半岛1小时、省内2小时快速交通圈。伴随着胶东经济圈交通一体化的建设,胶东经济圈旅游一体化发展的交通保障会更加到位。

二、胶东经济圈旅游一体化建设进程

2020年1月14日,山东省政府印发《关于加快胶东经济圈一体化发展的指导意见》,拉开了胶东经济圈一体化的大幕,各领域、各产业的合作陆续展开。胶东经济圈旅游一体化建设也提上日程。5月19日,中国旅游日当天,胶东经济圈五市不仅联合主办了胶东经济圈文化旅游合作联盟成立大会,共同签订《胶东经济圈文化旅游一体化高质量发展合作框架协议》,成立胶东城市旅游合作联盟,还举办了系列旅游推介活动,推出精品线路并发放旅游惠民福利。随后,五市旅游界之间进行互访互动,并组团向省外推介。在2020年,胶东经济圈旅游一体化开局之年,胶东经济圈五市旅游线路采风、联合大营销等系列活动,推动了胶东经济圈旅游一体化工作全面起势。

(一)胶东经济圈旅游一体化拉开序幕

山东省政府于2020年1月14日发布的《关于加快胶东经济圈一体化发展的指导意见》(以下简称《指导意见》)明确提出加快胶东经济圈青岛、烟台、威海、潍坊、日照"胶东五市"一体化发展,建设国际知名的青岛都市圈。胶东经济圈一体化要推动产业创新协同共进,做强文化和旅游产业合作平台,构建区域文化和旅游发展共同体,这也是胶东经济一体化高效发展的强大引擎之一。为此,《指导意见》要求建立胶东城市旅游合作联盟,打造仙境海岸旅游黄金带,加快建设滨海文旅融合示范区。2020年5月7日,山东省召开胶东经济圈一体化发展工作推进会议,标志着胶东经济圈一体化发展各项工作全面启动。胶东经济圈旅游一体化的大幕正式拉开。

(二)胶东经济圈旅游一体化正式启动

1. 召开会议

2020年5月19日,青岛市率先发起,烟台、潍坊、威海、日照四市积极响应,联合主办胶东经济圈文化旅游合作联盟成立大会暨"5·19"中国旅游日主题活动,借助"5·19"中国旅游日契机推动疫后旅游市场复苏和胶东经济圈旅游一体化高质量发展进程,在业内产生广泛影响。山东省委常委、青岛市委书记王清宪代表胶东经济圈五市签发《胶东五市致全国游客的信》,五市文化和旅游局局长共同发布并电子签署《胶东经济圈文化旅游一体化高质量发展合作框架协议》,胶东经济圈文化旅游合作联盟揭牌成立。

2. 签订协议

胶东五市共同签署了《胶东经济圈文化旅游一体化高质量发展合作框架协议》,明确了合作宗旨、基本原则、合作内容和保障机制,为胶东经济圈旅游一体化发展指明了方向,提供了保障。这也是胶东经济圈一体化全面启动以来,五市共同签署的第一份合作框架协议，标志着胶东经济圈五市一体化发展迈出实质性“第一步”，为胶东经济圈旅游一体化发展打下了坚实基础。

3. 成立联盟

《关于加快胶东半岛经济圈一体化发展的指导意见》中要求建立胶东旅游城市合作联盟，而胶东经济圈文化旅游合作联盟的成立，也是落实《指导意见》对胶东经济圈旅游一体化发展部署的重要举措和深入实施。胶东经济圈旅游合作联盟的成立将拆除行政藩篱，有效推动胶东经济圈旅游一体化高质量发展，对胶东经济圈旅游一体化发展起到重大推动作用。

（三）胶东经济圈旅游一体化持续推进

1. 烟青潍文旅业界访问互动

2020 年 6 月 2～3 日，烟台继续开展“山东人游烟台”文旅营销推广活动。烟台市为进一步巩固和扩大重要的省内旅游市场，在客源互送、联合推介等方面进一步加强合作，以努力实现合作共赢和新一轮高质量发展为目的走进青岛、潍坊。这是自 5 月 19 日青岛、烟台、潍坊、威海、日照五市签署《推进胶东经济圈文化和旅游一体化高质量发展合作框架协议》、成立胶东经济圈文化旅游合作联盟后，首次烟青潍文旅业界访问互动，迈出胶东经济圈旅游一体化的新步伐。

2. 多方联手进行旅游线路采风

2020 年 6 月 15 日，由青岛、烟台、潍坊、威海、日照市文旅局共同主办的胶东五市一体化线路采风活动在青岛正式拉开帷幕。6 月 16 日，由五市文旅局、旅行社、OTA 平台及媒体代表组成的 37 人采风团齐聚青岛，开启了胶东经济圈五市旅游一体化线路采风的首站行程。

本次活动是继《胶东经济圈文化旅游一体化高质量发展合作框架协议》签订后，五个城市再次“牵手”，活动为期 6 天。6 月 15～21 日，胶东经济圈五市一体化线路采风活动从青岛出发，经威海、烟台、潍坊、日照五市，行程 1600 多公里，实地调研具有代表性的 30 多个景区，为胶东经济圈旅游一体化首次落地实施解难题、拿方案、谋未来。

此次采风活动行程，涵盖了五市最具特色的文化旅游资源。各地旅行社、文旅行业从业者互相交流，互通有无，就如何进一步加强五市线路一体化合作进行了深入探讨和合作洽谈。他们全面探索整合胶东红色文化、海洋文化、影视文化、历史文化、传统民俗文化优势，形成便于推广的 1 条串联 5 市的线路和 10 条串联 2 市以上的特色线路的产品体系，并与 OTA 平台洽谈优惠合作，对接产品上线。线路产品推出后，将招募五市文旅一体化线路体验团，通过强强联合，将五市旅游资源推向全国。

3. 青岛旅游协会交流团走访调研

由胶东经济圈五市文旅局主导的胶东经济圈文化旅游合作联盟成立以来，作为首任轮值方的青岛，一直以身作则，积极组织交流活动，推进胶东经济圈旅游一体化进程。由青岛市旅游协会组成访问交流团，于 2020 年 9 月 16、17、22、23 日分别走访了烟台、威海、日照、潍坊四市。通过实地考察，相互切磋交流，互推旅游产品，探讨各地协会交流合作新路径，推动建立五市行业协会互动交流新机制，落实胶东文旅一体化发展战略部署，为五市会员之间、产业之间搭建更加富有生机活力的大舞台。

(四)胶东经济圈旅游一体化省外推介

2020 年 8 月 5 日,胶东经济圈文化旅游联盟走进成都,是胶东五市首次联合在省外进行推介。胶东五市的集体推介,激发了成都市民对五市的关注和向往,成为胶东经济圈旅游一体化进程中的又一件大事,开启了省外推介之旅。

2020 年 12 月 8 日,由青岛、烟台、潍坊、威海、日照五市人民政府主办的胶东经济圈一体化推介大会在北京举行,联合开展整体营销,宣告胶东经济圈融入新发展格局、打造新的增长极的信心和决心。其中,胶东文化旅游资源推介以“好客山东、海阔天空,我们邀您来看胶东”为主题展开,胶东五市根据自身特色旅游资源,联合推介东方海岸线拳头产品,整合“时尚青岛、仙境烟台、品质潍坊、精致威海、活力日照”特色优势,共创品牌 IP。此次胶东经济圈文化和旅游推介会是胶东经济圈文化和旅游合作联盟推动五市文旅一体化高质量发展的又一项重要举措,进一步提升了胶东经济圈文化旅游影响力。

紧随胶东经济圈一体化北京推介大会后,胶东经济圈旅游一体化推介大会又走进重庆。12 月 9 日,由青岛市、烟台市、潍坊市、威海市、日照市共同组织的“好客山东　海阔天空”胶东经济圈文旅联盟重庆推介会在重庆举行,邀重庆市民开启仙境海岸之旅。作为胶东经济圈文旅合作联盟与重庆合作的开篇之作,“山海相连　十万游客互动游”活动正式启动。

三、胶东经济圈旅游一体化建设经验总结

胶东经济圈旅游一体化才刚刚起步不到一年,但已经展现出它的成效。在胶东经济圈“一体化”和“高质量”发展的大方向指引下,胶东经济圈旅游一体化发展目标更为具体明确,打造黄金海岸线,促进融合协调发展,成为山东发展新高地。为实现这一目标,胶东经济圈五市联动,多主体推进,政府和市场各司其职,动作迅速,短短不到一年时间取得了不错的效果,也积累了一定的经验。

(一)目标明确

1. 胶东经济圈一体化引领大方向

2020 年是胶东经济圈开局之年,也是“打基础,拉框架”的一年。胶东经济圈五市面对百年未有之大变局,深度对标粤港澳、长三角、珠三角等先进区域,以城市群作为发展的重要载体,紧扣“一体化”和“高质量”两大关键,谋篇布局,绘就区域一体化发展蓝图,实现胶东经济圈协调发展,完成胶东五市的共同使命。胶东经济圈旅游一体化也为胶东经济圈一体化发展目标服务,从而明确了胶东经济圈旅游一体化的大目标。

2. 胶东经济圈旅游一体化明确小目标

胶东经济圈旅游一体化作为胶东经济圈一体化的重要组成部分和先行者,目标更为具体明确。通过实施一体化运营,打造仙境海岸旅游黄金带和滨海文旅融合示范区,共同建设胶东半岛黄金海岸,建设区域文化和旅游发展共同体,整体打造山东文旅新高地,

实现文化和旅游一体化高质量发展。明确的目标,让胶东经济圈在旅游一体化进程中方向更加明确,措施更有针对性,一体化道路更加清晰。

(二)主体多元

1. 政府启动主推

从胶东经济圈旅游一体化的进程中可以看出,从胶东经济圈一体化的启动,到胶东五市党政考察团考察,再到胶东经济圈旅游一体化召开会议、成立联盟、签订协议,以及胶东经济圈旅游一体化省外推介,胶东经济圈旅游一体化实施进程的每个重要环节都有胶东五市政府的推动和支持。各地政府也积极制订旅游一体化发展计划方案:潍坊市成立胶东经济圈一体化文化旅游专班,制定《潍坊市推进胶东经济圈一体化发展行动计划》;威海市编制了《威海市加快推进胶东经济圈一体化发展实施方案》,对文化旅游工作任务进行分解,明确目标,落实责任。胶东经济圈五市旅游一体化已不再是口号、概念,已经实打实地落到实处。此外,为开拓淡季市场,青岛、烟台、潍坊、威海、日照胶东五市重视和深入开展"冬游齐鲁·好客山东惠民季"活动,纷纷推出免费开放、半价优惠、精品线路等内容,吸引各地游客,繁荣了冬季旅游市场,也缓解了疫情对胶东五市的影响。特别是,青岛市共投入3500万元财政资金用于文旅惠民。该政策惠及胶东五市,烟台、潍坊、威海、日照市民将共享惠民政策,以此来刺激文化旅游消费,拉动经济发展,促进疫后消费回补和潜力释放。该政策的发布将有效促进胶东旅游一体化发展。有理由相信,在政府主导战略下,胶东经济圈五市旅游一体化发展将会更加迅速,影响更加深远。

2. 文旅界及媒体先行

胶东经济圈文化旅游合作联盟之后,胶东经济圈五市文旅界和媒体等部门率先展开活动。五市文旅局、旅行社、OTA平台及媒体代表组成采风团进行胶东经济圈五市旅游一体化线路采风。首任轮值方青岛组建旅游协会交流团对其他四市走访调研。五市各自又整合旅游资源,提炼精品旅游线路,其中,青岛市推出"嗨游"5大类别冬游产品,总计13条主题线路;烟台市发布"冬赏、冬养、冬学、冬闲、冬飨、冬乐、冬惠"7个系列100余项产品和精彩活动;潍坊市策划推出以"寻古觅幽之旅""品画赏花之旅""温泉养生之旅""年俗体验之旅""滑雪运动之旅"和"乐在田园自驾游"六大冬季特色线路产品,30余项重点活动;威海市打造"37.5°表白圣地　情暖威海"冬季文旅品牌产品;日照市推出温泉、滑雪、研学等8类、100余项文旅产品。此外,胶东五市旅行社代表与重庆旅行社代表签署合作协议,航空公司与胶东、重庆两地企业代表签署协议,在产品互推、客源互送和利益共享方面互相促进。重庆市文化和旅游发展委员会还与青岛市文化和旅游局签署战略合作协议,共促两地文化旅游产业协同、融合、高质量发展。通过一系列活动,突出了各地资源特色、全力整合了资源、打造了精品线路、实施了景区联动、推动了联盟协议的落地实施,推进了胶东经济圈旅游一体化发展。

3. 旅游企业积极实践

胶东经济圈旅游一体化的实施和推进,不仅充分发挥了政府推动、引导和保驾护航的作用,更是刺激了市场主体——旅游企业主体性和积极性的发挥。虽然五市旅游一体化才刚刚起步,但在一体化进程的各个阶段和活动中都有文旅集团、景区、饭店、旅行社、交通、航空、金融、商购等业界代表参加交流，甚至达成合作协议。如青岛华威国旅与山东江山国旅、交运（青岛）旅游投资集团有限公司与烟台交运国际旅行社，分别就爱哪去哪电商网络资源共享和团队互送、青烟两地旅游景区直通车市场开拓和客源互送签署旅游合作协议；潍坊市和烟台市文化和旅游局就加强文旅项目建设、文旅宣传促销、文旅人才队伍建设、文旅企业和文博图场馆合作以及建立文旅合作保障机制等内容，签署两地文化旅游合作框架协议；潍坊高密临港经济区距离青岛胶东国际机场 15 公里，具有地缘优势，随着胶东经济圈一体化的推进，经济区成为高密市融入胶东经济圈一体化的重要节点和支点，成功吸引了青岛等地的项目进驻；由于和胶州相邻，高密市主动对接胶州，两地成立了高密胶州文旅联盟，共同推进胶东文旅高质量一体化发展。烟台市组织了部分县市区和文旅企业，带着 40 多项精彩产品和相关优惠政策向青岛推介，寻求合作；日照市文化和旅游局市文旅局正与日照银行积极筹备文旅合作项目；作为胶东经济圈的龙头，青岛市正积极探索完善胶东半岛都市圈铁路公路网络，推进胶东半岛都市圈公交、社保、旅游等“一卡通”等工作。可见，从胶东经济圈文化旅游合作联盟成立后，胶东五市旅游企业都已表现出融入一体化发展的积极性和主动性，这也反映出旅游一体化已经成为现阶段胶东经济圈旅游发展的趋势和需求。

（三）动作迅速

1. 时间紧凑

从 2020 年 5 月 7 日胶东经济圈一体化发展工作推进会议举行开始，胶东经济圈旅游一体化便驶入快车道，一系列旅游营销一体化的活动紧锣密鼓地展开。仅从 2020 年 5、6 月份来看，胶东旅游营销一体化活动就不断进行。5 月 9 日、14 日，潍坊市与烟台市、威海市、日照市党政考察团相继来青，文化旅游是重点合作领域；19 日，胶东五市文化和旅游局联合签署并共同发布《胶东经济圈文化和旅游一体化高质量发展战略合作框架协议》，宣布成立“胶东经济圈文化旅游合作联盟”；6 月 2～3 日，烟台市继续开展“山东人游烟台”文旅营销推广活动走进青岛、潍坊；6 月 15～21 日，胶东经济圈五市一体化线路采风活动从青岛出发，经威海、烟台、潍坊、日照五市进行实地调研。如此紧凑的时间安排，反映出胶东五市在旅游一体化上的紧迫性和执行力。

2. 安排有序

胶东经济圈一体化拉开旅游一体化序幕后，为共商一体化大计，潍坊市与烟台市、威海市、日照市党政考察团相继到青岛市考察。在胶东经济圈文化旅游合作联盟成立大会召开之前，各市之间已开展旅游景点、旅游线路的筛选等工作，为胶东经济圈文化旅游合作联盟成立大会上创新性地以音乐剧形式推出“山海深呼吸 · 胶东健康游”七日游主题产品、开展旅游推介活动、提供惠民旅游措施作了准备。

胶东经济圈文化旅游合作联盟成立之后，多方联手进行旅游线路采风，为细化和敲定胶东五市精品旅游线路进行实地调研和体验，跨出旅游一体化坚实一步；青岛承担首任轮值方的职责，组建青岛市旅游协会访问交流团，到其他四市进行旅游一体化交流合作；在完成省内合作交流之后，胶东经济圈旅游一体化省外推介逐步展开，胶东经济圈旅游营销一体化开始走向省外。可见，胶东经济圈旅游一体化从筹备到落地，从省内推介到省外推介，正在一步一步有序推进。

(四)品牌共建

1. 打造IP共建品牌

虽然2020年这一年，胶东经济圈五市文化和旅游局牵头，组织多方力量，进行考察、交流、学习，筛选并串联五市优质旅游资源，引导专业旅行社打造具有特色和优势的一体化旅游线路产品，通过政府大力帮扶与专业旅行社打造精品旅游线路产品相结合的形式，推动了胶东经济圈旅游一体化的进程，但主要的活动还是通过整合优质旅游资源、联合开展城市整体大营销造势、精品旅游推介、旅游形象传播等方式，以联合推介东方海岸线拳头产品，打造IP共建“仙境海岸”品牌为主。胶东经济圈五市通过区域整体品牌的打造，提升了胶东经济圈旅游整体形象。

2. 品牌宣传持续推进

从2020年“5·19”中国旅游日召开的会议向广大游客推介“山海深呼吸·胶东健康游”主题产品和精品线路到12月8日胶东经济圈一体化北京推介大会上，在“共促一体化”推介环节，胶东五市向到场的嘉宾推介了胶东文化旅游资源，都在展示胶东经济圈五市在不断加强胶东经济圈文化旅游品牌的宣传，不断提升胶东经济圈文化旅游品牌的知名度和影响力。

(五)双向推进

1. 精品线路多点串联

早在2020年6月份采风前，胶东五市文旅局已经联合对胶东五市旅游路线进行了多次筛选和优化，精选五市代表性景点，通过实地调研考虑将这些代表性旅游景点纳入一体化线路的可行性，及后续推向市场时的优惠措施。最终五市联合推介了黄金海岸线，包括胶东七日游、青岛时尚健康三日游、烟台“仙山、仙酿、仙游”三日游、潍坊民俗三日游、威海亲海健康三日游、日照阳光海岸“慢生活”三日游等六条线路，涵盖胶东半岛及五市各自的经典旅游产品，将五市文化、旅游、城市资源等串联起来，尽显胶东多姿风采。此前串联两市、三市的线路很多，但还从来没有过串联五市的产品。这次几个精品线路的敲定，实现了五市旅游产品的多点串联。五市还联合推介青岛时尚健康游、烟台仙境健康游、潍坊文化健康游、威海亲海健康游、日照慢生活健康游等健康游主题精品线路，解锁了五市的不同玩法，进一步增强了协同影响力。

2. 旅游营销协同推进

胶东五市文旅一体化推介活动不仅在省内城市进行推介，而且五市还组团在省外进行推介，已在成都、北京、重庆举办推介会，推广旅游惠民政策，共同盛情邀请省外市民畅游胶东，彰显胶东的诚意。胶东经济圈五市旅游营销的持续推进，不仅提升了省内游客的旅游热情，也极大提升了成都、北京、重庆等地游客乃至全国旅游对胶东旅游的关注。2020年9月29日，由中央宣传部、国家文旅部指导的“心灵四季·美丽中国”全国秋冬季旅游宣传推广活动发布“中国之路”十大自驾路线，东方海岸·胶东半岛自驾游线路强势入选。本次评选基于游客大数据、文化影响力、市场美誉度等多维度考量遴选得出。这不仅彰显了胶东旅游资源的优质，也是胶东经济圈文化旅游合作联盟成立以来，五市积极推动胶东经济圈文旅一体化高质量发展的结果。胶东半岛自驾游入选2020年度“中国之路”全国自驾游十大精品线路，不仅提升了胶东旅游的知名度，更为胶东旅游开拓了更加广泛的市场。可见，胶东经济圈五市以旅游产品和营销一体化为双向突破口，切实推进了胶东五市旅游一体化工作，取得了一定成绩，积累了一定经验。

四、胶东经济圈旅游一体化建设对策建议

根据《胶东经济圈文化旅游一体化高质量发展合作框架协议》描述的蓝图及一年来胶东经济圈五市推进旅游一体化的决心和实践，胶东经济圈旅游一体化已经取得了初步成效，积累了一些经验，但旅游一体化的持续推进是一个系统工程，关系到方方面面。现阶段，需要从政府、行业、企业、营销等各个方面进行系统考量。

（一）组织建设，有效协调

要推进跨行政区域的旅游一体化进程，只有扫除“行政经济”思想，打破区域垄断和恶性竞争，为旅游一体化发展破除行政障碍，才能促进要素自由流动，推进一体化进程，因而建立能够从战略角度推进胶东经济圈旅游一体化发展的联合政府组织则显得格外迫切。胶东经济圈五市可以以各市旅游分管领导亲自挂帅的形式成立政府高层领导小组或旅游管委会等专门的职能型组织机构，明确分工和组织职能，完成一体化发展的协调及保障等机制制定、一体化整体规划和空间布局、重点领域制度规则制定、基础设施及公共服务建设一体化打造等顶层设计工作和基础服务工作，宏观调控旅游一体化进程中的各项事宜，以便提高胶东经济圈旅游一休化布局的合理性、机制的有效性、规则的一致性、政策的统一性和执行的协同性，确保胶东经济圈五市旅游一体化协同有效推进。

（二）企业响应，主动跟进

在市场经济下，旅游企业是市场的真正主体。注重发挥旅游企业市场主体作用，是胶东经济圈旅游一体化发展的关键。在胶东经济圈五市政府积极推动和协调下，五市旅游企业应该积极响应，主动合作，实质性推动旅游一体化进程。胶东经济圈旅游企业之间可以在旅游资源开发、旅游资源配置、旅游精品线路设计、旅游产品创新、旅游客源市场共享、旅游联合营销、区域旅游品牌打造、旅游信息平台建设等方面加强合作，深化旅游景区景点、旅行社、宾馆酒店、旅游交通企业等之间的业务往来与合作，避免资源浪费和恶性竞争，形成特色突出、优势互补、联合互动的区域旅游合作格局，实现互惠互利，推进一体化进程。

可以引进资本，组建跨区域的大型旅游集团，带动其他旅游企业共同发展，提升胶东经济圈旅游企业综合竞争力。旅游企业也可以结成旅游企业战略联盟，通过兼并、收购、控股、扩张等方式快速发展，实现旅游企业之间的重组与联营，降低运营成本，实现赢利最大化，走大型旅游企业集团化的发展道路，同时实现小型旅游企业簇群化、中型旅游企业专业化发展。

除此之外，为了加强胶东经济圈旅游企业合作，可以成立各类旅游协会，包括旅游企业协会、旅游者协会、旅游人才协会、旅游研究协会等等，根据自愿原则，旅游企业可以加盟各类旅游行业协会，为各种形式的区域旅游交流、协调和管理提供平台和人才技术支持。

（三）营销助力，整合推动

旅游营销一体化是胶东经济圈旅游一体化的重要组成部分，也是胶东经济圈旅游一体化发展的先行部分。在2020年胶东经济圈旅游一体化进程中，旅游营销一体化不断助力旅游一体化并显示出一定成效。胶东经济圈旅游一体化的深入推进，还需要胶东经济圈旅游营销一体化的发展。为提高胶东经济圈旅游营销一体化水平，需要胶东经济圈五市加大旅游整合营销力度，推动五市旅游营销合作向更广、更深层次发展。为此，要优化胶东经济圈旅游营销一体化的主体。胶东经济圈旅游营销一体化进程中，要处理好胶东五市政府、文旅局、旅行社、景区、媒体、行业协会等主体之间的关系，建立利益协调机制。要以游客需求为出发点，以利益最大化为目标，以求同存异为原则，优化胶东经济圈旅游营销主体的关系。在整合形象、营销传播、品牌建设、产品促销等方面，要发挥区域营销主体联合营销的好处，尤其发挥政府级别的营销优势。除了传统营销媒介外，还要充分利用VR、影视、创意活动、作品植入等新兴形式开展营销推介，发挥Twitter、Facebook等国际社交媒体及微信、抖音、快手、B站等新媒体营销价值。要进行更大范围的推广传播，全方面多角度地推广胶东经济圈旅游整体形象，提升旅游品牌价值；充分发挥高科技、大数据、人工智能的作用，收集各方旅游数据并由此进行旅游市场客源分析，提高营销精准性。要通过胶东经济圈旅游营销一体化建设，最终叫响“仙境海岸”品牌，提升“胶东旅游”（仙境海岸）整体形象。

大型节事活动助推“好客山东”品牌提升

李凡　曹艳英[*]

摘　要：本文梳理分析山东省16市[①]现有的200多个节事活动，总结山东省节事活动的类型、特征和模式。本文分析认为：山东省节事活动表现出类型多元化、管理日趋规范、“政府主导，多部门联合”、大型节事活动体系初步形成等特征；以好客山东贺年会、曲阜国际孔子文化节、青岛国际啤酒节等为代表的大型节事活动不仅开创了我国节事活动的新模式，而且提升了山东省国际影响力，实现了经济的跨越式增长，全面提升了“好客山东”品牌价值。在未来的发展中，要通过科学规划、创新发展模式、培育壮大节事活动品牌等对策实现山东节事活动高质量发展，进一步助推“好客山东”品牌提升。

关键词：大型节事活动；发展特征；“好客山东”；高质量发展

我国关于节事活动的内涵尚未有统一界定，当前研究借鉴了国外的“节事”含义，一般认为节事是节日（Festival）和特殊事件（Special Event）的简称，缩写为FSE。节日包括各种传统节日与新兴节日；特殊事件包括各种具有特别意义的事情，如展览会、交易会、博览会、会议，以及文化、体育等具有特色的活动或非日常发生的事件。据此，邹统钎提出，节事活动专指以各种节日和特殊事件的庆祝与举办为核心吸引力的一种特殊旅游形式。[②] 可见，节事活动的内容非常丰富。结合山东省节事活动与节事旅游的发展实践，本文所指的节事活动包括会议、展览会、博览会、交易会、节日、特色文化活动与赛事等。近三年来，以“好客山东”品牌为统领的节事活动持续升温，好客山东贺年会、好客山东休闲汇、青岛国际啤酒节、中国（曲阜）国际孔子文化节、潍坊国际风筝节等大型品牌节事活动的综合效应有效释放，有力助推“好客山东”品牌及其价值提升，为把“好客山东”品牌打造成具有中国特色的民族旅游品牌赋能，并助力山东精品旅游发展，为实现山东旅游强省建设作出了积极贡献。

---

* 作者简介：李凡（1977～），女，鲁东大学商学院讲师；曹艳英（1965～），女，鲁东大学商学院教授，旅游产业发展研究院院长。

① 2000年山东省形成了17个地级市的行政区划；2019年将莱芜市（地级市）划归济南，设立济南市莱芜区和钢城区，山东形成了16个地级市的行政区划。

② 参见杨劲祥：《节事活动营销》，重庆大学出版社2015年版，第3页。

一、节事活动的发展

（一）节事活动的发展历程

1. 率先起步：20 世纪 80 年代

中国的节事活动源于山东，山东的节事活动源于潍坊。1984 年 4 月 1～3 日的首届中国潍坊国际风筝会，开启了我国举办节事活动的先河，山东的节事活动在全国率先起步。80 年代中期，改革开放的效果初步彰显，入境旅游持续发展，在此背景下，山东抓住机遇，除潍坊国际风筝会外，又分别于 1987 年和 1989 年创办了泰山国际登山节与曲阜国际孔子文化节。

起步阶段的节事活动有两类：第一类是依托山东的历史文化、民俗文化、宗教文化等资源创办的历史文化类、民俗风情类节事活动，如曲阜孔子文化节、潍坊国际风筝会。[①] 第二类是依托自然与文化资源，结合人们现代生活需要而举办的运动休闲型节事活动，如泰山国际登山节。这两类节事活动也逐渐发展成现代山东节事活动的重要构成部分。

2. 快速发展：20 世纪 90 年代

进入 90 年代，随着我国经济形势持续向好，国内旅游与国际旅游快速发展，与此同步，山东省节事活动进入快速发展阶段。一方面，节事活动数量不断增多，山东各市先后创办了不同类型的节事活动。另一方面，山东各市结合各自不同的资源优势、区位优势与社会经济发展程度，节事活动主题多元化，形成了一大批具有地域特色的节事活动，如 1990 年、1991 年、1992 年分别创办了青岛糖球会、青岛国际啤酒节、菏泽牡丹花会等。这一时期山东节事活动以“文化搭台，经济唱戏”为核心，借助节事活动实现招商引资，促进地方经济发展，“节事活动经济化”是该阶段的显著特点。

3. 走向成熟：2000 年至今

2000 年以后，我国进入大众旅游时期。通过对前一阶段节事活动的总结与反思，山东省节事活动发展回归理性，走向成熟。节事活动除了经济性外，还兼具文化性、娱乐性、体验性等，综合功能得以释放。基于对地域文化的深度挖掘与创意策划，山东推出了一些具有代表性的综合型节事活动，如 2010 年和 2011 年分别举办的“好客山东贺年会”“好客山东休闲汇”，节事活动主题更加多元化，节事活动内容更加丰富，实现了经济、文化、社会、环境的协调发展，有效提升了山东省域旅游目的地品牌形象。

（二）节事活动的发展特征

1. 节事活动数量众多

本文所指的节事活动包括会议、展览会、博览会、节日、特色文化活动与赛事等。据不完全统计，截至 2020 年底，山东 16 市在办的各类节事活动达 200 多个，但 16 市节事活

---

① 参见泥倩倩：《山东省旅游节庆品牌化发展研究》，华中师范大学人文地理学硕士学位论文，2013 年。

动的空间分布不均衡[①](16 市具体节事活动及数量分布见表 1)。

表 1 山东省 16 市节事活动一览表

地区及数量	节事活动
青岛(36)	青岛国际啤酒节、中国秧歌节、青岛萝卜·元宵·糖球会、青岛国际帆船周·青岛国际海洋节、青岛金沙滩文化旅游节、青岛市民文化艺术节、中国(青岛)国际时装周、青岛金秋菊展、青岛樱花会、中国国际航海博览会、(中国)青岛韩国周、青岛酒吧音乐节、青岛红岛蛤蜊节、青岛崂山旅游文化节、青岛市茶文化节暨崂山茶文化节、胶北桃花节、大珠山杜鹃花会、青岛大泽山葡萄节、青岛城市购物节、青岛即墨田横祭海节、大泽山登山节、周戈庄上网节、青岛十梅庵梅花节、青岛北宅樱桃节、青岛灵山湾拉网节、胶南之夏艺术节、中国青岛赏花会、莱西市水集街道文化旅游节、青岛城阳特色年货购物节、西海岸新春民俗文化节暨传统花灯会、青岛山色峪樱桃山会、青岛妈祖文化节、中国青岛国际武术节、青岛马家沟芹菜文化节、青云宫山会、青岛庙会系列(青岛湛山寺庙会、即墨马山庙会、青岛天后宫新正民俗文化庙会等)
济南(23)	济南千佛山九月九重阳节山会、济南市民文化节、济南荷花艺术节、济南国际泉水节、济南国际泉水冬泳节、山东(济南)国际旅游交易会、中国(济南)餐饮产业博览会、中国美食节/中国鲁菜美食文化节、平阴玫瑰艺术节、济南红叶谷红叶节、济南红叶谷郁金香花节、济南趵突泉花灯会、济南章丘百脉灯会、济南章丘白云湖荷花艺术节、济南市张而草莓文化节、济南滑雪文化节、济南民俗风情旅游节、莲花山新春民俗大巡游、莱芜樱桃文化旅游节、莱芜房干生态旅游节、中国国际航空体育节、山东国际精品旅游产业博览会、济南庙会系列(济南千佛山庙会、灵岩寺新年祈福会)
淄博(23)	齐文化节、中国·淄博花灯艺术节、中国淄博国际陶瓷琉璃艺术节、中国美食美器节暨博山美食节、淄博梦泉梨花节、沂源汇泉梨花节、沂源大樱桃采摘节、山东沂源苹果节、沂源金黄金桃旅游文化节、博山区池上镇杏花节、博山猕猴桃旅游文化采摘节、天然富硒葡萄采摘节、中国(博山)孝文化旅游节、韩家窝乡村文化节、临淄皇城玫瑰节、"渔洋紫"葡萄节、桓台县民俗文化艺术节、高青县稻田乡村音乐节、高青县龙虾美食文化旅游节、高青县天鹅湖国际慢城荷花消夏节、山东伏羊文化节、中国(沂源)七夕情侣节、淄博庙会系列(临淄"三月三,赶牛山"庙会等)
烟台(23)	国际果蔬·食品博览会、烟台国际葡萄酒博览会、2020 世界工业设计大会、海阳国际沙滩体育艺术节、中国·山东国际苹果节、烟台天后行宫妈祖文化节、烟台市民文化节、烟台莱阳梨花节、莱阳梨文化节、山东栖霞苹果艺术节、栖霞牟氏庄园民俗旅游节、烟台莱州月季花节、蓬莱渔灯节、南山国际长寿文化节、三月三塔山山会、中国·烟台大樱桃节、海阳国际沙雕艺术节、中国金都·招远黄金节、长岛海鲜节、烟台长岛"渔家乐"民俗文化旅游节、烟台(长岛)妈祖文化节、福山区民俗文化美食节、烟台庙会系列(烟台毓璜顶庙会、长岛庙会、栖霞太虚宫燕九节庙会、蓬莱阁正月大庙会、龙口南山春季庙会)

① 参见泥倩倩:《山东省旅游节庆品牌化发展研究》,华中师范大学人文地理学硕士学位论文,2013 年。

续表

地区及数量	节事活动
潍坊(23)	潍坊国际风筝会、潍坊寿光国际蔬菜科技博览会、鲁台经贸洽谈会、中国画节·文展会、中日韩产业博览会、中国·潍坊武术文化节、陈介祺艺术节、潍坊市民文化节、潍坊昌乐国际宝石节、中国(青州)花卉博览交易会、山东省乡村文化旅游节、羊口开海节、潍坊滨海渔盐文化节暨二月二龙抬头节、中国寒亭潍县萝卜文化节、山东寿光林海荷花节、青州仰天山高山槐花节、北方(昌邑)绿化苗木博览会、寒亭区画乡文化旅游节(潍坊杨家埠风筝年画艺术节)、高密(柏城)白羊山艺术节、中国诸城大舜文化节、昌邑市乡村旅游节、中国国际(潍坊)风筝产业文化交易博览会、潍坊庙会系列(青州古城过大年、诸城枳沟三月三庙山庙会暨诸城枳沟庙山民俗文化旅游观光节、坊子区灵山庙会等)
枣庄(17)	枣庄国际石榴节、中国台儿庄运河湿地荷花节、枣庄温泉文化旅游节、中国(滕州)微山湖湿地红荷节、"鲁风运河"美食节暨中国枣庄辣子鸡美食文化节、中国(滕州)国际墨子文化节、枣庄抱犊固红叶节暨登山大赛、中国(滕州)马铃薯科技文化节、青檀寺庙会、中国大运河(台儿庄)河钓大赛、中国·枣庄台儿庄古城国际冬泳节、枣庄市群众文化艺术节、山亭区"风情岩马湖·美丽乡村游"文化旅游节、枣庄·山亭火樱桃文化旅游节、山亭洪门葡萄文化节、长红枣文化旅游节、枣庄庙会系列(台儿庄古城春节大庙会、峄城古庙会等)
日照(14)	中国(日照)赶海旅游节、日照"五莲之春"杜鹃花节、中国(日照)浮来山福寿文化节、北方(日照)竹文化旅游节、岚山安东卫海货节、五莲县柴麓崮民俗文化旅游节、中国(日照)国际茶叶博览会暨"文化中国·日照绿茶文化节"、中国·日照太阳文化节、日照文化旅游生活节、日照渔民节、日照樱花节、日照涛雒镇芹菜节、林海风情旅游节、日照庙会系列(五莲山庙会、中国·日照天台山财神庙会等)
德州(12)	中国临邑槐花节、德州古贝春酒文化节、德州夏津梨花节、德州夏津椹果采摘文化节、德州夏津金梨采摘节、乐陵"金丝小枣文化旅游节"、德州黄河涯万亩桃园赏花节、德州黄河涯万亩桃园金秋采摘节、德州武城县大运河民俗文化节、德州运河文化节、中国·德州董子文化旅游节、德州迎春大型文化庙会灯会系列(德州董子文化街庙会等)
济宁(10)	曲阜国际孔子文化节、中国曲阜鲁班文化节、孟子故里(邹城)母亲文化节、中国(金乡)国际大蒜节、中国(梁山)水浒文化旅游节、中国·汶上宝相寺太子灵踪文化旅游节、泗水桃花节、微山湖荷花节、济宁国际灯笼文化节、济宁庙会系列(济宁新春大庙会等)
威海(10)	威海国际钓鱼节、威海国际人居节、中国(威海)国际海鲜美食节、威海荣成国际渔民节、威海荣成谷雨节、威海(文登)昆嵛山樱桃节、中国(乳山)母爱文化节、威海(文登)国际温泉旅游季、威海国际食品博览会、威海庙会系列(仙姑顶庙会等)

续表

地区及数量	节事活动
聊城(10)	江北水城运河古都(聊城)文化旅游节、聊城冠县梨园文化观光周、江北水城(聊城)樱花节、中国江北水城(聊城)荷花文化艺术节、中国江北水城·运河古都(聊城)葫芦文化艺术节、高唐书画艺术博览会、冬至阿胶滋补节、中国运河名城(聊城)自行车公开赛、江北水城欢乐灯会(欢乐灯会系列)、聊城庙会系列(山陕会馆庙会等)
临沂(10)	中国蒙山养生长寿文化旅游节、临沂书圣文化节、临沂蒙阴蒙山天然氧吧休闲节、临沂蒙阴桃花旅游节、中国(费县)国际赏石旅游文化节、中国蒙山体育节、中国(临沂)诸葛亮文化旅游节、中国(临沂)国际商贸物流博览会、中国·临沂东夷文化节、临沂庙会系列(蒙山雨王庙庙会等)
东营(10)	孙子文化旅游节、广饶大王金秋花节、黄河口民俗文化旅游节暨欢乐花灯节、东营·龙居乡村旅游文化节暨紫葚采摘节、中国东营吕剧文化艺术节、中国黄河口(垦利街道)蜜桃·冬枣采摘节、东营广利河森林湿地公园樱花·海棠花文化旅游节、东营迎春游园灯会、黄河口(东营)啤酒美食节东营、庙会系列(城南庙会等)
泰安(9)	泰山国际登山节、泰山东岳庙会、中国肥城桃花节、泰安宁阳梨花节、汶上宝相寺太子灵踪文化节、泰山文化艺术节、泰山国际马拉松赛、泰山石敢当文化节、中华宁阳蟋蟀文化节
滨州(7)	中国国际孙子文化旅游节、中国·胡集灯节书会、滨州博兴董永文化艺术节、滨州沾化冬枣节、阳信梨花会暨黄河三角洲民俗文化节、中国黄河三角洲体育节、滨州庙会系列(洪福园庙会、火把李庙会、灵霄阁庙会、雕窝峪山会等)
菏泽(7)	菏泽国际牡丹花会、菏泽曹州灯会、菏泽曹县花供会、中国菏泽艺术节、中国·菏泽民俗文化节、中国牡丹园新春灯会、菏泽庙会系列(曹县火神台庙会等)
全省各地(2)	好客山东贺年会、好客山东休闲汇

资料来源:根据山东省文化和旅游厅及相关网络资料整理。

近三年,山东节事活动数量稳中有增,各市先后推出了一些小型节事活动。如淄博在2018年推出的“渔洋紫”葡萄节、高青县稻田乡村音乐节、高青县天鹅湖国际慢城荷花消夏节;2019年推出了桓台县民俗文化艺术节;2020年推出了首届“齐山7·3节”等。据统计,新增节事活动中新春庙会类增长速度很快,山东省16市基本都有春节庙会,而且部分市的春节庙会是由多个庙会组成的春节庙会系列,如烟台的毓璜顶庙会、招远淘金新春庙会、龙口南山财神文化节、长岛正月十五庙会、崑龙温泉民俗文化庙会、蓬莱阁正月大庙会等构成了烟台的春节庙会系列;东营的城南庙会、牛庄古会、广饶孙子文化园精品庙会、河口新春庙会、二月二龙居春龙庙会等形成了东营的春节庙会系列。

2020年以来,为了应对新冠疫情对旅游业的巨大冲击,以节事活动带动旅游市场复苏成为促进旅游业高质量发展的有效路径,山东省部分市开发了一些新的节事活动,原有节事活动较少的市,节事活动增速更快,增加数量更多。以东营市为例,东营市原有的节事活动数量较少,从2018～2020年,节事活动增加速度加快,仅2020年就成功推出了2020黄河口(东营)美食季、千车万人自驾黄河口、2020黄河口(东营)啤酒美食节、2020

黄河口(东营)国际摄影大展、“冬游齐鲁”——千车万人自驾黄河一号公路、2020 黄河口(东营)服务节等一系列旅游节庆活动。此外,菏泽等地的节事活动也明显增多。

由表 1 可知,山东省 16 市的节事活动分布不均衡,沿海地区与中部发达城市节事活动数量多,其中尤以青岛地区为最,是山东节事活动数量最多的城市;其次是省会济南与中东部地区,如淄博、潍坊、烟台等地。节事活动较少的城市分布在山东的北部与西部,菏泽最少,约有 7 个节事活动。节事活动空间分布不均衡的原因,一是与城市的经济发展程度相关,二是与各地方的历史文化、物产资源等相关,三与各地方的旅游业发展程度相关。总体而言,经济发展程度与旅游业发展程度越高、历史文化底蕴越深厚、物产资源越丰富,该市的节事活动就会越多。

2. 节事活动类型多元化

山东省节事活动不仅数量多,而且内容丰富。各地在开发节事活动时遵循因地制宜原则,结合地方社会经济文化等各方面的资源条件,开发出不同类型的节事活动。结合山东省节事活动的发展实践,可将其划分为自然景观型、历史文化型、民俗风情型、物产餐饮型、会展博览型、运动休闲型、综合型[①](具体见表 2)。

表 2　山东省节事活动类型

节事活动类型	特点	典型节事活动
自然景观型	以山东的自然景观为依托,综合展示地域的风土人情与社会风貌的节事活动	济南国际泉水节、济南红叶谷红叶节
历史文化型	依托山东的历史文化、独特的地域文化、宗教文化等开展的节事活动	中国(曲阜)国际孔子文化节、齐文化节
民俗风情型	以山东各地民俗文化为核心开展的主题节事活动	潍坊国际风筝节、山东庙会系列、即墨田横祭海节、荣成国际渔民节等
物产饮食型	以山东各地特色物产和商品为核心,以相关的参观、表演、体验等活动为辅开展的节事活动	菏泽国际牡丹节、青岛国际啤酒节、中国(寿光)国际蔬菜科技博览会
会展博览型	依托城市优越的经济条件与区位优势,举办博(展)览会、交易会为形式,辅以参观、研讨和表演等	烟台国际葡萄酒博览会、鲁台经贸洽谈会、中国(临沂)国际商贸物流博览会
运动休闲型	以大型的体育赛事、竞技活动为主,辅以参观、表演等	泰山国际登山节、中国蒙山体育节、中国运河名城(聊城)自行车公开赛
综合型	多主题组合,节期较长,内容丰富、规模较大	好客山东贺年会、好客山东休闲汇

资料来源:根据山东省文化和旅游厅及相关网络资料整理。

① 参见余行、吴必虎、殷平、童碧沙、廉华:《中国城市节事活动的开发与管理》,《地理研究》2004 年第 11 期。

3. 初步形成大型节事活动体系

根据节事活动规模与影响，可以把山东省 200 多个节事活动分为两类：一类是具有区域性影响的中小型节事活动，另一类是具有国内国际影响的大型节事活动。从数量上看，近三年来，山东省中小型节事活动占比高，数量多；大型节事活动占比低、数量少，主要有“好客山东贺年会”“好客山东休闲汇”“中国（曲阜）国际孔子文化节”“青岛国际啤酒节”“潍坊国际风筝节”“泰山国际登山节”等。虽然大型节事活动数量少，但当前已经初步形成了具有山东特色的大型节事活动体系。该体系由两个层面构成：

第一，以“好客山东”品牌为统领的省域型节事活动，“好客山东贺年会”与“好客山东休闲汇”是典型代表。其特点是：节事活动由山东省文化和旅游厅等多个省直部门牵头，16 市共同举办共同参与，节庆活动同步覆盖 16 市，将“好客山东”品牌与全省的 16 市直接捆绑，形成省域型节事品牌。

第二，在“好客山东”品牌统领之下的区域型节事活动，以中国（曲阜）国际孔子文化节、青岛国际啤酒节、潍坊国际风筝会、泰山国际登山节等为典型代表。其特点是：节事活动的主题各不相同，充分彰显地域特色，展现出山东地域文化的多样性与丰富性，成为“好客山东”的符号，如孔子文化节、潍坊风筝会、青岛啤酒节、泰山登山节等都是山东省的代言和标志，已经与“好客山东”互相捆绑，合二为一。

此外，在区域型节事活动中，除已经在国内国际形成影响的大型节事活动外，近三年来，正在逐步形成一批在省域内具有影响力的优秀节事活动。山东省文化和旅游厅评选出来的 2020 年十大优秀节庆活动中①，除中国（曲阜）国际孔子文化节、泰山国际登山节、菏泽国际牡丹文化旅游节三个大型节事活动外，齐文化节、孙子文化旅游节、山东栖霞苹果艺术节、陈介祺艺术节、孟子故里（邹城）母亲文化节、滨州沾化冬枣节都是山东省域内具有影响力的节事活动，未来可将这批具有省域影响力的节事活动培育成大型节事活动。

省域型节事活动是“好客山东”文脉的宏观呈现，区域型节事活动是“好客山东”的具体符号。一个区域型节事活动就是“好客山东”品牌的一个景观符号，一个个景观符号就构成了“好客山东”品牌。

4. 形成“政府主导，多部门联合”的办节模式

我国的现代节事活动是政府的催生物，政府推动办节是主要模式。山东省大型和中型节事活动多是由各级政府主导，多部门联合举办，多主体共同参与。按主导主办单位的层级可将办节模式分为两类：

第一，由国家部委和协会与地方政府联合主导、主办与承办，甚至有国际组织参与联合主办，如曲阜国际孔子文化节、泰山国际登山节、潍坊国际风筝会、中国（寿光）国际蔬菜科技博览会等。以曲阜国际孔子文化节为例，1998 年前，曲阜国际孔子文化节由曲阜市政府主办；1999 年改由原国家旅游局与山东省政府主办；2005 年开始由联合国教科文组织、原国家旅游局、山东省人民政府、中华民族文化促进会、国际儒联、中国孔子基金会

① 参见《山东省文化和旅游厅关于对 2020 年度节庆活动工作进行表扬的通知》（鲁文旅办发〔2020〕19 号），2020 年 12 月 8 日。

联合主办；现在则是由教育部、文化和旅游部、中国社会科学院、中国人民对外友好协会、国际儒学联合会、山东省人民政府共同主办，中共山东省委宣传部、山东省教育厅、山东省文化和旅游厅、山东省外事办公室、山东社会科学院、尼山世界儒学中心、济宁市人民政府共同承办，形成了政府主导，多部门联合举办，国际组织、民间组织、学术团体多主体共同参与的模式。泰山国际登山节的主办单位是中国登山协会、商务部投资促进事务局、山东省农业农村厅、山东省商务厅、山东省文化和旅游厅、山东省体育局、山东广播电视台、泰安市人民政府，具体承办单位是泰安市人民政府。[①] 中国（寿光）国际蔬菜科技博览会是由农业农村部、商务部、中国国际贸易促进委员会、山东省人民政府等共同主办。

第二，由省级和地方政府及相关部门联合主导主办，如好客山东贺年会、好客山东休闲汇、临沂书圣文化节、陈介祺艺术节等。好客山东贺年会是由文旅部门、交通部门、商贸部门、农业部门等 14 个省直部门和 16 市政府部门共同举办，各类企业积极参与。好客山东休闲汇是山东省政府 32 个部门大联动、16 个市政府齐协力、全社会共同参与。临沂书圣文化节由山东省委宣传部、山东省文化厅、中共临沂市委、临沂市人民政府等共同主办；陈介祺艺术节的主办单位是潍坊市潍城区人民政府。

此外，地方性的小型节事活动除了由地方政府或相关部门主导外，还有一部分是由景区等企业主导主办，如山东 16 市的新春庙会多数是由企业主导主办。但总体上，“政府主导，多部门联合”是主要的办节模式。

5. 节事活动管理日趋科学化

节事活动管理科学与否直接关系到事活动效果优劣，为了能切实加强节事活动管理，提升节事活动的综合效应，经过多年发展，山东省节事活动管理日趋规范化与科学化。

第一，节事活动管理法制化。依法治国是立国之本，依法治旅是强旅之根，节事活动管理的法制化是繁荣节事活动之基。山东省节事活动管理法制化建设逐步推进，现在已经形成了节事活动管理的法制化体系。该体系由以下三个层面构成：

一是国家层面的法律法规，包括党中央、国务院及其各个部委制定并颁发实施的相关法律法规。中共中央和国务院先后颁发实施的相关法律法规有：中共中央办公厅、国务院办公厅联合印发的《节庆活动管理办法（试行）》（中办发〔2012〕18 号）、《国务院关于进一步促进展览业改革发展的若干意见》（国发〔2015〕15 号）。中共中央和国务院相关部委先后颁布的法律法规有：《关于省部级党政机关、人民团体举办展会清理规范的通知》（国清组函〔2014〕93 号）、《节庆活动管理办法实施细则》（国清组发〔2019〕1 号）、《交通运输部办公厅关于进一步规范庆典、研讨会、展会、论坛活动的意见》（交办科技〔2014〕235 号）等。

二是山东省域层面的法律法规，主要有省委办公厅和省政府办公厅联合印发的《山东省节庆活动管理实施细则》（鲁办发〔2016〕54 号）、《山东省节庆论坛展会活动管理实施办法（试行）》（鲁办发〔2014〕19 号）、《山东省人民政府关于贯彻国发〔2015〕15 号文件促

---

① 参见《泰安市人民政府关于印发第三十四届泰山国际登山节暨 2020 中国泰安投资合作洽谈会总体方案的通知》（泰政发〔2020〕10 号），2020 年 8 月 24 日。

进会展业改革发展的意见》(鲁政发〔2015〕30号)等。

三是地域层面的法律法规,山东省16市及其下属的县市区基本都制定了区域性的节事活动管理规定。如《潍坊市人民政府办公室关于进一步促进全市会展业发展的意见》(2015)、《济南市关于加强文化艺术类社会组织、各类文化活动管理的通知》(2018)、《青岛市体育局关于体育赛事活动的管理办法(试行)》(2020)、《淄博市人民政府关于加快会展经济创新发展的实施意见》(2020)、《威海市人民政府关于鼓励会展业发展的若干意见》(2018)、青岛市黄岛区印发的《关于贯彻落实〈山东省节庆活动管理实施细则〉、进一步规范我区节庆活动管理有关事项的通知》(2016)等。有的市先后出台了系列文件,如烟台市相继出台的《加快会展业发展政策》(2013)、《关于加快全市会展业创新发展的意见》(2018)、《烟台市会展业发展奖励办法(试行)》(2018)、《烟台市会展业发展专项资金管理暂行办法》(2019)等系列文件。从数量上看,自2018年以来,各市关于节事活动管理的政策法律法规明显增多。

第二,节事活动管理机构专业化。山东省节事管理机构采用了"政府机构+专门机构+第三方机构"的"一二三"模式。

一是政府机构。省级政府和地方政府是山东省节事活动管理的首要机构,其职责是主导。其中,山东省政府负责对报山东省党委、政府审批的节庆活动进行审核、管理与报备。此外,在区域层面,一些市成立了专门的节事管理机构,如潍坊市成立的"山东省潍坊市重大节庆活动办公室"、青岛市黄岛区成立的"青岛市黄岛区会展办公室"等。

二是专门机构。除政府管理机构外,山东省部分市还成立了专门的机构负责节事活动,其职责是主办。如潍坊市国际风筝会办公室、青岛市啤酒节办公室(崂山区节庆中心)、济宁市文化传承发展中心(济宁市孔子文化节事务中心)、泰山国际登山节组织委员会办公室服务中心、中国(寿光)国际蔬菜科技博览会组委会、菏泽国际牡丹花会组委会、淄博国际陶瓷琉璃艺术节办公室、烟台市民文化节组委会等。这类专门机构的组织性质不统一:有的是市政府直属事业单位,如潍坊市国际风筝会办公室是潍坊市政府直属正县级事业单位;有的是隶属于市委,如济宁市文化传承发展中心(济宁市孔子文化节事务中心)是中共济宁市委直属正处级公益一类事业单位;有的隶属于文旅机构,如青岛市啤酒节办公室在2017年与崂山区旅游局合并,现隶属于崂山区文旅委。

三是由学者、行业专家等组成的第三方专家智库,其职责是提供咨询、指导与服务。2020年12月,山东省组建了"山东省节庆活动管理专家库"并在山东省文化和旅游厅办公室下设"节庆活动管理专家咨询办公室"。①

第三,以评促建。近年来,山东省通过优秀节事活动管理机构与优秀节事活动评选促进节事活动繁荣发展。一类是省级层面的优秀节事活动评选,如2020年山东省文化和旅游厅评选出9个优秀节庆活动管理单位,即淄博市文化和旅游局、东营市文化和旅游局、烟台市文化和旅游局、潍坊市文化和旅游局、济宁市文化和旅游局、泰安市文化和旅游局、滨州市文化和旅游局、菏泽市文化和旅游局、济宁市文化传承发展中心(济宁市

---

① 《山东省文化和旅游厅关于组建山东省节庆活动管理专家库的通知》(鲁文旅办发〔2020〕18号),2020年12月8日。

孔子文化节事务中心）；同时还评选出2020年山东省十大优秀节庆活动。[①] 另一类是地域层面的优秀节事活动评选，近三年来，山东省部分市开展了优秀节事评选活动，如淄博市文化和旅游局开展的2020“十大乡村节庆活动”评选等。

二、节事活动促进“好客山东”品牌的提升

山东省200多个节事活动，分别在地域、省域、国内、国际层面推动了“好客山东”品牌的发展。大型节事活动作为一种特殊的旅游产品能在短时间内吸引大量游客，集聚大量人群，不仅能提高山东省旅游收入，而且通过节事活动展现山东文化，能提升山东旅游目的地的知名度和美誉度，对“好客山东”品牌的影响力更为显著。

（一）“好客山东贺年会”开创节事活动新模式

好客山东贺年会和好客山东休闲汇独树一帜，开创了我国节事活动的新模式。这种模式有以下两个特点：

第一，资源荟萃，形成全省统一的节事品牌。山东省把山东各市的特色民俗文化、社会休闲资源与组织（如文化、商业、交通、旅游等）有效集中，通过举办多元化的社会民俗活动与休闲活动[②]，形成山东省域层面的节事品牌——好客山东贺年会和好客山东休闲汇，其立足点是荟萃资源。好客山东贺年会的核心是“贺年”，它将年节文化注入年节消费，使年节更长、年味更浓、消费更旺。[③] 贺年会荟萃了元旦、春节、元宵节三个重要节点的民俗文化，凸显三大节点——元旦迎新、春节祈福、元宵节狂欢。贺年会利用元旦至春节的集中假日和集中的假日消费，通过创造性转化，凝练出一个主题——我们的节日；推出五大旅游产品——贺年宴、贺年礼、贺年乐、贺年游、贺年福；组织七大评选活动——贺年会之最、贺年会金点子、贺年会服饰、贺年会好玩游戏、贺年会美陈大赛、贺年会摄影大赛、贺年会主题街区（社区）等。好客山东休闲汇的核心是“休闲”，荟萃休闲资源，汇集休闲时间、休闲政策与群众需求，每年在8～10月份举办，重点抓好暑期、“十一”黄金周、金秋采摘季三大时间节点，推出了乡村休闲、文化休闲、蓝色休闲等九大“休闲系列”（专题）活动，基本理念是天天有活动，周周有高潮，全面大休闲。

好客山东贺年会与好客山东休闲汇的根本目的是实现节事活动的荟萃效应，破冰山东旅游的淡旺季难题。2010年1月1日，首届好客山东贺年会正式启动，每年一次，截至2020年已经成功举办了11届，有效破解了山东省冬季旅游困境。首届“好客山东休闲汇”于2011年8月6日启动，截至2020年已成功举办了10届，让山东旅游黄金季更旺，提高了全民幸福感。一方面，好客山东贺年会和好客山东休闲汇拉动了内需，扩大了消

---

① 参见《山东省文化和旅游厅关于对2020年度节庆活动工作进行表扬的通知》（鲁文旅办发〔2020〕19号），2020年12月8日。

② 参见王德刚、王晶：《“好客山东”：源自两千年前孔子的邀请》，《第二届MTA教学案例评选优秀案例集》，中国旅游出版社2016年版，第198页。

③ 参见于冲编著：《盛世欢腾：好客山东贺年会发展之路》，旅游教育出版社2013年版，第1页。

费，增加了旅游收入。2018 年山东省旅游总收入 10461.2 亿元，增长 13.7%[①]；2019 年，山东省接待游客 93809.3 万人次，同比增长 8.6%，旅游总收入 11087.3 亿元，增长 12.1%。[②] 另一方面，让游客通过体验与享受"好客山东"的各种文化，进一步传播山东地域文化，实现文化的传承创新，提升了"好客山东"品牌的文化价值。

第二，运作模式方面的特点是"政府主导＋遍地开花"。好客山东贺年会由省政府主导，与 14 个省直部门联合举办，山东省 16 市全体参与。好客山东贺年会的重要环节之一是启动仪式，启动仪式之后，全省 16 市同步开始贺年会活动。好客山东贺年会"一键启动"，16 市"遍地开花"，全民参与，开创了节事活动运行新模式。

（二）文化主导大型节事提升国际影响力

孔子文化与泰山文化是不可替代的垄断性资源。以孔子文化和泰山文化为核心开发的中国（曲阜）国际孔子文化节和泰山国际登山节，属于资源垄断型节事，在国内国际具有垄断性的影响力，具有不可替代性。这类以核心文化主导的大型节事活动的特点是，因为资源的垄断性，能深度展现山东省地域文化，其核心旅游吸引力具有神圣性，是山东省标志性符号，成为"好客山东"品牌的标志性景观符号。近年来，通过发挥孔子文化和泰山文化的核心主导作用，有效提升了山东省国际影响力。

中国（曲阜）国际孔子文化节的前身是创办于 1984 年的国际性"孔子诞辰故里游"专项旅游活动，1989 年正式创建孔子文化节，其是荣获"2008 中国十大国际性节庆暨改革开放 30 年中国节庆杰出典范奖"的大型综合性国际旅游节庆，也是中华人民共和国确定的国家级、国际性"中国旅游节庆精选"之一，截至 2020 年已经成功举办了 36 届。2005 年，联合国教科文组织成为孔子文化节的主办方之一，并与中、日、韩、新加坡、美、德等国家孔庙共同参与全球联合祭孔[③]，进一步彰显了孔子文化节的不可替代性。在 2018 年的首届全球孔子学院山东文化旅游推广峰会上，有 44 名海外孔子学院院长被授予"孔子大使"称号，30 个孔子学院成为山东旅游宣传驿站。孔子不仅仅是山东的"一圣人"，更是"好客山东"品牌的文化之源，还是对外营销的重要渠道。通过孔子文化和孔子文化节有效提升了山东省国际影响力。

（三）城市大型节事品牌拉动城市经济跨越式发展

青岛啤酒节、潍坊国际风筝会等属于城市节庆品牌，是优势互补型节事活动。其特点是，节事活动所在地经济发达，具有优势旅游资源，节事活动与城市发展可以实现优势互补，互相促进，通过节事活动"营销城市"，有效拉动城市经济实现跨越式发展。

青岛市是山东省副省级市、计划单列市，青岛市的 GDP 收入位列全省第一，属于我国的新一线城市。青岛有崂山、八大关、奥帆中心等优势旅游资源，是国内的热门旅游目的地。创始于 1991 年的青岛国际啤酒节集金融经贸、旅游、文化于一体，是亚洲最大的

① 参见山东省文化和旅游厅：《2019 山东旅游统计便览》。

② 参见山东省文化和旅游厅：《2020 山东旅游统计便览》。

③ 参见王京传、刘以慧：《曲阜国际孔子文化节发展的经验》，《旅游学刊》2009 年第 3 期。

啤酒节。青岛市借助啤酒节进一步提升了知名度,啤酒节的举办也为青岛创造了巨大经济效益。啤酒节的集聚效应得到有效释放,拉动青岛旅游产业快速发展,青岛全年旅游总收入从1991年的1.9亿元[①]增长到2019年的2005.6亿元。[②]

青岛与青岛国际啤酒节可以概括为“一杯酒,一座城”,互为依存,优势互补。2020年的第30届青岛国际啤酒节创新性地采用了“线下+线上”的办节模式,举办300多场主题活动,累计接待市民和游客400余万人次,带动直接消费近2亿元。其中,主会场和崂山区沙子口街道等3个街道分会场共接待市民和游客53.9万人次,啤酒消费总量395.5吨。啤酒节期间,崂山区星级酒店客房销售额环比大幅攀升60%,各街道分会场农家宴、民宿上座率、入住率高达90%上,周末更是一房难求。极地海洋世界营业额环比大幅攀升200%。[③] 大量国内外游客通过参加并体验啤酒节,认识了青岛,认识了山东,进而推广了“好客山东”品牌。

潍坊国际风筝会与青岛啤酒节有异曲同工之处,都是“办好一次会,搞活一座城”。到2020,潍坊国际风筝会年已经成功举办了37届,发展成具有国际影响力的节事活动。2018年,第35届风筝会有61个国家和地区的89支风筝代表队,以及国内19个省市自治区的82支风筝代表队参加,风筝会期间有近100万人直接参与各类活动;组织境外来宾和驻潍留学生在Facebook上传播风筝会,国际风筝会直接关注达2000万人次,间接传播达1亿人次。潍坊借助国际风筝会成功地塑造并传播了“世界风筝之都”的形象,进而有效拉动城市经济发展。2018年,风筝会期间举办39个重点项目签约仪式,总投资620.68亿元。[④] 2019年的第36届风筝会共有65个国家(地区)和全国20个省、市、自治区的800多名风筝爱好者参加,创历届之最;经贸文化合作集中签约42个项目,总投资167亿元。[⑤]

三、节事活动高质量发展对策

虽然山东省大型节事活动体系初步形成,并有效提升了“好客山东”品牌及其价值,但也存在一些明显不足,最突出的问题是,在现有的200多个节事活动中,多数节事活动属于粗放式发展,节事活动的综合效应尚待进一步提升。因此,在未来的发展中,要通过科学规划、创新发展模式等途径,培育一批具有国内国际影响力的节事活动,塑造山东省节事活动的整体品牌,实现山东省节事活动的高质量发展。

(一)科学规划引领节事活动高质量发展

高质量发展是我国当前社会经济发展的核心,而科学规划是引领山东省节事活动高质量发展的前提。

---

① 参见韩海燕、王兴:《“三十而已”,见证啤酒节的崂山故事》,《走向世界》2020年第36期。

② 参见山东省文化和旅游厅:《2020山东旅游统计便览》。

③ 参见韩海燕、王兴:《“三十而已”,见证啤酒节的崂山故事》,《走向世界》2020年第36期。

④ 参见潍坊国际风筝会办公室:《2018年工作情况和2019年工作打算》,2018年12月14日。

⑤ 参见潘来奎:《风筝会,让潍坊走向世界》,《潍坊日报》2019年9月28日。

一是制定山东省总体节事活动发展规划。对全省节事活动发展统一布局，统筹发展；以山东省节事活动总体发展规划为依据，上下呼应，16 市制定地方节事活动发展规划。

二是制定专项节事活动发展规划。根据当前节事活动发展现状，需要制定会展业专项发展规划。自“十一五”规划起，会展业就被列入国家发展规划，为实现山东省会展业的高质量发展，制定会展业专项发展规划至关重要。“十三五”期间，山东的部分市制定了会展业专项发展规划，如《泰安市会展业发展“十三五”规划》《黄岛区会展业发展“十三五”规划》等；部分市将会展业发展规划与其他规划合并，如《烟台市“十三五”内贸流通发展规划》中包含了“会展业”发展规划。在未来的发展中，从山东省到各市都应制定会展业的专项发展规划，科学定位全省及各市的会展业发展目标，明确发展重点，引领会展业高质量发展。

(二)创新节事活动发展模式

创新节事活动发展模式能激发市场内生动力。释放办节活力，是山东省节事活动高质量发展的关键。

一是创新办节模式，即从当前的“政府主导，多部门联合”发展为“政府主导与市场运作有机结合”的新模式。新的办节模式既能发挥政府的主导优势，又能激发市场的积极性，实现节事活动的高质高效发展。近些年，潍坊国际风筝节在办节模式方面已经进行了探索，形成了“政府主办，市场运作，社会参与”的办会方式，市场化运作程度和市民参与性越来越高，风筝会期间的各种展会、推介会、洽谈会吸引了大批中外客商参与，签约合同额都在 300 亿元人民币以上。青岛黄岛区形成了“政府引导，民间推动，社会参与，市场运作”运营模式，推动了西海岸新区节事活动的高效发展。

二是业态模式创新，即节事活动与旅游、文化、体育、演艺活动、商务产业等融合发展，形成展、节、会、演融合发展的业态模式。[①] 潍坊国际风筝节的成功经验之一就是“一种形式(风筝会)，四种结合(文化、体育、旅游、经济)”的业态模式，通过“风筝牵线”，实现“文体搭台，经贸唱戏”的综合效应，形成了相当规模的节会经济。潍坊风筝会正在探索深度推进文旅融合，建设一处永久性的以风筝文化为主题的演出场地，并策划一部风筝文化主题实景演出[②]，更进一步推进业态模式创新。

(三)培育壮大节事活动品牌

山东省节事活动虽然数量多，但除了已有的几个大型节事活动外，大多数的节事活动影响力小，尚未形成品牌。因而，山东省节事活动高质量发展的一个重要路径是：培育一批具有国内国际影响力的大型节事活动，壮大山东节事活动品牌。

一是整合一批主题重复、影响力小且在全省分布广泛的节事活动，将其培育成省域

---

① 参见《山东省人民政府关于贯彻国发〔2015〕15 号文件促进会展业改革发展的意见(鲁政发〔2015〕30 号)》，2015 年 12 月 30 日。

② 参见潍坊国际风筝会办公室：《2018 年工作情况和 2019 年工作打算》，2018 年 12 月 14 日。

型品牌节事活动。如山东庙会的高质量发展就可采用整合的方式，将 16 市的庙会整合起来，统一定位，将其打造成“好客山东”品牌引领下的省域型大型节事活动。

二是扶持一批有潜力的成长型节事活动，通过政策支持、人才支持等方式，将其培育成区域型大型品牌节事活动。如山东国际精品旅游产业博览会、中国国际文化旅游博览会、山东（济南）国际旅游交易会等会展类节事活动。

三是通过政策制度支持、人才支持，推进会展综合体建设，做好会展场馆营运管理，组建大型会展企业集团，在 16 市培育壮大一批会展企业，培育一批“好客山东”品牌统领下的区域型大型节事活动。

此外，山东节事活动的高质量发展还要以主客共享理念为指导，充分调动当地居民与外来游客的积极性，满足当地居民与外来游客对美好生活的共同向往。

Ⅳ 管理与服务专项研究报告

精品旅游发展的政策法规保障

于雪　王娟*

摘　要：精品旅游是山东省新旧动能转换“十强”产业之一。新旧动能转换是省委省政府针对全省经济社会发展提出的重要战略举措，通过政策主导来调动和集中优势资源重点突破的领域。本文按照“从新旧动能转换到精品旅游建设，从国家层面到地方层面”的逻辑，从新旧动能转换综合实验区建设相关政策、精品旅游相关政策、疫情发生后的纾困政策三个方面进行了梳理，系统论述了精品旅游政策法规体系建设的内容。

关键词：新旧动能转换；政策法规；精品旅游；山东省

旅游业是综合性产业，在其特定发展阶段，也是典型的政府主导型产业，即在发展方向、供给侧改革、投资、质量提升与市场秩序等方面，要靠政府的政策引导、法律规范、行政干预等手段形成强劲的推力，才能够形成快速和可持续的发展趋势。山东省委、省政府印发的《大力推进全域旅游高质量发展实施方案》中指出的“旅游业是综合性产业、幸福产业和高端产业，是拉动经济发展、推动文化传承创新的重要原动力”，对旅游业的性质和作用进行了科学定位，并明确要从土地、资金、人才等方面予以政策保障。

一、从中央到地方：新旧动能转换重大工程政策体系建设

（一）新旧动能转换：经济社会高质量发展的迫切需要

1. 新旧动能转换内涵

改革开放使我国经济发展经历了一段长期、持续的高速增长期。2008 年之后经济发展速度开始放缓，主要原因不是经济周期性波动的表现，而是中国经济进入新旧动能转换期的必然结果。[①]“动能”本是一个物理学领域的概念，是指物体因运动而具有的能量，

---

* 作者简介：于雪（1995～ ），女，山东大学管理学院 2019 级硕士研究生；王娟（1987～ ），女，枣庄职业学院旅游管理系助教。

① 参见安礼伟、张二震：《中国经济新旧动能转换的原因、基础和路径》，《现代经济探讨》2021 年第 1 期。

而动能的形成，需要质量和速度。[①] 经济领域的新动能是指以技术创新为引领，以新技术、新产业、新业态、新模式为核心，以知识、技术、信息、数据等新生产要素为支撑，形成的引领经济持续健康发展的动力。[②] 新动能与以需求侧的三驾马车、大规模要素投入和GDP导向考核为主的旧动能[③]有显著区别。新旧动能转换就是要培育发展新动能，改造提升传统动能，是经济发展的顶层设计、机制设计与实践路径的转换。[④] 2015年以来，党和国家领导人多次在重要会议及报告中提到"新旧动能转换"，推动了新旧动能转换工程的实际性发展。

2. 新旧动能转换政策与实践

"新旧动能转换"一词最早出现在2015年10月13日由国务院总理李克强主持召开的部分省(区、市)负责人经济形势座谈会上。李克强总理强调："我国经济正处在新旧动能转换的艰难进程中，要依靠深化改革开放，破解难题，培育发展新动能。"[⑤]自此以后，"新旧动能转换"开始出现在新闻采访和正式文件中，如《中华人民共和国国民经济和社会发展第十三个五年规划纲要》、2016年政府工作报告等。2017年1月，国务院办公厅印发《关于创新管理优化服务培育壮大经济发展新动能接续新旧动能转换的实施意见》，是我国推动新旧动能转换的第一份正式文件，标志着"新旧动能转换"由理论研究领域正式进入政策实践领域。[⑥] 2017年，政府工作报告及十九大报告中也有关于新旧动能转换的阐述。2018年1月，国务院正式批复《山东新旧动能转换综合试验区建设总体方案》，同意设立山东省新旧动能转换综合试验区，山东省成为全国首个也是目前唯一一个在全省范围内将新旧动能转换作为发展战略的综合试验区，政策指引下的试验区建设实践工作也开始展开。

"新旧动能转换"自提出以来，就与我国经济社会发展紧密相关，实施新旧动能转换重大工程，是贯彻新发展理念的重要工作部署，也是供给侧结构性改革的重要着力点，是我国经济社会高质量发展的迫切需要。山东省新旧动能转换综合试验区建设就是要通过新动能的培育来撬动整个经济社会的发展，并最终探索出具有普适性的新旧动能转换发展路径。

(二)综合试验区——新旧动能转换的山东实践

山东省新旧动能转换综合试验区历经三年，从省级层面到各市区层面，政策法规体系建设不断完善，既为应对新旧动能转换过程中出现的问题提供解决方案，又为全省新旧动能转换工作提供正确的政策导向。通过梳理近三年省委省政府以及地方政府出台的与新旧动能转换有关的政策法规，可以发现山东省在政策法规建设方面总体上呈现出

---

① 参见马保烈：《新时代山东省旅游企业新旧动能转换的路径选择》，《人文天下》2019年第23期。

② 参见杨珍、丁兆庆、孔宪香编著：《山东新旧动能转换研究》，经济科学出版社2018年版，第4页。

③ 参见李鑫鑫：《加快新旧动能转换促进经济转型升级》，《中国产经》2021年第3期。

④ 参见窦玉鹏：《新旧动能转换：内涵界定、理论进路与政策设计》，《山东工商学院学报》2020年第5期。

⑤ 《李克强：巩固经济基本面　培育发展新动能　依靠深化改革开放破解发展难题》，中国政府网，2015年10月15日。

⑥ 参见马保烈：《新时代山东省旅游企业新旧动能转换的路径选择》，《人文天下》2019年第23期。

“省政府全局谋略，地方政府跟进，专项产业规划引导，各方保障政策倾斜”的特点。以下通过对政策(见表1)的梳理，具体阐述新旧动能转换政策法规建设的特点：

表1　　山东省新旧动能转换部分政策法规

发布时间	文件名称	发布机构
2017年11月4日	《关于做好人才支撑新旧动能转换工作的意见》	中共山东省委 山东省人民政府
2018年1月1日	《山东省新旧动能转换基金管理办法》	山东省人民政府办公厅
2018年1月1日	《山东省新旧动能转换基金省级政府出资管理办法》	山东省人民政府办公厅
2018年1月1日	《山东省新旧动能转换基金激励办法》	山东省人民政府办公厅
2018年1月12日	《山东新旧动能转换综合试验区建设总体方案》	国家发展改革委员会
2018年2月13日	《山东省新旧动能转换重大工程实施规划》	山东省人民政府
2018年2月13日	《关于推进新旧动能转换重大工程的实施意见》	中共山东省委 山东省人民政府
2018年7月23日	《关于支持新旧动能转换重大工程的若干财政政策》及5个实施意见的通知	中共山东省委办公厅 山东省人民政府办公厅
2018年7月26日	《教育服务新旧动能转换专业对接产业项目实施意见》	山东省财政厅 山东省教育厅 山东省科学技术厅
2018年8月25日	《关于发挥律师职能作用服务保障新旧动能转换重大工程的实施意见》	山东省司法厅 山东省发展和改革委员会 山东省经济和信息化委员会 山东省住房和城乡建设厅 山东省商务厅 山东省环境保护厅 山东省人民政府国有资产监督管理委员会 山东省金融工作办公室 山东省中小企业局 山东省知识产权局 中国国际贸易促进委员会山东省委员会 山东省工商业联合会
2018年9月14日	《济南市新旧动能转换重大工程实施规划》	山东省人民政府办公厅

续表

发布时间	文件名称	发布机构
2018 年 9 月 14 日	《青岛市新旧动能转换重大工程实施规划》	山东省人民政府办公厅
2018 年 9 月 14 日	《烟台市新旧动能转换重大工程实施规划》	山东省人民政府办公厅
2018 年 11 月 12 日	《教育服务新旧动能转换专业对接产业项目资金管理办法》	山东省财政厅 山东省教育厅 山东省科学技术厅
2019 年 1 月 14 日	《关于深化产教融合推动新旧动能转换的实施意见》	山东省人民政府办公厅
2019 年 3 月 1 日	《关于促进省新旧动能转换基金加快设立加快投资的若干政策措施》	山东省财政厅
2019 年 7 月 3 日	《关于进一步推动山东省新旧动能转换基金加快投资的意见》	山东省人民政府办公厅
2019 年 7 月 26 日	《山东省新旧动能转换促进条例》	山东省人民代表大会常务委员会
2019 年 7 月 31 日	《山东省新旧动能转换项目基金管理办法》	山东省财政厅

资料来源：山东省人民政府官网统计资料。

1. 立足省内发展现状，加强新旧动能转换顶层设计

2018 年 1 月，国家发展改革委印发《山东新旧动能转换综合试验区建设总体方案》（以下简称《总体方案》）。该方案准确分析了山东省当前经济发展形势，指出“山东经济社会发展取得显著成就，但是也存在发展不平衡不充分等突出问题，正处于新旧动能转换、经济转型升级的关键阶段”。此外，《总体方案》对试验方向、主要目标作了详细阐述，确立了以济南、青岛、烟台为核心的三核引领、区域融合互动的动能转换总体格局，同时对化解过剩产能拓展动能转换新空间、发展新兴产业培育壮大新动能、提升传统产业改造形成新动能、深化改革激发动能转换活力、创新驱动增强动能转换动力、扩大开放释放动能转换潜力、加强保障强化动能转换支撑七大主题作出重要工作部署。《总体方案》是山东省正式进入新旧动能转换综合试验区建设工作的开端，为山东省新旧动能转换工作明确了要在哪些方面进行试验。

《总体方案》发布之后，山东省编制出台《山东省新旧动能转换重大工程实施规划》（以下简称《实施规划》）和《关于推进新旧动能转换重大工程的实施意见》（以下简称《实施意见》）两份重要文件，分别回答了为加快推进新旧动能综合试验区建设“我们应该做什么和如何做”的问题，对《总体方案》中的主题内容作了具体的工作部署，是《总体方案》的补充说明。两份文件中对于新旧动能转换重大工程的政策体系建设也有明确指导意见，《实施规划》第十章重点强调要进一步完善政策体系，集中释放财税、金融、土地等制度红利，为新旧动能转换提供良好的政策环境；《实施意见》中也指出要建立健全投资、金融、财税政

策，研究制定企业主体与社会保障相衔接的职工安置配套政策及措施，构建覆盖全省、相互衔接、配套联动的新旧动能转换规划体系，为科学编制与新旧动能转换工作相关的规划、政策以及法规等提供了依据。

上述文件的出台，意味着国家和省级层面从顶层设计上明确了新旧动能转换试验区重点建设内容以及新旧动能转换目标实现路径，要始终以三核引领、多点突破、融合互动为总体布局，加快培育新一代信息技术、高端装备、新能源新材料、现代海洋、医养健康五大新兴产业，做大做强高端化工、现代高效农业、文化创意、精品旅游、现代金融服务五大优势产业，构建“十强”现代优势产业体系，发挥创新引领作用，加强政策引导作用，落实教育、人才、法律、土地、财税等方面的保障措施，促进新旧动能转换目标实现。

2. 设立新旧动能转换基金，为重点项目建设提供资金保障

专项基金支持，是产业发展的重要保障。在《总体方案》颁布实施之前，山东省人民政府办公厅发布《山东省新旧动能转换基金管理办法》《山东省新旧动能转换基金省级政府出资管理办法》《山东省新旧动能转换基金激励办法》，明确规定“山东省新旧动能转换基金是指由省、市政府发起，主要采取引导基金、母基金、子基金三级架构，按市场化方式与金融机构和境内外社会资本、投资机构合作，重点投资于全省新旧动能转换重点领域的基金”。引导基金由省、市政府共同出资 400 亿建成，其中省级政府出资 200 亿，利用引导基金进行市场化募集，通过税收优惠政策，引导基金让利政策、财政扶持政策、资源开放政策及人才引进政策进行激励，吸引金融机构和社会资本进入，扩大基金规模，最终实现 6000 亿元以上的子基金群。该基金主要用于支持“四新”项目、“十强”优势产业重点项目以及基础设施建设等，并根据不同的产业形态、产业特征及项目所在地等条件决定基金出资比例，确保重点项目建设资金充足。2019 年 7 月 3 日，山东省人民政府办公厅对基金政策进行调整，颁布实施《关于进一步推动山东省新旧动能转换基金加快投资的意见》，降低了基金设立门槛，将原来“引导基金－母基金－子基金”三级架构调整为“引导基金－子基金”两级架构，并通过遴选优质项目，建设基金投资项目库，优化基金发展环境，放活子基金市场化活力，促进重点项目及新旧动能转换基金建设良性发展。

总体来看，政府扶持方式调整为引导基金形式，政府引导基金更多地采取以母（子）基金股权投资方式吸引社会资本进入，实现滚动投资模式，能够解决重点领域企业及项目建设资金不足的问题，同时，也有利于放大普通财政资金的产业引导作用和辐射带动能力。[①]

3. 制定“十强”产业专项规划，加快现代化产业体系建设

新旧动能转换综合试验区建设涉及的“十强”现代优势产业包括新一代信息技术、高端装备、新能源新材料、现代海洋、医养健康五大新兴产业，以及高端化工、现代高效农业、文化创意、精品旅游、现代金融服务五大优势产业。《实施意见》中提出“构建覆盖全省、相互衔接、配套联动的新旧动能转换规划体系”，“十强”产业发展需要相关部门牵头制定专项发展规划，以保证产业发展不偏离新旧动能转换轨道。各个产业规划都是在充分分析当前发展现状与发展环境基础上，对产业发展目标、发展方向、总体布局、重点建

① 参见郝永明：《有效运用政府产业引导基金支持新旧动能转换的探讨》，《财会学习》2019 年第 22 期。

设内容及项目、建设路径以及建设保障措施进行阐述，为产业发展明确方向。此外，各个产业规划之间也存在互容互通的关系，例如《山东省高端装备制造业发展规划(2018～2022)》中涉及高性能医疗设备的生产，提出将山东省打造成为全国医疗设备研发制造高地。在《山东省医养健康产业发展规划(2018～2022年)》中也多次提到高端医疗器械，利用高端医疗器械以及其他与医养有关的新技术、新业态等打造健康产业集聚带。医养健康产业规划中也提到健康旅游是一大建设重点，又与精品旅游产业相关联。“十大”产业规划的制定，有利于理清产业之间互通关系，利于形成联合发展的模式(见表2)。

表2　“十强”优势产业专项规划

发布时间	文件名称	发布机构
2018年6月25日	《山东省医养健康产业发展规划(2018～2022年)》	山东省人民政府
2018年7月20日	《山东省新旧动能转换现代高效农业专项规划(2018～2022年)》	山东省人民政府
2018年9月27日	《山东省现代金融产业发展规划(2018～2022年)》	山东省人民政府
2018年10月26日	《山东省新材料产业发展专项规划(2018～2022年)》	山东省人民政府
2018年10月26日	《山东省高端装备制造业发展规划(2018～2025年)》	山东省人民政府
2018年10月28日	《山东省新一代信息技术产业专项规划(2018～2022年)》	山东省人民政府
2018年11月2日	《山东省精品旅游发展专项规划(2018～2022年)》	山东省人民政府
2018年12月16日	《山东省文化创意产业发展规划(2018～2022年)》	山东省人民政府

资料来源：山东省人民政府官网公开政策资料。

4. **推动地方政策体系建设，保持“省一市”政策一致性**

通过政策梳理发现，在《实施规划》《实施意见》的引导下，各市根据当地实际情况出台相关政策，以促进新旧动能转换工作实施。例如，济南市、青岛市、烟台市、淄博市、东营市、潍坊市、济宁市、泰安市、威海市、聊城市、滨州市、菏泽市发布新旧动能转换重大工程实施规划；济南市、烟台市、青岛市、临沂市、日照市、德州市、滨州市依据《山东省新旧动能转换基金管理办法》分别颁布适应本市市情的基金管理办法；青岛市政府办公厅根据省级文件《关于深化产教融合推动新旧动能转换的实施意见》颁布实施《关于深化产教融合助力新旧动能转换的实施意见》等。这显示出省内各市根据省级相关政策法规，科学编制适应各市发展现状的指导政策，构建了“省一市”一致的政策体系，保持地方与省级政策的一致性(见表3)。

表 3 山东省各市新旧动能转换部分相关政策

地区	发布时间	文件名称	发布机构
济南市	2017 年 12 月 30 日	《济南市新旧动能转换基金管理办法》	济南市人民政府办公厅
	2018 年 9 月 25 日	《济南市新旧动能转换基金管理办法》	济南市人民政府办公厅
	2018 年 11 月 23 日	《济南市新旧动能转换重大工程实施规划重点工作推进落实分工方案》	济南市人民政府办公厅
	2018 年 12 月 21 日	《济南市加快现代金融产业发展若干扶持政策》	济南市人民政府办公厅
	2019 年 12 月 20 日	《关于进一步推动济南市新旧动能转换基金加快投资的意见》	济南市人民政府办公厅
	2020 年 1 月 23 日	《关于在新旧动能转换中做大做强文化产业的若干政策措施》	济南市人民政府办公厅
青岛市	2018 年 5 月 22 日	《关于推进新旧动能转换重大工程的实施意见》	中共青岛市委 青岛市人民政府
	2018 年 6 月 24 日	《关于深化产教融合助力新旧动能转换的实施意见》	青岛市人民政府办公厅
	2018 年 8 月 8 日	《关于推进旅游业新旧动能转换促进高质高效发展的实施意见》	青岛市人民政府
	2018 年 12 月 25 日	《关于落实支持新旧动能转换重大工程财政政策的实施意见》	中共青岛市委办公厅 青岛市人民政府办公厅
	2020 年 4 月 19 日	《青岛市新旧动能转换引导基金管理办法》	青岛市人民政府办公厅
淄博市	2017 年 12 月 27 日	《关于做好就业创业工作助推新旧动能转换的意见》	淄博市人民政府办公室
	2018 年 4 月 3 日	《淄博市鼓励企业上市和并购重组助推新旧动能转换的若干政策》	淄博市人民政府办公室
	2018 年 5 月 10 日	《关于促进央企省企与地方融合发展 助推新旧动能转换的意见》	淄博市人民政府办公室
	2018 年 9 月 1 日	《淄博市新旧动能转换重大工程实施规划》	淄博市人民政府办公室
	2019 年 1 月 14 日	《淄博市新旧动能转换现代高效农业实施方案》	淄博市人民政府办公室
	2019 年 2 月 21 日	《关于加快推进工业新旧动能转换的若干政策》	淄博市人民政府办公室
	2020 年 4 月 13 日	《关于加强科技创新平台建设加速新旧动能转换的意见》	淄博市人民政府办公室

续表

地区	发布时间	文件名称	发布机构
枣庄市	2018 年 2 月 22 日	《关于全市政法机关服务新旧动能转换重大工程的意见》	枣庄市委政法委
	2018 年 5 月 23 日	《关于做好人才支撑新旧动能转换工作的实施意见》	中共枣庄市委办公室
	2020 年 8 月 14 日	《枣庄市推进“标准地”供给 改革工作实施方案》	枣庄市自然资源和规划局
	2020 年 10 月 28 日	《关于深化科技体制改革推进科技创新管理职能转变的实施意见》	枣庄市科技局
东营市	2018 年 3 月 13 日	《关于充分发挥司法行政职能作用服务保障新旧动能转换重大工程建设的实施意见》	东营市司法局
	2018 年 5 月 30 日	《关于推进新旧动能转换深化户籍制度改革意见》	东营市公安局
	2018 年 11 月 21 日	《东营市新旧动能转换重大工程实施规划》	东营市人民政府办公室
	2019 年 4 月 10 日	《东营市新旧动能转换重大工程督导考核暂行办法》	东营市人民政府办公室
	2019 年 10 月 31 日	《关于进一步优化市级政府引导基金政策推动东营新旧动能转换基金加快投资的意见》	东营市人民政府办公室
烟台市	2018 年 1 月 2 日	《关于做好新形势下就业创业工作支持新旧动能转换的意见》	烟台市政府办公室
	2018 年 8 月 8 日	《烟台市新旧动能转换基金管理办法》	烟台市财政局
潍坊市	2018 年 1 月 19 日	《加快市级重大项目建设的意见》	潍坊市人民政府
	2018 年 5 月 11 日	《潍坊市新旧动能转换重大工程实施规划》	潍坊市人民政府
	2019 年 12 月 31 日	《推进“现代优势产业集群＋人工智能”实施方案》	潍坊市人民政府
	2020 年 3 月 13 日	《潍坊市“双招双引”激励政策》	中共潍坊市委办公室 潍坊市人民政府办公室
济宁市	2018 年 1 月 18 日	《关于助推新旧动能转换做好当前和今后一段时期就业创业工作的意见》	济宁市人民政府办公室
	2018 年 7 月 24 日	《济宁市新旧动能转换重大工程实施规划》	济宁市人民政府办公室
	2018 年 9 月 13 日	《济宁市新旧动能转换基金管理办法》	济宁市人民政府办公室
	2018 年 12 月 17 日	《关于推进快递业新旧动能转换的实施意见的通知》	济宁市人民政府办公室

续表

地区	发布时间	文件名称	发布机构
泰安市	2018 年 1 月 3 日	《泰安市人民政府关于助推新旧动能转换做好当前和今后一段时期就业创业工作的实施意见》	泰安市人民政府
	2018 年 6 月 12 日	《泰安市新旧动能转换重大工程实施规划》	泰安市人民政府
威海市	2017 年 12 月 31 日	《关于助推新旧动能转换进一步加强就业创业工作的实施意见》	威海市政府办公室
	2018 年 6 月 4 日	《威海市新旧动能转换重大工程实施规划》	威海市政府办公室
	2018 年 8 月 31 日	《威海市新旧动能转换重大工程专项资金管理暂行办法》	威海市财政局
	2018 年 11 月 13 日	《威海市人民政府关于加快科技创新支持新旧动能转换的实施意见》	威海市政府办公室
	2020 年 9 月 22 日	《威海市市级政府投资引导基金绩效评价管理办法》	威海市财政局
日照市	2018 年 9 月 26 日	《关于借助外脑外力加快新旧动能转换和高质量发展的意见》	日照市人民政府
	2019 年 5 月 5 日	《关于印发日照市政府引导基金管理办法的通知》	日照市人民政府办公室
	2019 年 6 月 27 日	《日照市金融助力新旧动能转换推动经济高质量发展三年行动计划(2019～2021 年)》	日照市人民政府办公室
临沂市	2018 年 11 月 21 日	《关于进一步扩大利用外资促进新旧动能转换的实施意见》	临沂市人民政府
	2018 年 12 月 27 日	《关于进一步做好企业上市挂牌工作助推全市新旧动能转换的意见》	临沂市人民政府
	2019 年 8 月 15 日	《关于深化科技体制改革加快创新发展助推新旧动能转换的实施意见》	临沂市人民政府
	2020 年 4 月 30 日	《临沂市新旧动能转换基金管理办法》	临沂市人民政府办公室

续表

地区	发布时间	文件名称	发布机构
德州市	2017年10月8日	《深入推进工业绿动力计划加快新旧动能转换实施意见的通知》	德州市经济和信息化委员会 德州市发展和改革委员会 德州市财政局 德州市环境保护局 德州市工商行政管理局 德州市质量技术监督局 国网山东省电力公司德州供电公司
	2018年11月14日	《关于大力发展粮食产业经济加快推动新旧动能转换的实施意见》	德州市人民政府办公室
	2020年5月12日	《德州市新旧动能转换基金管理办法》	德州市人民政府办公室
聊城市	2017年12月28日	《聊城市人民政府关于助推新旧动能转换做好就业创业工作的实施意见》	聊城市人民政府
	2018年4月8日	《聊城市新旧动能转换重大工程实施规划(2018～2022年)》	聊城市人民政府
	2019年3月4日	《关于支持实体经济高质量发展和进一步扩内需补短板的实施意见》	聊城市人民政府
	2019年4月18日	《聊城市新旧动能转换重大工程督导考核办法》	聊城市人民政府办公室
滨州市	2018年3月26日	《助推新旧动能转换进一步做好当前和今后一段时期就业创业工作的意见》	滨州市人民政府
	2018年3月27日	《滨州市新旧动能转换专项资金管理办法》	滨州市财政局
	2018年7月19日	《滨州市新旧动能转换重大工程实施规划》	滨州市人民政府
	2018年9月7日	《关于加强金融服务业支持新旧动能转换的实施意见》	滨州市金融办
	2018年10月12日	《关于支持新旧动能转换重大工程的若干财政政策》及5个实施意见	中共滨州市委办公室 滨州市人民政府办公室
	2019年4月8日	《滨州市新旧动能转换基金管理办法》	滨州市政府办公室
	2020年11月13日	《滨州市新旧动能转换监测报告制度》	滨州市人民政府办公室
菏泽市	2018年11月12日	《菏泽市新旧动能转换重大工程实施规划》	菏泽市人民政府
	2019年4月4日	《关于科技创新引领新旧动能转换的10条意见》	中共菏泽市委 菏泽市人民政府

资料来源：山东省各市人民政府官网政策资料。

5. **制定地方性法规，保障新旧动能转换战略实施**

2019年，山东省制定了全国第一个以新旧动能转换为主题的地方性法规——《山东省新旧动能转换促进条例》，这属于创制性地方立法。创制性地方立法是指地方立法主体根据地方的实际需要和特殊情况，做出创造性的立法。[①] 由于山东省新旧动能转换综合试验区建设处于全国领先位置，所以并没有可参考的法规条例来指导建设。该法规是山东省新旧动能转换综合试验区建设工作以来在产业发展、行政管理、重大项目建设、资金、财税、市场监管、人才培养、土地利用等方面的经验总结，是在充分考虑山东省省情基础上创立的，法规的制定又为未来试验区创建工作提供指导，使山东省新旧动能转换综合试验区建设工作有法可依。

二、新旧动能转换背景下精品旅游政策法规体系建设

精品旅游诞生于多重背景之下，一方面属于山东省新旧动能转换“十强”产业体系的一大重点产业，与山东省新旧动能转换发展战略密切相关；另一方面又处于国家促进旅游业高质量发展的潮流之中，深受国家旅游政策环境的影响。文化和旅游部的成立、文旅融合趋势的加强、智慧旅游建设的推进、全域旅游创建工作的深入等都与山东省旅游业发展息息相关，为山东省精品旅游发展提供整体思路。所以，山东省精品旅游政策法规建设需先从国家层面着手，分析旅游业发展总体政策导向，厘清旅游高质量发展与精品旅游的关系。

（一）国家促进旅游高质量发展的相关政策

我国对于旅游质量的关注由来已久。2009年，原国家旅游局发布《旅游服务质量提升纲要（2009～2015）》，国务院发布《国务院关于加快发展旅游业的意见》，都着重强调提升包括旅游目的地、旅游企业和公共服务水平在内的旅游质量，优化旅游环境，创建旅游品牌，在我国旅游业集约化、品质化发展方面具有引领作用。2019年1月，文化和旅游部印发的《关于实施旅游服务质量提升计划的指导意见》明确提出了推动旅游业高质量发展的目标。通过分析我国旅游业发展相关政策（见表4）可以发现，大众旅游时代的到来，为满足旅游者多样化、多层次的需求，需要不断提升旅游产品和服务质量，为旅游者提供更加优质的旅游产品，以实现游客满意。为了促进旅游消费，旅游供给方应逐渐从被动变为主动，着力提升旅游品质，优化旅游产品结构，以此实现供给侧和需求端的动态平衡的目标，促成旅游满意，进而推动旅游业转型升级，实现高质量发展。

---

① 参见谢晖：《从“可以适用习惯”论地方性法规的司法效力》，《法律科学》（西北政法大学学报）2018年第6期。

表 4　　　　我国旅游产业部分关键政策

发布时间	文件名称	发布机构	重要内容
2013 年 3 月 18 日	《旅游质量发展纲要（2013～2020 年）》	原国家旅游局	三大目标：环境与设施质量、旅游产品质量、旅游服务质量；五大举措：强化企业质量主体作用，加强旅游质量监督管理，优化旅游质量发展环境，夯实旅游质量发展基础，推动旅游质量发展创新
2014 年 8 月 21 日	《关于促进旅游业改革发展的若干意见》	国务院	以转型升级、提质增效为主线，推动旅游产品向观光、休闲、度假并重转变，满足多样化、多层次的旅游消费需求；推动旅游服务向优质服务转变，实现标准化和个性化服务的有机统一
2016 年 12 月 26 日	《“十三五”旅游业发展规划》	国务院	创新发展理念，转变发展思路，加快由景点旅游发展模式向全域旅游发展模式转变，促进旅游发展阶段演进，实现旅游业发展战略提升；适应大众化旅游发展，优化旅游产品结构，创新旅游产品体系
2018 年 3 月 22 日	《关于促进全域旅游发展的指导意见》	国务院办公厅	加大旅游产业融合开放力度，提升科技水平、文化内涵、绿色含量，增加创意产品、体验产品、定制产品，发展融合新业态，提供更多精细化、差异化旅游产品和更加舒心、放心的旅游服务，增加有效供给，提升旅游产品品质，以标准化提升服务品质，以品牌化提高满意度
2019 年 1 月 16 日	《关于实施旅游服务质量提升计划的指导意见》	文化和旅游部	通过提升旅游区点、旅行社的服务水平，规范和优化旅游住宿、在线旅游经营服务，提高导游和领队业务能力，建立完善旅游信用体系，不断增强旅游市场秩序治理能力，提升旅游服务质量，推动旅游业高质量发展
2019 年 8 月 12 日	《关于进一步激发文化和旅游消费潜力的意见》	国务院办公厅	到 2022 年，培育 30 个以上旅游演艺精品项目，扩大文化和旅游有效供给。打造一批高品质旅游景区、重点线路和特色旅游目的地，为人民群众提供更多出游选择

续表

发布时间	文件名称	发布机构	重要内容
2020 年 2 月 28 日	《关于促进消费扩容提质加快形成强大国内市场的实施意见》	国家发展改革委、中央宣传部、教育部、工业和信息化部、公安部、民政部、财政部、人力资源社会保障部、自然资源部、生态环境部、住房城乡建设部、交通运输部、农业农村部、商务部、文化和旅游部、卫生健康委、人民银行、海关总署、税务总局、市场监管总局、广电总局、体育总局、证监会	积极推进质量提升行动，引导企业加强全面质量管理。塑造中国品牌形象，提高自主品牌知名度和影响力，扩大自主品牌消费。构建文旅多产业多领域融合互通的休闲消费体系，建设文化产业和旅游产业融合发展示范区
2020 年 11 月 30 日	《关于深化“互联网＋旅游”推动旅游业高质量发展的意见》	文化和旅游部、国家发展改革委、教育部、工业和信息化部、公安部、财政部、交通运输部、农业农村部、商务部、市场监管总局	到 2022 年，“互联网＋旅游”发展机制更加健全，旅游景区互联网应用水平大幅提高。建成一批智慧旅游景区、度假区、村镇和城市

资料来源：中华人民共和国中央人民政府、文化和旅游部官网政策资料。

在文旅融合，全域旅游大背景下，以国家旅游高质量发展对接山东省精品旅游发展，旅游高质量发展涉及旅游产品供给优化、旅游品牌化建设，旅游服务质量提升，旅游环境优化、旅游市场秩序监管等方面，而山东省精品旅游应从“精准定位，精妙营销，精美环境，经典项目，精细服务，精彩活动，精密管理，精致生活”①着手进行打造，从涵盖内容来看，二者可以实现完美契合。所以，山东省精品旅游产业实质是旅游高质量发展的精细化体现。

(二)精品旅游产业发展政策体系

《山东新旧动能转换综合试验区建设总体方案》中提出要将传统优势产业发展成为“支撑经济发展的新动能”，精品旅游也被纳入优势产业之中。《总体方案》中提到“创新旅游发展机制，推动旅游业与农业、工业、教育、文化、体育、城乡建设以及上下游产业融

① 曾博伟：《文旅融合背景下，山东如何打造精品旅游目的地》，《人文天下》2019 年第 5 期。

合发展”，“扩大高质量、个性化旅游精品供给，完善旅游服务体系”，“积极创建全域旅游示范省”，“全面提升‘好客山东’品牌价值和影响力”等目标体系。《山东省新旧动能转换重大工程实施规划》中针对精品旅游产业发展提出“构建全域旅游发展体系，丰富旅游新产品业态，提升旅游公共服务质量”三项举措，说明精品旅游产业是山东省新旧动能转换工作的重要组成部分，山东省旅游发展也正在逐步从“量”的扩张向“质”的提升转变，力求实现旅游业产业结构优化、产品供给精品化、旅游服务标准化、市场监管全面化、真正实现旅游高质量发展。对山东省精品旅游政策进行梳理分析，总结政策建设规律，有利于全面总结新旧动能转换背景下精品旅游产业政策经验，以促进精品旅游产业规范化发展。

1. 专项规划

表 5　　相关规划

发布时间	文件名称	发布机构
2018 年 3 月	《山东省全域旅游发展总体规划（2018～2025 年）》	山东省发展和改革委员会 山东省旅游发展委员会
2018 年 11 月	《山东精品旅游发展专项规划（2018～2022 年）》	山东省人民政府
2020 年 7 月	《山东省文化和旅游融合发展规划（2020～2025 年）》	山东省文化和旅游厅

资料来源：山东省文化和旅游厅统计资料。

（1）目标导向，相辅相成

表 5 中的三项规划分别从全域旅游、新旧动能转换、文旅融合三个不同视角切入，在正确分析山东省经济及旅游业发展现状基础上，对全省旅游业发展进行整体谋划，解决了山东省如何发展壮大精品旅游产业的问题。

三项规划皆呈现出“高站位，精布局，重融合”的特点，都是以打造全域旅游示范省、世界著名旅游目的地为目标，对全省乃至各市旅游发展提出规划建议，同时强调大力实施“旅游＋”和“＋旅游”战略，搭建旅游融合创新新平台，推动山东省旅游高质量发展。

《山东省全域旅游发展总体规划（2018～2025 年）》以创建全域旅游示范省为目标，详细阐述山东省旅游业发展分区问题、旅游各业态如何发展、旅游区如何改善和打造的问题，是山东省旅游发展的重要基石。

《山东省精品旅游发展专项规划（2018～2022 年）》是山东省“十强”优势产业规划体系之一，重点在于遴选全省优秀精品旅游项目及工程，进行精品化打造、精细化服务设计，培育一批具有带动作用的旅游品牌，发展旅游产业新动能，以此推动全省经济社会的发展。

《山东省文化和旅游融合发展规划（2020～2025 年）》以建设文化旅游强省，打造国际著名文化旅游目的地为目标，综合分析省内各市可利用的文化旅游资源，对文化旅游示范区打造、文化旅游产品体系构建、文旅产业发展保障措施进行详细阐述。

以上三项规划整体构建了以全域旅游为载体、以精品旅游为动力、文旅产业先行的顶层规划体系，指导山东省旅游产业提档升级。

(2)政策配套,加强引导

《山东省精品旅游专项规划(2018～2022年)》和《山东省文化和旅游融合发展规划(2020～2025年)》对支撑保障体系作了重要安排,政策法规建设是其中重要一环。总体来看,两项规划在论述政策体系建设时,重点从支撑旅游产业发展的财政、金融、土地、人才,重点项目入库方面阐述,财政政策强调实行“以奖代补”方式,并向精品旅游产业倾斜,有利于保障项目建设资金充足。金融政策侧重于基金对项目的支持作用,建立精品旅游专项基金,有利于实现滚动投资,放活资金活力,保证建设资金的持续稳定性。土地政策目的是使精品旅游项目获得足够的建设空间,在一定程度上有利于土地资源优化配置,增加土地附加值,尤其是乡村产业用地指标的分配。人才政策方面注意制定引进高端旅游人才、旅游领军人才落户山东的支持措施,建设山东文化旅游高端智库,保障精品旅游建设能够得到充足的智力支持。在重大项目建设方面,提出将精品旅游项目纳入各级新旧动能转换重大项目库,优先推荐申报全国优选旅游项目。规划从顶层设计上对旅游产业发展政策体系建设作出规定,全面涵盖精品旅游产业政策法规建设各要素,为精品旅游专项产业政策的制定提供了依据,也为精品旅游发展具体实施意见出台提供指导。

2. 旅游产品供需政策

(1)旅游产品政策

精品景区。2020年3月,山东省文化和旅游厅发布《山东省精品旅游景区建设三年行动方案》对如何建设一批精品旅游景区作出详细指导。精品旅游景区建设应从突出景区文化、打造智慧景区、丰富景区业态、完善配套措施、提高服务质量、规范景区秩序方面着手,同时要加大对景区建设的资金扶持力度、宣传引导力度、考核力度等。

旅游度假区。2020年11月,山东省人民政府印发《山东省省级旅游度假区管理办法》,对省级旅游度假区的申请、评定、监督与管理工作作出明确指示。申报省级度假区应由市政府向省政府提出书面申请,由省文化和旅游厅主管部门会同发展改革、自然资源、生态环境、应急管理等有关部门进行审核,省文化和旅游行政主管部门组织评价验收。

精品民宿。《旅游民宿等级划分与评价》和《山东省旅游民宿星级评定与管理办法(试行)》中规定旅游民宿按照三星级、四星级、五星级进行评定,分别对三个等级的自评标准和项目进行设定,明确了评定机构、评定流程以及复核和日常管理各事项。2020年3月,山东省文化和旅游厅、山东省发展和改革委员会、山东省教育厅、山东省公安厅等14个部门联合印发出台《关于促进旅游民宿高质量发展的指导意见》,提出到2022年基本形成独具特色、管理规范、服务一流、全国领先的旅游民宿格局,强调民宿建设应加强分类指导,打造特色品牌,加强规范管理,拉长产业链条,应以“好客人家”民宿品牌为引领,突出地方特色,推进民宿品牌化、连锁化、网络化、专业化发展。

乡村旅游。2018年5月,山东省委、省政府印发的《山东省乡村振兴战略规划(2018～2022年)》提出实施乡村振兴战略,打造乡村振兴齐鲁样板,必须统筹生产、生态、生活一体布局,实现生产美产业强、生态美环境优、生活美家园好“三生三美”融合发展。为了规范乡村旅游发展,2019年颁布实施《山东客栈服务规范》《好客人家服务规范》,同时编制完成《乡村旅游集群片区评定标准》《乡村旅游度假区评定标准》《精品文化旅游小镇服务规范与评定》《精品乡村旅游特色村评定标准》等乡村旅游标准。2020 年 1 月，山东省人民政府印发的《山东省促进乡村产业振兴行动计划》提出大力培育赏花采摘、休闲度假、康养、民俗和体育健身等乡村旅游业态，重点开展农渔家乐、乡村民宿、森林人家和康养基地建设，创建一批国家休闲农业示范县、乡村旅游重点镇村、休闲农业精品园区和规模适度的田园综合体。2020 年4 月，山东省文化和旅游厅、省财政厅、省自然资源厅、省住房城乡建设厅、省农业农村厅五部门联合制定的《关于开展村庄景区化建设工作的指导意见》明确指出村庄景区化的六大重点任务，包括明确村庄景区化建设标准、实施乡村环境景观化行动、注重保护乡村文化旅游资源、培育景区化村庄旅游新业态、提升景区化村庄配套设施、强化村庄景区化人才支撑。该意见明确提出力争到 2022 年底，全省建成 1000 个左右景区化村庄，实现美丽乡村向景区化乡村转型升级。

红色旅游。2018 年 5 月，山东省旅游发展委印发的《山东省红色文化研学旅游实施方案》提出以打造新时代山水圣人红色文化旅游目的地、完善红色文化研学旅游产品体系、构建红色节事活动体系、培育红色旅游企业与大项目为主要内容，推动红色旅游与民俗旅游、生态旅游、研学旅游等相结合，不断创新红色旅游发展模式，丰富红色旅游产品体系，提高红色旅游服务质量，实现红色旅游特色化、差异化、品牌化发展。

夜间旅游。2019 年 11 月，山东省人民政府办公厅印发的《关于加快推进夜间旅游发展的实施意见》明确促进夜间旅游发展的主要任务有：打造夜游主题游乐活动、丰富夜游文化体验、发展夜游特色餐饮、繁荣夜游时尚购物、亮化美化夜游环境、强化夜游交通保障、提升夜游配套服务、维护夜游市场秩序。文件中提出到 2022 年，基本形成布局合理、富有活力的夜间旅游发展格局。

工业旅游。2017 年 12 月，省政府办公厅印发的《关于加快推进工业旅游发展的意见》指出，力争到 2020 年，全省工业旅游年接待游客达到 4000 万人次，工业旅游年收入达到 35 亿元，建成 10 个国家工业旅游示范基地、工业遗产旅游基地等。2019 年 1 月，山东省文化和旅游厅印发了《山东省工业旅游发展规划(2018～2025)》。该规划指出山东省工业旅游的主攻方向为：产品融合化、品牌高端化，主要突破领域为大健康、海洋、航空、遗产、体育。

康养旅游。2018 年 6 月，山东省人民政府印发的《山东省医养健康产业发展规划(2018～2022 年)》提出要建设一批特色健康小镇，打造以医养健康产业重大项目为载体，医疗、养生、养情、养心、休闲功能一体化，健康服务、健康产业、文化旅游融合发展的集聚区。

(2)旅游推动政策

2018 年 9 月，省委、省政府印发《大力推进全域旅游高质量发展实施方案》提出“壮大精品旅游产业，构建全域打造、全业融合、全景建设、全民参与、全要素提升的全域旅游发展格局”的目标，使旅游业“成为新旧动能转换的重要动力引擎”，“在更高层次上成为稳增长、调结构、转方式的新动能产业，‘四新’促‘四化’的主导产业”，并从全域旅游集群发展、跨界融合、品牌国家化、旅游环境等方面提出详细的措施，以推动全域旅游，实现高质量发展。

2020 年 6 月，为加快推动文化和旅游行业复工复产，大力提振文化和旅游消费，山东省文化和旅游厅发布《关于进一步促进文化和旅游消费的若干措施》。这些措施集中在：做好宣传工作，提振市场信心；加强惠民补贴，促进旅游消费；丰富乡村旅游产品供给，推动乡村旅游发展；打造夜间旅游去处，丰富夜间旅游业态；加强智慧旅游建设，科学管控景区复工；利用省内资源，打造康养旅游胜地；多方参与合作，拓展自驾游市场；重大活动引领，提振旅游消费，激发消费潜力。综合来看，措施从旅游产品供给、旅游宣传推广、旅游监督管理等各方面力争为旅游者打造放心、舒心的旅游环境，以此来拉动内需，促进省内旅游消费。

2021 年 2 月，山东省委办公厅、山东省人民政府办公厅印发《关于促进文化和旅游产业高质量发展的若干措施》，从"实施文化和旅游消费促进行动、推行国有景区'三权分置'改革、提升'好客山东'品牌影响力、推动乡村旅游提质升级、建设康养旅游发展高地、培育壮大市场主体、加快文化和旅游产业智慧化建设、支持重点项目和产业园区（基地）建设、构建便捷旅游交通网络、建设文化和旅游人才队伍、强化文化和旅游发展用地保障、创新文化和旅游发展促进机制"十二个方面提出具体发展举措，旨在"推动文化和旅游产业融合发展、高质量发展，助推全省新旧动能转换，服务构建新发展格局"。

（3）旅游保障政策

保障政策主要从精品旅游经营环境、旅游市场秩序、旅游人才等方面作出规定。

2018 年 3 月，山东省物价局发布《关于职能作用推动全域精品旅游发展的指导意见》，旨在构建科学、规范、透明的旅游价格形成机制，主要从降低国有景区门票价格、完善景区门票价格形成机制、实施促进生态环境保护的价格政策、创造良好的价格环境等方面着手进行价格管理，促进精品旅游品牌的打造，推动全域旅游格局的形成。降低门票价格意味着对景区发展提出更高的要求，景区盈利要摆脱门票经济，力求用精美产品和精细化服务，为游客创造沉浸式旅游体验，让旅游者愉悦消费，以此来实现景区经济效益的提升。

2020 年 3 月，山东省文化和旅游厅发布的《关于贯彻落实全省"重点工作攻坚年"动员大会精神推动文化和旅游改革发展的意见》中明确提出，要积极推动文化和旅游人才制度改革，完善精品旅游人才引进、留用、培养、激励及服务机制，发布《山东省精品旅游产业人才开发路线图》。

2020 年 7 月，为规范文化旅游市场秩序，推进文化和旅游信用体系建设，山东省文化和旅游厅出台《山东省文化和旅游市场黑名单管理办法》和《山东省文化和旅游信用管理办法》。该文件包含文化和旅游信用信息涵盖的范围，对信用良好的文化和旅游市场主体从业人员的激励措施，被列入黑名单的市场主体的惩罚措施相关内容。

3. 全面保障政策

由于精品旅游产业属于"十强"优势现代化产业体系之列，所以新旧动能转换整体工作部署中的保障性措施，同样也适用于精品旅游产业，主要包括财政资金、教育和重大项目建设三大方面。

财政资金支持品牌建设。 2018 年 7 月，中共山东省委办公厅、山东省人民政府办公厅印发《关于支持新旧动能转换重大工程的若干财政政策》及五个实施意见的通知，指出财政资金应支持文化创意产业发展，重点支持文化产业发展公共平台建设和新型文化业态培育，支持加大山东品牌宣传力度，打响“好品山东”“好客山东”“诚信山东”“食安山东”品牌。

教育对接新旧动能转换产业群。2017 年 11 月，中共山东省委、山东省人民政府发布实施《关于做好人才支撑新旧动能转换工作的意见》，在对接新旧动能转换重点产业升级泰山人才工程措施中提出调整泰山学者、泰山产业领军人才工程支持范围，聚焦包括旅游在内的新旧动能转换重点产业发展和现代管理需要，面向海内外集中遴选一批“高精尖缺”人才。2018 年7 月，山东省财政厅、山东省教育厅、山东省科学技术厅印发《教育服务新旧动能转换专业对接产业项目实施意见》，目的是构建紧密对接“十强”产业的专业或者专业群，改善教学管理模式，完善课程体系，培育一批面向“十强”产业的优秀人才，引进一批高水平师资人才。2018 年 11 月，山东省财政厅、山东省教育厅、山东省科学技术厅印发《教育服务新旧动能转换专业对接产业项目资金管理办法》明确规定省财政厅根据省教育厅公布的专业对接产业项目立项名单，按相应标准下达教育服务新旧动能转换专业对接产业项目资金。2019 年 1 月，山东省人民政府办公厅发布实施的《关于深化产教融合推动新旧动能转换的实施意见》明确指出推动学科专业与“十强”产业精准对接，到 2022 年培育和打造 100 个左右对接“十强”产业的专业集群。

基金支持“十强”产业重大项目。2018 年 1 月，山东省人民政府办公厅印发的《山东省新旧动能转换基金管理办法》《山东省新旧动能转换基金省级政府出资管理办法》和《山东省新旧动能转换基金激励办法》重点指出支持新兴、优势产业做大做强是基金投资的一大重要领域，重点投向“十强”优势产业，优先支持全省新旧动能转换重大项目库项目。2019 年 3 月，山东省财政厅《关于促进省新旧动能转换基金加快设立加快投资的若干政策措施》提出加大项目推介力度，建立基金投资项目库，并实行库内醒目动态管理，提高项目质量。2019 年 7 月，山东省人民政府办公厅印发的《关于进一步推动山东省新旧动能转换基金加快投资的意见》中强调完善基金评价监督体系，要求省财政厅会同省发展改革委、省科技厅、“十强”产业牵头部门制定引导基金绩效考核办法，从整体效能出发，对引导基金政策目标实现程度、投资运营效果和管理效能进行科学评价；要建立项目筛选推介机制，新动能基金公司负责设立公开、动态的基金投资项目库，省发展改革委、省科技厅、“十强”产业牵头部门应及时择优推荐项目，各类市场主体均可以按照标准在网上自主申报项目，经省发展改革委、省科技厅、“十强”产业牵头部门筛选后纳入基金投资项目库。2019 年 7 月 26 日，山东省财政厅《山东省新旧动能转换项目基金管理办法》规定项目基金重点投资省委、省政府确定的“双招双引”重大产业项目、各类创新型企业和省级重点人才创新创业项目，着力支持新一代信息技术产业、高端装备产业、新能源新材料产业、智慧海洋产业、医养健康产业等新兴产业项目，突出支持绿色化工产业、现代高效农业、文化创意产业、精品旅游产业、现代金融业等优势产业的改造升级。

（三）精品旅游产业发展法规建设

1.《山东省新旧动能转换促进条例》

2019 年 7 月 26 日，山东省人民代表大会常务委员会发布《山东省新旧动能转换促进条例》(以下简称《条例》)。《条例》是在山东省新旧动能转换综合试验区建设进入攻坚期提出来的,是在总结三年多以来建设经验的基础上制定的,对新旧动能转换重点建设内容、重点保障领域、资源重新配置及各级政府职责分配等作出了明确规定,规范了山东省新旧动能转换综合试验区建设工作。

本《条例》共30条,第一条明确了制定目的,其后每一条对一项重大问题作出规定,内容包括企业主体作用的发挥,现代企业制度的建立和完善,新旧动能转换的各级政府职责,去产能、降能耗,"十强"产业培育以及产业集群发展,调整国有资本布局、促进国有企业改革,支持民营企业发展,实行对外开放,促进产业及技术创新,推动教育与产业对接,规范科技成果转化,打造高效政务服务系统,简化企业设立和注销程序,实行精准投资,构建法制环境,完善信用监督体系,设立重大项目库,丰富财政资金使用方式,推行税收优惠政策,完善差异化供地政策,建立政府引导基金,发挥金融服务作用,完善人才引进及激励机制,建立督导考核机制,实行人员容错免责机制和澄清保护机制等,内容全面。

2.《山东省新旧动能转换促进条例》与精品旅游

产业与品牌。该《条例》对精品旅游亦有直接作用。第六条与加快"十强"优势产业体系相关,"支持传统产业运用新技术、新业态、新模式实现转型升级,改造形成新动能","加快发展网络经济、标准经济、品牌经济、融合经济等服务也新业态"。第八条同样提到"推动实施质量强省和品牌战略","优化品牌建设环境,引导品牌高端化"。精品旅游产业是重点优势产业,也是品牌经济、融合经济,应始终以"好客山东"为整体品牌,着力打造"十大旅游目的地"一级品牌以及以城市为主体的二级品牌,大力实施"旅游+""+旅游"战略,推动一、二、三产业融合发展,形成旅游产业发展新动能。

营商环境优化。第十六条将政府应该实行"放管服"写入《条例》里,"推行一个窗口受理、集中办理、限时办结、一次办好,为加快新旧动能转换提供优质、便捷服务"。第十七条强调"推进工商注册便利化,建立适应新兴业态发展的注册和管理制度"。第十八条对各市优势产业招商引资作出规定"加强各类招商引资专业平台建设,完善招商引资激励机制,推动精准招商和优质投资项目落地","完善企业投诉服务机制"。精品旅游产业的市场主体是各类企业,政府服务改革,企业注册和管理制度改革,企业投诉的完善等规定能够激发市场活力,为旅游企业提供良好的营商环境。

重大项目建设。《条例》第二十一条涉及重大项目库的建设,并提出对"入库项目在项目审批、建设用地、资金安排、服务保障等方面予以优先支持,确保重大项目实施"。第二十二条提出"加大对新旧动能转换的财政资金投入"。第二十三条提出"对符合条件的战略性新兴产业和新旧动能转换重点行业(项目),按照国家规定实行增值税期末留抵退税政策"。第二十四条提出"对省新旧动能转换重大项目库的优选项目用地,采取省土地计划专项指标或者省市县联供方式予以重点保障,需要调整耕地占补平衡指标的,可以在省内调剂使用"。2018年以来,精品旅游产业共有100余项重大项目进入新旧动能转换重大项目库,对重大项目实行的扶持政策,能够全方面保障项目的建设完成。

基础性保障。第二十五条提出加大基金对重点产业和关键领域的投入。第二十六条提出"完善融资风险补偿机制,推进政府性融资担保体系建设""增强金融服务新旧动能转换的能力”。第二十七条关于新旧动能转换人才队伍建设，要“加大高精尖领军人才、高素质实用型技能人才培养和柔性引才力度”。这为精品旅游产业提供基础性保障，有利于在精品旅游产业贯彻落实“双招双引”政策。另外，基金和金融政策的倾斜，可以为精品旅游提供充足资金支持，有利于重大项目的建设。高层次人才的引进能够为精品旅游产业发展输入智慧，促进产业创新。

（四）精品旅游政策法规建设总结

根据黄锐等[①]对文化旅游产业政策的划分，本文将涉及的精品旅游政策法规划分为环境型、供给型和需求型三大类型。类比文旅产业政策类型的解释，可将精品旅游政策类型解释为：环境型政策是政府为精品旅游创造良好发展环境的政策，包括目标规划、金融和税收政策、规范市场主体行为、加强精品旅游管理体制改革等政策；供给型政策是精品旅游的推力因素，包括政府为精品旅游发展提供人才、资金和土地等保障性政策；需求型政策是精品旅游的拉力因素，包括培育精品旅游专项等在内的刺激性生产政策。笔者对上述精品旅游发展政策进行分类，结果如表6所示。

表6　精品旅游产业政策分类

政策类型	政策分类	政策名称	数量
环境型政策（10）	目标规划	《山东省全域旅游发展总体规划（2018～2025年）》《山东精品旅游发展专项规划（2018～2022年）》《山东省文化和旅游融合发展规划（2020～2025年）》《山东省工业旅游发展规划（2018～2025）》《山东省乡村振兴战略规划（2018～2022年）》	5
	法规管制	《山东省新旧动能转换促进条例》	1
	行政监管	《山东省文化和旅游市场黑名单管理办法》《山东省文化和旅游信用管理办法》《关于职能作用推动全域精品旅游发展的指导意见》	3
	体制改革	《关于贯彻落实全省“重点工作攻坚年”动员大会精神推动文化和旅游改革发展的意见》	1

① 参见黄锐、谢朝武、李勇泉：《中国文化旅游产业政策演进及有效性分析——基于2009～2018年政策样本的实证研究》，《旅游学刊》2021年第1期。

续表

政策类型	政策分类	政策名称	数量
需求型政策(13)	专项产业培育	《山东省精品旅游景区建设三年行动方案》《山东省省级旅游度假区管理办法》《旅游民宿等级划分与评价》《山东省旅游民宿星级评定与管理办法(试行)》《关于促进旅游民宿高质量发展的指导意见》《关于开展村庄景区化建设工作的指导意见》《山东省红色文化研学旅游实施方案》《关于加快推进夜间旅游发展的实施意见》《大力推进全域旅游高质量发展实施方案》《关于进一步促进文化和旅游消费的若干措施》《关于促进文化和旅游产业高质量发展的若干措施》《关于加快推进工业旅游发展的意见》《山东省促进乡村产业振兴行动计划》	13
供给型政策(11)	人才政策	《关于做好人才支撑新旧动能转换工作的意见》《教育服务新旧动能转换专业对接产业项目实施意见》《关于深化产教融合推动新旧动能转换的实施意见》	3
	资金投入	《教育服务新旧动能转换专业对接产业项目资金管理办法》《关于促进省新旧动能转换基金加快设立加快投资的若干政策措施》《关于进一步推动山东省新旧动能转换基金加快投资的意见》《山东省新旧动能转换项目基金管理办法》《山东省新旧动能转换基金管理办法》《山东省新旧动能转换基金省级政府出资管理办法》《山东省新旧动能转换基金激励办法》《关于支持新旧动能转换重大工程的若干财政政策》及5个实施意见	8

资料来源:山东省人民政府官网、山东省文化和旅游厅官网及中国知网政策库统计资料。

总体来看,山东省关于精品旅游发展的政策和法规体系建设呈现出以下特点:

一是政策内容全面,具有比较完善的系统性。从政策的类型上看,环境型、供给型和需求型三种政策类型的政策在数量上基本均衡,说明山东省在精品旅游政策体系建设中,对影响旅游产业发展的所有要素都给予了足够的关注和重视,对关系到旅游业发展的各种产业要素、社会要素和支持保障条件等认识到位,在政策供给上能够均衡发力,力求为旅游业发展提供全面的政策引导和法律保障。

二是在需求型政策类型中专项产业培育的政策数量较多,在供给型政策类型中资金投入方面的政策较多。这两项政策的数量较多说明旅游业的发展要贯彻落实供给与需求相结合的策略,既要全面了解旅游市场的需求特征与发展趋势,并以此为依据培育多样化的旅游产品体系，丰富旅游业态，为精品旅游发展提供保障，同时又要充分保障旅游项目建设的资金需求。特别是在现阶段，资源转化型的旅游开发项目越来越少，而以大投资为基础所建设的旅游项目越来越多，资金、技术、平台、创意等优势在旅游发展中的作用，正逐步超越传统的资源优势。

三是从政策的发布机构来看，综合性政策的发布机构多为山东省人民政府，其次为省文旅厅；资金投入政策的发布机构为山东省财政厅。省政府直接出台的政策，政策效力高，统筹力强；文旅厅作为全省旅游业的主管部门，也需要从全局谋划，科学规划和制定相关政策，促进旅游业的发展；另外，旅游业的开发建设需要多方面的支持，如资金、土地等的获得需要与国土资源主管部门、财政主管部门等相衔接，为旅游业发展提供便利。

总之，山东省促进精品旅游发展的产业政策和法律法规保障体系建设总体上内容比较全面，覆盖到了旅游业发展的所有重要领域，特别是在一些关键领域，建立了重点项目土地指标省级调剂点供、建立专项基金、资金扶持等专项政策，并且从政府工作机制的角度，建立了督导考核制度，从资源倾斜供给和政府服务的角度，给予精品旅游发展以强有力的支持。

三、新冠肺炎疫情期间的纾困与复工复产政策

(一)国家层面纾困政策概述

2020 年伊始，新冠肺炎疫情的暴发给旅游业带来了严重冲击。2020 年 1 月 24 日，文化和旅游部作出暂停旅游企业经营活动的决定，并规定旅游企业应“妥善处理好游客行程调整和退团退费等合理诉求”，众多旅游企业面临生存考验。为帮助旅游企业渡过难关，各级主管部门出台相关政策予以支持。在国家颁布实施的各项纾困与复工复产政策中，对旅游业的扶持既有直接来自文化和旅游部的纾困政策(见表 7)，也有其他部门针对所有行业提出的扶持措施(见表 8)。总体来看，在为旅游企业纾困方面，主要从减轻企业经营成本，为其提供最大限度的资金支持着手；在旅游活动恢复方面，主要从旅游场所的重点防控着手，通过限制人流量，实行预约制，加强景区智慧监控等措施来保证复工复产后旅游秩序稳定。

表 7 文化和旅游部部分纾困政策

发布时间	文件名称	发布机构	主要内容
2020 年 2 月 5 日	《关于暂退部分旅游服务质量保证金支持旅行社应对经营困难的通知》	文化和旅游部	暂退范围为全国所有已依法交纳保证金、领取旅行社业务经营许可证的旅行社，暂退标准为现有交纳数额的 80%。自本通知印发之日起，一个月之内完成暂退保证金工作

续表

发布时间	文件名称	发布机构	主要内容
2020年2月25日	《旅游景区恢复开放疫情防控措施指南》	文化和旅游部资源开发司	疫情高风险地区旅游景区暂缓开放，疫情中风险和低风险地区旅游景区开放工作由当地党委政府决定 注：该《指南》在2020年9月和2021年3月进行两次修订，9月修订版规定景区科学合理设置承载量，接待游客量不超过最大承载量的75%。2021年3月修订版规定景区要科学合理设置游客接待上限
2020年2月27日	《关于用好货币政策工具做好中小微文化和旅游企业帮扶工作的通知》	文化和旅游部办公厅	要求省市文化和旅游厅加强与当地人民银行分（支）行的政策协调，及时反馈当地中小微文化和旅游企业资金需求，尽最大可能争取额度；畅通信息传导途径，帮助基层和企业了解政策，掌握政策，用好政策；加强与合作金融机构的协作
2020年2月27日	《关于积极应对疫情影响保持导游队伍稳定相关工作事项的通知》	文化和旅游部办公厅	明确应从“切实提高思想认识、强化劳动权益保护、开展线上免费培训、完善综合服务保障、不断加强关爱引导”5方面来保持疫情期间导游队伍稳定，为旅游业恢复发展蓄力储能
2020年4月13日	《关于做好旅游景区疫情防控和安全有序开放工作的通知》	文化和旅游部 国家卫生健康委	各地在做好旅游景区疫情防控工作的前提下，坚持分区分级原则，严格落实《旅游景区恢复开放疫情防控措施指南》要求，做到限量、有序开放，严防无序开放。疫情防控期间，旅游景区只开放室外区域，室内场所暂不开放；旅游景区接待游客量不得超过核定最大承载量的30%
2020年7月14日	《关于推进旅游企业扩大复工复业有关事项的通知》 《旅行社有序恢复经营疫情防控措施指南》	文化和旅游部办公厅	恢复跨省（区、市）团队旅游：经当地省（区、市）党委、政府同意后，可恢复旅行社及在线旅游企业经营跨省（区、市）团队旅游及“机票＋酒店”业务。中、高风险地区不得开展团队旅游及“机票＋酒店”业务。出入境旅游业务暂不恢复 调整旅游景区限量措施：接待游客量由不得超过最大承载量的30%调至50%；采取预约、限流等方式，开放旅游景区室内场所

资料来源：中华人民共和国中央人民政府、文化和旅游部官网政策资料。

表 8　　国家层面部分纾困政策

发布时间	文件名称	发布机构	主要内容
2020 年 1 月 31 日	《关于进一步强化金融支持防控新型冠状病毒感染肺炎疫情的通知》	中国人民银行 财政部 银保监会 证监会 国家外汇管理局	为受疫情影响较大的地区、行业和企业提供差异化优惠的金融服务。对受疫情影响较大的批发零售、住宿餐饮、物流运输、文化旅游等行业，以及有发展前景但受疫情影响暂遇困难的企业，特别是小微企业，不得盲目抽贷、断贷、压贷。对受疫情影响严重的企业到期还款困难的，可予以展期或续贷
2020 年 2 月 6 日	《关于支持新型冠状病毒感染的肺炎疫情防控有关税收政策的公告》	财政部 税务总局	明确指出四大类困难行业企业，包括交通运输、餐饮、住宿、旅游（指旅行社及相关服务、游览景区管理两类），并规定受疫情影响较大的困难行业企业 2020 年度发生的亏损，最长结转年限由 5 年延长至 8 年
2020 年 2 月 20 日	《关于阶段性减免企业社会保险费的通知》	人力资源社会保障部 财政部 税务总局	自 2020 年 2 月起，各省、自治区、直辖市（除湖北省外）及新疆生产建设兵团（以下统称省）可根据受疫情影响情况和基金承受能力，免征中小微企业三项社会保险单位缴费部分，免征期限不超过5 个月 受疫情影响生产经营出现严重困难的企业，可申请缓缴社会保险费，缓缴期限原则上不超过 6 个月，缓缴期间免收滞纳金
2020 年 2 月 21 日	《企事业单位复工复产疫情防控措施指南》	国务院应对新型冠状病毒感染肺炎疫情联防联控机制	推动企事业单位稳步有序复工复产，要做到“加强员工健康监测、做好工作场所防控、指导员工个人防护、做好异常情况处置”等工作。
2020 年 2 月 27 日	《关于积极发挥行业协会商会作用支持民营中小企业复工复产的通知》	国家发展改革委办公厅 民政部办公厅	餐饮零售、酒店旅游、影视娱乐、教育培训、畜牧养殖、交通运输等受疫情影响较大的行业领域，协会商会要及时提供行业发展应对指引，积极向有关部门反映行业受损情况，提出帮助行业渡过难关的政策建议，协助政府出台支持政策，提振市场信心
2020 年 2 月 28 日	《关于应对疫情影响加大对个体工商户扶持力度的指导意见》	市场监管总局 发展改革委 财政部 人力资源社会保障部 商务部 人民银行	涉及人员聚集的文化娱乐、教育培训等行业，应结合实际，适时明确复工复产时间；商贸流通、餐饮食品、旅游住宿、交通运输等行业个体工商户用电、用气价格按照相关部门出台的阶段性降低用电、用气成本的政策执行

续表

发布时间	文件名称	发布机构	主要内容
2020年3月4日	《关于进一步精简审批优化服务精准稳妥推进企业复工复产的通知》	国务院办公厅	复工复产的5方面举措:提高复工复产服务便利度、大力推行政务服务网上办、完善为复工复产企业服务机制、及时纠正不合理的人流物流管控措施、加强对复工复产企业防疫工作的监管服务
2020年4月6日	《关于进一步做好重点场所重点单位重点人群新冠肺炎疫情防控相关工作的通知》	国务院应对新型冠状病毒感染肺炎疫情联防联控机制	精准实施分区分级差异化的办公场所和公共场所防控措施:对于娱乐、休闲等集中密闭场所,审慎开放;对于娱乐、休闲等集中密闭场所,建议采取临时禁止开业措施,防范聚集性疫情风险,具体要求由各地依据本地疫情形势研究确定
2020年4月9日	《关于在有效防控疫情的同时积极有序推进复工复产的指导意见》	中央应对新型冠状病毒感染肺炎疫情工作领导小组	低风险地区由经营者自主决定复工复市时间,对文化旅游、餐饮及空间密闭且人员集中的场所,通过预约、分流限流等控制人员密度。在防控措施到位的前提下,有序推动各类商场、市场复工复市。全国性文体活动及跨省跨境旅游等暂不恢复
2020年5月8日	《关于做好新冠肺炎疫情常态化防控工作的指导意见》	国务院应对新型冠状病毒感染肺炎疫情联防联控机制	重点场所防控:按照相关技术指南,在落实防控措施前提下,全面开放商场、超市、宾馆、餐馆等生活场所;采取预约、限流等方式,开放公园、旅游景点、运动场所,图书馆、博物馆、美术馆等室内场馆,以及影剧院、游艺厅等密闭式娱乐休闲场所,可举办各类必要的会议、会展活动等
2020年6月22日	《关于延长阶段性减免企业社会保险费政策实施期限等问题的通知》	人力资源社会保障部 财政部 税务总局	各省、自治区、直辖市及新疆生产建设兵团(以下统称"省")对中小微企业三项社会保险单位缴费部分免征的政策,延长执行到2020年12月底。各省(除湖北省外)对大型企业等其他参保单位(不含机关事业单位,下同)三项社会保险单位缴费部分减半征收的政策,延长执行到2020年6月底 受疫情影响生产经营出现严重困难的企业,可继续缓缴社会保险费至2020年12月底,缓缴期间免收滞纳金

续表

发布时间	文件名称	发布机构	主要内容
2020年6月28日	《关于做好信息化支撑常态化疫情防控工作的通知》	国家卫生健康委办公厅	充分发挥信息化在支撑疫情监测分析、创新诊疗模式、提升服务效率、促进人员安全有序流动等方面的作用。要强化疫情监测预警，支撑疫情防控工作；完善健康通行码政策标准，推动人员安全有序流动；推广疫情期间线上服务经验，大力发展"互联网＋医疗健康"；拓展"互联网＋政务"服务，推动政务信息共享和"一网通办"；推进信息化新型基础设施建设，加快建立应急指挥系统；强化网络安全工作，切实保障个人信息和网络安全

资料来源：中华人民共和国中央人民政府、文化和旅游部官网政策资料。

（二）省级层面纾困政策概述

山东省在遵循国家纾困及复工复产政策基本要求并参考其他省份具体措施的基础之上，结合本省实际制定了帮助旅游企业渡过困难期，促进文旅产业健康发展，提振旅游消费信心的各项措施。与国家政策类似，省内对旅游企业的扶持政策主要集中于强化金融支持、减轻企业税负及经营成本压力、稳岗就业等方面，提出的措施如"对受疫情影响面临暂时性生产经营困难的中小企业，按规定经批准后可缓缴社会保险费，缓缴期最长6个月；受疫情影响较大的困难行业企业2020年度发生的亏损，最长结转年限由5年延长至8年；对受疫情影响、授信到期还款确有困难的中小微企业，银行机构和地方金融组织要通过适当降低利率、减免逾期利息、调整还款期限和方式，帮助企业渡过难关，不得盲目抽贷、断贷、压贷"等正是全面落实国家政策的体现。2020年2月18日，山东省人民政府办公厅发布《关于应对新冠肺炎疫情支持生活服务业批发零售业展览业及电影放映业健康发展的若干意见》中提出生活服务业就是指"指为满足城乡居民日常生活需求提供的各类服务活动，包括文化体育服务、教育医疗服务、旅游娱乐服务、餐饮住宿服务、居民日常服务和其他生活服务"，同样是从减税、稳岗、加大金融扶持三个方面着手为生活服务业健康发展提供保障。（参见表9）

2020年3月8日，省政府办公厅发布的《关于应对新冠肺炎疫情影响促进文化和旅游产业健康发展的若干意见》包含加大疫情防控力度、缓解企业经营压力、助推市场恢复活力、增强产业发展动力四个方面，不再是一味地强调给予资金、政策的支持，使市场主体存活下去，而是更加注重激发旅游市场活力，鼓励旅游企业以实行精准营销、升级旅游产品、加强消费引领等方式，政府以扶持重点项目、鼓励企业创新、承办公务活动、加强监管等方式来共同推动旅游业复工复产。2020年6月24日，山东省文化和旅游厅发布《关于进一步促进文化和旅游消费若干措施的通知》，提出实行八大行动来促进旅游消费，充分体现旅游业由被动走向主动，主动引领消费需求，刺激旅游消费，积极实行自救，更好更快地推动旅游市场复苏。

表 9　　山东省纾困政策

发布时间	文件名称	发布机构	主要内容
2020 年 2 月 4 日	《关于应对新型冠状病毒感染肺炎疫情支持中小企业平稳健康发展的若干意见》	山东省人民政府办公厅	强化金融支持、减轻税费负担、降低运营成本、加大稳岗力度
2020 年 2 月 17 日	《关于积极应对新冠肺炎疫情做好稳就业工作的若干措施》	山东省人民政府	对受疫情影响面临暂时性生产经营困难的中小企业，按规定经批准后可缓缴社会保险费，缓缴期最长 6 个月
2020 年 2 月 18 日	《关于应对新冠肺炎疫情支持生活服务业批发零售业展览业及电影放映业健康发展的若干意见》	山东省人民政府办公厅	加大减税降费力度、强化援企稳岗政策、加大金融支持力度
2020 年 3 月 8 日	《关于应对新冠肺炎疫情影响促进文化和旅游产业健康发展的若干意见》	山东省人民政府办公厅	加大疫情防控力度 缓解企业经营压力 助推市场恢复活力（对精品旅游、文化创意、乡村旅游等在建重点项目给予贷款贴息、股权投资） 增强产业发展动力
2020 年 3 月 23 日	《关于做好全省文化旅游企业金融支持服务工作的通知》	山东省文化和旅游厅 山东省地方金融监督管理局 中国人民银行济南分行 山东银保监局	明确金融支持范围 落实金融支持政策
2020 年 6 月 22 日	《关于推进现代农业与文化旅游融合发展加快促进复工复产的通知》	山东省文化和旅游厅 山东省农业农村厅	组织开展系列专项活动，加强现代农业与文化旅游融合发展，扎实推进行业复工复产
2020 年 6 月 24 日	《关于进一步促进文化和旅游消费若干措施的通知》	山东省文化和旅游厅	八大行动：市场信心提振行动、文化和旅游惠民消费季提升行动、乡村旅游促进行动、智慧旅游建设行动、夜间文旅消费集聚区打造行动、康养旅游发展行动、自驾游市场拓展行动、重大活动引领行动

续表

发布时间	文件名称	发布机构	主要内容
2020年9月11日	《关于金融促进文化和旅游产业发展的实施意见》	中国人民银行济南分行 中国银行保险监督管理委员会 中国证券监督管理委员	包括加大信贷支持力度、强化金融赋能文旅消费、探索多元化融资方式、建立完善工作机制四部分内容

资料来源:山东省人民政府官网及网络资料整理所得。

(三)旅游产业纾困政策总结

由于国家治理体系和危机应对机制等建设的日臻成熟,与以往相比,本次疫情发生后,国家层面和地方层面在出台应对疫情相关政策措施的反应速度、出台政策的系统性等方面的确是前所未有的,对广大旅游企业克服困难、渡过难关、顺利复工复产起到了非常重要的促进和保障作用。

精品旅游规划框架体系与内容创新

王旭科*

摘　要：本文以新发展理念为指导，以旅游供给侧结构性改革为主线，立足于旅游规划理念创新，推动山东精品旅游产业高质量发展。本文首先研究精品旅游规划技术框架体系，在分析规划技术重点的基础上提出“3131”精品旅游规划技术框架；其次以《山东省精品旅游发展专项规划》为例，就其规划内容作了深入的阐述；最后总结认为精品旅游规划对于推动精品旅游产业发展具有实践功效。

关键词：精品旅游规划；框架体系；内容创新

中共十八大以来，党和国家对我国经济发展转向高质量发展越来越重视。2015 年 10 月，党的十八届五中全会通过的《中共中央关于制定国民经济和社会发展第十三个五年规划的建议》①明确提出了创新、协调、绿色、开放、共享的新发展理念，实现更高质量、更有效率、更加公平、更可持续的发展的原则。十九大报告作出了“我国经济已由高速增长阶段转向高质量发展阶段”的重大判断，明确提出：“必须坚持质量第一、效益优先，以供给侧结构性改革为主线，推动经济发展质量变革、效率变革、动力变革，提高全要素生产率。”②本文贯彻中共中央、国务院关于高质量发展的重大决策部署，以新发展理念为指导，强调理念创新，强化精品旅游规划的框架体系和内容创新，对于推进山东精品旅游高质量发展具有重要作用。

一、精品旅游发展规划框架体系创新

（一）精品旅游规划技术重点

1. 精品旅游战略方向引导

在内外形势急速变化和市场经济全面渗透的今天，精品旅游规划的一项重要使命是

---

* 作者简介：王旭科（1974～ ），山东财经大学工商管理学院副教授。

① 参见《中共中央关于制定国民经济和社会发展第十三个五年规划的建议》，《人民日报》2015 年 11 月 4 日。

② 习近平：《决胜全面建成小康社会　夺取新时代中国特色社会主义伟大胜利——在中国共产党第十九次全国代表大会上的报告》，《人民日报》2017 年 10 月 28 日。

对接新旧动能转换重大工程，透过纷繁复杂的区域社会经济背景，在对规划地旅游产业结构、形态进行分析的基础上，以精品旅游产业发展为导向，提出深度战略前瞻与透视，以驾驭、规正和引领精品旅游产业向既定方向发展。

2. 精品旅游品质提升

旅游的本质在于对异地景观与环境的愉悦体验。精品旅游规划的本质在于加强和创造出这种特殊的愉悦经历，注重旅游产品品质提升和旅游服务创新，强调旅游目的地品位提升。

3. 解决精品旅游发展实际问题

区域旅游产业在低层次徘徊导源于旅游地的体制、政策、区位、交通、资金、环境等多方面原因。精品旅游规划将解决旅游地瓶颈问题，把发挥经世致用的效能放在重要位置，发挥保障力量，诊断出产业发展的瓶颈症结，修正存在的偏差。

（二）精品旅游规划技术框架

根据相关理论方法和实践经验，规划整体遵循精品旅游规划技术框架体系①——“3131”框架，即三个规划依据、一个规划总纲、三个规划主体、一个规划目标。三个规划依据，即发展条件、政策法规、产业走向；一个规划总纲即精品战略；三个规划主体，即增强新动能、推动品质提升、提升保障体系；一个规划目标即旅游效益，实现旅游经济稳步增长、综合效益显著提升、产业结构稳步提升、品牌影响持续提高、发展环境全面优化。

该技术框架以精品旅游系统为规划对象，有基础（规划依据）、有战略（规划总纲）、有战术（规划主体）、有目的（规划目标），是体例完整、前后呼应、相互匹配的规划结构。既有宏观思路（发展战略），又有中观发展（规划主体），体现了新动能、高品质、服务强为主体的精品旅游产业内容（见图1）。

---

① 参见王旭科：《区域旅游规划技术方法探讨》，《规划师》2004年第6期。

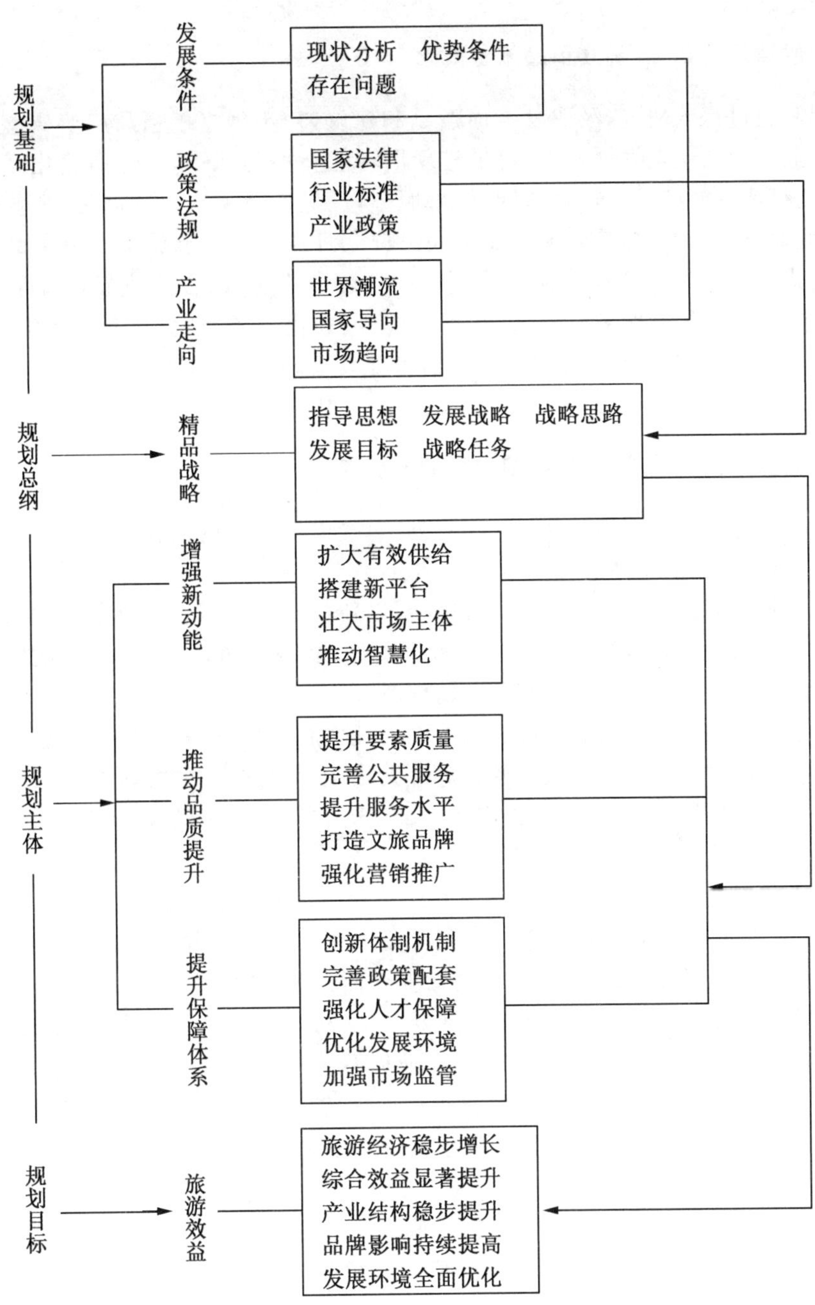

图1 精品旅游规划技术框架

二、精品旅游发展专项规划内容创新

依据精品旅游发展规划框架体系，并结合实际情况，本文以创新理念为指导，研究

《山东省精品旅游发展专项规划》[①]（以下简称《规划》）的主要内容。

（一）廓清理念认知，确立精品旅游概念

《规划》通过深入研究，汲取各方面意见和建议，初步确立了精品旅游概念。精品旅游是旅游业按照高质量发展要求，以推进新旧动能转换为抓手，通过精美化完善旅游环境、精致化打造旅游产品、精细化提升旅游服务，促进产业层次更加高端、产业结构持续优化、产业效益充分释放，最大限度满足人民群众日益增长的旅游消费需求的现代旅游发展新模式。精品旅游产业要以供给侧结构性改革为主线，以推进新旧动能转换为路径，优化产品供给、提升服务质量、创新管理模式、强化市场开发，壮大精品旅游规模，以旅游化和化旅游为双重导向，不断提升旅游产业发展现代化、集约化、智慧化、品质化、国际化水平。

（二）对接五大发展理念，制定前瞻性的发展战略

新发展理念就是指挥棒、红绿灯。《规划》对接中央提出的创新、协调、绿色、开放、共享的发展理念，制订前瞻性发展战略。

一是创新发展。以系统创新为综合路径，以新技术、新产业、新业态、新模式为手段，以新知识、信息技术、大数据等新生产要素为支撑，实现旅游产业发展的制度创新、机制创新、产品创新、管理创新、服务创新、营销创新。

二是融合发展。以“双化融合”为思维方式，以“旅游化”的思维推进旅游与其他产业的高度融合，推进“旅游＋”，实现旅游效益最大化；以“化旅游”的方法推进各个产业向旅游业渗透、融合，推进“＋旅游”，促进产业融合、部门融合、区域融合，实现城市建设、产业发展的效益多样化。

三是协同发展。以“精”“全”协同为发展路径，以精品旅游为核心动力，全域发展为综合载体，推动创建国家全域旅游示范省与促进精品旅游协同发展、同步推进、双重发力，以精促全，以全带精，实现山东省旅游产业全面升级、系统优化。

四是优质发展。深入贯彻高质量发展要求，推动旅游业发展方式从资源驱动型向产品创新、设施建设、服务提升驱动型转变，产业体系从观光为主的单一功能向观光、休闲、度假、体验综合功能的转型，区域旅游发展从项目建设、景区建设向目的地建设、品牌化方向转型，实现具有山东特色的产品、服务、管理、环境等品质提升。

五是共享发展。以人民为中心，全面增强区域旅游功能，补齐发展不平衡的格局短板，推动游客与居民之间共建共享、行业产业之间共建共享、城乡之间共建共享、区域之间共建共享，使游客能满意、居民得实惠、政府有税收、企业有发展，全域旅游发展成果惠及各方，实现全省旅游均衡性发展。

（三）依据十强产业定位，确立明晰的目标定位

首先，确立精品旅游发展总体目标。一是旅游经济稳步增长。到 2022 年，旅游产业

---

① 参见山东省人民政府：《山东省精品旅游发展专项规划（2018～2022 年）》（鲁政字〔2018〕256 号），2018 年 11 月 2 日。

在全国的地位稳步提升，各项指标位居全国前列，全省年接待国内外游客突破11亿人次，旅游消费总额突破1.5万亿元，国内人均消费达到1220元人民币，省内居民年人均出游次数达到6次。年接待入境游客超过630万人次，入境游客消费达到40亿美元。二是综合效益显著提升。到2022年，旅游休闲产业增加值达到8000亿元，占GDP比重达到8%。对税收的综合贡献率超过10%。旅游产业直接和间接就业人数达到750万人，带动30万贫困人口实现脱贫增收。实现旅游业的共建共享，提高人民群众的获得感、幸福感。三是产业结构更加优化。优化"吃、住、行、游、购、娱"六大产业要素，创新发展"文、商、养、学、闲、情、奇"七大产品要素，精品旅游产品开发、服务质量和管理水平明显提升，精品旅游基础设施和公共服务进一步完善，具有国际影响力的精品旅游产品更加丰富，精品旅游质量标准体系基本建立，新旧动能转换"5＋5"产业融合效应倍增。力争到2022年，国家级旅游度假区8家，5A级旅游景区18家，五星级饭店50家，高星级旅游区、酒店占比进一步提升，发挥精品引领示范作用。四是品牌影响力持续提高。"好客山东"品牌国际知名度显著提升，成为世界著名旅游目的地品牌；"十大文化旅游目的地品牌"美誉度日益彰显，具有较强的影响力和竞争力，在国内外有较高知名度和忠诚度，建立完整的旅游品牌体系。

其次，拟定精品旅游具体发展目标。提出突出高质量发展的具体要求，按照新旧动能转换总体方案的部署，确立山东精品旅游的质量体系。到2022年，按照发展现代优势产业集群的思路，立足新旧动能转换的三核空间，全省构建两个精品旅游业核心集聚区：济南省会城市圈精品文化旅游发展试验区，打造3000亿级的文化旅游产业集群；泛青烟海洋精品旅游发展示范区，打造5000亿级的滨海旅游产业集群。建设五大精品旅游发展高地，即曲阜东方圣城中国传统文化精品旅游发展高地，齐国故都齐文化精品旅游发展高地，沂蒙红色文化精品旅游发展高地，青烟威精品海洋旅游发展高地，黄河三角洲生态文化精品旅游高地。建设20个旅游产业新旧动能转换暨精品旅游基地，20个精品旅游度假区，50个精品旅游景区，100个城市精品休闲旅游街区(社区)，200家精品旅游酒店，100个精品旅游特色村。按照"一年全面起势、三年初见成效、五年塑成优势，逐步形成新动能主导经济发展的新格局"的要求，分两个阶段部署。

(四)聚焦核心和关键，突出产品精品化打造

《规划》围绕供给侧结构性改革的总体要求，以产品创新带动消费升级，满足市场需求。

一是提出发展高端海洋旅游，借鉴国际度假旅游目的地发展模式，发挥山东优质沙滩资源优势，规划建设滨海休闲度假酒店集群，打造国际著名温带海滨度假连绵带。依托丰富的海岛资源，坚持一岛一品特色化开发，打造中国北方最大规模、最高品位的海岛旅游集群。建设青岛中国邮轮旅游发展实验区，威海、日照邮轮访问港和帆船(游艇)基地，开展烟台邮轮无目的地公海游试点。以烟台葡萄酒文化为主题，整合葡萄种植、葡萄酒庄、葡萄酒小镇等资源，培育世界著名"葡萄酒海岸"。

二是提档升级乡村旅游，推动乡村旅游产品、服务、环境、配套从"有"到"好"，培育产品多元、业态丰富、配套设施完善的精品乡村旅游，打造乡村旅游齐鲁样板。引导泰山、

蒙山、微山湖、东平湖、海岸线、齐长城、黄河、运河、沂河沿线地区乡村旅游集聚发展，重点培育一批精品旅游特色村、精品旅游小镇、精品创意农业旅游园区和精品乡村旅游度假区，带动形成一批百亿级、千亿级农村产业融合发展集群。实施精品民宿、精品乡村酒店和乡村旅游管理与服务品质提升工程，打造一批标志性、示范性乡村旅游精品项目，整体推动全省乡村旅游提档升级。

三是打造文化旅游精品，加快推进十大文化旅游目的地品牌建设，重点培育儒家文化、泰山文化、齐文化、运河文化四大文化旅游带以及古城文化旅游集群片区，打造曲阜东方圣城中国传统文化精品旅游发展高地和齐国故都齐文化精品旅游发展高地。全面统筹文物资源、文化艺术事业、文化艺术产业、非遗和传统民间文化与旅游融合发展，深度开发精品文化旅游产品。到2022年，力争文化旅游行业营业收入达到400亿元以上，在全省打造300个以上文化主题鲜明、设施配套完善的精品文化旅游景区。

四是提升城市旅游品位，按照精准化、精细化服务的要求，遵从宜居、宜业、宜游的愿景，提升全省城市旅游品位。积极发挥城市在历史、文化、科技、教育、产业、社区、公共服务等方面的优势，综合打造城市观光、休闲、娱乐、研学、体验等产品体系，重点建设城市精品旅游街区、精品旅游社区，形成各具特色的城市旅游品牌。依托中央商务区、特色建筑、历史遗存等打造核心吸引物，加大历史文化街区、特色风情街区、重大文化片区、重要开埠区、古街巷、百年老字号等特色资源的保护利用，打造具有地方特色的美食街、娱乐街、购物街等精品旅游街区。积极培育会展、商务、休闲、文化体验、康体养生等旅游业态，发展夜景、夜购、夜娱、夜休闲等旅游项目，打造夜旅游经济聚集区。

五是培育生态旅游产品。与国际保护组织或著名生态旅游景区运营商加强合作，以黄河三角洲为重点建设一批生态保护与旅游发展一体化的精品生态旅游示范基地和生态友好型旅游项目。在长岛和沿海的重点自然保护区，提升自然环境解说系统标准，发展精品小众生态旅游产品。支持将与人类活动密切相关、具有典型意义的垃圾焚烧、污水处理、人工湿地水质净化工程等作为旅游资源，发挥其环境教育大课堂的作用，探索发展高品质环保主题旅游。

六是铸造红色旅游经典。传承红色文化基因，培育红色旅游经典项目，以蒙山国家5A级旅游景区以及爱国主义教育基地为核心，打造全国一流的沂蒙红色文化精品旅游发展高地。以刘公岛、烟台山教学区、杨子荣纪念馆等胶东党性教育基地为代表，打造胶东红色文化旅游目的地。以铁道游击队文化园、台儿庄大战纪念地为代表，培育枣庄市铁道游击队和台儿庄大战红色旅游目的地。重点打造红色沂蒙红色旅游专线、山水圣人红色旅游专线、胶东红色旅游专线、济南红色生态之旅专线、渤海革命老区红色旅游专线、重温红色经典专线、鲁南红色旅游专线、华东地区解放战争主题游、聊城鲁西红色研学游、莱芜“红色记忆”系列展馆项目、冀鲁边抗日主题红色旅游胜地等线路产品。

（五）搭建新平台，促进相关产业高质量、高效益发展

积极推动旅游与相关产业融合发展，打造一批旅游新业态精品产品，提高旅游产业边际效益和其他产业附加值。

一是教育与旅游融合互动，发展研学旅行。依托各地的博物馆、旅游区、科技馆、风

景名胜区、典型文化景观、工农业产业园区和高校，规划建设精品研学基地。设计包含自然、文化、地理、历史、艺术、科技等多元化内容的研学活动课程，健全师资与教材、安全与管理体系，打造具有山东特色和优势的研学旅游产品体系。发挥山东儒学文化优势，重点围绕曲阜国际孔子学院总部基地和中华优秀传统文化传承发展示范区建设，打造国内外知名的精品研学旅游高地。

二是医养健康与旅游融合互动，发展康体养生旅游。挖掘道教养生文化，加快开发滨海疗养、森林康养、温泉浴养、研修康养等健康旅游业态以及高端健康体检、医学美容、养生护理、医疗保健等健康旅游项目，推动医养健康与旅游深度融合。建设一批集特色医疗、休闲度假、保健养生于一体的国际健康旅游服务综合体，开发中医药观光旅游、中医药文化体验旅游、中医药特色医疗旅游、中医药康复旅游等精品中医药康养旅游产品。以先进的医疗设施为基础，结合康体医疗的需求，提供医疗旅游服务，开发以预防衰老、强身健体的医疗技术为核心的疗养精品旅游产品。

三是通用航空与旅游融合互动，发展低空飞行旅游。完善政策措施，推动通用航空机场的审批建设，对标通用航空旅游服务标准，建设一批国内领先的精品低空旅游基地。依托通用航空机场，加强与民用机场的衔接，构建便捷、高端、专业的低空旅游交通体系。大力发展城市、著名景区和自然奇观的空中观光旅游，推出多种飞行器体验项目，丰富低空旅游产品。丰富精品旅游业态，建设航空运动主题公园和航空小镇等。提高主要航空节事活动的吸引力，举办特色飞行器表演与赛事等。

四是会展经济与旅游融合互动，发展会展旅游。积极引进会展组织品牌机构和领军人才，提升全省会展服务的专业化、国际化水平。重点加快济南、青岛等板块集群发展，发展高端会展经济，建设具有国际影响力的会展旅游目的地。依托中国(曲阜)国际孔子文化节、潍坊国际风筝会等，打造精品会展节事活动，促进会展旅游品质提升。合理规划会展旅游功能布局，完善“1+N”配套，即1个重点场馆、N个酒店配套设施建设。

五是推进旅游与现代高新技术产业、高端制造业、特色工业及工业遗产等融合互动，发展工业旅游。挖掘山东工匠精神，讲好山东工业故事，将青岛啤酒、海尔、张裕、东阿阿胶等工业企业打造成为国际知名的工业旅游品牌，将山东建设成为具有突出齐鲁地域风格、鲜明时代特征、完备品牌体系的国内外著名工业旅游目的地。完善旅游设施改造和环境提升，强化项目的体验性、参与性，重点建设工业博物馆、工业文化创意基地和工业产业园区、观光工厂等精品工业旅游产品。

六是体育与旅游融合互动，发展体育旅游。大力发展房车露营、帆船旅游、山地户外运动、冰雪运动等体育旅游业态。培育国家级体育旅游示范基地和精品赛事，支持各地举办一批高水平、高质量的运动主题赛事活动，进一步提升泰山国际登山节、黄河口(东营)国际马拉松赛、中国(日照)国民休闲水上运动会、威海国际铁人三项赛、青岛国际帆船周等赛事的国际影响力。

七是推进科技与旅游融合互动，大力发展科技旅游。提升旅游产品科技含量，大力培育精品科技旅游。开发多种类型以科学技术为主题的旅游产品，建设一批旅游科技场馆、旅游科技园区、旅游科普基地等精品科技旅游项目。推进以互联网、物联网、云平台、大数据为代表的现代科学技术在旅游产业中的应用，加大旅游设施设备的研发力度，提升旅游休闲产品科技含量。引导构建精品旅游技术创新联盟,推动跨领域跨行业协同创新,促进旅游发展与科技深度融合发展。

(六)加快协调推进,提高精品旅游要素质量

以“游、宿、食、购、娱”等要素为重点,加快多主体协调推进,提高精品旅游核心要素质量。

一是建设精品旅游区。实施旅游区管理与服务精品化建设工程,以国际前沿标准为依据,制定《好客山东精品旅游区管理与服务规范》,全面提升旅游区的管理、服务质量与运营水平,鼓励旅游区经营机构在标准化基础上创建具有自身特色的管理服务流程、技术规范、岗位手册等企业标准化体系。积极发展海滨度假、山地度假、滨湖度假等精品旅游度假区,提升国家级旅游度假区的旅游服务品质,完善高标准度假旅游设施,推动一批省级旅游度假区创建国家级旅游度假区,打造一批精品旅游度假区;推动创建国家5A级旅游景区,依托国家5A级旅游景区和重点文化旅游景区,打造精品旅游景区。

二是培育精品酒店。要全面提升旅游饭店业的管理水平和服务质量,以“好客精神”为文化主题,以开展“好客服务”行动为抓手,积极推进全省旅游饭店业的精品化建设。制定《山东省旅游饭店“好客服务”规范》,着力提升星级饭店管理水平和服务质量;引进一批国际顶级饭店品牌,推动全省旅游饭店业的国际化进程。高水平规划建设一批高星级酒店、高端度假酒店、文化主题酒店、乡村精品酒店、温泉酒店,形成布局结构合理、主题特色鲜明、文化元素独具的星级饭店发展体系。

三是打造精品餐饮。要实施鲁菜传承与创新发展工程,挖掘和宣传各地旅游美食餐饮资源,完善孔府菜、济南菜、胶东菜、运河菜、博山菜标准,打造好客山东鲁菜馆等鲁菜旗舰店,规划建设一批特色美食街区、鲁菜特色餐饮企业和名小吃品牌店,提高星级饭店鲁菜服务水平,推动鲁菜品牌高端化发展。到2022年,打造100家“精品鲁菜示范餐馆”。深度挖掘地方特色的名优小吃,开展“金牌小吃评选”活动,推动餐馆企业的品牌化发展,规划建设一批特色美食街区、地方小吃品牌店,在全省各地形成各具特色的地方名优特色小吃系列,打造“山东味道”“美食山东”齐鲁旅游美食品牌。

四是发展精品购物。实施“山东有礼”旅游商品认证和品牌体系建设工程,推动全省旅游商品研发、生产、经营品牌化、品质化发展,加强老字号、特色农产品、地理标志商品注册保护力度,提升地理标志产品品牌影响力,提升工业旅游购物品牌美誉度。实施“乡村旅游后备厢”工程示范基地建设,建成一批“山东省乡村旅游后备厢工程示范基地”。实施目的地、旅游景区文创商品研发工程,推动景区开发代表自身文化特色的标志性文创旅游商品。实施城市旅游商业街区示范工程,高标准打造具有山东特色的城市旅游商业街区体系。支持开设旅游商品旗舰店,与电商平台合作运营“山东有礼旗舰店”,打造“好客山东·山东有礼”旅游商品品牌,搭建山东旅游商品集散平台。

五是丰富精品娱乐。要培育壮大知名旅游演艺品牌,推出一批代表山东文化特色的地方戏曲经典剧目,丰富文化旅游演艺市场。推动非物质文化遗产、民俗展演、山东绝活等进景区、进度假区、进乡村旅游集聚区,推广“景区+游乐”“景区+剧场”“景区+演艺”等文化活动模式,在主要旅游城市、5A级景区、国家级旅游度假区打造常年演出的精品

文化旅游演艺项目。结合山东文化和气候特点,打造精品文化娱乐产品体系。

(七)深化旅游改革,完善精品旅游保障体系

要推进体制机制、旅游政策、旅游人才、发展环境、市场监管等方面的旅游综合改革,进一步完善精品旅游保障体系。

一是创新发展体制机制。《规划》提出建立健全党委领导下的精品旅游工作推进机制,转变政府职能减少政府对旅游市场进行干预,减少旅游行政审批,构建服务便民化体系,实现旅游审批事项"最多跑一次",降低市场主体的市场运行成本,促进旅游市场主体的活力和创新能力,为精品旅游发展创造良好的行政环境。

二是完善旅游政策。加大对精品旅游的支持力度,实施"以奖代补"政策,对"厕所革命"、五星级饭店、品牌连锁饭店、主题文化酒店、精品民宿、精品旅游小镇、旅游新业态等按规定给予奖励补助。精品旅游项目优先纳入各级新旧动能转换重大项目库,优先推荐申报国家级优选项目。改革完善旅游用地管理制度,推动土地差别化管理与引导旅游供给结构调整相结合。年度土地供应要适当增加精品旅游发展用地。对依托山林自然风景资源开发休闲度假、露营运动等精品旅游项目,探索灵活多样的供地方式。

三是强化旅游人才保障。《规划》提出实施"山东省旅游精英人才双千人计划"(含"山东省金牌导游""山东省旅游管理领军人才"等)。研究制定引进高端旅游人才、旅游领军人才落户山东的优惠政策。依托高校,以旅游和相关领域在岗优秀管理人员、高校高年级旅游管理类在校生为基础,有计划选拔、培养旅游精英人才;以优秀乡村旅游经营管理人员、回乡创业大学生等为基础,有计划选拔、培养乡村旅游领军人才。

四是优化旅游环境。贯彻落实"绿水青山就是金山银山"理念,坚持保护优先,严守生态环境保护红线,确保各类旅游开发符合自然保护区相关法律要求。

五是加强旅游市场监管。建立健全与交通、公安、卫生、食药、工商、物价、质监、城市行政执法等监管部门进行联合执法、联合办案的长效机制,提高旅游综合治理能力;建立旅游服务质量社会化监督队伍,健全旅游监督机制;建立健全"政府统一领导,部门依法监管,企业主体负责"的旅游安全责任体系,强化精品旅游安全保障;积极运用"好客山东旅游市场监管信息平台""12301"智慧旅游服务平台、"12345"政府服务热线以及手机App、微信公众号、热线电话、咨询中心等多种手段,健全旅游投诉机制;加强文明旅游教育,大力倡导文明旅游。

(八)强化实施责任主体,拟定规划分工任务

为保证规划的实施,拟定省直各个部门的分工任务,内容包括规划重点任务、责任部门和完成时限,保证规划未来的实施,增强规划的实际功效(见表1)。

表 1　　山东省精品旅游重点任务分工表

序号	重点任务	责任部门（单位）	完成时限
1	大力发展海滨、近海、深海休闲度假旅游，丰富高端海洋旅游产品	省文化和旅游厅、省自然资源厅、沿海各市政府	2022 年
2	实施精品民宿、精品乡村酒店和乡村旅游管理与服务品质提升工程，培育精品乡村旅游项目，打造乡村旅游齐鲁样板	省文化和旅游厅、省农业农村厅、各市政府	2022 年
3	策划打造十大文化旅游目的地品牌尖端放电项目，推动文化旅游项目建设，深度开发传统文化旅游产品，铸造文化旅游精品	省文化和旅游厅、各市政府	2022 年
4	推进济南、青岛、烟台等城市旅游项目和城市精品休闲旅游街区（社区）建设，提升城市节事活动，丰富城市旅游业态，培育城市旅游精品	省文化和旅游厅、省住房城乡建设厅，各市政府	2022 年
5	提升泰山、黄河三角洲、昆嵛山等生态旅游项目，发展高品质生态旅游	省文化和旅游厅、省生态环境厅，各市政府	2022 年
6	提升刘公岛红色教育基地、台儿庄大战纪念馆、孟良崮战役旅游区等一批红色旅游重点项目，培育 10 个红色旅游经典，建设红色文化传承示范区	省文化和旅游厅、省发展改革委，各相关市政府	2022 年
7	推动教育、通用航空、会展经济、科技、现代高新技术产业、高端制造业、特色工业及工业遗产与旅游融合互动，发展研学旅行、低空旅游、会展旅游、科技旅游、工业旅游产品。推进医养健康、体育与旅游融合发展，发展康养、体育旅游产品	省发改委、省经信委、省卫生健康委、省交通运输厅、省教育厅、省文化和旅游厅、省体育局、省中医药管理局、省科技厅、民航山东监管局、各市人民政府	2022 年
8	组建山东文化旅游集团，鼓励各市整合文化旅游资产资源组建文旅集团，重点培育一批全国一流的旅游企业集团和旅游知名品牌。引进国内外大型文旅企业落户山东，推动大型企业集团转型发展旅游休闲产业，大力推进规模以上旅游企业规范化公司改制，支持省内旅游企业上市。积极引导支持发展充满创新活力的旅游中小企业和旅游创客	省发改委、省国资委、省文化和旅游厅	2022 年

续表

序号	重点任务	责任部门(单位)	完成时限
9	基本建成旅游云计算大数据中心,支持“互联网+旅游”平台建设,全面利用新资源,实现“一机在手,畅游山东”	省经信委、省文化和旅游厅	2022年
10	实施旅游区管理与服务精品化建设工程,打造100个精品示范旅游区。全面提升旅游饭店业的管理水平和服务质量,培育200家“好客服务精品示范饭店”。实施鲁菜传承与创新发展工程,打造100家“精品鲁菜示范餐馆”。实施“山东有礼”旅游商品认证和品牌体系建设工程,培育200家“山东有礼”品牌店。培育壮大一批知名旅游演艺品牌	省经信委、省商务厅、省文化和旅游厅	2022年
11	到2022年,5A级旅游景区、国家级旅游度假区实现一级公路全覆盖。推动城乡基础设施与旅游设施的统筹与衔接,配套完善旅游集散中心、游客服务中心、旅游厕所、生态停车场、自驾车房车营地、游客中转站等旅游公共服务体系,安全有效运行。规范建设旅游引导标识体系,实施旅游“厕所革命”新三年计划	省交通运输厅、省公路局、省文化和旅游厅	2022年
12	研究制定旅游产业新旧动能转换暨精品旅游基地建设运营标准,评选精品旅游基地和精品旅游服务窗口,构建全覆盖的精品旅游标准化体系。实施旅游服务十百千工程	省文化和旅游厅	2022年
13	开发系列“好客山东”诚信品牌产品与服务,做大十大文化旅游目的地品牌,推进特色旅游城市品牌的打造,加强海洋、黄河、乡村、小镇、餐饮、购物等精品旅游产品品牌体系建设	省文化和旅游厅	2022年
14	制定“好客山东”品牌提升计划,加大国内外旅游市场营销力度,推进节庆活动市场化运作和国际影响力,打造精品节庆	省委宣传部、省文化和旅游厅、各市政府	2022年
15	建立健全党委领导下的精品旅游工作推进机制,转变政府职能,减少政府对旅游市场进行干预,减少旅游行政审批,实施“多规合一”	各市党委、人民政府,省自然资源厅	2022年

续表

序号	重点任务	责任部门(单位)	完成时限
16	加大对精品旅游的资金支持力度,鼓励有条件的市设立精品旅游发展基金。支持旅游企业上市融资。争取国际邮轮入境旅游团15天免签政策。出台扶持邮轮旅游发展的政策措施	省财政厅、省金融办、省文化和旅游厅、青岛市人民政府、烟台市人民政府	2022年
17	研究制定引进高端旅游人才、旅游领军人才落户山东的优惠政策。培养1000名旅游精英人才和1000名山东省乡村旅游领军人才。整合国内外、驻鲁各大院校与科研院所的旅游学术研究力量,搭建旅游产业发展研究平台	省人社厅、省教育厅、省文化和旅游厅	2022年
18	开辟生态环境保护与景观建设、旅游产品空间布局有机结合的齐鲁风景道。制定游客行为准则、自驾车旅游绿色出行方案等严格的规章制度,倡导全社会共同承担环境保护责任。推动改善机场、车站、码头、商业区等游客聚集地、城乡街巷的卫生状况和建设面貌,联合开展主要旅游线路沿线风貌集中整治	省自然资源厅、省交通运输厅、省住房城乡建设厅、省文化和旅游厅	2022年
19	建立健全与交通、公安、卫生、食药、工商、物价、质监、城市行政执法等监管部门进行联合执法、联合办案的长效机制。招募旅游服务质量社会监督员。建立健全"政府统一领导、部门依法监管、企业主体负责"的旅游安全责任体系。建成线上线下联动、高效便捷畅通的旅游投诉举报受理、处理、反馈机制。广泛开展"好客大使"文明旅游选树活动,深入开展文明行业创建和旅游志愿服务活动,改善行业风气	省文明办、省交通运输厅、省公安厅、省卫生健康委、省文化和旅游厅、省市场监督管理局、各市人民政府	2022年

现代治理体系下的旅游监管与执法

林德山*

摘　要:旅游服务质量是旅游业作为现代服务业的内在属性,是企业的核心竞争力,是衡量行业发展水平的重要指标。精品旅游作为现代旅游发展新模式,其顺应大众旅游时代消费升级新趋势,对旅游环境、旅游产品、旅游服务提出了更高要求,同时也为旅游执法和监管提出了新课题。山东旅游执法与监管在队伍建设、制度机制、执法保障和运行机制等方面取得了新发展新成效,健全了社会监督、舆论监督、联合执法三个机制,基本建成了权责明确、执法有力、行为规范、保障有效的旅游市场综合监管机制,有效净化了旅游市场消费环境,保障了文化旅游融合发展、高质量发展,整体工作走在全国前列。

关键词:现代治理体系;精品旅游;综合监管;协同治理

为适应新时代发展新要求,实现"决胜全面建成小康社会、开启全面建设社会主义现代化国家新征程中走在前列"①,山东省提出建设"新旧动能转换综合试验区"。2018 年 1 月 3 日,国务院批复《山东新旧动能转换综合试验区建设总体方案》(国函〔2018〕1 号),精品旅游作为"十强产业"之一正式登场。精品旅游作为一种现代旅游发展新模式,其顺应大众旅游时代消费升级新趋势,对旅游环境、旅游产品、旅游服务提出更高要求,同时也为旅游执法和监管提出新课题。

加强旅游服务质量监管、提升旅游服务质量是推进旅游业供给侧结构性改革的主要载体,是旅游业现代治理体系和治理能力建设的重要内容,是促进旅游消费升级、满足人民群众多层次旅游消费需求的有效举措,是推动旅游业高质量发展的重要抓手。② 精品旅游产业的执法和监管有利于规范行政行为、市场行为和社会行为,在加强旅游市场综合整治、打击旅游失信行为、提升"好客山东"品牌价值和影响力等方面发挥了重要作用,已经成为现代社会治理体系的有机组成部分。现代社会治理体系是与国家治理体系相

---

* 作者简介:林德山(1979～),日照职业技术学院人文与旅游学院副教授。

① 《山东省人民政府关于印发〈山东省新旧动能转换重大工程实施规划〉的通知》(鲁政发〔2018〕7 号),2018 年 2 月 13 日。

② 参见《文化和旅游部关于加强旅游服务质量监管　提升旅游服务质量的指导意见(征求意见稿)》,2021 年 4 月 15 日。

统一的以公共社会事务为主要内容的治理体系。[①] 为适应现代社会治理体系建设需要，我国先后建设了五支综合执法队伍。2018 年，旅游市场执法职责和队伍整合划入文化市场综合执法队伍，行使旅游市场行政执法职责，这从顶层设计上保障了旅游执法"合法化"。山东旅游执法与监管在队伍建设、制度机制、执法保障和运行机制等方面取得了新发展新成效，健全了社会监督、舆论监督、联合执法三个机制，基本建成了权责明确、执法有力、行为规范、保障有效的旅游市场综合监管机制，有效净化了旅游市场消费环境，保障了文化旅游融合发展、高质量发展，整体工作走在全国前列。

一、旅游执法与监管现状

(一)实施文化市场综合执法

2017 年 9 月 21 日，《大众日报》受权发布山东省委办公厅、省政府办公厅印发的《关于进一步深化文化市场综合执法改革的实施意见》，随后全省各市陆续出台实施意见，均成立领导小组，执法经费、能力建设经费全部列入同级财政预算，市级执法人员基本实现参公管理。2019 年 12 月 12 日，山东省文化和旅游厅正式印发《山东省文化市场综合执法行政处罚裁量基准》，包括文化、文物、旅游三大部分 192 项内容，修订规范了各项行政处罚事项的违法行为、法律依据、违法情节、违法程度和处罚标准，进一步规范了行政执法行为，保障了行政处罚自由裁量权的公正行使。山东省文化和旅游厅全面推行行政执法"三项制度"，制定印发《山东省文化和旅游厅全面推行行政执法公示制度执法全过程记录制度重大执法决定法制审核制度实施方案》，明确了推行范围、工作步骤和工作要点，并研究制定了实施的具体办法[②]；分批举办全省文化市场综合执法培训、监管与执法实务培训和执法办案能力培训班，承办全国第四批第二阶段演出市场以案实训活动，开展文化市场综合执法案卷评查；遴选年度文化市场综合执法重大案件，获得"优秀案卷"1 个，"规范案卷"2 个，2 起重大案件受到文化和旅游部通报表扬。烟台市受国家文化和旅游部委托起草《文化市场综合行政执法人员执法资格认证和执法证件管理办法》顺利结题，其中"包价旅游合同与旅游代订合同法律性质分析"标准化课题，入选文旅部 30 个"文化市场综合执法规范化课件"。

(二)稳步推进"放管服"改革

进一步优化审批流程，精简压缩审批事项，提高办事效率。原省文化厅 13 项行政审批事项全部进入省级政务服务大厅，形成 13 张"一张表单"；实施"一次办好"，将 13 项依申请服务颗粒化，细化成 66 项具体办事项，精简材料清单、削减证明材料、压缩办理时限、降低办事成本，不断优化营商环境。在全省 29 个国家级功能区开展"证照分离"改革试点工作，制定《设立经营性互联网文化单位审批及事中事后监管方案》等 7 项工作方

---

① 参见杨述明：《现代社会治理体系的五种构成》，《江汉论坛》2015 年第 2 期。

② 参见山东省文化和旅游厅：《山东省文化和旅游厅 2019 年度法治建设工作情况》，2020 年 3 月 27 日。

案，建立改革试点工作台账，积极推进行政审批规范化建设。原旅发委外商投资旅行社业务许可事项、省内旅游团队赴俄罗斯免签手续、外国人来华旅游邀请函等3项政务服务事项全部优化审批流程，全面提高了办事效率。原省文物局全面梳理122项行政权力事项（含子项）和15项公共服务事项，确定依申请事项47项，共拆分办理项62项，全部纳入"一次办好"事项清单，占全部依申请事项的100%。其中承诺零跑腿和全程网办事项48项，占全部"一次办好"事项的77.4%。积极推进"一窗受理""一站审批"、线上线下融合、"邮寄受理"等便民化措施，大幅提升审批效率和服务质量。2019年，完成涉外演出审批610场次，演出经纪机构设立审批125家，网络文化经营单位设立、变更、备案56家，文物类许可事项332件，接听群众咨询、求助电话4000余次，网上解答群众咨询、求助100余项[①]；文化市场综合执法机构共出动检查28万人次，检查经营单位8.6万家次，办结案件2974件。[②] 大力优化审批服务，全面推行"店小二式服务"和"保姆式服务"，对部分事项实行容缺办理。2020年，省级行政权力下放事项共29项，涉及受委托单位69个（16市文旅局、11市审批局、济青烟3个自贸区、上合示范区、青岛西海岸新区和37个国家级功能区）。[③] 深入推进"减证便民"措施，制定省文化和旅游系统证明事项通用清单15项、编制实施清单13项，并向社会公示，方便群众办事。

（三）加强文化和旅游市场监管

2019年11月，山东省文化和旅游厅印发《山东省文化和旅游系统"双随机、一公开"监管实施细则》，编制"双随机、一公开"监管随机抽查事项清单，落实"不罚清单""轻罚清单"，持续优化营商环境、减轻企业负担。建立省级执法检查人员名录库、检查对象名录库，全面推行文化和旅游领域"双随机、一公开"监管。狠抓旅游安全监管，严格落实安全生产责任制，不断强化企业安全主体责任，积极开展隐患排查整治，未发生较大以上旅游安全事故。研发推广网吧上网实名身份认证系统"文旅通App"，开展了旅游市场、营业性演出市场、网络表演市场、打击治理旅游领域跨境赌博等八大专项行动。仅2020年，全省共出动执法人员34.8万人次，检查经营单位12.5万家次，办结案件2864起。常态化开展四轮"体检式"暗访，督促整改问题9类2300余条。

强化制度建设。建立了全省文化和旅游市场考评机制和月通报制度。2020年7月，山东省文化和旅游厅出台了《山东省文化和旅游市场暗访工作规范（试行）》《山东省文化和旅游系统"三书一函"办理规定》等制度，为文化和旅游市场秩序的长效常治奠定了良好基础。强化文化市场综合行政执法改革，与省委宣传部、省委编办、省司法厅等7部门联合印发文件，推进文化市场综合行政执法改革，进一步厘清了职责、权限，理顺体制。

强化旅行社市场动态管理。2019年，下达责令整改书50起，7家旅行社被吊销行政许可。加强星级饭店质量监管，取消星级饭店27家、限期整改57家。建设全省重点景区客流监测与指挥调度平台，实现对全省300个重点景区的实时客流监测与预警。

---

① 参见山东省文化和旅游厅：《2019年山东省文化和旅游工作总结报告》，2020年1月14日。

② 参见山东省文化和旅游厅：《山东省文化和旅游厅2019年度法治建设工作情况》，2020年3月27日。

③ 参见山东省文化和旅游厅：《2020年省文化和旅游厅工作总结》（征求意见稿），2021年1月18日。

（四）建设文化和旅游信用体系

2020年7月，山东省文化和旅游厅出台《山东省文化和旅游信用管理办法》《山东省文化和旅游市场黑名单管理办法》。省级旅游诚信基金100万元已列入2021年财务预算。建立健全诚信文旅企业隔年抽查机制，创新实施轻微或一般违法失信积累关注办法。探索加强社会化监督，启动服务质量社会化监督项目，建立社会化监督队伍，完善监督机制，累计发现处置各类服务质量问题和意见建议1500余条。推进文明旅游志愿服务活动，强化志愿者队伍建设，全省旅游志愿者注册人数达2万余人，位居全国前列。“做文明游客，扬君子之风”文明旅游项目入选中国旅游志愿服务“先锋项目”。济南旅游啄木鸟志愿服务项目获评2020年全国文化和旅游志愿服务线上大赛一等奖。

二、旅游监管与执法经验总结

山东省精品旅游要求到2022年，“山东旅游产业发展的动能转换基本实现，形成创新驱动型发展模式，全面形成较为完整的现代旅游经济体系”[①]，并且对旅游经济、综合效益、产业结构和品牌影响力提出了具体要求。山东省精品旅游执法与监管主动作为，应对开放、多元、无边界的旅游市场新形势，实现了依法监管、综合监管和创新监管，综合治理能力大幅提高、监督机制进一步健全、精品旅游安全保障得以强化、多渠道旅游投诉机制基本健全。

（一）依法实施旅游市场监管

现代社会治理体系下，综合监管机制的创新是旅游业供给侧管理制度创新的重要举措，而旅游市场综合监管的刚性支撑就是法律制度。山东省精品旅游执法与监管充分运用《旅游法》《价格法》《民法通则》《合同法》《侵权责任法》《公司法》《反不正当竞争法》《价格法》《消费者权益保护法》等法律，以及《旅行社条例》《导游人员管理条例》《出境旅游管理办法》《山东省旅游条例》等法规，做到了依法执法、依法监管。借力使力、借法执法是旅游市场监管规范的成功经验，《旅游法》出台后监管规范旅游市场更成为各有关部门的法定职责。通过司法机关运用司法手段对旅游市场进行规范调整，由旅游者和旅游经营者依据合同、合同法和民事法律法规实行自治调节，成为越来越重要的监管途径。

在具体实践中，山东省旅游行业执法与监管部门也出台了系列政策，来补充完善监管体系，如《山东省文化和旅游系统“双随机、一公开”监管实施细则》《山东省文化和旅游市场暗访工作规范（试行）》《山东省文化和旅游系统“三书一函”办理规定》《山东省文化和旅游信用管理办法》《山东省文化和旅游市场黑名单管理办法》。依法处罚违法行为是规范旅游市场的科学道路，因为“规则是通过处罚建立起来的”。在现代治理体系中，通过处罚不遵守规则者，来规范约束旅游从业者遵守规则以规范社会经济运行和发展秩

---

① 《山东省人民政府关于印发〈山东省精品旅游发展专项规划（2018～2022）〉的通知》（鲁政字〔2018〕256号），2018年11月2日。

序,是法律赋予监管部门的职责,是解决旅游市场监管"难度大、投入多、效率低、效果差"的有效途径,从立法执法层面保障了山东精品旅游产业的高效运行。

(二)顶层设计构建旅游市场综合监管与综合治理体系

尽管各级旅游行政部门是旅游市场最主要的监管规范主体,但法律法规从来都主张按照职能,采取分工协作的方式,形成多部门、多环节、各方面共同监管的局面,《旅游法》更是强调各级政府相关部门对旅游市场进行共同监管。在实践中,旅游行政执法在执法领域、执法对象、执法手段和执法力度上均有一定的局限性,多数旅游投诉和旅游违规案件都要协调相关职能部门共同处理和解决。山东省在实践操作中根据上级部署进一步完善了旅游综合协调机制职能,强化联合执法、共享工作信息、互相支持配合,形成合力促进精品旅游发展,促成旅游监管从行业监管走向综合治理,综合治理能力显著提升。各市实施旅游综合执法改革,基本建立"1+3+N"旅游综合执法管理体制,设立1个旅游委员会,旅游警察、旅游市场监管、旅游巡回法庭等3个综合治理机构和N个旅游监管服务机构(如旅游调解等)。

根据中共中央办公厅、国务院办公厅《关于深化文化市场综合行政执法改革的指导意见》等文件要求,整合原省文化市场稽查队、原省旅游监察总队,组建省文化市场综合执法监察局,指导、监督、协调全省各级文化旅游市场综合执法队伍开展综合执法工作。进一步解决扰乱旅游市场秩序、侵害旅游者权益等突出问题,山东省人民政府办公厅出台《山东省人民政府办公厅关于贯彻国办发〔2016〕5号文件加强旅游市场综合监管的通知》(鲁政办发〔2016〕48号),明确旅游市场监管设计部门涵盖旅游、公安、工商、交通运输、商务、税务、质检、物价、网信、人社和宗教等16个部门。随着机构改革与调整,山东省旅游执法监管逐渐建立健全与交通、公安、卫生健康、市场监管、城市行政执法等监管部门进行联合执法、联合办案的长效机制。根据"政府主导,属地管理,部门联动,行业自律,各司其职,齐抓共管"原则,进一步强化了部门与地方的衔接配合,形成上下联动、条块结合的旅游监管链条。开展各类专项治理行动,实施明察暗访,严厉打击了不合理低价游、强迫或诱导消费、非法从事导游执业活动等各类违法违规经营行为。坚持公开透明、严查重处的原则,及时妥善解决人民群众关心的热点涉旅问题,全力维护"好客山东"品牌形象。

(三)"互联网+监管"健全执法监督机制

智慧文旅是山东精品旅游的重要内容。大数据时代,数字经济使文化和旅游市场监管发生诸多转变:监管对象从少量企业转到海量企业或个人;监管行业从单行业转到跨行业;监管地域从本地转到跨地域;监管手段从实地巡查转到线上监管等。山东精品旅游执法与监管通过建立政府、平台、企业、网民共同参与的治理机制,加强了政企合作。山东发挥"12301"智慧旅游服务平台作用,推动全国旅游监管服务平台和"好客山东"旅游市场监管信息平台对接使用,构建国家、省、市、县四级互联的网上政务平台,实现导游证核发、市场监管等旅游政务服务网上一站式办理,提升全省旅游智慧化监管水平。

部分市综合建设旅游大数据平台,整合社会综治部门的"雪亮工程"、公安系统的"天网工程”、交警道路监控系统、应急救援指挥监控、数字化城管监控、旅游景区监控、大项目建设系统等七大视频监控系统，与旅游信用管理、执法监管指挥体系融合，对景区、旅游通道、乡村旅游点及涉旅外围环节实时全面监控，对道路、景区等区域的突出情况及时掌握，超前研判、快速处置，为旅游市场执法监管、突发事件应急智慧、车辆和人员分流疏导提供强有力的技术支撑。

建立山东省旅游服务质量信息发布平台，定期向社会发布旅游服务质量暗访情况报告，曝光质量问题和典型案例，确保舆论监督取得实效。建立和完善旅游企业和从业人员的诚信档案。开展覆盖旅游各要素的全省旅游市场服务质量满意度调查，并定期出具调查报告和全省旅游服务总体情况调查报告，指出省内旅游市场服务质量存在的问题，提出整改意见，提升游客满意度。

（四）宣教管罚并举，守牢精品旅游安全底线

安全是旅游的底线，没有安全也就没有旅游“幸福产业”，也就满足不了人民群众美好生活的需求。

山东省旅游执法与监管全面落实“属地管理，部门监管，企业主体，员工岗位”四方责任，建立了横向联动、上下畅通的假日安全保障联动机制。各地按照安全生产隐患大排查大整治活动“全覆盖，起底式，零容忍”的要求，重点突出公共文化场馆、A级景区、影院、娱乐场所、互联网上网营业服务场所等人员密集场所和消防安全、流量管控、特种设备、旅游包车等重点环节，集中排查安全隐患，对发现的问题建立台账，整改一处，销号一处，坚决守住安全生产底线。加强安全值班值守，严格执行领导干部带班和关键岗位24小时值班制度。扩大旅游保险覆盖面，为游客营造安全、高效、放心的旅游环境。

山东省旅游执法与监管落实“首问负责制”，及时高效处理游客投诉和咨询。积极运用“好客山东”旅游市场监管信息平台、“12301”智慧旅游服务平台、“12345”政府服务热线以及手机App、微信公众号、热线电话、咨询中心等多种手段，形成线上线下联动、高效便捷畅通的旅游投诉举报受理、处理、反馈机制，做到及时、公正、规范、有效，提升旅游投诉处理质量。青岛等重点旅游城市建立了游客消费纠纷先行赔付制度。在4A级（含）以上旅行社设立首席调解员，确保能够在第一时间公平公正解决旅游纠纷，依法维护旅游经营者和旅游者的合法权益。

除上述经验做法之外，山东省精品旅游执法与监管建立旅游服务质量信息发布和曝光平台，扩大旅游“红黑榜”应用。宣传推广《山东省文明待客100条》《山东省文明旅游100条》，大力弘扬文明旅游风尚，提升游客文明旅游素质。通过各项政策与实践，山东省旅游行业服务质量意识和管理水平不断提升，监管能力进一步增强，有效保障了精品旅游高质量发展，维护了游客合法权益，旅游市场秩序进一步规范。在成绩斐然的同时，我们也清醒地认识到山东省旅游执法与监管还存在较大的提升空间，如综合监管机制效率与效能需要进一步提升，执法监管地方、行业标准不足，旅游安全监管责任边界有待进一步明晰，监管品牌知名度和美誉度不强、监管人才不足、监管手段不硬、质量持续提升动力不足等问题依然突出，个别市尚无旅游执法监管的专业队伍，现代技术执法监管能力有待完善等。

三、旅游监管与执法对策建议

毋庸置疑,旅游执法与监管已经成为山东省精品旅游发展的重要保障措施。现行旅游执法与监管机制对于旅游乱象的整治发挥了重要作用。但是,在旅游环境改善与发掘旅游市场潜在活力的同时,也要警惕旧有机制让改革流于形式。各级政府和主管部门公布的旅游投诉情况以及负面舆论事件层出不穷等现实状况表明,旅游市场的混乱局面依然令人十分担忧,现行旅游市场执法与监管尚有进一步优化的迫切需要和较大的改进空间。从学术角度来看,由于西方国家旅游市场监管相关的专门性研究较为罕见,而国内研究多是探讨旅游市场监管存在的问题、原因以及对策,缺少从理论层面进行的规范性和系统性研究,其研究成果难以为现在的旅游市场监管实践提供有效指导。

为此,本研究在深入调研山东省执法与监管的基础上,对旅游市场监管问题进行探索性研究,从现代治理体系建设和协同治理视角出发,提炼影响旅游市场监管目标实现的环境要素,构建旅游市场创新型监管体系。本研究可以丰富旅游市场监管的现有研究内容,补充与发展旅游市场监管领域的相关理论,还可以为山东省旅游市场监管实践提供有效指导,促进市场运行的监管规制不断趋于合理化,推动山东乃至我国旅游业健康可持续发展。

(一)构建全面现代旅游治理体系

现代社会治理体系是与国家治理体系相统一的以公共社会事务为主要内容的治理体系。按照组织行为学的基本原理,它包括组织体系、制度体系、运行体系、评价体系和保障体系五种基本构成。① 作为现代治理体系的组成部分,就宏观而言,旅游执法与监管同样包含这五种体系内涵;但在实践层面,由于执法与监管各个环节中均含有评价内容,"善治"已经内化为旅游治理体系的精神追求和自觉行动,所以在探讨现代旅游治理体系构成时主要阐发旅游监管组织体系、旅游监管制度体系、旅游监管运行体系和旅游监管保障体系。

1. 旅游监管组织体系

构建完善的监管组织体系是旅游社会治理的首要问题。为适应"社会管理型"向"社会治理型"转变的趋势,当前构建旅游治理组织体系最重要的任务还是要围绕公共权力体系深化改革。山东省文旅厅设置执法督察处,负责文化、文物、出版、广播电视、电影、旅游行政执法指导监督,大案要案督办,跨区域重大案件查处和组织协调等工作。根据机构设置有关要求,成立了山东省文化市场综合执法监察局。各市基本成立了市级文化市场综合执法支队,并且在市文化和旅游局设置执法督查科。随着全域旅游推进,各地综合整治旅游市场的"1+3+N"监管基本形成。

构建现代旅游监管组织体系,应该坚持政府政策法规和行政主导、社会经济组织深入参与和现代技术手段科学运用的原则,加快网络化的社会"第三方"咨询、评价和监督

---

① 参见杨述明:《现代社会治理体系的五种构成》,《江汉论坛》2015年第2期。

体系建设。旅游执法与监管要建立正确的“强政府”现代理念，健全强有力的行政执行系统，提高政府执行力和公信力。

2. 旅游监管制度体系

制度体系是旅游执法与监管的依据。现阶段需进一步完善法律法规体系。“法律是治国之重器，良法是善治之前提”。社会治理的基本制度体系是由国家治理的基本法律制度所构成的，它是社会治理的根本制度，具有普适性、稳定性、基础性和衍生性。正如山东省旅游行业协会会长王德刚教授所言：“旅游业涉及领域广，需要集中治理力量，共同推动旅游综合执法治理机制的建立。主要是通过法律法规使旅游业更规范，形成更有秩序、更公平的旅游市场开发与竞争机制，根本宗旨应是依法兴旅。”①

目前，山东省旅游执法与监管主要依据是《旅游法》和《山东省旅游条例》，以及其他主要涉及市场主体、民事行为和行政执法的法律法规，但就现有的制度体系而言，其内部尚存在不一致性和冲突，仅有各个部分的构成还不够，还要有体系建构的规则和机制，否则，即便完全做到有法可依，也会因为制度冲突的内耗而无法正常运行。另外，制度体系还需要随着社会现实需求的变化而逐步发展完善，在内部及其与外部环境的矛盾运动中走向均衡和谐。

3. 旅游监管运行体系

运行体系是旅游监管社会治理的现实路径，其主要体现在旅游综合监管治理方面。综合治理是全国旅游治理实践中总结出来的一种重要的治理方式，也是从上而下的安排部署，具体就是在党委、政府统一领导下，在充分发挥专业部门作用的同时，组织和依靠各部门、各单位和人民群众的力量，实现从根本上预防和治理旅游失范行为、化解旅游矛盾纠纷、维护旅游市场秩序的系统工程。旅游综合监管强调治理主体多元性、治理手段综合性和治理目标多向性。综合治理既有源头治理，又有合作治理；既有重点治理，又有全面治理。

以青岛市崂山区为例，组建区文化和旅游发展委员会，由区委书记担任党工委书记，下设 11 个职能处室，并在区内 5 个街道办事处均设立旅游服务中心，构建区街联动的旅游综合管理体制；成立全区旅游秩序综合整治领导小组和旅游市场监管所、旅游巡回法庭、景区食药所、景区行政执法大队和景区交通运输管理所 5 个专业旅游执法机构，以及多个联合执法、假日投诉、重点景区整治办公室；成立旅游安全生产委员会，建立“两体系一平台”旅游安全监管机制，扎实开展旅游安全“大快严”行动；建立旅游企业约谈机制，健全旅游诚信体系。所以，旅游综合监管治理无论是理论探索还是社会实践都具有鲜明的中国特色和久远的生命力。

4. 旅游监管保障体系

保障体系在旅游监管中起着统筹、互动和支撑作用。当前，旅游监管保障体系主要应围绕统筹体系、人才体系、监督体系和支撑体系等四项关键内容建设。党的十八大报告提出“要围绕构建中国特色社会主义社会管理体系，加快形成党委领导、政府负责、社会协同、公众参与、法治保障的社会管理体系”，其中“党委领导、政府负责”就是明确强调

① 郭旗：《山东综合整治旅游市场“1＋3＋N”监管初步形成》，《中国旅游报》2016 年 8 月14 日。

党委、政府的战略统筹地位与作用。旅游监管具有相对独立性，不仅需要独立的制度设计，更需要能够体现时代性的人才队伍作保证。人才体系主要集中于旅游执法与监管、旅游市场与产业新型智库建设、第三方专业人才与相应技术专业化领域。旅游监管还要强化各级人大的监督职能、政协和人民团体的民主监督和社会舆论监督。支撑体系主要体现在财政支撑方面。

除了上述体系之外，任何有利于旅游业发展的监管手段都应该拿来为旅游业的发展服务。如行业协会的设立就是一种典型的行业内部管理手段，通过行业协会的行业内部规范管理可以从多角度、多层次制定具体的管理网络，而且可以更加完善管理网络的职能，具体包括执行职能、监督职能、政策制定职能等等。① 行业协会是市场与政府的桥梁，具体监督各个旅游企业与机构对于国家旅游政策的执行情况，并且可以通过行业自律等进一步规范旅游行业。

现代旅游治理体系的四种基本构成中，组织体系是主体，制度体系是依据，运行体系是路径，保障体系是支撑。它们既相对独立，又互为一体，从而架构起治理社会的互为前提、互相制约与互相推动的旅游社会监管网络。

（二）精品旅游的综合监管与协同治理

综观全国旅游综合监管，在理论和实践上确已取得一定成效，这从近年来市场乱象的遏制及《国务院办公厅关于加强旅游市场综合监管的通知》等文件的颁布实施可见一斑，但事实上旅游市场综合监管并未完全脱离传统的政府管理模式，即过度依赖政府。无疑，过度依赖政府这一关键行为体的传统管理模式在实践中必然会造成监管主体单一、社会参与不足等问题，而在公共问题的解决、决策冲突的化解以及公共服务的供给等方面的治理过程中积极寻求政府与相关利益主体的对话、协商与合作，并在此基础上形成多元参与治理格局已是大势所趋。② 协同治理作为一种决策冲突化解、公共服务供给结构，表现为政府部门、社会组织及其他利益相关主体，为了制定与执行公共政策或管理公共项目与财产所进行的纵向与横向的沟通与协调。③

1. 加强立法科学性，以刚性条款为监管部门限权定责

面对旅游市场乱象治理的需要及职权分散化、碎片化引发的冲突，立法部门应当制定一些明确且操作性强的刚性规范来对旅游市场监管部门的行为加以正面引导。例如，完善监管部门所适用的法律规范，以被执法对象的违法行为作为标准划分职能范围，对旅游市场中的常见违法行为及其处罚、执法经常适用的条文加以细化；运用信息化手段提高旅游市场监管、执法水平和投诉处理能力，并建立投诉受理、执法工作的有效协同联动机制，落实各部门职责，强化责任追究。此外，还可根据《关于推行地方各级政府工作部门权力清单制度的指导意见》等文件精神，在权力运行的链条中采取立法的形式划定部门和市场治理边界，即通过推动负面清单制度的实施，逐步建立限权式的公权力运行模式，明确列举旅游市

---

① 参见朱晓辉、符继红：《现代治理体系下旅游管理体制改革的创新研究》，《管理世界》2015 年第 3 期。

② 参见詹国彬：《社会治理体制拓展政府治理新格局》，《中国社会科学报》2013 年 12 月 13 日。

③ 参见张贤明、田玉麒：《论协同治理的内涵、价值及发展趋向》，《湖北社会科学》2016 年第 1 期。

场监管部门的职权事项。[①] 通过消费者监督与管理体系可以了解最直接的执行机构的实际执行情况，相关的机构通过消费者的反馈对这些部门的具体工作进行指导。在实际情况中，各个旅游企业存在着实际的利益竞争关系，这就会导致一些企业不遵守市场规则，存在一些有违公平竞争的行为，这些行为都严重影响旅游行业的发展。

2. 探索建构"检察机关＋社会组织＋公民"的多元旅游公益监管模式

庞大的旅游业及建基于其上的旅游市场，所要涉及的不仅限于个体权利保护，更关乎旅游地环境、消费者权益等公共利益的维护。对此，在现代国家权力体系中拥有丰富执法资源的行政部门是法定的首要主体。然而行政权并非万能，在权力有限性、政府绩效考虑等种种复杂因素的制约下，难免会出现行政部门不愿或不能执法的情形，这时引入旅游公益诉讼弥补行政执法盲区，把旅游领域公共利益维护纳入司法范畴，不失为旅游市场综合治理的一大良策。检察机关无疑是旅游公益诉讼人的首选，尤其在"互联网＋公益诉讼"模式兴起的今天，其能够借助人工智能、大数据、区块链等技术，以多元渠道快速获取旅游公共利益受损的线索及时诉讼止损。[②]

旅游协同治理，必须兼顾市场各相关利益者。[③] 需要着力完善监督制度、畅通监督渠道、优化监督流程，建立高效监督反馈机制；充分发挥行业组织、旅游及相关企业、旅游者、旅游服务质量社会监督员和旅游志愿者等的监督作用，拓宽沟通渠道，加强社会公众参与监督的责任感与热情，形成各主体和客体的良性监督互动；媒体作为各利益相关者监督的重要媒介，应利用客观公正报道以引领市场经济下的规则意识。

3. 加强行业自律力度，实现"政府＋行业协会"的有机整合

在全域旅游示范区验收标准中，"行业自律"作为五大体制机制之一也占据一席之地，而旅游行业协会的职能定位、组织机构规范及企业建设都属于行业自律机制的组成部分并直接影响到其自律力度。在协同治理中，政府的角色定位是"协同治理型政府"，这就意味着政府在公共问题的解决、决策冲突的化解以及公共服务的供给等方面与其他利益相关主体共同承担治理重任。[④] 可见，旅游行业协会的定位，实际上就是一种"以公共权力为基础"向"以市场为基础"的资源配置理念的新旧转换，投射于旅游市场监管过程中，从传统的单一政府管理演变为"政府＋行业协会"协同共治，由旅游行业协会居中搭建起政府与旅游企业的沟通平台，通过收集企业需求、提供政策建议、进行产业决策等与政府建立合作伙伴关系，发挥出政府与旅游行业协会之间"1＋1＞2"的治理功效。旅游行业协会自律机制的进一步落实，以旅游协会为代表的旅游行业协会，其成员多为业内具有一定影响力的社会团体、企事业单位及相关旅游组织。因此，要加强行业自律力度，协会组织机构的内部建设举足轻重；建立行之有效的惩处机制以引导成员企业诚信经营，如发布黑名单、设置协会曝光台、建立横向联盟等，推动利益约束链的形成。

---

① 参见胡成、李伟：《旅游安全监管责任边界和风险防范对策》，《北京城市学院学报》2020 年第 1 期。

② 参见崔瑜：《公益保护行政执法与公民诉讼的平衡》，《国家检察官学院学报》2018 年第 6 期。

③ 参见姚延波、刘亦雪、侯平平：《利益相关者视角下我国旅游市场创新型监管体系研究》，《旅游论坛》2018 年第 5 期。

④ 参见姬兆亮、戴永祥、胡伟：《政府协同治理：中国区域协调发展协同治理的实现路径》，《西北大学学报》（哲学社会科学版）2013 年第 2 期。

“智库+产业”模式助推精品旅游动能转换

孙平　周晓明　张凡*

摘　要:旅游产业作为一个横跨多个行业的综合性产业,其转型升级要面临多个行业的业务模式调整,必然需要强大的智力支持,山东省新旧动能转换重大工程构建的“6个1”产业推进体系中,明确了将强化智库建设、助力产业发展作为其重要内容之一。本文分析了山东省精品旅游产业智库的建立和发展,指出智库通过论坛、专家参与项目、多层次人才培训等多项措施,不断创新“智库”服务模式,有力有序有效地打造“智库+产业”模式,探索实践助力精品旅游产业高质量发展新路径,取得了良好的理论成果、实践成果和制度成果。

关键词:智库;精品旅游;新旧动能转换;产业发展;模式

2015年1月20日,中共中央办公厅和国务院办公厅颁发了《关于加强中国特色新型智库建设的意见》,从国家层面高度重视智库建设,明确提出了新型智库是“党和政府科学民主依法决策的重要支撑”“国家治理体系和治理能力现代化的重要内容”和“国家软实力的重要组成部分”,并对如何建设新型智库作出明确部署。

随着经济社会不断发展,旅游已经成为人们的一种生活方式,旅游业对经济、社会、文化、生态发展的作用日益凸显,发展引领作用不断增强,旅游成为大众创业和万众创新最为活跃的领域之一。我国正在从世界旅游大国向世界旅游强国迈进,整个国家的旅游产业面临着转型升级和高质量发展的需求。面对旅游业各种新模式新业态的出现及原有业态的转型升级,政府行政管理部门和决策部门需要各领域的专家提供智力支持,对旅游智库的诉求非常迫切。2018年起,山东省实施新旧动能转换重大工程,作为“十强”产业之一的精品旅游产业,亟须新型、高端智库发挥强有力的“智囊”作用助推精品产业高质量发展。

---

* 作者简介:孙平(1976～),女,山东大学管理学院副教授;山东省新旧动能转化重大工程精品旅游产业智库副秘书长。研究方向:旅游管理,营销与品牌管理,创业管理。周晓明(1998～),山东大学管理学院硕士研究生。研究方向:旅游营销,在线旅游企业管理。张凡(1980～),女,山东省旅游推广中心。

一、精品旅游"智库＋产业"模式建立

山东省在谋划新旧动能转换的过程中,把产业发展作为重中之重,筛选确定新旧动能转换"十强"产业,即新一代信息技术、高端装备、新能源新材料、现代海洋、医养健康五大新兴产业和高端化工、现代高效农业、文化创意、精品旅游、现代金融服务五大优势产业,成为新旧动能转换的突破点和发展方向。为加快促进"十强"产业壮大提升,山东省委办公厅、省政府办公厅印发《关于建立新旧动能转换重大工程协调推进体系的工作方案》,提出"十强"产业构建"6 个 1"的推进体系,即 1 名省领导同志牵头,1 个专班推进,1 个规划引领,1 个智库支持,1 个联盟(协会)助力,1 支(或 1 支以上)基金保障。其中,产业智库由产业领域全国一流专家组成,首席专家为产业领域的顶尖或领军人才。智库作为产业发展的"智囊",开展产业发展的战略性、前瞻性以及热点难点问题研究,为推动产业发展提供政策建议,为产业转型升级和投资结构调整提供咨询,为新技术、新工艺、新产品引进和研发提供指导。

为全面落实国务院批复的《山东新旧动能转换综合试验区建设总体方案》确定的各项目标任务,深入贯彻落实山东省委、省政府《山东省新旧动能转换重大工程实施规划》《关于推进新旧动能转换重大工程的实施意见》,按照《关于建立新旧动能转换重大工程协调推进体系的工作方案》要求,由全国旅游业界的一流专家学者及著名旅游集团企业家参与,成立了山东省新旧动能转换重大工程精品旅游产业智库,通过高端智力支持助力山东精品旅游产业新旧动能转换。2018 年 7 月 12 日,在山东大学召开山东省新旧动能转换重大工程精品旅游产业智库暨山东大学旅游产业研究院成立大会,山东省新旧动能转换重大工程精品旅游产业智库秘书处设立于山东大学旅游产业研究院。精品旅游产业智库采取平台化、专业化、项目制的组织结构和运行模式,围绕山东省旅游业发展的热点、难点问题,加强对旅游发展模式、旅游新业态等方面的研究,加快促进精品旅游业发展,为山东精品旅游新旧动能转换提供智力支持和解决方案。

2018 年 7 月 30 日,山东省人民政府办公厅印发《关于公布新旧动能转换重大工程协调推进体系专班成员名单和"十强"产业智库首批专家名单的通知》(鲁政办字〔2018〕128 号),同年,省发改委印发《山东省新旧动能转换重大工程"十强"产业智库管理办法》(鲁发改重大办〔2018〕1268 号),正式确立了"十强"产业智库的机制体制,为智库助推新旧动能转换提供政策保障。

2018 年 7 月 12 日,山东省新旧动能转换重大工程精品旅游产业智库暨山东大学旅游产业研究院成立大会在山东大学中心校区明德楼隆重召开,山东省新旧动能转换重大工程精品旅游产业智库秘书处设立于山东大学旅游产业研究院。山东大学樊丽明校长、原山东省旅游发展委于凤贵主任、山东省发展改革委潘好亮副主任、原山东省旅游发展委王春生二级巡视员等领导出席会议,山东省新旧动能转换重大工程精品旅游产业智库专家——北京大学吴必虎教授、中国旅游智库秘书长石培华教授、山东大学王德刚教授、中国海洋大学张广海教授等旅游智库专家以及山大师生代表共计 200 余人参加了会议。会后举办了精品旅游产业高峰论坛,正式启动山东省新旧动能转换重大工程精品旅游产业智库工作。

二、智库多举措助力精品旅游产业新旧动能转换

(一)组织高端论坛,引领行业发展方向

2018年9月29日下午,原山东省旅游发展委牵头组织的“精品旅游产业发展与新旧动能转换高端论坛”在山东大厦隆重召开,来自法国、加拿大、西班牙等国旅游专家,央企及其他省市大企业代表,以及国内从事旅游领域研究的专家学者,具有丰富行业实践经验的产业领军人物等共计约200人出席。智库积极组织相关专家出席儒商大会,在精品旅游论坛和对话交流会上进行演讲,签约投资山东重点项目。

1. 邀约嘉宾凸显规模和层次

论坛邀约参加儒商大会的嘉宾28名,邀约嘉宾数量位居十强产业第2位,涵盖了国际旅游组织和大型旅游集团、旅游业界知名专家。其中,世界500强集团中国旅游集团1名,中国20强旅游集团5名,中国旅行社百强企业7名,知名线上OTA负责人6名,旅游业界知名权威的专家学者5名。精品旅游论坛发言嘉宾17名,精品旅游项目签约嘉宾19名,金融机构签约嘉宾11名。专家分为五类:一是世界旅游组织和国家大型旅游集团负责人,邀请了联合国世界旅游组织旅游研究专家、国际老年大学协会主席弗郎索瓦·维拉斯,格鲁吉亚高加索大学校长卡哈·申格利亚,西班牙德安杰环球顾问集团CEO劳拉·桑切斯,香格里拉集团CEO林明志等;二是国内顶尖旅行社集团负责人,邀请了中国国际旅行社、中国旅行社有限公司董事长于宁宁,途易旅游有限公司首席运营官赵红宇等;三是国内大型旅游投资集团负责人,邀请了开元旅业集团创始人陈妙林,无锡灵山文化旅游集团有限公司董事长吴国平,中国旅游集团副总经理傅卓洋,深圳华侨城旅游集团北方集团总经理杨杰等;四是知名线上OTA负责人,邀请了景域集团总裁高冬,同程国旅集团、同程文旅集团董事长吴剑,马蜂窝旅行网国内营销总监孙云蕾等;五是旅游业界知名权威的专家学者,邀请了中国旅游研究院院长戴斌,中国社会科学院旅游研究中心研究员高舜礼,北京交通大学教授张辉,四川大学中国休闲与旅游研究中心主任杨振之,中国旅游集团有限公司旅游产业研究院院长陈文杰等。重量级嘉宾的出席,确保了论坛高品质、高质量,扩大了论坛影响力、号召力、凝聚力。

2. 助力招商引资工作落实落地

一是原省旅游发展委与中国旅游集团二十强——开元旅业集团签署了战略合作框架协议,成为省委、省政府出台《大力推进全域旅游高质量发展实施方案》后签署的第一个战略合作协议,对于推进我省旅游业高质量发展具有重要意义。

二是蓬莱市人民政府与开元旅业集团签署了开元旅游度假项目合作协议。该项目成为开元旅业集团在山东的第一个落地项目,总投资35亿元,进一步丰富了蓬莱旅游产品,助推“仙境海岸”精品旅游发展。

3. 智库智力支持促进产业科学发展

组织开展主题演讲。中国旅游研究院院长戴斌、联合国世界旅游组织旅游研究专

家、国际老年大学协会会长弗朗索瓦·维拉斯、格鲁吉亚高加索大学校长卡哈·申格利亚、无锡灵山文化旅游集团有限公司董事长、总经理吴国平、开元旅业集团创始人陈妙林、北京交通大学教授张辉分别围绕“美好生活链接文化建设和旅游发展”“发挥山东海洋旅游优势打造国际旅游休闲度假目的地”“建设国际旅游休闲度假目的地”“培育尖端放电项目打造山东国际休闲旅游目的地和消费中心”“发挥集团作用促进山东旅游产业集群发展”“发展乡村旅游助力打造乡村振兴齐鲁样板”等主题发表演讲。国内外高层次旅游专家、教授、企业家的演讲，围绕全球旅游领域最新前沿动态、发展趋势及山东旅游投资机遇等，探讨山东省旅游战略定位与发展路径，为山东旅游业“招商引资·招才引智”，加快推进旅游业新旧动能转换，推进精品旅游发展，提供了有针对性、可操作的意见和建议。

创新举办高端对话会。国旅总社、中旅总社董事长于宁宁，四川大学教授杨振之，景域集团总裁高冬，同程国旅、同程文旅集团董事长吴剑，北京巅峰智业总策划师文立玲，中国旅游集团产业研究院院长陈文杰，赛石集团邵瑛，蓝城集团执行总裁王科，山东省工行副行长吴迎春，山东省农行副行长马林10位嘉宾，以全域旅游背景下的旅游产业提档升级和聚焦精品旅游和新旧动能转换与旅游供给侧改革为主题，从如何紧扣旅游消费市场需求发展精品旅游、如何更好地推动文旅融合、如何以文化视角打造山东旅游精品、如何以新业态、新产品促进新旧动能转换等方面，结合省内外先进案例，展开了深入探讨，分析梳理山东精品旅游发展路径和发力方向。

成立文化和旅游部数据中心山东分中心。论坛现场举行了分中心揭牌仪式，文化和旅游部数据中心马仪亮博士发布了《瑰丽华东—省域自由行大数据报告》。文化和旅游部数据中心山东分中心是文化和旅游部批准设立的全国六个区域中心之一，标志着我省旅游大数据走在“华东六省一市”前列，抢先融入国家战略，为助推我省全域旅游、乡村振兴、经略海洋、新旧动能转换、文化和旅游融合发展、智慧旅游和数字山东建设等提供重要数据支持。

（二）智库为抗击疫情贡献专家智慧与力量

2020年以来，精品旅游产业智库发挥智力优势，深入研究行业动态，开展线上公益培训，为旅游行业抗击疫情贡献专家智慧与力量。

1. 智库专家在疫情防控期间通过“学习强国”平台、中国旅游报、直播培训、协会公众号、山东大学公众号等多个平台与社交媒体，发表“专家抗疫”研究文章，为旅游业发展献计献策。比如，有20余篇政策建议被《学习强国》转发。

2. 智库组织专家对《第四届山东文化和旅游惠民消费季工作的意见》提出相关建议和意见，对激发文旅消费、提振消费信心、尽快走出低谷发挥推动作用。

3. 智库联合山东省旅行社行业协会，组织智库专家参与了多期“共助文旅　抗击疫情”在线公益培训活动，参与学员近40000人次。

(三)参与行业项目,智力支持行业发展

1. 组织智库专家,把脉青岛上合后峰会时代的旅游效应

青岛上合峰会的召开迅速扩大了青岛国际知名度和美誉度,也带来了城市基础设施建设、城市经济发展、城市配套产品和服务、城市对外开放扩大和当地居民素质等方面的提高,为青岛全域旅游的发展起到了很好的推动作用。按照旅游业发展"全域旅游""精品旅游""品质旅游"等理念和发展模式的要求,需要合理地利用和发挥青岛上合后峰会时代的旅游效应,释放峰会红利,获得旅游效益最大化,将旅游业培育成青岛经济转型升级和新旧动能转换的重要推动力,同时,将青岛的上合后峰会旅游效应辐射到全省其他市,带动全省全域旅游和精品旅游整体目标的实现。

精品旅游产业智库专家与原山东省旅游发展委员会相关领导于2018年7月赶赴青岛进行实地调研,与青岛旅游行政管理部门、旅游业界人士进行深入座谈与交流,并实地考察了上合峰会会馆、青岛邮轮母港等地点。经过两个月的讨论、修改与完善,提出《关于发挥青岛上合峰会旅游效应推动山东精品旅游发展的工作方案》并提交上级主管部门。

2. 编制《山东省精品旅游产业人才开发路线图》

为加快推进新旧动能转换,强化人才支撑"十强"产业发展,2019年,山东省人才工作领导小组办公室印发通知,要求各"十强"产业专班牵头部门编制本产业人才开发路线图。2020年,"十强"产业人才开发路线图作为实施"人才兴鲁"行动、构建精准引才育才用才体系的重要举措,列入全省"重点工作攻坚年"重点任务。省文旅厅按照省人才工作领导小组办公室要求,确定由精品旅游产业智库秘书处山东大学旅游产业研究院承担编制工作。

精品旅游产业人才开发路线图根据征求专家、产业集群领军企业、各市文旅局、省直有关部门等多方反馈意见,进行了6次修改,形成终稿,于2020年10月由山东省文化和旅游厅、中共山东省委人才工作领导小组办公室联合印发(鲁文旅发〔2020〕16号)。精品旅游产业人才开发路线图是当前和今后一段时间产业领域人才工作的规划引领和行动指南,是立足精品旅游产业发展趋势和现实需要,提升人才队伍建设科学性、战略性、针对性的重要举措,对指导产业人才发展具有重要意义。

3. 参与完成《山东省文化和旅游融合发展规划》编制

智库专家深度参与《山东省文化和旅游融合发展规划》(以下简称《规划》)的编制工作。省委、省政府对编制《山东省文化旅游融合发展规划》高度重视,省委、省政府主要领导、分管领导先后多次召开会议听取汇报、提出指导意见。2020年6月,《规划》经省委常委会会议、省政府常务会议审议、省政府批复后印发实施。《规划》构建完善"两大基地引领,两极六带支撑"的发展布局。《规划》突出解决"三化"问题(碎片化、低端化、封闭化),突出打造六大文化旅游带,推出16条综合型经典文化旅游线路、7个系列主题特色型文化旅游线路,实现"串珠成线,连片成面"。《规划》加强文化旅游资源发掘和整合利用,实施大运河国家文化公园(山东)建设、齐长城国家文化公园建设、黄河文化保护传承弘扬、旅游景区质量提升、历史城区文化旅游整合打造等五大工程,完善文化旅游精品体系;通

过“文化＋旅游”“文旅＋”，培育文旅新业态，激发产业发展新动能。《规划》依托我省综合交通网络，提出构建南联北引、西接东汇的区域开放新格局，南向加强与长三角地区、粤港澳大湾区文化旅游合作共享，北向强化与京津冀城市群、东北地区和东北亚地区协同发展，西向强化与黄河沿线等中西部省份的对接和联动，东向加强与日韩的文化旅游合作交流，实现开放互动、协调发展。《规划》力求通过发挥齐鲁文化优势，推动文化与旅游深度融合，大力发展精品旅游，建设红色文化旅游基地、优秀传统文化旅游基地，打造文化旅游融合发展新高地、国际著名文化旅游目的地。

4. 开展新旧动能转换重大课题攻关项目

整合产、研、学优势资源，智库专家与山东任性网络科技有限公司联合打造“智慧型乡村旅游综合服务平台应用研究”重大课题攻关项目。项目共分为五大部分，支撑实现项目五大功能。一是乡村旅游规划。二是积极探索乡村旅游目的地运营模式，运用“旅游＋互联网”模式，整合线上线下资源，建立起游客与乡村旅游点基于“需求”的有效连接，有效提高游客黏性，实现乡村旅游消费频次的增加，带动贫困乡村农民增收致富，为乡村振兴战略助力。三是按照全域旅游示范县的技术要求规划打造全域旅游大数据中心。四是全省优质旅游、电商人才的培养。五是建设八喜大集项目，融入文创元素，引进全省各地特色农特产品商家千余家，形成汇集大型手工体验、特色农产品零售、山东地方美食、地方土特产品牌于一体的综合展销平台。

智库专家全过程参与策划和推广的“好客山东”品牌，使其成为国内外著名的旅游目的地品牌；作为主要承担单位提出的“十大文化旅游目的地”及省级旅游品牌体系建设方案已在全省实施，并取得显著成效。

5. 服务政府决策和行业发展需求

智库专家积极投身文旅产业发展实践，服务国家科学决策。其中《基于问题导向的山东省精品旅游发展建议》和《关于当前文旅产业转危为机的对策建议》等多项智库报告获得省级领导批示，服务于政府决策；智库专家主持和参与多项校政企合作项目，如连续两年承担2019、2020年度山东省人民政府决策咨询研究重点课题——“山东发挥特色资源优势打造精品旅游带及市场化机制研究”“山东文化旅游融合发展路径研究”“山东推进黄河文化创造性转换、创新性发展研究”；智库专家与省文旅厅共同推动“全省送智下乡送教入户服务项目”“山东省康养旅游产业发展及目的地建设对策研究”“基于产业共融的山东医养健康文旅产业创新发展研究”等课题研究。

（四）打造公益培训品牌，多举措培育行业人才

1. 持续开展公益培训品牌“山东省精品旅游大讲堂”走进16市活动

为全面贯彻落实省委、省政府新旧动能转换重大工程部署，推进山东省精品旅游产业快速发展，2019年，山东省旅游行业协会联合山东省新旧动能转换重大工程精品旅游产业智库、山东大学旅游产业研究院共同创办了精品旅游产业公益培训品牌——“山东省精品旅游大讲堂”，并在全省16市陆续展开。活动旨在服务山东经济社会发展的重要战略部署，为全省旅游产业的转型升级和提质增效注入人才新动力。

2019年1月21日，首期活动在省会济南开讲，协会特邀上海、江苏、浙江、安徽、福

建、江西等华东五省一市的旅游协会联合主办。智库专家分别围绕新时代品质旅游与文旅融合、“互联网+”背景下传统旅行社转型升级与创新思考、热词看趋势——旅游业的社会地位与历史使命等话题进行分享。3月13日，由山东省旅游行业协会、山东省新旧动能转换重大工程精品旅游产业智库、山东大学旅游产业研究院共同主办，山东省旅游景区分会、枣庄市文化和旅游局、台儿庄古城景区联合承办的“山东省精品旅游大讲堂”走进枣庄，全省重点景区代表、枣庄市各区(市)文旅局、媒体记者等200余人参加。智库专家分别围绕文旅融合共创未来、房车营地规划设计和旅游景区绿化美化漫谈、旅游景区开发与运营等话题进行分享。5月28日，“山东省精品旅游大讲堂”走进滨州，滨州市各县(市、区)文化和旅游业务主管单位、文化和旅游企事业单位负责人，滨州市直有关部门单位人员，市文化和旅游局全体人员及局属事业单位负责人，市旅游协会相关负责同志，工商联企业代表，驻滨高等院校师生及媒体记者等近200人参加。智库专家结合滨州市文化旅游行业发展实际，分别围绕文旅融合、全域旅游创建、“精品旅游”背景下传统旅游企业转型升级进行分享。9月25日，“山东省精品旅游大讲堂”走进泰安，泰安市各重点旅游景区负责人，肥城市旅游发展中心全体人员，各街镇分工负责人、旅游办主任，A级景区负责人和管理人员、新申报A级景区的单位负责人，部分桃木加工企业负责人等共计120余人参加论坛。智库专家围绕“本土性与旅游商品开发和购物业发展”“研学旅行的发展困惑与思考”“乡村旅游的投资主体及经营模式评析”的专题进行分享。

2. 积极推动疫情期间行业公益培训活动

深入贯彻落实省委、省政府和省文旅厅的防控疫情要求，积极发挥行业组织的纽带作用，利用疫情当下、文旅暂时“歇业”的间隙，组织开展了多期“共助文旅　抗击疫情”在线公益培训活动，助力全省文旅行业提升专业知识、加强业务交流，积蓄力量、提振士气、共克时艰。2020年1～4月，智库联合山东省旅行社行业协会，共组织开展了五期在线公益培训，参与学员近20000人次。

2020年2月17～26日，智库参与山东省旅游行业协会联合北京巅峰智业旅游文化创意股份有限公司举办的“共助文旅　抗击疫情”首期在线公益培训班。3月9～31日，“共助文旅 抗击疫情”第二期在线公益培训——全省导游公益培训班举行，听课人数超过12000余人次。智库专家作为主讲嘉宾，跟广大导游员一起探讨行业发展、专业技能等方面的知识。3月19～22日，开展了第三期在线公益培训活动。组织全省文旅企业会员在线学习了中国传媒大学文化产业管理学院院长、文化和旅游部专家委员会委员、教育部高等学校艺术学理论类教指委副主任范周教授主讲的“全球疫情下的文化产业新思考”直播公开课。来自全省的文旅企事业单位，部分市、县区文旅部门的2000余名从业人员参加了学习培训，山东对口支援地区——青海省海北藏族自治州的部分文化旅游从业人员也一起参与了学习。3月15日和3月29日，山东省旅游行业协会分别组织参与了“文旅振兴 你我同行——文旅消费振兴公益直播巅峰大会”“文旅振兴 公益同行——线上景区大会”两期在线12小时不间断直播活动。据不完全统计，共组织了4000余人在线观看。

三、以智库建设推动精品旅游创新发展的经验

(一)智库以问题导向参与精品旅游产业发展

精品旅游产业智库始终以精品旅游产业新旧动能转化中的问题为导向,开展专业研究,为精品旅游产业决策提供有力支撑。智库积极组织高端论坛,以主题演讲、高端对话会等形式邀请国内外旅游专家学者、企业家共同探讨山东省旅游战略定位与发展路径,为山东省精品旅游发展出谋划策,提供针对性的意见和建议。智库专家参与新旧动能转换重大课题公关项目,聚焦行业发展的热点难点,整合产、学、研优势资源,凝聚多方智慧,积极承担精品旅游重点课题研究。智库贴近山东省精品旅游产业发展的现实情况,切实开展聚焦社会热点问题的实际调查研究,将现实问题与政策研究有机结合。智库与政府决策部门进行有效的沟通协作,推动决策方案与研究成果落地实施,协助政府作出具有公共性、合理性、合法性的高质量决策。

(二)组建网络化的智库研究队伍

研究力量的组织上,智库调动各方面的力量,发挥各方面的特长,加强研究协同。目前,智库专家涵盖旅游各类研究领域,包括旅游业界权威的专家学者、国内顶尖旅游企业负责人等,具有非常强的专业性和实践性,拥有丰富的学术研究经验、社会实践经验和政府工作经验。智库积极促进专家跨学科、跨领域交流合作,充分发挥各专家的独特优势,鼓励专家团队紧密关注精品旅游动能转换的重大任务,结合自身研究领域优势,开展前瞻性、时效性、实践性的研究,为政府决策和行业发展提供强有力的智力支持,形成促进智库专家发挥作用的长效机制。

(三)建立规范化的智库管理体系

体制机制上,旅游行政管理部门通过委托项目等方式,引导和激励各方面研究力量关注、积极参与旅游智库建设,形成有效的智库管理动力机制,促进智库持续健康发展。当前,智库拥有较高的自主权,在智库内部形成有序、高效的治理机制。在项目管理方面,实行分类管理,智库各项研究项目稳步推进,快速响应政府决策需求。在研究成果转化方面,与决策部门密切沟通,综合考虑决策需求,实现研究报告与决策需求的有效对接。

(四)深度参与精品旅游产业发展

与产业的联系上,智库多方面、多层次地参与到山东省精品旅游产业发展的实践中,深入参与行业项目,为行业发展提供有效的智力支持。智库立足精品旅游产业现实需要和整体趋势,为精品旅游产业人才开发提供规划引领和行动指南,有效指导产业人才发展。深入发掘和整合文化旅游资源,构建完善发展布局,突出解决重点问题,为文旅融合发展提供长远规划。智库也积极推动区域经济发展,多次组织专家进行实地调研考察,

与当地各部门深入交流讨论，为各地推动精品旅游发展提供针对性的工作方案。积极打造乡村旅游综合服务平台，探索乡村旅游目的地运营模式，整合线上线下资源，打造智慧旅游体系。智库专家积极投身产业发展实践，主持和参与校政企合作项目，充分发挥专业特长，利用各类资源协同创新发展。

(五)秉承服务社会的发展理念

发展理念上，智库坚持适应社会、服务社会，着眼于现实问题，积极为产业发展提供公益服务。积极运用新理念、新模式、新方法推动乡村旅游发展，主动承担乡村旅游扶贫的重要使命，助力乡村振兴战略。联合打造公益培训服务品牌，创办精品旅游大讲堂，为精品旅游产业发展培育人才。面对突发公共卫生事件积极承担社会责任，迅速行动，及时应对，积极发挥行业组织纽带作用，组织开展公益培训活动，为文旅行业共克时艰、消费振兴发挥重要的推动作用。借助网络渠道，将专家意见和研究成果实时共享、即时传播，打破传统媒体的限制，扩大智库公益服务的辐射范围和影响力，积极发挥正确的社会舆情导向作用。为提升为社会服务水平，智库专家也借机拓宽观察和思考问题的视野，不断提升智库核心思想力，革新发展理念。

四、推进和完善精品旅游产业“智库＋产业”模式的建议

(一)形成动态智库管理团队

定期更新精品旅游产业智库团队，加强智库人才梯队建设，培养和打造高质量的智库人才梯队，建立智库人才储备库。配置科学的智库管理团队，合理配置人力资源，各类人才保持比例均衡。形成智库管理团队的良性流动机制，建立智库人才引进机制，积极引进有思想力、前瞻性、实践性的专家学者、文旅产业领军人物等，促进多领域、多层次人才的交流和使用。智库管理团队要以持续发展为动力，不断创新智库组织管理体制和运行机制。在运行机制上要实现从分散走向聚合、从封闭走向开放、从单兵作战走向联合攻关。[①] 通过定期更新精品旅游产业智库管理团队以更新智库管理模式与管理理念，为智库专家学者营造集思广益的氛围，打造思想交流平台。借鉴完善“旋转门”制度，在政策范围内吸纳退休的旅游产业学者型官员加入智库，使智库的战略高度和思维方式与政府直接接轨，实现学者和官员的“双向流动”。[②]

(二)促进智库研究跨学科融合

鉴于精品旅游产业智库研究项目多是与文旅产业发展相关的重大现实问题，而这些现实问题往往具有复杂性、综合性的特点，为保障智库决策建议的实用性和科学性，必然

① 参见徐维英：《高校智库推进国家治理能力现代化的逻辑起点、难点与策略》，《技术经济》2020 年第 11 期。

② 参见唐涛：《当前全球智库发展特点以及对中国的启示》，《情报资料工作》2020 年第 5 期。

需要智库研究进行跨学科融合。在智库研究队伍的建设上,智库要合理配置不同学科、不同领域的权威专家,顺应国家“智慧文旅”发展需求,注重吸引掌握新技术的科技人才参与,建立跨学科、跨领域的复合型专业技术研究团队[①],提升智库的产出效率和产出效能。在智库研究方法上,不应局限于头脑风暴、理论演绎等传统方法,要善于利用大数据技术、人工智能等新兴技术[②],重视数据积累和现代科学方法的应用,善于采用风险评估与分析、成本与最优化分析等基本的科学方法,确保研究结果的客观性和有效性。[③] 在研究成果产出上,组织不同学科和领域的专家充分讨论,从不同的视角提出解决问题的方案和潜在风险,提升决策建议的综合性,避免误导决策。

(三)充分利用媒体渠道进行成果推介与转化

精品旅游产业智库要发挥作用,必须要借助媒体传播渠道扩大其在社会公众中的影响力,构建决策与社会公众之间的桥梁。[④] 智库借助媒体可以更快捷、更广泛地进行政策解读、方向引领、研究成果推广。当前新媒体技术发展、网络基础设施完善、移动终端普及为信息获取提供了便利,通过互联网技术可以有效提升智库研究成果的影响力,提升服务社会的效率和能力。在具体操作上,智库应构建系统的成果展示平台。搭建独立的智库网站或者借助微信公众平台、微博等社交媒体,或者借助政府、高校公共媒体平台及时发布政策解读、研究报告等成果,与精品旅游产业相关部门乃至社会大众形成良好互动。在推介理念上,应着力打造内容专业化、服务大众的智库形象,立足自身专业性强、权威性高的优势,考虑用户需求,对科学成果进行分类整理,便于受众理解和接受,与受众积极进行沟通互动。

(四)构建开放的交流合作平台

首先,精品旅游产业智库应在政府、高校、企业、行业组织之间建立稳定高效的沟通交流渠道和协商互动机制。各部门之间进行资源和信息共享,构建统一数据平台,整合数据和信息资源,打破各领域、各部门的信息壁垒[⑤],实现平台内部信息互通和成果共享,为智库获取各领域和各部门的相关信息提供制度化保障,方便智库利用多方面信息进行政策解读和项目研究。其次,智库应积极寻求与国内外顶尖智库尤其是旅游智库的交流合作,学习先进的智库管理经验和研究方法,智库之间互相学习,取长补短,共同提升为经济社会发展服务的水平和能力。最后,智库应与精品旅游产业内部各领域、各部门保持密切联系,积极吸纳不同地区、不同层次的产业从业人员的意见与建议,形成面向产业开放交流的机制与氛围,深入文旅产业发展实践,全面了解产业发展现状,把握未来发展趋势。

---

① 参见杨亚琴:《中国特色新型智库现代化建设的若干思考——以智库影响力评价为视角的分析》,《中国科学院院刊》2021 年第 1 期。

② 参见唐涛:《当前全球智库发展特点以及对中国的启示》,《情报资料工作》2020 年第 5 期。

③ 参见刘文俭、陈超贤:《美国智库建设的经验与启示》,《中共中央党校(国家行政学院)学报》2019 年第 3 期。

④ 参见刘珊:《如何利用新媒体提升智库传播力》,《传媒论坛》2020 年第 20 期。

⑤ 参见刘文俭、陈超贤:《美国智库建设的经验与启示》,《中共中央党校(国家行政学院)学报》2019 年第 3 期。

(五)形成科学合理的发展规划

当前,很多智库热衷于应急性研究,对于国家重大战略发展问题、中长期规划的问题研究相对薄弱。① 另外,智库在前沿议题的设置能力方面还有待提升,研究成果思想引领性不足,缺乏战略性和引导性,甚至滞后于政府决策。② 精品旅游产业智库必须以持续发展为动力,立足长远发展,以服务国家重大发展战略为根本,开展前瞻性、针对性、储备性政策研究。结合现实社会发展需要和自身资源特点,发挥专业优势,打造特色鲜明的智库品牌。采用科学合理的项目管理方法,提升项目管理能力,积极部署前瞻性研究议题,围绕国际、国内重大问题及形势研判,加强预判性研究。③ 立足自身研究基础,积极探索和培育新的研究领域,打造任务导向研究和前瞻引领研究相结合的研究体系。

---

① 参见靳诺:《中国特色新型高校智库的建设和发展》,《中国高等教育》2019 年第 20 期。

② 参见杨亚琴:《中国特色新型智库现代化建设的若干思考——以智库影响力评价为视角的分析》,《中国科学院院刊》2021 年第 1 期。

③ 参见李颖明、王晓尧、田园、王娟:《基于双螺旋理论的智库项目管理研究》,《中国科学院院刊》2020 年第 12 期。

政策推动文化和旅游惠民消费

刘霞　王广振*

摘　要：文化和旅游惠民，是政府引导文旅产业供给侧改革、激发需求侧文旅消费潜能、满足人民群众精神文化需求的重要举措。文旅惠民，政策先行。如何用市场的方式让文化和旅游发展成果惠及更多民众、产生更大带动效应，是行业从业者、研究者当前及未来必须不断思考的命题，需要系统梳理已有政策，理性分析现有政策的有效做法与不足之处，准确把握文化和旅游惠民消费政策的独特规律。

关键词：文化和旅游惠民；文旅消费；惠民政策

惠民消费政策既是公共政策也是产业政策，具体到文化和旅游领域，文化和旅游惠民消费政策是指政府制定并实施的一系列旨在促进文旅消费的公共政策。当前，消费正成为拉动经济发展的重要力量，文化和旅游消费面临提质升级，山东省一系列文化和旅游惠民消费政策的出台与实施就是对这一发展趋势的回应和进一步引导。因此，惠民消费政策的制定与实施考验政府文旅治理水平及决策智慧，而学术视角的理性思考及研判是政府决策的重要支撑，考虑到研究的现实需求，本文将研究对象聚焦于2018年至2020年间全省以政府为主体发布或实施的文化和旅游消费惠民政策，在对全省文化和旅游惠民政策进行梳理的基础上，进一步探索其发展规律。

一、文化和旅游惠民消费政策

从社会治理和精准施策角度看，山东省文化和旅游消费惠民政策可以分为两大类，一是顶层设计性的“大”政策，二是使顶层设计落地的具体措施。比较而言，前者侧重于在落实国家层面政策的基础上，统筹规划全省的文旅消费惠民工作，为全省各级各部门相关工作的开展提供工作指导和遵循，而后者则是对前者的延伸、落实，也是文旅消费惠民能否见实效的关键，因此需要细化精准，可操作性强，含金量高。

* 作者简介：刘霞（1988～ ），女，《人文天下》副主编；王广振（1971～ ），山东大学管理学院教授。

(一)文化和旅游惠民消费的顶层设计

经过梳理,2018～2020 年,山东省文化和旅游惠民消费顶层设计性的政策主要有以下几个,其中既有专门发布的惠民政策,也有在整体性文件中内含的惠民政策,这些文件构成了山东省文化和旅游惠民消费政策的主要部分。

2018～2020 年的全省文化和旅游工作会议中,"山东文化惠民消费季""山东人游山东""冬游齐鲁—好客山东惠民季"3 个促进消费行动是会议工作要点中的重要内容。

2018 年 12 月,省政府办公厅印发《山东省文化创意产业发展规划(2018～2022 年)》(鲁政字〔2018〕297 号),山东文化惠民消费季、省市县三级联合购买公共文化演出服务及齐鲁艺票通平台被列入 20 个重大项目之中,文化惠民是规划的重要内容。

2018 年 9 月,山东省委、省政府发布的《大力推进全域旅游高质量发展实施方案》从门票角度对消费惠民的主要政策作具体阐述:完善门票价格形成机制,合理界定门票定价成本构成,逐步降低重点国有景区门票价格,在保留单票的基础上,逐步推行景点联票制度。

2018 年 12 月,原山东省发展改革委员会发布《关于进一步降低国有景区门票价格的通知》,提出在 2019 年底前,实现全省国有景区门票价格在 2018 年 1 月 1 日的基础上总体降幅达到 50%。

2019 年,山东省人民政府办公厅发布《关于加快推进夜间旅游发展的实施意见》(鲁政办字〔2019〕179 号),为便于民众夜间旅游,特别从交通保障的角度制定了针对性的惠民政策:优化夜间文旅消费集聚区公共交通设置,围绕夜间旅游特点及时调整、加密公交车辆运行班次,延长运营时间;推动公交线路与夜间旅游景区之间的交通对接;优化街面及夜间文旅消费集聚区周边停车位管理,鼓励有条件的地方减收或免收夜间特定时段的停车费。

2020 年 3 月,山东省人民政府办公厅发布《关于应对新冠肺炎疫情影响促进文化和旅游产业健康发展的若干意见》(鲁政办发〔2020〕7 号)。这是全省统筹抓好疫情防控和产业发展的关键性文件,政策目标主要是缓解企业经营压力、恢复市场活力、增强产业发展动力,其中也从不同角度间接提出了惠民消费的政策内容,如安排专项文化和旅游发展资金补贴文化惠民活动、联合购买文化惠民演出、组织开展"第四届文化惠民消费季""山东人游山东""畅游齐鲁·好客山东好时节"等消费促进活动。

2020 年 3 月,山东省文化和旅游厅发布《关于开展"畅游齐鲁·提振文旅"六大行动的通知》(鲁文旅发〔2020〕4 号),"惠游齐鲁"是政策的主要内容,从为文旅企业纾难解困、加大惠民利民力度、鼓励试行周末弹性休息制度等方面提出了多项优惠性政策。

2020 年 3 月,山东省文化和旅游厅发布《山东省精品旅游特色村认定细则》(鲁文旅资源〔2020〕3 号),其中规定"不收取门票"的参选村落可获得 15 分的加分。

2020 年 6 月,山东省文化和旅游厅发布《关于进一步促进文化和旅游消费若干措施的通知》(鲁文旅发〔2020〕9 号),文件第二部分即是专门的"文化和旅游惠民消费季提升行动",提出了 9 项文化和旅游惠民消费举措,以消费为切入点推动文旅市场复苏。

2020 年 7 月,山东省发展和改革委员会、山东省文化和旅游厅发布《关于降低全省国有景区门票价格的通知》，要求在 2020 年 8 月 1 日至 2020 年 12 月 31 日期间，全省 81 个国有景区按通知要求进行票价减免，以有力拉动居民旅游消费，加快促进旅游业复苏。

（二）文化和旅游惠民消费落实举措

山东省文化和旅游惠民消费政策的另一大组成部分是更为具体的各种活动，活动以其系统翔实的措施成为连接惠民文件、文旅市场与民众的桥梁。2018～2020 年，山东省举办的文旅消费惠民活动形式多样，按活动需求的不同推出针对性的惠民政策。

1. 连续举办四届“山东文化和旅游惠民消费季”

自 2017 年起，“山东文化和旅游惠民消费季”（前三季的名称为“山东文化惠民消费季）已连续举办四届，按照政府引导、市场运作、普惠大众的原则，从供给和需求两端发力，财政直补和商家优惠折扣相结合，以消费券的方式补贴文旅惠民消费。这四届文化和旅游惠民消费季，引导性消费券投入量稳中有增，投入力度和补贴范围不断扩大，直接带动和间接带动消费额不断提升，引导消费作用明显，实现了社会效益与经济效益的“双丰收”（见表 1）。

表 1　前 4 届山东文化和旅游惠民消费季消费券发放及带动消费情况　单位：亿元

活动	时间	消费券发放金额	直接带动消费金额	间接带动消费金额	备注
首届山东文化惠民消费季	2017 年 7～10 月	1.2000	4.20	—	省市两级投入
第二届山东文化惠民消费季	2018 年 7～10 月	0.9259	3.70	81.80	省市县三级投入
第三届山东文化惠民消费季	2019 年 7～10 月	1.1200	5.78	101.40	省市县三级投入
第四届山东文化和旅游惠民消费季	2020 年 4～10 月	1.5000	9.84	115.16	省市县三级投入

数据来源：山东省文化和旅游厅统计资料。

2. 发行“好客山东”文化旅游主题信用卡

2020 年 11 月 8 日，“好客山东”文化旅游主题信用卡由中国银联制定，银行正式发行，定位于山东省级文化旅游消费名片，汇聚全省文化旅游领域优势资源与特惠权益，利用信用卡先消费后还款等便利属性，充分发挥主题信用卡拉动消费的功能特点。好客山东文化旅游卡以景区门票优惠为核心功能，主要惠民方式有以下两种。

一是门票优惠。持卡人开卡一年内可免费一次或多次进入签约景区，签约景区覆盖省内 100 多家热门 3A、4A、5A 国家级旅游景区，景区有文化古迹类、风景名胜类、自然风光类、红色旅游类等多种类型。根据省文旅厅统计，截至 2020 年 12 月 7 日，好客山东文化旅游卡已签约景区总数为 126 家，其中 5A 级景区 8 家、4A 级景区 55 家、3A 级景区 49 家（见表 2）。

表 2　　“好客山东文化旅游主题卡”签约景区统计表

市	5A 级景区	4A 级景区	3A 级景区
济南	0	2	3
青岛	0	5	2
淄博	0	4	6
枣庄	1 （台儿庄古城景区）	3	0
潍坊	2 （青州古城旅游区、沂蒙山旅游区沂山景区）	4	5
烟台	1 （南山景区）	3	1
临沂	2 （沂蒙山旅游区云蒙景区、沂蒙山旅游区龟蒙景区）	19	4
东营	1 （黄河口生态旅游区）	1	5
德州	0	0	0
济宁	0	2	1
菏泽	0	2	1
聊城	0	3	1
滨州	0	1	1
泰安	0	5	9
日照	0	1	7
威海	1 （威海华夏城）	0	3

数据来源：山东省文化和旅游厅统计资料。

二是扩展消费优惠。游客凭信用卡进行景区内休闲、餐饮、酒店等二次消费时，享受优惠打折政策，但具体优惠措施还未细化明确，持卡人享受更多的是持卡银行原有的信用卡优惠。

3. 省、市、县三级联合购买惠民演出剧目

为解决全省剧场利用率低、文艺院团改革内生动力不足、文化消费习惯尚未养成、群众个性化差异化文化需求得不到满足等问题，2018 年 12 月，山东省在全国率先探索启动了省、市、县三级联合购买文化惠民演出试点工作，通过整合资源、分级投入、联合实施的方式向群众提供惠民性演出，严格执行平均票价不超过 20 元、最高票价不超过 30 元的惠民政策。

4. 推出不同主题推介活动，各活动相互结合形成惠民合力

除了上述具有延续性或长期性的惠民活动，各种主题推介活动也是山东省文化和旅

游惠民消费政策的重要内容。这些推介活动主题各异、形式丰富，有针对淡旺季的、有针对特定群体的，同时与其他惠民政策相结合，在全省形成了长短有序、穿插互动的惠民合力。

（1）国庆黄金周期间在全省范围内开展“山东人游山东”活动

2019 年 9 月，省文旅厅在全省范围内开展“山东人游山东”活动，推出了一系列便民、利民、惠民措施。通过梳理，此次活动主要的惠民消费举措涉及景区、文化商业街、特色小镇、城市综合体、饭店等多种场所，包括发放消费券、折扣、门票降价等优惠方式（详见表 3）。该活动已延续到 2021 年，相关惠民措施未有大的变动，在此不一一赘述。

表 3　2019 年“山东人游山东”活动惠民政策一览表

惠民方式	措施要点
集中增量发放惠民消费券	省级财政拿出不少于 1300 万元的惠民消费券助力文化和旅游消费，将景区、文化商业街、特色小镇、城市商业综合体等纳入适用范围
景区门票优惠	·泰山门票由 240 元降为 115 元且 3 日内有效 ·9 月份孔府门票降为 60 元、孔庙降为 80 元、孔林降为 10 元且 7 日有效 ·全省多个 A 级景区推出多景区联票、参与活动赢门票、一卡通、延长门票有效期限等让利惠民措施
住宿餐饮	·各旅游饭店将推出更多的特价房、特价餐 ·对住店客人赠送餐饮、娱乐体验券 ·推出住店优惠购景区门票等政策

（2）举办 2020“冬游齐鲁·好客山东惠民季”

2019 年 11 月，山东省文化和旅游厅等 14 个部门联合制订《冬游齐鲁·好客山东惠民季工作方案》，在 2019 年 11 月至 2020 年 2 月底推出一系列改变冬季旅游平淡局面的特色产品和优惠政策。在产品方面，立足于优化旅游供给侧结构，将齐鲁文旅资源进行提炼整合，并把元旦、春节、元宵节等年节文化与年节消费有机结合，分冬季特色主题产品和系列节庆活动两大部分推出了一批特色产品和活动；在惠民方面，从景区、饭店、旅行社、演出、政企合作等五个方面提出了具体措施（见表 4）。

表 4　“冬游齐鲁·好客山东惠民季”让利惠民措施一览表

优惠惠民方式	措施要点
旅游景区让利惠民	·政府兴办或支持的重点旅游景区，在淡季门票价格的基础上，在非节假日期间再降价 20%～50% ·通过协会号召，社会投资的景区实行门票降价让利 ·以旅游度假区为主体整合周边温泉、滑雪场等冬季旅游资源，推出冬季旅游（2～3 日游）包价让利产品 ·针对学生、银发群体等，出台优惠措施

续表

优惠惠民方式	措施要点
旅游饭店让利惠民	·海滨城市旅游饭店房价不高于旺季价格的40%,内陆城市旅游饭店房价不高于门市价格的50% ·针对散客推出客房住四免一或住五免一优惠活动
旅行社让利惠民	引导旅行社联合旅游饭店、景区开展捆绑套票、增值服务等淡季优惠或限时特惠等活动,将景区特价门票、饭店住宿和餐饮特惠套餐捆绑销售,优惠幅度不低于50%
文化演出让利惠民	·全省国有演出院团及财政资金资助的院团,活动期间演出票价一律实行8~9折优惠
政企合作让利惠民	·与中国银联共同开展惠民活动,联合景区、饭店、餐饮等重点消费场景,开展“逛景区减门票”“品美食享折扣”“购物消费有优惠”等系列主题活动,最高可享5折优惠 ·加强与携程、同程、驴妈妈、途牛、马蜂窝等OTA合作,提升旅游产品组织与销售水平,推出“一元游山东”“半价游山东”“特价秒杀”等惠民产品

(3)“六个一百”自驾游行动

“六个一百”自驾游行动是在疫情防控常态化形势下,精准聚焦消费群、提振文旅消费的重要举措,策划了多项针对不同人群、适应不同业态的活动内容,具体表现为百万省内车友自驾游、百万省外车友自驾畅游好客山东、百场会长县长自驾直播带货游、百场夜休闲自驾车游、百场全省特色乡村自驾体验游、百场全省自驾游特色主题酒店打卡游。在惠民方面,“六个一百”自驾游行动从金融、交通、石化、景区、餐饮等多场景、多角度配套推出了一系列优惠政策。同时,山东省自驾车旅游协会创新性地开发线上“好客山东自驾车主卡”,搭建集门票、用餐、酒店、购物、加油等于一体的优惠平台。

(4)针对暑期文旅消费,推出“好客山东游品荟”活动

2020年7月24日至9月24日,省文旅厅以促进暑期文旅消费为核心,举办“好客山东游品荟”活动,活动围绕“Hi(嗨)游山东正当时”“驾游山东正当时”“悠游山东正当时”三大活动节点,分批次开展特卖促销,每个节点主推两大类主题产品,形成阶段性爆点。在惠民消费方面,联合各市与携程、同程、驴妈妈、美团、马蜂窝等知名电商平台合作,通过直播带货、发红包、送折扣券方式进行惠民。

二、文化和旅游惠民消费政策的经验做法

2018~2020年,山东省一系列文化和旅游惠民消费政策的制定、出台及落实,体现了全省文化和旅游治理能力和治理水平的提高,顺应了当前文化和旅游融合发展、转型升级趋势,对文化和旅游消费的带动作用明显,也在实践中形成了一些创新性强、可常态化的有效做法。

（一）完善机制，服务大局，以激发文旅消费潜力为政策出发点

从管理角度看，一系列山东省文化和旅游惠民消费政策出台实施的背后必须有健全机制的支撑。一方面，推动把文化和旅游惠民写入政府工作报告和重大规划，建立省市县联动机制，确保重要政策和大型惠民活动在全省有序开展；另一方面，引导性政策由对口处室牵头，大型活动成立专门的组委会或工作小组。以全省性的山东文化和旅游惠民消费季为例，活动组委会由省领导、省直部门和16市负责同志组成，为政策的有效制定与执行提供保障。

无论是供给侧结构性改革、新动能培育还是疫情背景下的文旅市场提振，最根本的还是要激活消费对经济的拉动作用，促进经济社会发展方式的转型。因此，山东省文化和旅游惠民消费政策作为全省文旅政策的一部分，紧紧围绕各阶段略有区别又具有连贯性的中心工作，服务大局，以激发全省文旅消费潜力为出发点和着力点。在这一大的导向下，全省通过印发文件、扩大消费券补贴力度和范围、举办节点性主题活动、实施市场化运作、加强宣传推介等措施，因势利导地惠民便民，特别是2020年受新冠肺炎疫情的影响，全省的文化和旅游惠民消费政策的出发点主要集中于如何在做好疫情防控工作的前提下以惠民拉动居民消费，进而推动文旅市场复苏，虽然在疫情期间的许多政策首要是帮助文旅企业渡过难关，但却也在恢复市场的各种举措中促进了消费、优惠了民众，达到了一举多得的政策效果。

（二）加强顶层设计，不断完善文化和旅游惠民政策的系统性

2018～2020年，山东省文化和旅游惠民消费政策不断完善，引导性的顶层设计与创新性落地政策相结合，构成了全省文旅惠民消费政策的整体框架。一方面，建立起衔接国家政策的省级政策，保证国家要求的惠民政策落到实处，如2018年，根据国家发展改革委《关于完善国有景区门票价格形成机制降低重点国有景区门票价格的指导意见》（发改价格〔2018〕951号），山东省人民政府出台的《关于进一步扩内需补短板促发展的若干意见》（鲁政发〔2018〕24号）提出“降低国有旅游景区门票价格总体幅度50%”的目标要求，此后，山东省发展改革委员会发布《关于进一步降低国有景区门票价格的通知》，对降低国有景区门票作出制度安排。另一方面，山东省文化和旅游惠民政策的内容不断扩大整合，从国有景区门票优惠、夜间旅游、疫情常态化背景下提振文旅市场、促进文化和旅游消费等方面完善全省文旅惠民政策，避免了政策措施的碎片化及政策之间的相互抵消，呈现出由分散到集约的整合态势。

（三）丰富惠民方式，基本满足民众的精神文化消费需求

山东省文化和旅游惠民消费的方式多种多样。从具体方式上看，包括景区票价优惠、住宿优惠、餐饮优惠、交通优惠以及演出、文化产品消费优惠等种类；从优惠渠道上看，优惠券抵扣和折扣、减免方式惠民并存，传统的优惠券方式与金融手段叠加，基本满足了民众的精神文化消费需求。这些优惠方式使大众的消费需求得以释放，并在吃、住、行、游、娱、购的文旅消费过程中为金融、交通、餐饮、文娱等行业带来源源不断的客流和

现金流，凸显了文旅行业较强的综合带动效应。

(四)创新合作方式，金融成为文旅惠民消费政策的重要抓手

评价惠民政策效果可以从两方面入手：一是惠民资金的落实使用上，二是对文旅消费的带动效应上。从操作层面看，要实现这两个政策目标，必须借助一定的金融手段，即金融支持是实现文旅惠民消费政策的重要抓手和保障，主要体现在消费券和主题信用卡的推广使用上。

自2017年首届山东文化惠民消费季起，各类消费券的发放、领取、使用以及后期的核销结算等都需要借助银联钱包完成，因此，通过金融系统发放的消费券成为串起消费季组委会、合作单位及用户并最终实现惠民的一条连接线。

如果消费券是金融参与惠民的一种常规方式，“好客山东”文化旅游主题信用卡的发行则更能体现金融的独特作用。借助主题信用卡推出消费积分、分期付款等文化旅游信贷产品，以“金融＋”的理念赋能文旅消费平台“生态圈”，不断拓展文旅消费场景，持卡人可凭卡在合作景区享受门票减免、景区内消费专属折扣及配套赠送的综合权益包（加油、洗车、餐饮、购物等）。

(五)文旅互促，推动文化消费和旅游消费惠民政策融合发展

在2018年之前，由于文化和旅游分属不同的行政部门主管，文化惠民消费政策主要聚焦于文艺演出、文化活动、文创产品等方面，而旅游由于市场化程度更高，除了由政府主导的国有景区降价，旅游消费优惠政策多由景区、酒店、旅行社等推出，政府层面的惠民政策相对较少。自2018年起，随着国家层面文化和旅游治理结构的变化，文化消费和旅游消费的惠民政策也在原来各自发展的基础上日渐融合，形成文化和旅游消费惠民政策你中有我、我中有你的新局面。

从宏观上看，文化和旅游消费作为一个整体在引导性文件和活动中出现，“以文塑旅以旅彰文”，文旅互相促进，这种融合从四届消费季的主题上明显体现出来，从“荟文化·惠生活”（2017、2018）到“文旅融合 惠享生活”（2019）再到“惠文化·游齐鲁”（2020），融合已从理念变为实践。

从具体举措上看，2020年第四届“山东文化和旅游惠民消费季”中的一大创新举措就是在全省范围内不断扩大补贴范围：在文创产品、文艺演出、文化互动体验等20余个补贴领域的基础上，将旅游景区、特色旅游路线、旅游演艺等纳入消费补贴范围。从各市看，潍坊市追加400万元用于补贴旅游消费，举办“周末免费游潍坊”活动，面向广大市民发放679.84万元旅游定向消费券，直接带动消费4742.52万元，间接带动消费2.23亿元。泰安市举办“春暖花开·畅享泰安”活动，发放包括434万元文旅消费券在内的1000万元惠民消费券。

(六)强化科技赋能，搭建全省文化和旅游惠民平台

在技术变革、消费升级、文化和旅游深度融合发展等背景下，惠民消费政策必须与当前的社会经济发展趋势相适应，依托现代化技术实现自身目标。近年来，在政策推动和

市场需求拉动下,山东省一些专业化的惠民平台逐步建立起来,成为文化和旅游惠民消费相关政策得以落实的重要载体,是促进文旅市场发展的关键手段。在这方面,主要建有三个公益性的惠民平台——山东文化和旅游惠民消费季云平台、好客山东网及"好客山东云游齐鲁"平台,特别是消费季云平台,由省文旅厅统一建设运营,集产品宣传展示、消费券领用、消费数据监控等功能于一体的专业平台,为带动全省文旅消费起到了关键作用。

三、文化和旅游惠民消费的对策建议

当前,具有山东特色的山东省文化和旅游惠民消费政策体系已初步建立,发挥出了强大的带动效应,但仍需在理性思考的基础上进行优化提升,以更为精准高效的政策拓展文旅发展空间。在今后的发展中,以疫情常态化背景下文旅消费市场的转型升级为契机,建议结合已有成功做法,统筹考虑省情省况、文旅产业趋势,制定实施更为精细和精准的行业政策。

(一)以引导消费为核心,建立更为立体的惠民消费政策体系

山东省文化和旅游消费是区域经济的重要组成部分,是全省转变经济发展方式、优化产业发展结构、扩大内需、培育经济发展新动能、更好满足人民群众美好生活新期待的关键一环。因此,在促进文旅消费中具有杠杆作用的惠民消费政策,就必须始终把引导消费作为自身的政策目标,通过建立更为立体的惠民消费政策把全省、全社会的资源引导到文旅消费上。

首先,文化和旅游惠民消费政策需要进一步融合与延展。一方面,文化和旅游融合发展已成为大势所趋,但文化惠民和旅游惠民政策的联动性仍是薄弱环节,如何将各自"点"上的政策转变为"面"上的集成性政策,实现文旅融合发展大格局下惠民消费质量的提升是必须思考的当务之急。另一方面,文化和旅游惠民消费政策要常态化,当前全省的文化和旅游惠民消费政策基本都是有时间限制的,常态化、长期性的惠民消费政策需要数量上的进一步扩充,让民众可以自由决定消费的时间,而不是囿于限定的时间被动作出选择。

其次,文化和旅游惠民消费政策效能的充分发挥,需要政策间的互相支撑。文化和旅游消费是发展型、享受型的消费,是休闲时间增多、可支配收入提高、出行便利、环境改善等多种因素综合作用的结果,若没有其他政策的配合与支撑,文旅惠民政策的效能将无法有效释放。因此,在制定文旅惠民消费政策时,需要通过部门间的统筹协作出台更多配套政策。比如,试行并逐步推广 2.5 天周末,让民众有时间进行文旅消费;加强节假日期间的交通保障,包括公共交通和为私家车服务的路线导引、停车等,让民众文旅消费更顺畅。

最后,按目标受众群的差异制定更具针对性的惠民消费政策。现有的山东文化和旅游惠民消费政策都是针对全体受众的,没有区分受众,这是惠民政策应有的普及面,但在满足了民众基本的文旅需求后,政策的着力点要在精细化上有更多作为。比如,城乡居

民、本省和外地民众以及老年人、青年人、学生等虽然都有文旅消费需求，但希望得到的惠民消费内容、方式、渠道是不同的。因此，要针对群体差异进行精准惠民，解决不同消费群体在消费上的痛点，以更为有效地激发消费潜能。

(二)聚焦资源整合提升，优化升级惠民消费平台

文化和旅游惠民消费政策需要恰当的载体与平台。山东省文化和旅游惠民消费载体除了一些商业性的OTA平台，由政府支持和主导的公益性平台，目前主要有以下几个：山东文化和旅游惠民消费季云平台主要服务于每年一度的消费季，承载消费券领用功能；好客山东网，定位于山东旅游综合性公共服务平台，承担"好客山东"品牌宣传推介和部分产品预定功能；齐鲁艺票通平台，主要服务于全省的戏曲、曲艺、音乐会等舞台演出；正在建设的"好客山东云游齐鲁"平台，聚焦于智慧文旅，让游客"一机在手，畅游山东"。

虽然文旅惠民消费实现需要多平台分销，但也不是越多越好。一方面，若各平台定位含糊，使用烦琐不便，反而会流失受众；另一方面，各平台存在一定的重复建设、投资分散、同质同构问题。因此，在全省文化和旅游惠民消费的平台和载体建设上，其覆盖范围、承载功能需要进一步优化完善，整合、提升或新建平台，进而实现平台管理、运营效能的最大化。

(三)优化惠民消费政策，推动消费方式简化、便捷化

文化和旅游消费是休闲活动，人们主要目的是获得身心放松。因此，消费过程中的便捷性将直接影响惠民政策的惠及面、认可度和使用率。山东省出台及实施的文化和旅游惠民消费政策具有很强的操作性，使广大消费者得到了切实的实惠，但从细节上看，这些政策在使用操作上还存在很多不便捷的地方，需要进行进一步优化。比如，好客山东文化旅游卡需要在指定银行开户，并下载中国银联App绑定后才可使用，信用卡的开卡流程烦琐，后期还需与特定应用绑定，导致用户体验感差、使用率低。另一方面，现有政策仅说明了"持卡人开卡一年内可免费一次或多次进入签约景区"的规定，后续优惠政策不清晰，增加了大众办卡、用卡的顾虑。再如，山东现有文旅惠民消费政策的实现几乎都是借助于智能手机或网络平台，"操作难"无形之中将一部分民众排除在了惠民范围之外，特别是一些文旅需求较大的中老年群体、乡村民众等。因此，进一步优化使用流程、增强便捷性，在各银行信用卡原有功能基础上增加文化旅游卡功能，实现传统与现代惠民方式共存，照顾到特殊群体的精神文化需求，是今后全省文旅惠民消费政策需要关注的重点，使政策惠民更便民。

(四)惠民消费政策传播需要广度、精准度并重，提高知晓度

惠民消费政策需要传播广度、精准度并重，才能发挥出应有的效能。一方面，文化和旅游消费作为一种需求弹性较大的消费内容，潜在消费需求与实际消费行为并不是一一对应，消费者在大多数情况下需要有一个诱因来唤醒自己的消费需求，进而做出消费行为，而惠民消费政策就可以起到这种诱因的作用。另一方面，文旅惠民消费政策大都具

有时效性、变动性，若不能及时传播到消费群体中，就会因信息不对称导致政策效力大打折扣甚至失灵，无法实现政策引导消费的最终目标。

山东省对文化和旅游惠民消费政策的传播主要有以下几种方式：一是各级文化和旅游管理部门的官方网站、新媒体账号，主要是官方政策、活动通知等的发布及典型经验介绍；二是各级文旅部门的合作媒体及其新媒体账号、移动应用，侧重于宣传惠民政策及活动的通稿性文章或经验推广的深度专稿；三是针对重要惠民消费政策及活动的发布会、推介会等线下活动；四是文化和旅游消费链条上的各具体场所的线上线下宣传。总体来看，这些宣传方式传统媒体与新媒体结合，图文、音视频兼具，组成了全省文化和旅游惠民消费政策的宣传矩阵，起到了宣传惠民政策、引导文旅消费的关键作用。

但从文化和旅游产业消费升级、文化和旅游治理现代化的角度考量，现有的文旅惠民消费政策传播仍有待完善与提高。一是改变观念，有必要把传播作为文旅惠民消费政策制定、实施中的重要环节，在相关政策制定的肇始阶段就把如何传播考虑进去，针对政策文件、惠民活动、具体措施分别采取不同的传播渠道与传播形式。二是建立不同于日常文化和旅游政策宣传的惠民政策传播体系，以更下沉的方式融入民众生活，借助多平台、多渠道、多形式扩大传播面，提升惠民消费政策的知晓度、感受度、关注度，让全省惠民消费政策的效能最大化。三是在传播形式上进行大胆尝试与创新，以效果为导向，将惠民政策切割为一个个即看、即懂、即用的碎片，让观众看完视频或推文就可点击链接进行消费，用更为高效便捷的方式直接为文旅消费引流。

（五）建立完善的文旅惠民消费政策咨询及评估机制

政策是制定者对客观规律的认识，认识水平的差异会反映在政策的质量与效能上。面对文化和旅游行业转型发展的急切需要及文旅消费的复杂形势，政策制定者的认知广度和深度都需要不断提高，但从个体角度看，政策制定者的知识结构、专业能力都会有这样或那样的不足，为保证政策的针对性、含金量和有效性，就要借助集体智慧、专业机构和制度建设的力量。

首先，建立专家咨询制度。目前，山东省文化和旅游惠民消费政策的制定中各类专家选取、咨询流程相对随意，缺乏相应制度。因此，需要从以下方面作出改善：一是组建服务于文化和旅游惠民消费的专家咨询库，从政府部门、行业组织、代表性企业、高等院校、科研院所等有关单位选择专业能力突出、具有较强分析、研究和解决实际问题能力的人员组成专家库。二是对文化和旅游惠民消费政策制定时涉及的思路方向、创新做法或具体措施，采取会议或者书面等方式向具有不同专长的专家库成员咨询，形成书面咨询意见。三是合理运用专家建议，政策咨询或会商结束后，形成专题报告，作为决策参考，对有价值的观点进行重点研判，确定是否采用以及如何采用。

其次，建立定期评估调整机制。文旅惠民消费政策制定并实施后，应当定期对执行情况及实际效果进行跟踪调查和监测评估，及时发现政策中的不足，实时调整政策方向和结构，对于实效好的政策要延续、升级，对不能达到预期效果的政策要调整、完善。当前，山东省文化和旅游惠民消费政策的机制设置上缺少评估反馈环节，主要依靠政策制定、活动承办单位的总结和自我评估，所收集的数据和分析的深度都存在局限性。因此，应建立文化和旅游惠民消费政策定期评估调整机制，由第三方专业机构对惠民政策进行客观评估，对单项政策、整体政策及年度政策进行不同维度、不同侧面的分析，解决政策制定与实施者因角度、身份、利益、视野等因素不便指出或无法分析的问题，并借助评估分析从更专业的角度、更开阔的视角纠正政策制定及实施过程中的“偏差”。

标准引领精品旅游高质量发展

陈 虎 梅 青 吴吉月 孙彩琳*

摘 要:《全国旅游标准化工作管理办法》开启了通过完善标准引领旅游发展的20年历程。本文通过回顾山东省旅游标准发展历程,分析山东省旅游标准化现状发现:山东省旅游现行标准主要依赖于国家标准和行业标准,以地方标准为主应对社会问题和政策发展,呈现出从细节性标准转向综合性标准的发展趋势;充分践行国家标准、重视社会问题和政策变化、上下级部门间和政府与行业间的协同推进等是重要的山东省标准化建设经验。与此同时,本文从重视规划引领、深化协同发展、强化责任意识、构建资料库和加强人才助力5个方面提出标准化发展建议,助推精品旅游实现高质量发展。

关键词:旅游标准;现状;经验;问题;发展建议

近年来,山东省旅游发展整体向好。根据山东省文化和旅游厅的统计数据显示,2020年虽然受疫情影响,但访鲁游客数量达到5.77亿人次,收入6019.7亿元,分别同比恢复61.5%和54.3%。近年来,山东省旅游整体得以快速发展,2017全年,访鲁游客为7.85亿人次,总收入为8705.2亿元。在颁布《山东省精品旅游发展专项规划(2018～2022年)》后,2018年和2019年的访鲁游客分别为8.65亿人次和9.38亿人次;总收入为9892.4亿元和11087.3亿元。据国家统计局显示,关于旅行社、旅游饭店、游客数量、交通等数据,与旅游总收入和旅游外汇收入相比较不难发现,山东省仍然处于大而不强的发展阶段。所以,山东省旅游高质量发展是亟待解决的重要课题和任务。

早在2000年,原国家旅游局颁布了《全国旅游标准化工作管理办法》,就开启了通过完善标准引领旅游行业发展的模式。时至今日,在追求精品旅游发展的过程中,山东省在2018年部署的《山东新旧动能转换综合试验区建设总体方案》(以下简称《方案》)中,也再次对旅游业提出了通过标准化发展带动旅游行业高质量发展的要求。《方案》希望“山东省旅游行业通过精美化完善旅游环境、精致化打造旅游产品、精细化提升旅游服务,促进产业层次更加高端、产业结构持续优化、产业效益充分释放,培育消费新热点,最大限度满足人民群众日益增长的旅游消费需求的现代旅游发展新模式”②。在《山东省精

---

* 作者简介:陈虎(1986～),济南大学文化和旅游学院讲师;梅青(1970～),女,济南大学文化和旅游学院教授;吴吉月(1998～),女,山东师范大学商学院硕士研究生;孙彩琳(1998～),女,山东师范大学商学院硕士研究生。

② 参见戴斌、周晓歌、梁壮平:《中国与国外乡村旅游发展模式比较研究》,《江西科技师范学院学报》2006年第1期。

品旅游发展专项规划(2018～2022年)》(以下简称《规划》)中,着重强调了要"充分发挥旅游标准化手段的关键性基础作用,进一步提高旅游产品质量,培育旅游产业品牌,加快推进旅游线路统筹,提升旅游服务水平"的要求。所以,如何科学运用旅游标准化手段①,助力山东省旅游高质量发展,是旅游领域部分地区、业态和部门都亟须攻克的难题。

一、旅游标准化体系建设

(一)旅游标准发展历程

根据全国标准信息公共服务平台数据显示,山东省为指导本省旅游行业发展,当下执行的相关标准主要包括:46项国家标准、71项行业标准和28项地方标准(见图1),共计145项,涉及综合、服务、设施、安全、管理和其他6个大类,基本覆盖食、住、行、游、购和娱六大行业。不难发现,山东省在旅游标准化进程中,除去自身努力,主要得益于国家标准的支撑和行业标准的贡献。

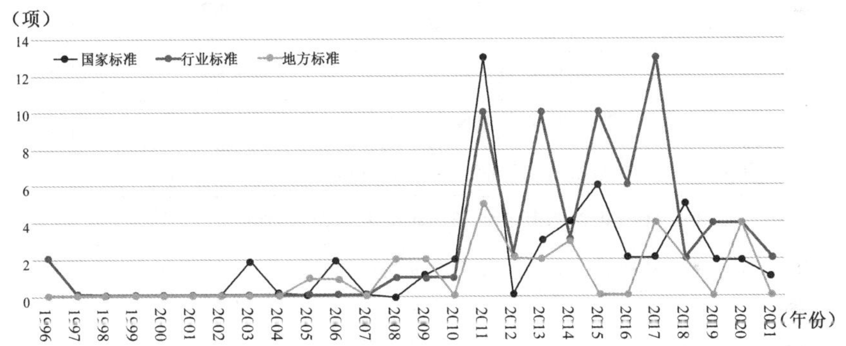

图1 山东省旅游行业现行旅游标准发展情况

资料来源:全国标准信息公共服务平台。

我国旅游标准的出台,最初是从行业标准制定开始的,最早应用于旅游用车和旅游公共信息等相关领域,而大部分省市地区则在2005年前后开始出台与旅游相关的地方标准规范,指导和助力行业发展。山东省也是如此,但与分别在2001年和2003年就出台《景区服务标准》和《旅游购物点质量标准》的浙江省,以及在2003年出台《乡村旅游服务标准》的上海市相比,仍然属于起步较晚的省份。山东省自2005年颁布第一条标准至今,一共颁布了28条国家认定的旅游相关的地方标准,整体来看主要分为2005～2014年的"服务发展导向"和2014至今的"综合发展"两个阶段。

在服务发展导向阶段,山东省一共出台了18条与旅游相关的地方标准,其中,关于景区服务、温泉旅游服务、旅游公务从业人员服务、乡村旅游服务、采摘园服务、旅游农场服务和景区投诉服务等方面的标准就达8项之多。旅游服务标准占该阶段总体标准数量中的44.44%,远高于综合类标准的27.78%、管理类标准的22.22%,以及设施类标

① 参见王云才:《国际乡村旅游发展的政策经验与借鉴》,《旅游学刊》2002年第4期。

准、安全类标准和其他标准的5.56%（见表1）。所以，在2005～2014年间，山东省旅游标准的发展主要以完善服务标准为主。

表1 山东省地方旅游标准

阶段	年份	标准编号	标准名称	标准分类					
				综合	服务	设施	安全	管理	其他
Ⅱ综合发展导向阶段	2019	DB37/T 4209-2020	工业旅游示范基地建设指南	√					
		DB37/T 4210-2020	康养旅游示范基地建设指南	√					
		DB37/T 3742-2019	中医药健康旅游示范基地评定标准	√					
		DB37/T 3743-2019	中医药健康旅游示范区评定标准	√					
	2018	DB37/T 3307-2018	旅游景区公共信息发布服务规范		√				
		DB37/T 3308-2018	山岳旅游景区实景演出场所服务规范		√				
	2017	DB37/T 2964-2017	购物旅游示范城市评定	√					
		DB37/T 1242-2017	旅游购物商店等级划分与评定	√					
		DB37/T 2963-2017	购物旅游示范乡镇	√					
		DB37/T 2962-2017	购物旅游示范村	√					
Ⅰ服务导向阶段	2014	DB37/T 2615-2014	山岳型旅游景区安全管理规范			√	√		
		DB37/T 2614-2014	旅游景区旅游投诉处理规范		√			√	
		DB37/T 2530-2014	山东省开心农场旅游服务规范与评定		√				
	2013	DB37/T 2333-2013	汽车露营地旅游服务星级评定标准	√					
		DB37/T 2328-2013	精品采摘园旅游服务规范与评定		√				
	2012	DB37/T 2179-2012	城市旅游公共服务设施规范			√			
		DB37/T 2180-2012	乡村旅游服务规范		√				
	2011	DB37/T 1979-2011	旅游景区医疗救助应急处理规范						√
		DB37/T 1980-2011	旅游景区服务标准体系要求		√				
		DB37/T 1803-2011	高尔夫会所旅游服务星级划分与评定	√					
		DB37/T 1802-2011	旅游购物从业人员服务规范		√				
		DB37/T 1796-2011	温泉旅游服务规范		√				
	2009	DB37/T 1082-2008	旅游强乡镇评定标准	√					
		DB37/T 1083-2008	旅游特色村评定标准	√					
	2008	DB37/T 966-2007	旅游饭店布草、衣物洗涤操作规范					√	
		DB37/T 964-2007	刘公岛景区旅游服务规范		√				
	2006	DB37/T 594-2005	旅游餐馆星级的划分与评定	√					
	2005	DB37/T 543-2005	旅游饭店卫生规范					√	

资料来源：全国标准信息公共服务平台。

在综合发展导向阶段，山东省一共出台了10项标准，其中关于工业旅游示范基地、康养旅游示范基地、中医健康旅游示范基地和示范区、购物旅游(商店、示范村、示范乡镇和示范城市)等3个大方面的8项标准，占总体出台标准数的80%。自2014年至今，山东省旅游标准的发展主要以建设旅游目的地的综合性标准为主(见表1)。纵观山东省旅游标准15年的发展历程，整体呈现出从细节性标准转向综合性标准的发展趋势。

在山东省颁布精品旅游规划之后，从2018年至今，出台了《工业旅游示范基地建设指南(2020)》《康养旅游示范基地建设指南(2020)》《山东省中医药健康旅游示范基地评定标准(2020)》《山东省中医药健康旅游示范区评定标准(2020)》《旅游景区(点)公共信息发布服务规范(2018)》和《山岳型旅游景区(点)实景演出场所服务规范(2018)》6项国家认定的地方标准，主要应对教育部大力发展研学旅游和我国社会整体老龄化的需求，具有较好的应对性和前瞻性，在未来一段时间内可以为山东旅游发展助力。

综上所述，通过对山东省旅游标准化发展的历程进行回顾可以发现：第一，山东旅游现行的标准规范主要依赖于国家标准和行业标准；第二，起步不晚，但相较于江苏、浙江和上海等地区，仍然相对落后；第三，发展过程明显存在从细节性标准转向综合性标准的发展趋势；第四，2018年以来，标准化发展顺应趋势，具有一定的应对性和前瞻性。

(二)旅游标准发展现状

从山东省现行标准分类来看，综合类标准中，国家标准7项、行业标准23项、山东地方标准10项；在服务类标准方面，依次为22项、29项和10项；设施方面则为17项、8项和1项；安全方面为4项、2项和1项；管理方面则为9项、18项和4项；其他标准为2项、5项和1项(见图2)。除去设施和安全方面以国家标准为主，其他领域均以行业标准为主。山东省共出台综合类标准13项、服务类标准10项、管理类标准4项，以及设施类标准、安全类标准和其他标准各1项。

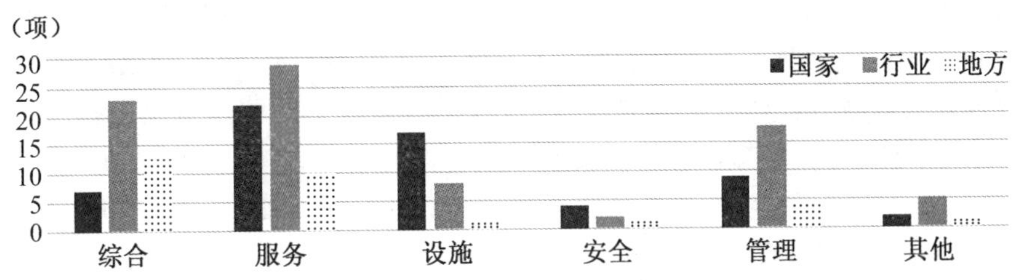

图2 山东省旅游行业现行标准基本状况

资料来源：全国标准信息公共服务平台。

从全国视域来看，根据全国标准信息公共服务平台的数据显示，出台地方旅游标准超过30项的有安徽、山西、河北、贵州、浙江、江苏、广西、海南和云南，共计10个省份。山东省相较于自身规模较大的地区行业、丰富的旅游资源和庞大的旅游市场而言，现行的28项地方标准并不算多。距离旅游经济和综合经济较为发达的浙江和江苏，以及旅游经济占比较高的安徽、广西、海南和云南等省份，均存在一定的差距(见图3)。此外，在初期发展中有些问题也不容忽视。在现行的地方标准中，2007年出台的《旅游购物点服务质量要求(DB37/T 966-2007)》、2008年出台的《旅游咨询服务中心服务质量规范

（DB37/T 956-2007）》《章丘市百脉泉公园生态旅游服务质量规范（DB37/T 959-2007）》和《聊城东昌湖生态旅游服务质量规范（DB37/T 960-2007）》3 项地方标准，以及 2009 年出台的《旅游购物商店等级划分与评定（DB37/T 1242-2009）》和《旅游休闲购物街区质量评定（DB37/T 1243-2009）》2 项地方标准，共计 6 项省级地方标准均被废止。通过分析发现，存在以下三个特点：第一，被废止的标准主要集中在 2007～2009 年期间；第二，存在以个别景区为主体制定的标准，普适性较差；第三，三个关于旅游购物方面的标准被废止。不难发现，山东省旅游标准存在问题，在标准颁布的时间、问题的表现形式和相关行业领域上都相对集中。

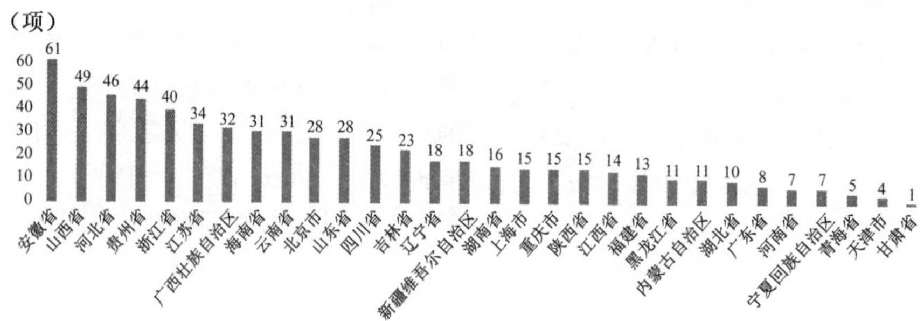

图 3 全国各省市地方旅游标准基本状况

数据来源：全国标准信息公共服务平台。

综上所述，山东省地方旅游标准的发展精力主要集中在服务类标准和综合类标准，在全国范围内并不处于领先地位，并且，在发展初期存在标准普适性差和个别领域标准存在缺陷等问题。

（三）旅游标准执行现状

在执行标准方面，山东取得了相对卓越的成绩。例如，在《旅游厕所质量等级的划分与评定（GB/T 18973-2016）》标准的执行方面，于 2017 年印发了《山东省旅游厕所管理办法》和《山东省旅游厕所管理与服务规范》，不到两年，建成旅游厕所万余所，并提高了旅游厕所规范化、标准化和常态化管理的服务水平。除此之外，还出台了“根据人流规律适度增加女厕位比例”等不拘泥于标准的人性化管理办法。自 2010 年颁布《国家生态旅游示范区建设与运营规范（GB/T 26362-2010）》以来，烟台市的昆嵛山国家生态旅游区在 2013 年首次斩获此称号。此后，济宁市微山湖国家湿地公园和青岛市百果山生态旅游区分别于 2014 年和 2015 年再次得此殊荣。除此之外，在各类示范区、示范点和示范基地等，具有标准或类标准执行的评比活动中也均有斩获。所以，在《规划》之前，山东省对标准执行就具有较好的执行力。

文章通过对山东省文化和旅游厅的关于标准执行、标准化公示信息显示进行分析，对政府部门旅游标准执行的状况进行了梳理。2018 年至今，山东省文化和旅游厅的公示信息显示，山东省对旅游标准执行较为严格，其中关于强调旅游标准的公示信息有 175 条，其中超过 10 条的有 6 个市，依次分别为烟台 17 条、临沂 16 条、济宁 15 条、济南 13 条、威海 11 条、潍坊 10 条。本文统计了 16 市的 AAAAA 级和 AAAA 级景区数量与强调标准执行公示信息的数量，通过 SPSS 24.0 进行了相关性分析(Correlation Analysis)。结果显示，山东省各市对标准执行的态度取决于所持有的旅游资源，以及所带来的旅游收入。也就是说，旅游资源越多的市，越是强调对旅游标准的执行。

综上所述，山东省在执行标准方面，总体取得了相对卓越的成绩。在 2018 年以后，虽然在数据上还无法完全得以体现，但省级和各市级政府执行标准的态度总体良好，只是各市之间因自身的旅游资源和旅游收入差别，存在较为明显的差异。

二、旅游标准化发展经验总结

2018 年以后，山东省旅游标准发展经验主要表现为：充分践行国家标准，地方标准发展主要用于应对社会问题和政策变化以及省市级政府部门与行业之间的协同推进等几个方面。具体情况如下：

(一)充分践行国家标准

国家标准是支撑山东旅游发展的重要支柱。2018 年以来，在文旅融合、文旅产业、餐饮住宿、医疗康养、工业农业、绿色低碳、儿童事业等领域，充分践行国家标准和政策，使得山东省旅游发展全面向好。利好主要表现为三点：第一，从旅游者视角，充分执行国家标准，可以适应不同客源地旅游者对目的地的诉求，减少其他省份旅游者在访鲁期间可能存在的不适应和不满意，缩小与广东、江苏和浙江等其他旅游发展先进省份之间的体验差距。第二，从旅游行业视角，践行国家标准有利于有效地开拓国内市场，确保目的地整体发展处于相当水平，确保与先进省份之间的差距可以得到有效控制，并为进一步缩小差距提供必要前提。第三，从地方标准发展视角，充分运用和践行国家标准，可以揭示山东省旅游发展与国家标准的配适程度，为地方旅游标准发展提供有价值的参考经验和资料。地方旅游标准发展配合国家标准，实现以标准补强、欠缺补充和空白弥补为主要目的的科学发展。第四，从成本控制视角，充分践行国家标准可以使标准资源得到充分发挥，减少不必要的资金和精力投入，为发展地方标准节省不必要的资金和精力成本。

(二)重视社会问题和政策变化

在 2018 年颁布《规划》之后，山东省旅游标准就将积极应对我国老龄化带来的社会问题和政策变化作为主要考量。就老龄化发展速度而言，中国是当前世界进入老龄化社会速度最快的国家之一。中共中央国务院印发《国家积极应对人口老龄化中长期规划》，用于应对中国的老龄化问题。在老龄化问题和相关政策的双重驱动下，山东省于 2020 年连续颁布和执行了《康养旅游示范基地建设指南(DB37/T 4210-2020)》《山东省中医药健康旅游示范基地评定标准(DB37/T 3742-2019)》和《山东省中医药健康旅游示范区评定标准(DB37/T 3743-2019)》予以应对。综上所述，在山东旅游标准化发展中，尤其是地方标准的发展，响应了社会问题和国家政策的双重导向，确保地方标准发展的必要性、科学性和价值性。在山东省旅游标准化的后续发展中，也应持续重视对社会问题、发展趋势和政策导向的针对性，确保"好钢用在刀刃上"的科学发展。

（三）部门间协同推进标准化发展

山东省旅游标准发展，重视省级部门与市、县、乡镇等不同层级部门的协同推进。从2018年至今，山东省文旅厅与临沂市和齐河县协同发展，出台《临沂市旅游标准化发展规划》，并建成第四批国家旅游标准化示范单位；贯彻执行《国家级旅游度假区管理办法》和《旅游度假区等级划分》，与日照共建山海天国家级旅游度假区；与青岛协同发展，出台《青岛市工业旅游示范点试行标准》，并共建工业旅游规范示范点，助力实体产业发展；根据《山东省微型消防站建设标准》《文物保护工程设计文件编制深度要求（试行）》和《山东省文博单位消防安全评估导则（试行）》等标准，协助济宁完善了关于明鲁王墓消防工程的施工方案；协助潍坊市建成文化大院和标准化农家书屋；协助济宁出台《“儒学讲堂”建设与服务标准》和《研学旅行示范基地规范》，助力文旅融合的深化发展；与泰安出台《泰安市旅游咨询（中心）站点考核标准》，推进咨询服务标准化建设。山东省还应在后续发展中，持续重视省级部门对地方部门的指导作用，而地方部门在积极筹划本地标准发展的同时，也应与省级部门积极沟通，并获取政策、智库专家、参考性数据库等多方面支持。

（四）部门与行业协同推进标准化发展

山东省旅游标准发展，除去与各级旅游部门协同发展，与行业也进行了紧密结合。从2018年至今，与曲阜协作，针对旅行社和景区讲解员推出了《曲阜市旅游行业诚信“红黑榜”评定标准》《曲阜市诚信导游员评定标准》和《曲阜市诚信星级饭店考核标准》等一系列标准；与济宁协作，针对旅游企业出台了《济宁市旅游企业文明行业创建工作测评标准》；针对文化产业园区，制订了《山东省文化产业园区转型升级实施方案》；在山东省旅游饭店协会提出的关于“坚决制止、抵制餐饮浪费行为”的倡议下，共同推行了《位上菜制作规范》等标准；根据《关于加快建立健全绿色低碳循环发展经济体系的指导意见》，倡导酒店、餐饮等行业不主动提供一次性用品；与烟台针对当地旅游资源，制定出台了《烟台市葡萄酒旅游综合体验区评创标准》。在行业诉求、行业协会促成，以及省级和市级部门的共同推进下，山东省催生了关于人员服务、景区、绿色发展等一系列与行业科学发展息息相关的地方标准与政策，确保了行业健康发展。

三、标准引领精品旅游高质量发展对策建议

山东省地方旅游标准的发展精力主要集中在服务类标准和综合类标准，发展初期存在标准普适性差和个别领域标准存在缺陷等问题，整体而言，在全国范围内并不处于领先地位。虽然山东省执行旅游标准的态度总体良好，但各市之间存在明显的差异。2018年以后，山东省旅游标准的发展经验主要表现为：充分践行国家标准，地方标准发展主要用于应对社会问题和政策变化以及省级和市级政府部门与行业三者之间协同推进等几个方面。存在的问题主要表现为整体发展缺乏系统性、部门协作缺乏主动性、多边交流缺乏常态化、人员构成缺乏专业性，以及在相关资料的利用、保存和价值开发上存在一定的浪费性。基于上述分析结果，本文提出以下发展建议：

(一)重视规划引领

旅游标准发展存在发展缺乏系统性的问题,需要规划引领。山东省旅游地方标准发展,从数量、类型和前沿性等方面整体来看,还处于初级阶段,主要以经验主义为指导理念,发展目的是应对已经出台的国家政策和鲜明的社会问题。旅游标准发展的整体规划,以及人才、部门间的合作和驱动等,多方面的发展机制都不够成熟。与此同时,如何进行当下的旅游标准化发展,是重中之重。尤其是在后疫情时代,旅游行业发展环境复杂,当前的经验还不足以应对当下的环境。这就不难发现,山东省旅游标准发展缺乏系统性。具体表现为,缺乏针对旅游标准的整体规划,缺乏以标准规划为中心的专门性调查和研究机构、协作机制和专家人群。山东省旅游标准化推进,要以建设具有系统性的机制为中心,从规划开始,并在未来一段时间内,组建研究机构、制定协作机制、培养和组织专家人群。

习近平总书记在出台"十四五"规划期间指出:"大国发展,规划引领。"在这样的背景下,更需要重视山东省旅游标准整体规划。整体规划需要结合国际、国内和省内的多层发展环境,疫情、政策和社会问题等多种因素,在完成对多阶层标准的充分整理和理解的基础上①,由政府有关部门、旅游行业协会、高校和研究机构共同参与②,有针对性地指导旅游标准的科学发展,避免多个标准功能重叠,以及制定标准过程中的资源浪费等现象。最终实现以详尽科学的规划优化山东省旅游标准的发展土壤。以规划引领的发展方式,使山东省旅游标准的发展有规可循、有动力支撑、有人才可用,最终促成山东省旅游标准的系统性发展。

(二)深化协同发展

多边协作在旅游标准发展中仍有提升空间,需要构建常态化的协同发展模式。山东省旅游标准化发展在多边协作上主要以政府带头驱动,行业协会、高校和科研机构的表现相对乏力,仍然存有较大提升空间。第一,行业协会还不能有针对性地对行业现有问题进行有效调查、归纳和揭示,从而集结多方,有针对性地进行行业标准的策划、编制和修订。第二,各级政府、行业协会、高校与科研机构并没有形成常态化交流、碰撞和沟通,无法实现经验、成果和创意等方面的共享。第三,各高校未能积极地举办各类"政教产学研"相关活动,邀请政府部门、行业协会和科研机构的专家学者参与其中,协助旅游标准化人才输出。第四,高校和科研机构也未能针对旅游标准化举办论坛、学术会议等学术性活动,形成经验交流和观点碰撞的平台。

从经验来看,虽然省级和市级政府部门与行业三者之间的协同推进已经取得了一定的成就,在后续发展中还要继续坚持和执行已有的优秀经验,并进一步深挖。以政、产、学、研四方协同协作的方式发展,是促进旅游标准发展的重要路径。③ 标准化发展的规划

---

① 参见章锦河:《社会记忆与旅游规划的创意》,《旅游学刊》2014 年第 5 期。

② 参见陈南江:《旅游规划的管理优化:体系、标准与规范》,《旅游学刊》2014 年第 5 期。

③ 参见陈阁芝、刘静艳、王雅君:《旅游供应链协同创新的治理困境:契约还是关系?》,《旅游学刊》2017 年第 8 期。

要构建多机构、多部门和多组织的协作机制，使发现的已有问题得以交流，有价值的资料、经验和创意得以共享[①]，进而形成科学高效的协同发展机制。[②] 在协同机制的构建过程中，可以参考全域旅游“六新八全”的发展模式，尤其要重视“全要素整合、全过程体验、全部门渗透、全行业协作、全方位供给、全过程体验、全社会参与”[③]的发展理念，全面促成旅游标准的协同发展，以旅游标准的发展带动旅游市场管理、旅游行业升级、旅游消费健康等多方面的科学进步。

（三）强化责任意识

山东旅游的标准中现行地方标准有 28 项，主要用于应对政策引导和社会问题，但在区域旅游行业创新性和精细化发展的指导作用上，仍然需要进一步强化。除此之外，代表行业的行业协会虽然也作出了一定的贡献，但在主动与政府部门和下属企业沟通，以及在发现问题和提出诉求等方面，仍然存在极大的发展空间，可以发挥更加积极的作用。所以，政府主管部门、旅游行业协会、旅游相关企业、高校与研究结构等相关组织都应有重视旅游行业标准化发展的意识，并主动地创造机会，进行交流和碰撞，用以研究山东旅游标准，以及其发展过程中存在的问题和可能存在的有效提升路径。

纵观山东省旅游标准化的发展不难发现，虽然有了成有效的协同发展机制，但还要由有责任意识的多方来共同推进。除去相关部门、组织和机构要具备标准化发展和协作发展的意识之外，责任视角也要各有交叉和不同。政府相关部门要从旅游市场、客源地和目的地社会等宏观视角出发，对其健康发展抱有责任意识[④]；行业和行业协会要从旅游市场、旅游消费者和从业者视角出发，对自己的长期发展持有责任意识；而高校学者和科研机构则要从客观发展规律视角，对科学研究和成果输出抱有责任意识。具体工作表现为：第一，与政府部门、行业协会、高校和科研机构的思政工作相结合；第二，必要时在需要的部门，构建与责任意识相关的工作量化体系；第三，制定相应的奖惩机制，促进责任意识的强化和提升，为山东省旅游标准化发展提供有效的动力来源。

（四）建设资料库

旅游标准发展存在数据利用率不高，有效资源浪费性问题，需要建设数据库。山东省为了促进旅游的全面发展，投入了大量的人力和物力，出台了一系列有别于国家标准、地方标准和行业标准的影响力较弱的标准，或多种类似于标准的管理办法、评价体系和评分标准。这些尚有剩余价值的资料在阶段性使用过后，或束之高阁，或被弃用，或没有公开发表，或没有形成相应的公开资料库，这本身就是一种资源浪费。所以，为了避免这种浪费，应将已有的非地方和非行业标准、管理办法、评价体系和评分标准等资料进行有

---

① 参见解学梅、左蕾蕾：《企业协同创新网络特征与创新绩效：基于知识吸收能力的中介效应研究》，《南开管理评论》2013 年第 3 期。

② 参见刘亭立：《旅游价值链研究综述：回顾与展望》，《旅游学刊》2013 年第 2 期。

③ 参见厉新建、马蕾、陈丽嘉：《全域旅游发展：逻辑与重点》，《旅游学刊》2016 年第 9 期。

④ 参见胡兵、沈玲、龚箭：《中国上市旅游企业社会责任的市场价值效应：基于营销战略的分析视角》，《旅游学刊》2020 年第 10 期。

效整理,用于研究,为后续标准的开发和修订提供可参考的材料。或者,在有阶段性需求的时候直接使用,从而避免不必要的资金和精力投入。

基于上述浪费性的问题,构建资料库就显得十分重要。在资料收录方面,第一,要将与旅游直接或间接相关的国家、行业、地方和团体标准进行全面的收录;第二,还需要有针对性地将直接和间接驱动旅游标准化发展的政策进行收录;第三,与旅游设施、服务、景区、活动等方面相关的,类似于标准的规范、准则、指标、评估办法等,也要进行全面的收录。在资料库检索方面,可设定多个关键词,实现对所需内容的精准检索。甚至可以形成具有一定分析结果的检索报告,通过提供高效的服务,提高资料检索、整理和分析的效率。在减少已有资源浪费的同时,全面助力山东旅游的标准化发展。

(五)加强人才助力

旅游标准发展存在缺乏专业性的问题,需要加强人才助力。山东省旅游标准的发展,主要由山东省文化和旅游厅主持或牵头修订,由山东省市场监督管理局主管,现有格局过于单一,缺乏专业性。主要表现为:第一,政府机构中缺乏统一的主管部门,这就意味着标准的修订、执行和监管很难做到前后统一;第二,行业内部缺乏标准化发展的意识,由行业自发或行业协会牵头修订的旅游标准较少;第三,与旅游景点、服务、设施和管理等方面相关的标准化研究机构相对匮乏;第四,山东省仅有青岛大学和济南大学分别设有标准化工程学院和标准化专业,且没有涉及与旅游直接相关的课程,这就意味着山东省旅游标准的发展缺乏相应的专业人才输入。所以,促进山东旅游标准的专业化发展,要从多个角度出发,着力于多个层面,并需要多种机构的共同参与。

人才是旅游标准发展的关键,要以高校输出、机构培训和组建智库的方式,实现多元人才对旅游标准化发展的助力。第一,充分发挥设有旅游学理论和标准化专业的学院和专业高校的优势,通过校企合作、项目基金、实习实践和报告讲座等方式,加强旅游领域标准化专业人才的输出;第二,重视发挥相关高水平培训机构的功能,实现标准化管理人才的输出;第三,还要组织相关的专家人群,构建必要的专家智库,确保旅游标准的修订、评审和后期评价得以有效进行。

新冠肺炎疫情下的文旅企业扶持政策透视

贾衍菊　田婷婷　祝玉倩*

摘　要：新冠肺炎疫情的暴发给旅游产业带来了巨大冲击，各级政府纷纷出台相关政策为文旅企业提供支持和保障。本文重点分析了山东省及各市出台的扶持政策，发现山东省与各市文旅企业扶持政策在内容上有着较高的一致性，涉及金融支持、复工复产、惠民消费、产业发展动力和稳岗就业五个方面。研究认为，未来山东省文旅企业扶持政策应注重多层级协同共促政策的对接与落实、多种扶持政策向中小微企业倾斜、多举措助推文旅消费市场复苏、智慧赋能文旅产业转型升级，以实现旅游业高质量发展的长远目标。

关键词：新冠肺炎疫情；文旅企业；扶持政策；山东省；发展建议

新型冠状病毒性肺炎（以下简称“新冠肺炎”）疫情是改革开放以来我国旅游业所遭受的影响最大、范围最广、程度最深的一次冲击。[①] 面临严重的冲击，山东省旅游业多方发力，多策并举进行积极应对。政府部门自上而下启动了应急响应，采取了一系列应急处置措施进行疫情防控。随着疫情防控工作的稳步推进，各行业发展持续复苏。在做好疫情防控的同时，政府部门出台相应的文旅企业扶持政策，缓解文旅企业经营压力，形成了省级、市级政策网络，助力旅游产业的全面恢复与质量升级。

一、文旅企业扶持政策梳理

（一）省级层面发布的文旅企业扶持政策

2020 年 1 月 24 日，山东省文化和旅游厅下发通知，要求全面停止旅行社及在线文旅企业经营旅游业务。自此，全省旅游业进入了“停摆”状态。为纾解文旅企业经营困难，助推市场复苏，3 月 9 日，山东省人民政府办公厅出台《关于应对新冠肺炎疫情影响促进

* 作者简介：贾衍菊（1981～ ），女，山东师范大学商学院副教授；田婷婷（1995～ ），女，潍坊理工学院航空服务与酒店管理学院助教；祝玉倩（1995～ ），女，山东师范大学商学院硕士研究生。

① 参见宋瑞、冯珺、王业娜：《新冠肺炎疫情与旅游业》，《旅游绿皮书：2019～2020 年中国旅游发展分析与预测》，社会科学文献出版社 2020 年版，第 41 页。

文化和旅游产业健康发展的若干意见》，成为指导疫后文旅产业复工复产的指向标，在全省旅游业和社会各界引起良好反响。与此同时，为最大限度减轻疫情的影响，恢复山东省文旅产业的生机与活力，山东省政府、省文化和旅游厅、省地方金融监督管理局等单位积极谋划、主动作为，制定出台了一系列疫情防控政策和"救市"措施。山东省各单位文旅扶持政策见表1。

表1 山东省文旅扶持政策汇总表

发布时间	政策文件	发布机构
2020年2月18日	《关于应对新冠肺炎疫情支持生活服务业批发零售业展览业及电影放映业健康发展的若干意见》	山东省人民政府办公厅
2020年3月3日	《关于疫情期间保持导游队伍稳定相关工作事项的通知》	山东省文化和旅游厅
2020年3月8日	《关于应对新冠肺炎疫情影响促进文化和旅游产业健康发展的若干意见》	山东省人民政府办公厅
2020年3月23日	《关于做好全省文化文旅企业金融支持服务工作的通知》	山东省文化和旅游厅 山东省地方金融监督管理局 中国人民银行济南分行 山东银保监局
2020年4月3日	《关于共同为文旅企业平稳健康发展提供实效性金融服务的通知》	山东省文化和旅游厅 中国银行股份有限公司山东省分行
2020年4月23日	《第四届山东文化和旅游惠民消费季实施方案》	山东省人民政府办公厅
2020年6月22日	《关于推进现代农业与文化旅游融合发展加快促进复工复产的通知》	山东省文化和旅游厅 山东省农业农村厅
2020年7月23日	《关于降低全省国有景区门票价格的通知》	山东省发展和改革委员会 山东省文化和旅游厅
2020年9月11日	《关于金融促进文化和旅游产业发展的实施意见》	山东省文化和旅游厅 山东省地方金融监督管理局 中国人民银行济南分行 中国银行保险监督管理委员会 中国证券监督管理委员

资料来源：山东省人民政府、山东省文化和旅游厅统计资料。

（二）各市层面发布的文旅企业扶持政策

为推动文旅产业加速复苏回暖，打赢疫情防控和复工复产攻坚战，根据国家和省级政府发布的相关指导性政策，山东省各市纷纷结合当地具体情况制定相应扶持政策，以推动文旅行业复工复产、助力国家和省级文旅扶持政策的落地。各市政策是国家和省级政策的细化，具有极强的针对性和可操作性，更加符合当地的文旅发展情况与需要。山东省各市发布的文旅扶持政策见表2。

表2　山东省各市文旅扶持政策汇总表

地区	发布时间	政策文件	发布机构
济南市	2020年3月19日	《关于应对新冠肺炎疫情影响促进文化和旅游业健康发展的若干意见》	济南市人民政府办公厅
	2020年4月23日	《济南市旅游地接奖励扶持专项资金暂行管理办法》	济南市文化和文旅局 济南市财政局
	2020年6月4日	《关于组织新冠肺炎疫情防控一线医务人员旅游休闲并给予相关企业补助的通知》	济南市文化和旅游局 济南市卫生健康委员会
青岛市	2020年7月3日	《关于应对新冠肺炎疫情影响支持文化和旅游业发展若干政策措施的通知》	青岛市人民政府办公厅
烟台市	2020年3月18日	《关于应对新冠肺炎疫情影响促进文化和旅游产业健康发展的意见》	烟台市文化和旅游局 中共烟台市委宣传部 烟台市发展和改革委员会等13部门
	2020年4月2日	《关于支持发展五星级酒店的意见》	烟台市文化和旅游局 烟台财政局 烟台市发展改革委市自然资源和规划局 烟台市人民政府办公室
	2020年7月3日	《关于进一步激发文化和旅游消费潜力争创国家文化和旅游消费试点城市的实施意见》	烟台市人民政府办公室
	2020年7月29日	《烟台市旅游招徕奖励办法》	烟台市文化和旅游局
淄博市	2020年3月9日	《应对新冠肺炎疫情支持生活服务业批发零售业展览业及电影放映业健康发展有关工作的通知》	淄博市人民政府办公室
	2020年3月21日	《应对新冠肺炎疫情影响促进文化和旅游产业健康发展有关工作的通知》	淄博市人民政府办公室

续表

地区	发布时间	政策文件	发布机构
枣庄市	2020 年 4 月 7 日	《关于应对新冠肺炎疫情影响促进文化和旅游产业健康发展的实施意见》	枣庄市人民政府办公室
潍坊市	2020 年 5 月 26 日	《潍坊市推动文化旅游产业高质量发展的若干政策》	潍坊市人民政府办公室
临沂市	2020 年 2 月 28 日	《关于积极应对新冠肺炎疫情支持文旅企业发展的若干措施》	临沂市人民政府办公室
东营市	2020 年 3 月 4 日	《关于应对新冠肺炎疫情支持生活服务业批发零售业展览业及电影放映业健康发展的政策意见》	东营市人民政府办公室
	2020 年 4 月 8 日	《关于应对新冠肺炎疫情影响促进文化和旅游产业健康发展的若干意见》	东营市人民政府办公室
	2020 年 5 月 22 日	《关于应对新冠肺炎疫情支持旅行社开展产品营销推广的实施意见》	东营市文化和旅游局
德州市	2020 年 11 月 26 日	《关于印发“冬游齐鲁·好客山东(德州)惠民季”活动工作方案的通知》	德州市文化与旅游局
济宁市	2020 年 3 月 3 日	《关于开展用好货币政策、组织开展劳动竞赛和申请政府专项债券等相关工作的通知》	济宁市文化和旅游局
	2020 年 3 月 5 日	《关于扎实做好疫情结束后文化旅游业迅速恢复发展工作的实施方案》	济宁市文化和旅游局
	2020 年 3 月 25 日	《关于积极对接金融机构协助文旅企业解决融资问题工作的通知》	济宁市文化和旅游局
	2020 年 4 月 7 日	《关于做好金融支持服务文化文旅企业发展的通知》	济宁市文化和旅游局 济宁市地方金融监督管理局 中国人民银行济宁市中心支行 中国银行保险监督管理委员会济宁监管分局
	2020 年 12 月 21 日	《济宁市促进文化旅游投资消费奖励》	济宁市人民政府办公室

续表

地区	发布时间	政策文件	发布机构
菏泽市	2020 年 2 月 19 日	《关于进一步加强疫情防控金融服务支持地方经济发展的通知》	菏泽银保监分局
聊城市	2020 年 2 月 14 日	《关于全力做好疫情防控、加大扶持政策宣传、确保文旅产业健康发展的通知》	聊城市文化和旅游局
滨州市	2020 年 2 月 3 日	《关于共同应对疫情支持中小企业发展十二条政策的公告》	滨州市新型冠状病毒感染的肺炎疫情处置工作领导小组
泰安市	2020 年 3 月 1 日	《关于支持文化和文旅企业应对新冠肺炎疫情共渡难关的通知》	泰安市人民政府办公室
威海市	2020 年 2 月 13 日	《关于全力防控疫情支持服务业企业平稳健康发展的若干意见》	威海市人民政府
	2020 年 4 月 27 日	《全市文化和旅游行业复工复产安全生产检查专项行动实施方案》	威海市文化和旅游局
日照市	2020 年 3 月 17 日	《应对新冠肺炎疫情影响促进文化和旅游、体育产业健康发展的十四条措施》	日照市人民政府办公室

资料来源:山东省各市政府官网、文化和旅游局统计资料。

二、文旅企业扶持政策核心议题

对扶持政策议题的分析可以发掘应急状态下政策发布的特征,反思核心议题是否回应了政策受体的诉求。关键词是政策文本的重点和高频词,对关键词的研究成为文本分析的重点内容。本文将 9 份省级有效政策文本的内容进行适当的调整,删减一些无意义的词汇,如:发布时间、发布主体、政策文号等信息,依次在 ROSTCM 6 软件中进行"分词""词频分析""去停顿词""自定义词表"等处理,最终导出排名前 30 的有效高频词(见表 3),将高频词进行合并同义词处理得到排名前 10 的高频词(见图 1),包括"融资/贷款/资金/信贷/利率/成本/担保"(170 次)、"金融/银行/保险/银行业/财政"(163 次)、"文旅/文旅企业"(86 次)、"消费"(83 次)、"疫情"(78 次)、"支持"(69 次)、"服务"(60 次)、"项目"(33 次)、"导游"(30 次)、"农业"(23 次)。这些高频词之间存在着一定的逻辑统一性。其中,"疫情"是政策出台所处的背景,"金融/银行/保险/银行业/财政"是对文旅企业扶持的途径,"文旅/文旅企业"是政策扶持的主体,"消费""支持""服务""项目""导游""农业"则是推动文旅产业健康发展的重点任务,这 10 个高频词全面反映了政策文本扶持文旅企业的核心指向。

表 3 省级扶持政策有效高频词

序号	高频词	词频	序号	高频词	词频
1	金融	92	16	市场	21
2	消费	83	17	信贷	18
3	疫情	78	18	保险	16
4	文旅	71	19	财政	15
5	支持	69	20	旅行社	15
6	服务	60	21	文旅企业	15
7	融资	48	22	创新	14
8	贷款	40	23	复工	14
9	项目	33	24	利率	13
10	山东省	31	25	夜间	13
11	导游	30	26	银行业	13
12	资金	28	27	成本	12
13	银行	27	28	平台	12
14	农业	23	29	担保	11
15	融合	22	30	数字	11

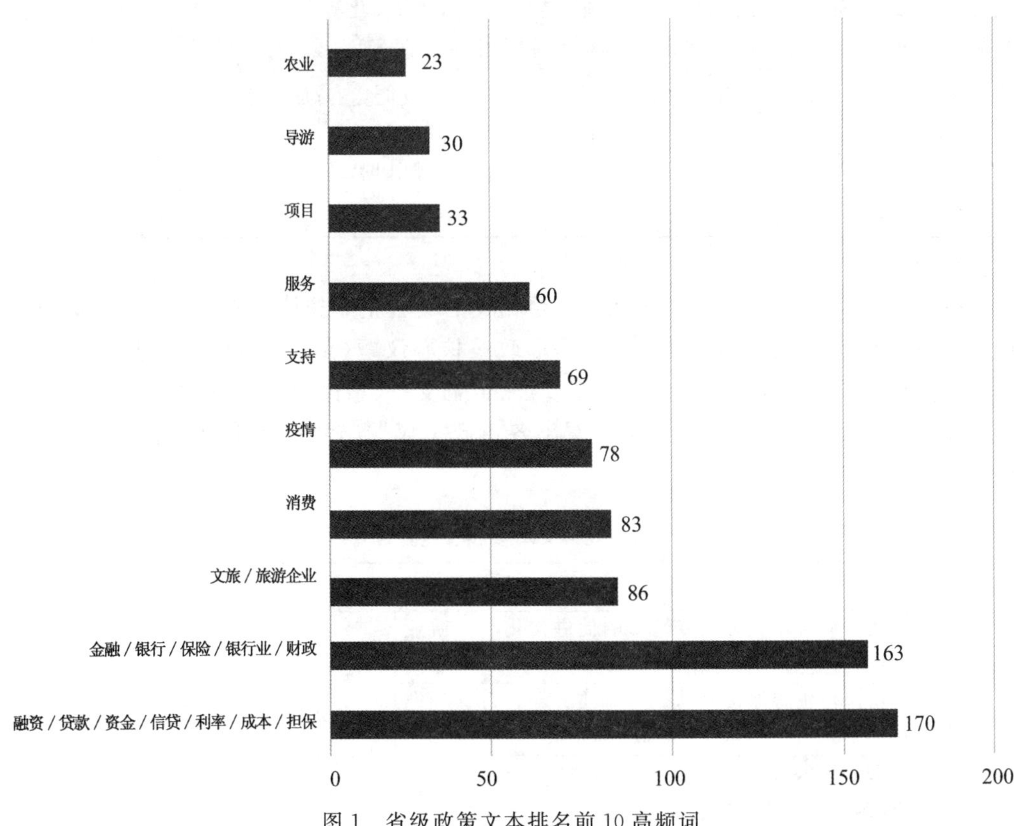

图 1 省级政策文本排名前 10 高频词

以高频词为借鉴参考进一步分析政策文本，提取每一份政策文本的关键词，关键词是确定政策议题的重要依据，对关键词整理分析可以将政策议题归纳为以下五方面：♯1复工复产，♯2金融支持，♯3惠民消费，♯4产业发展动力，♯5稳岗就业（见表4）。

表4　　省级政策文本关键词整理

关键词提取	政策议题
分级分区分类别；逐步开放；落实防疫；防控工作方案；应急预案；预防性消毒；应急隔离；防疫引导；宣传引导；防疫意识；控制流量；分散游客；员工自身防范；健康监测制度；分时段预约；线上购票；零接触；实行分餐；错峰就餐	复工复产
普惠性税费；金融支持；社保优惠；租金优惠；用工支持；水电优惠；专项扶持；股权投资；贷款贴息；以奖代补；银行对接；创新金融产品；流动性支持；融资成本；奖励补助；影视支持；文艺创作支持	金融支持
景区门票；票价减免；免票优惠；门票减免；减免优惠；疫情防控；限量；预约；错峰；门票预约系统；网上购票；错峰游览；安全有序；明码标价；营销力度；精准营销；客源市场；文化贸易展；国际市场客户；销售渠道；企业提档升级；政策支持；贷款贴息；股权投资；文创产品；文化产业项目；重点文化企业；重点文化创业园；文化惠民演出；承接公务活动	惠民消费
文旅融合；旅游示范区；精品文化线路；融合发展；消费引领；惠民消费；消费促销；惠民补贴；消费试点；数字文旅；智慧文旅；奖补；夜间消费；文化演出；演艺精品；消费集聚区；消费体验；便民消费；移动支付；文化旅游信贷产品	产业发展动力
人员素质；线上业务培训；线下业务培训；补助；晋级考试；技能竞赛；服务水平；一线防疫人员；稳定导游队伍；稳就业；恢复经营；提升服务质量；权益保护；稳定劳动关系；线上免费培训；资金保障；服务保障；给予补助；关怀引导；心理疏导；帮扶救助	稳岗就业

在山东省政府的号召下，各市陆续出台相关的文旅企业扶持政策，形成了省级、市级政策网络。通过对各市政策文本分析，提取政策核心议题（见表5），可以发现，各市文旅企业支持政策的核心议题是围绕着复工复产、金融支持、惠民消费、产业发展动力和稳岗就业五个方面提出的。通过分析可以看出各市政策议题与省级政策议题有着很高的一致性。

表5　　各市政策文本核心议题整理

地区	政策文件	政策议题
济南市	《关于应对新冠肺炎疫情影响促进文化和旅游业健康发展的若干意见》	保障疫情防控有力；缓解企业经营压力；助推市场恢复活力；增强产业发展动力；奖励扶助
	《济南市旅游地接奖励扶持专项资金暂行管理办法》	
	《关于组织新冠肺炎疫情防控一线医务人员旅游休闲并给予相关企业补助的通知》	

续表

地区	政策文件	政策议题
青岛市	《关于应对新冠肺炎疫情影响支持文化和旅游业发展若干政策措施的通知》	落实疫情防控工作措施;缓解企业经营压力;加强金融政策扶持;助推市场恢复活力;增强产业发展动力;加快文化旅游新业态培育
烟台市	《关于应对新冠肺炎疫情影响促进文化和旅游产业健康发展的意见》 《关于支持发展五星级酒店的意见》 《关于进一步激发文化和旅游消费潜力争创国家文化和旅游消费试点城市的实施意见》 《烟台市旅游招徕奖励办法》	全面引导复工复产;缓解企业经营压力;强力激活旅游市场;增强产业发展动力;暂退质量保证金;奖励补助
淄博市	《应对新冠肺炎疫情支持生活服务业批发零售业展览业及电影放映业健康发展有关工作的通知》 《应对新冠肺炎疫情影响促进文化和旅游产业健康发展有关工作的通知》	加快推进文化旅游行业复工复产;加大对文旅企业扶持力度;加快推进文旅行业突破发展;加快推进线上服务业发展
枣庄市	《关于应对新冠肺炎疫情影响促进文化和旅游产业健康发展的实施意见》	统筹推进复工复产;精准抓好防疫措施落实;用好用足有关扶持政策;实施专项扶持政策;加大金融支持力度;落实好入境旅游企业奖励补助政策;支持影视出版和文艺创作创新发展;深化文旅市场营销;加快推进企业健康发展;扎实做好文化惠民演出工作;支持企业承办公务活动;提升从业人员素质;奖励补助;全面推进文旅融合;文化旅游消费;夜间旅游经济;高品质消费体验
潍坊市	《潍坊市推动文化旅游产业高质量发展的若干政策》	文旅融合;旅游企业提档升级;创新非遗产品;鼓励文博资源开发;支持实体书店发展;加强文旅人才激励;加强重大文化旅游项目激励
临沂市	《关于积极应对新冠肺炎疫情支持文旅企业发展的若干措施》	减轻企业负担;加大财政金融支持力度;保障企业正常运营

续表

地区	政策文件	政策议题
东营市	《关于应对新冠肺炎疫情支持生活服务业批发零售业展览业及电影放映业健康发展的政策意见》 《关于应对新冠肺炎疫情影响促进文化和旅游产业健康发展的若干意见》 《关于应对新冠肺炎疫情支持旅行社开展产品营销推广的实施意见》	落实精准防控措施；缓解企业经营压力；助推市场恢复活力；增强产业发展动力
德州市	《关于印发"冬游齐鲁·好客山东（德州）惠民季"活动工作方案的通知》	惠民消费；丰富产品供给；促进产业融合；营造浓厚氛围；疫情防控
济宁市	《关于开展用好货币政策、组织开展劳动竞赛和申请政府专项债券等相关工作的通知》 《关于扎实做好疫情结束后文化旅游业迅速恢复发展工作的实施方案》 《关于积极对接金融机构协助文旅企业解决融资问题工作的通知》 《关于做好金融支持服务文化文旅企业发展的通知》 《济宁市促进文化旅游投资消费奖励》	推进传统文化"双创"；加强文艺精品创作；优化公共服务供给；加快资源整合开发；开发文旅市场推广；推动文物保护利用；深化文旅市场监管；实施企业帮扶行动；加强保障；文化旅游投资消费奖励扶持；金融支持；货币政策；劳动竞赛；政府专项债券
菏泽市	《关于进一步加强疫情防控金融服务支持地方经济发展的通知》	支持企业恢复扩大生产，全力保障信贷供给；抓好分类施策，提升金融服务效能；保持企业稳定，守住金融风险底线；提高政治站位，完善保障机制
聊城市	《关于全力做好疫情防控、加大扶持政策宣传、确保文旅产业健康发展的通知》	切实增强打赢信心；有序展开复工复产；全力抓好疫情防控；引导行业练好"内功"；勇于担当社会责任
滨州市	《关于共同应对疫情支持中小企业发展十二条政策的公告》	加大财税支持；加大金融支持；加大要素保障力度；优化提升服务
泰安市	《关于支持文化和文旅企业应对新冠肺炎疫情共渡难关的通知》	加大资金扶持力度；减轻企业经营压力；恢复振兴文旅市场
威海市	《关于全力防控疫情支持服务业企业平稳健康发展的若干意见》 《全市文化和旅游行业复工复产安全生产检查专项行动实施方案》	降低运营成本；确保稳定就业；优化服务保障；推动转型发展；复工复产
日照市	《应对新冠肺炎疫情影响促进文化和旅游、体育产业健康发展的十四条措施》	企业复工复产；用足用好各级扶持政策；支持景区提档升级；扶持旅行社行业；支持民宿发展；加大影视出版和文艺创作支持；落实租金和金融方面扶持政策；加强导游队伍建设；提供行业法律服务；抓好平台创建工作；加大市场拓展力度；支持企业线上营销；推出惠民系列活动；加大行业培训力度

根据上述分析过程，将新冠肺炎疫情下山东省及各市文旅企业扶持政策的议题总结为以下六个方面。

（一）提供金融支持，稳定文旅企业经济基础

由表4可以看出，山东省对文旅企业的金融扶持非常突出，说明金融支持是山东省各级政府弥补文旅企业因疫情造成损失的重要手段，是帮助企业恢复元气最有效最直接的方式。省级层面发布的文旅企业扶持政策中，以“金融支持”为主题的政策文本有多处，比如《关于做好全省文化文旅企业金融支持服务工作的通知》《关于金融促进文化和旅游产业发展的实施意见》《关于共同为文旅企业平稳健康发展提供实效性金融服务的通知》等。政策内容也多集中在资金援助方面，表4中与金融支持相关的关键词有“贷款贴息”“股权投资”“专项扶持”等，省级文旅企业扶持政策文件多次提出延期还本付息、无还本续贷、降低融资成本、简化审批流程等加大经济支持举措，以稳定文旅企业的经济基础。归纳而言，金融支持是缓解文旅企业由于资金短缺而造成的经营压力，从稳固经济基础的角度为文旅企业提供金融服务。

全省各市政府积极响应省级的号召，紧跟其后推出经济帮扶文旅企业的政策，虽然采取的手段不尽相同，但是政策所要达到的目的是一致的。由表5可以看出，在增强文旅企业信贷支持方面：如滨州市强调对受疫情影响较严重的文旅企业增加信用贷款和中长期贷款，另外提出要减半收取担保和再担保费①；在贷款贴息方面：如菏泽市提出深入了解企业的资金需求，采取“一企一策”的扶持方案②；在为鼓励企业开展大规模经营活动采取的奖励补助方面，如济宁市、潍坊市、烟台市提出为积极开展经营活动的旅行社、旅游景区、文化旅游新业态给予资金补助。总之，金融支持是地方政府面对突发应急事件时有效辅助企业恢复正常运营的手段之一，不仅可以稳定企业的资金来源，而且还可以维持市场的正常运转。

（二）加强疫情防控，助力文旅企业复工复产

在疫情影响下，文旅企业的“关门闭业”造成了巨大的经济损失，如何在疫情防控的同时实现“自救”是文旅企业摆脱危机的重点。企业复工复产是实现动态产业链正常运转以及恢复经济市场活力的核心，山东省文化和旅游系统全力纾解文旅企业经营困难的情况，积极推动复工复产，恢复生产生活秩序。文旅企业正常运转必然会产生大量的旅游聚集型活动，如何做到有效的疫情防控是助力文旅企业复工复产前应思考的问题，山东省政府针对文旅企业的复工复产提出“分级分区分类别”的方案，同时要求各个企业以疫情防控为前提，逐步开放营业，对游客量较大的场所要求科学控制流量、分时段预约、

① 参见滨州市人民政府：《滨州市新型冠状病毒感染的肺炎疫情处置工作领导小组关于共同应对疫情支持中小企业发展十二条政策的公告》（滨文旅资源〔2020〕2号），2020年2月6日。

② 参见菏泽市人民政府：《菏泽市银保监局关于进一步加强疫情防控金融服务支持地方经济发展的通知》（菏银保监发〔2020〕4号），2020年2月20日。

“零接触”服务等。[①]

从表5各市政策文本核心议题可看出,可以将政策措施相应地总结为地方政府在组织“分级分区分类别”复工复产的同时所采取的相应的防疫手段。如滨州市、东营市、济南市响应省级政府的号召提出文旅企业复工复产的有序性,合理控制人员密度,做好防疫措施,另外提出网上购票、保持距离等保障游客安全的措施;聊城市提出科学制定复工方案,相关企业要“因情施策”;临沂市提出从提高员工素质的角度提出对员工开展“线上理论学习+线下技能学习”相结合的培训,保障企业员工的权益,选派熟悉旅游业务的特派员对文旅企业一对一的帮扶等相关政策,以缓解复工复产用工难题。可见而知,复工复产是后疫情时代恢复市场经济的战略重心,是稳固就业、促进经济健康发展、协同推进疫情防控等方面的核心措施。

(三)降低文旅企业生存成本,减轻经营压力

面对企业的困难,政府不仅采用了外部金融支持的方式,而且帮助企业节约成本开支,以“外敷内疗”的形式帮助企业“疗伤”。降成本可以为经济运行减负并促进经济增长,激发企业内生发展活力,从而体现了促进经济转型升级和高质量发展的鲜明特点。[②]在疫情期间,文旅企业本身不仅没有资金流通,还要承受巨大的成本压力,因此,减轻企业的生存成本,是保证企业稳固发展的条件之一。如表4所示,省级发布的政策中涉及的关键词如社保优惠、租金优惠、水电优惠等显示出政策主题中帮助降低企业成本的内容,另外在金融支持方面要求加大对文旅企业的利率优惠力度,减轻企业压力,给予企业最大的利率优惠。总而言之,政府在为企业“输血”的同时做到了帮助企业“止血”。

各市政府部门在省政府的号召下,在扶持文旅企业的政策中提出降低企业压力的措施,由表5可以看出,各市扶持政策都有涉及降低文旅企业生存成本、缓解企业经营压力的议题,如滨州市提出可以延期缴纳税费、减免涉企行政性事业收费、降低社保费率等,东营市、威海市、烟台市提出减社保、缓减水电费,济南市、日照市、泰安市提出退还质量保证金,临沂市提出减免保险费、减免或延期缴纳税费等。总之,在疫情防控期间,降低企业成本不仅是在资金给予企业支持,更多的是为企业重整旗鼓提升信心,激活企业内部发展的动力。

(四)刺激文旅消费,恢复市场活力

对于旅游服务行业而言,旅游者是消费主体,要尽快恢复市场活力,最重要的是刺激旅游消费。从表4中可以看出,与文旅消费相关的关键词有票价减免、减免优惠、门票预约系统等,可以看出山东省政府从惠民的角度鼓励居民在旅游行业消费。在发布的相关文旅企业扶持政策中强调加大市场营销,采取“线上+线下”相结合的营销方式,为企业提档升级提供奖励补助,以此恢复市场活力。另外,山东省政府提出降低全省81个国有

① 参见山东省人民政府办公厅:《山东省人民政府办公厅关于应对新冠肺炎疫情影响促进文化和旅游产业健康发展的若干意见》(鲁政办发〔2020〕7号),2020年3月9日。

② 参见刘尚希、王志刚、程瑜等:《降成本:2019年的调查与分析》,《财政研究》2019年第11期。

景区的门票[①],以拉动居民消费,同时开展旅游惠民活动激发人们的文旅消费热情,比如"第四届山东文化和旅游惠民消费季"在省内全面展开。

各市政府纷纷采取措施刺激消费,由表5可以看出,助推市场恢复活力是各市政府采取的措施之一,其中德州市提出"冬游齐鲁·好客山东惠民季"推出惠民旅游活动,东营市开展"黄河口啤酒美食节",济南市举办"山东人游济南",济宁市组织开展"孔孟之乡踩线活动",并打造以"儒家文化""运河文化""乡土风情"为主题的精品路线。归纳而言,各市政府通过创新型旅游活动、门票优惠等惠民活动拉动山东省内整体文旅市场。

(五)增强产业发展动力,加快转型升级

在疫情的影响下,增强产业发展动力、加快转型升级是文旅企业急需输入的能量,也是当前文旅行业重要的研究方向。与增强产业发展动力相关的关键词为文旅融合、消费引领、数字文旅、夜间旅游、消费体验等(见表4)。可以看出,山东省政府在增强产业发展动力方面以创新旅游产品、优化旅游体验为主要内容开展实施,山东省文旅厅提出加快文化和旅游产业融合发展,推进数字化文旅,构建智慧文旅综合服务体系,同时提出打造夜间旅游经济产业[②]。

自山东省政府提出"增强产业发展动力"以来,全省各地兴起一股发展"数字文旅""夜间旅游"的浪潮(见表5),如济宁市、青岛市、枣庄市陆续发布了增强产业发展动能的措施,提出大力推进全域旅游发展,拓宽夜间旅游市场,搭建数字文化的平台,推动经济的活跃性。在当下这个关键时期,很多市提出以发展产业动力,加快转型升级为核心的发展举措。例如济宁市提出"文化济宁"的旅游品牌,潍坊市提出文化旅游融合"双十工程"等。归纳而言,全省很多市提出的增强产业发展动力,加快文旅产业转型升级的措施,主要体现在产品高质量发展和创新模式的多元化。

(六)强化导游队伍建设,实现稳岗就业

在疫情期间保持导游队伍稳定是提升旅游服务质量、推动旅游业高质量发展的关键因素。省级政策文本中与稳岗就业相关的关键词为人员素质、权益保护、线上免费培训、资金保障、服务保障等(见表4),由此总结出,山东省文化和旅游厅提出在疫情期间组织各种形式多样的线上免费培训,加强导游人员的权益保护,同时做到资金保障和服务保障,有针对性地为导游做好心理疏导,提供必要的帮扶救助等。

在省级政策的推动下,各市开展了"线上+线下"相结合的培训方式,另外通过奖励激励员工自我提升(见表5),如参加资格证晋级考试、参加人才培养项目、参加导游竞赛项目等。其中,日照市文旅部门强调导游队伍建设,开展以"日照导游大讲堂"为主题的

---

① 参见山东省发展和改革委员会:《山东省文化和旅游厅关于降低全省国有景区门票价格的通知》(鲁发改成本〔2020〕937号),2020年7月24日。

② 参见山东省人民政府办公厅:《山东省人民政府办公厅关于应对新冠肺炎疫情影响促进文化和旅游产业健康发展的若干意见》(鲁政办发〔2020〕7号),2020年3月9日。

线上培训，并组织开展导游大赛[①]，以提升全市导游人员整体服务水平。

三、文旅企业扶持政策存在的问题

（一）各市间政策不平衡

省内各市之间在政策制定数量方面，不同市对扶持文旅企业问题重视程度存在差异，通过对全省各市出台的扶持文旅企业政策进行梳理发现（见图2），目前山东省各市发布政策排名前三的是济宁市、烟台市、东营市、济南市，发布政策分别为5份、4份、3份、3份；淄博市、威海市、潍坊市均为2份；其余各市均为1份。例如，济宁市分别制定了疫情过后文旅企业迅速发展的工作方案、协助文旅企业解决融资问题、对旅游投资消费奖励扶持以及金融支持文化旅游企业发展等助力文旅企业纾困解难的政策，相对来说比较系统完善；而像德州市、菏泽市、滨州市等少量政策发布的城市，地方政府对扶持文旅企业发展相对来说重视程度不足。

各市之间的政策制定时效、发文主体以及发文内容扶持强度不平衡。首先，从发文主体方面来看，发文部门的不同表明政策支持力量的不同，进而决定了政策的执行力度不同。由图2可以看出，多数市的政策由政府（办公厅）以及文化和旅游局单独出台，个别市政策是由市政府、文旅局以及经济部门联合出台，部门之间联合发布赋予政策更强烈的政治力量。另外，政策实施的有效期决定了政策发挥作用的时间边界，山东省各个市政策均有明确的时间规定，时间最长的达到3年，最短3个月。其次，在具体内容方面，政策强度的差距更加直观，以减免企业水电费为例，各市之间实施的具体措施有所差异，比如临沂市免缴1～3个月，东营市减免电费的5%。总而言之，政策时效、政策发文主体以及政策内容均能发现各市间对扶持文旅行业的重视程度不一。

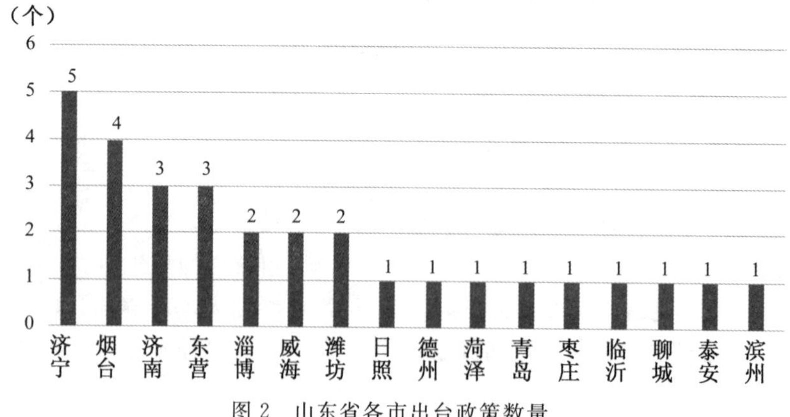

图2 山东省各市出台政策数量

资料来源：山东省各市政府官网、文化和旅游局统计资料。

① 参见日照市人民政府：《日照市人民政府办公室关于印发应对新冠肺炎疫情影响促进文化和旅游、体育产业健康发展的十四条措施》（日政办发〔2020〕10号），2020年3月17日。

（二）金融帮扶目的不明确

现阶段疫情的影响下，如何帮助文旅企业高效融资是解决当前文旅企业资金短缺问题的重中之重。比如，烟台市推行“百行进万企”的活动，青岛市开展“政银担保”机制，菏泽市提出“一企一策”“一对一”的金融服务方案。另外每个市在省政府的号召下采取了降成本、降利率减轻企业压力等帮扶活动，这些措施为文旅企业恢复健康发展提供了有效的帮助。但是，政府在使用行政手段帮扶陷入困境的文旅企业时，可能会诱使企业降低努力程度、增大对政府的依赖，也就是说，主动为受难旅游企业“输血”不利于激励企业增强自身抵抗风险的水平和自身价值的提升。企业应在政府的经济援助下学会如何在危机中生存，提高自身的创新能力为企业的平稳发展打下坚实的基础。

（三）文旅市场营销不足

首先，文旅市场营销机制不完善。目前由于疫情带来的文旅市场停滞，静态的文旅市场产业链对文旅企业造成了巨大的经济损失，为加快市场经济流通，山东省政府采取的措施主要有：开展惠民活动、降低门票、发放优惠券、奖励消费等拉动居民的消费。另外，重点强调通过短视频、线上营销、网络宣传等形式进行营销。这些措施在短时间内可以为文旅企业带来较好的效益。但是从长远来看，真正促使旅游者消费的应是精品旅游产品。因此，在优惠营销的同时应提升产品的价值，打造精品旅游线路等，以保障旅游产品的质量和消费者的合法权益。

此外，文旅产品销售渠道狭隘。从目前出台的文旅企业扶持政策来看，山东省强调的重点是通过开展文旅大活动，例如省级文旅活动“第四届山东文化和旅游惠民消费季实施方案”，随之各市响应省政府号召。例如烟台市举办“第二届烟台市民文化节”，济南市举办“山东人游济南”等一系列文化艺术展览、文化旅游推广系列活动，这些活动促进旅游市场恢复活力。但是文旅活动都是有时效性的，从市场的长远发展来看，更多应该是加强与国内外知名旅行社合作，举办重点城市文旅招商推介会，着力拓展重点客源地市场，拓展旅游市场销售平台。

四、文旅企业扶持政策的发展建议

（一）多层级协同共促政策的对接与落实

为推进文旅市场的复苏，各层级的政策设计应加强联系与配合。在国家政策的指导下，省、市各层面相继推出一系列帮助文旅企业复工复产、恢复市场活力的相关政策。省级文化和旅游部门所发布的扶持政策为各市政策的落实提供了制定框架与原则，明确扶持的总体方向。市级文旅部门所发布的相关政策将更高层次政策进一步细化，明确各项政策的实施路径与标准，加强扶持政策的可行性。在今后扶持政策的制定上，应注重上下级政府部门的有效联动，加强同财政、人社、税务、市场监督等各部门间的合作与对接，形成有效的沟通与协作体系，共同参与扶持政策的研究与制定，以确保政策的全面性及可行性。同时，强调政策制定的科学性及开放性，政策的制定应以社会大众的需求为基本，借助人工智能等分析技术，深入调研分析文旅企业、消费者等相关旅游主体的内在需要，以增强政策制定的开放性。

（二）多种扶持政策向中小微企业倾斜

经济是疫情后文旅企业重振的基础，通过经济扶持政策加强文旅企业在税收、信贷、融资等方面的经济利益关系，适当向中小微企业倾斜，以减轻企业维持与生存的压力。行政扶持政策是文旅企业复工复产的后盾，通过制定自上而下相互对接的指令与计划，保证各项支持政策平稳落地，为疫后文旅企业的经营创造规范化旅游市场，促进文旅产业有序发展。法律服务为中小企业及时了解相关政策与措施，依法有序解决法律纠纷提供了精准支持，维持疫后文旅企业规范发展。此外，还应注重旅游公共服务体系的建设，在市场尚未完全恢复的情况下，鼓励各地政府、相关文旅企业积极投入旅游公共服务设施建设中，为文旅市场的恢复与重振作好物质支撑。因此，今后各项扶持政策的制定应偏向中小企业，加强各相关利益群体间的联系，及时了解文旅企业在生产、经营中的困难，组合运用多种扶持政策与手段，构建以经济调节为杠杆，覆盖经济、行政、法律服务等全链条的扶持体系，为文旅企业创造全新的发展空间。

（三）多举措助推文旅消费市场复苏

人民对美好生活的追求日益多样化，疫情后旅游、文化演出等休闲娱乐活动市场前景依然广阔。消费者需求是产业发展的内在动力，如何未雨绸缪、重振文旅消费市场是疫后文旅产业复苏的焦点。因此，扶持政策在侧重于调节文旅企业内部经济利益的同时，也应注重消费市场的激活与开拓。一方面运用政府号召力，以市场为主体，整合旅行社、景区等多方资源，建立同业合作桥梁。鼓励上下游文旅企业采取联动手段合作，相互配合适时推出相应的疫后休闲旅游项目，在保障安全的情况下，通过发放优惠券或门票降价等形式，激发人们的消费热情，复苏民众消费活力。另一方面，加强文旅产业的宣传与营销，在疫情防控的态势下依然需加强文旅宣传活动与营销策划，政府应密切与文旅企业沟通与合作，为文旅企业对外宣传提供有效的信息传播渠道和平台，拓宽各旅游目的地的宣传途径与方式，树立积极的旅游目的地形象。同时加强各市间合作，打破地域限制，建立省内各旅游地相互联系的合作链条，实现旅游资源共享、市场共拓。

（四）智慧赋能文旅产业转型升级

疫情后的文旅扶持政策应聚焦于文旅产业的智能化发展，以此推动文旅产业的转型升级。一方面，对优质文旅企业线上产品及项目进行扶持。通过建立领导小组，在企业构建智慧型平台，打造数字化产品开发、营销新渠道等方面设立专项工作组，对文旅融合、新业态发展等创新转型项目给予重点支持，推动创新型文旅项目的建设，推动文旅产业的改革与发展。另一方面，不断完善政策、人才等管理与建设。文旅部门应积极联同大数据部门加快建立智慧文旅平台的标准体系，细化标准，构建标准化服务体系，鼓励企业加快构建“智慧旅游”体系，引导企业致力于打造集旅游信息推送、产品生产、销售、服务及售后全过程的闭环系统，增强智慧文旅平台质量。协同人社等部门，加大专业人才的培养力度，积极引入新兴产业所需的复合型人才，加强智慧人才库的建设。此外，在强调智慧发展的同时应注重网络信息安全与管理，合理制定文旅智慧平台的规划、建设及使用策略，加强网络安全管理工作，落实数据和相关信息的保护制度，加强规划引导，加强文旅产业数据安全，从根源上保障智慧文旅的变革与发展。